böhlau

Forschungen zum Römischen Recht

Herausgegeben von
Thomas Finkenauer und Sebastian Lohsse

Band 67

Elena Koch

Creditor defuncti

Zur Forderungsdurchsetzung nach dem Tod des Schuldners im klassischen römischen Recht

BÖHLAU

Die Druckvorstufe dieser Publikation wurde vom Schweizerischen Nationalfonds zur Förderung der wissenschaftlichen Forschung unterstützt.

Bibliografische Information der Deutschen Nationalbibliothek:
Die Deutsche Nationalbibliothek verzeichnet diese Publikation in der Deutschen Nationalbibliografie; detaillierte bibliografische Daten sind im Internet über https://dnb.de abrufbar.

Umschlaggestaltung: Michael Haderer, Wien
Korrektorat: Volker Manz, Kenzingen
Satz: le-tex publishing services, Leipzig
Druck und Bindung: Elanders Waiblingen, Waiblingen
Printed in the EU

Vandenhoeck & Ruprecht Verlage | www.vandenhoeck-ruprecht-verlage.com
E-Mail: info@boehlau-verlag.com

ISBN 978-3-412-53353-3 (print)
ISBN 978-3-412-53354-0 (digital)

Vorwort

Sich auf ein Dissertationsprojekt im römischen Recht einzulassen, stellt in vielerlei Hinsicht ein Wagnis dar. Nicht nur gilt es, sich eine ganze Rechtsordnung zu erschließen, die im heutigen Curriculum nur noch untergeordnete Beachtung findet; es braucht auch Mut, sich Texten und Fragestellungen anzunehmen, die schon seit Jahrhunderten Gegenstand des wissenschaftlichen Diskurses sind, und diese bisweilen neuen Lösungen zuzuführen. Dass ich mich auf dieses Wagnis einlassen konnte und es auch noch einen glücklichen Abschluss fand, verdanke ich in erster Linie meiner Doktormutter, Frau Professor Dr. Ulrike Babusiaux. Für die bedingungslose Förderung, die ich seit den Anfängen meines Studiums von ihr erfahren habe, die große Freiheit, die sie mir während der Entstehung dieser Arbeit ließ, und die vielen wertvollen Gespräche und Hinweise danke ich ihr von Herzen.

Herrn Professor Dr. Dres. h. c. Wolfgang Ernst danke ich für die Erstellung des Zweitgutachtens und für hilfreiche Anmerkungen zu meinem Manuskript.

Gefördert wurde mein Dissertationsprojekt sodann durch ein doc.mobility-Stipendium des Schweizerischen Nationalfonds, das es mir ermöglichte, ein Jahr am Leopold-Wenger-Institut für Rechtsgeschichte der Ludwig-Maximilians-Universität München zu forschen. Herrn Professor Dr. Johannes Platschek danke ich für die freundliche Aufnahme und den spannenden Austausch, der mich gerade auch in grundlegenden Fragen der Forschung zum römischen Recht entscheidend weitergebracht hat. Ebenfalls von großem Wert waren die vielen Gespräche, die ich mit meinen Münchner Kollegen führen durfte; Herr Andreas Bartholomä, M. A. (Cantab.), Herr Professor Dr. Benedikt Strobel und Herr Dr. Bastian Zahn gaben mir immer dann wertvolle Anregungen, wenn ich mit meinen Texten nicht mehr weiterkam.

Mein Dank gilt sodann Frau lic. phil. Thamar Xandry, die jederzeit für Gespräche zu Übersetzungsfragen zur Verfügung stand und meine Übersetzungen schließlich einer kritischen Durchsicht unterzog.

Herrn Professor Dr. Thomas Finkenauer, M. A., und Herrn Professor Dr. Sebastian Lohsse danke ich für die Aufnahme in die *Forschungen zum Römischen Recht* sowie für viele wertvolle Hinweise.

Nicht möglich gewesen wäre dieses Projekt ohne die stetige Unterstützung meiner Familie. Meinen Eltern, meiner Schwester und meinem Ehemann danke ich von Herzen für ihren steten Zuspruch, ihr Verständnis und den Rückhalt, den ich jederzeit von ihnen erfahre.

Die vorliegende Arbeit wurde von der Rechtswissenschaftlichen Fakultät der Universität Zürich im Frühjahrssemester 2024 als Dissertation angenommen. Seither habe ich sie leicht überarbeitet und an die in Deutschland übliche Schreibweise und Terminologie angepasst.

Zürich, im Juni 2025
Elena Koch

Inhalt

Zweiter Teil

Einleitung

I. Einführung in die Problemstellung

Gai. 2.55

Quare autem omnino tam inproba possessio et usucapio concessa sit, illa ratio est, quod voluerunt veteres maturius hereditates adiri, ut essent, qui sacra facerent, quorum illis temporibus summa observatio fuit, ut et creditores haberent, a quo suum consequerentur.

Der Grund aber, weshalb überhaupt ein derart unredlicher Besitz und eine derartige Ersitzung gestattet wurden, ist, dass die alten Juristen wollten, dass Erbschaften recht schnell angetreten werden, damit jemand vorhanden war, der den Haus- und Familienkult durchführte, dem zu jener Zeit größte Bedeutung zukam, und dass die Gläubiger jemanden hatten, von dem sie das Ihre einholen konnten.

Die Befriedigung einer Forderung setzt ein aktives Tätigwerden des Schuldners voraus, das nötigenfalls mit Zwang erwirkt werden muss.[1] Der Tod des Schuldners stellt den Gläubiger somit vor beträchtliche Probleme, da er dem Gläubiger eben jene Person entzieht, die zur Befriedigung verpflichtet gewesen wäre. Diese Schwierigkeit im Zusammenhang mit der Durchsetzung von Forderungen nach dem Tod des Schuldners finden wir bereits für das älteste römische Recht belegt,[2] und wie die Ausführungen des Gaius zur *usucapio pro herede* zeigen, waren schon die *veteres* darum bemüht, den Gläubigern schnellst möglich einen neuen Schuldner zu stellen, gegen den sie ihre Forderungen anhängig machen konnten.

Die Lösung, die das römische Recht für den Haftungsübergang zur Verfügung stellte, war die Universalsukzession. Mit ihr gingen nicht nur die im Eigentum des Erblassers stehenden Sachen auf den Gesamtrechtsnachfolger über, sondern auch die Forderungen und Verbindlichkeiten des Erblassers; der Nachlass mitsamt all seinen Aktiven und Passiven verschmolz mit dem Vermögen des Übernehmenden –

---

1 Die Notwendigkeit eines „Erfüllungszuständigen" legte zuletzt J. SCHMIDT, 135 f., anschaulich dar.

2 Sie bestand jedenfalls ab dem Zeitpunkt, ab dem das römische Recht die Erbenhaftung kannte, was spätestens ab dem Zwölftafelgesetz der Fall war; vgl. C. 4.16.7 Diocl./Maxim. (a. 294). Siehe ferner auch den in den Quellen vielfach dem Zwölftafelgesetz zugewiesenen Grundsatz *Nomina ipso iure divisa sunt*, C. 3.36.6 Gord. (o. A.); C. 8.31.1 Valer./Galien. (a. 257); C. 2.3.26 Diocl./Maxim. (a. 294); ferner D. 10.2.25.9, 13 Paul. 23 ed.; dazu unten S. 29. Ob der Grundsatz bereits vor dem Zwölftafelgesetz zu verorten ist, ist nicht zu entscheiden. Für die Frühzeit geht die Forschung bisweilen von Unvererblichkeit aus; siehe dazu unten S. 29 mit Fn. 5.

die Verbindlichkeiten des Erblassers wurden zu persönlichen Verbindlichkeiten des Gesamtrechtsnachfolgers.[3]

Als Paradefall der Universalsukzession nennt bereits Gaius die Erbfolge.[4] Sowohl für den *heres* des *ius civile* als auch für den vom Prätor eingesetzten *bonorum possessor* galt der Grundsatz der unbeschränkten Erbenhaftung.[5] Für die Gläubiger des Erblassers bedeutete dies also, dass sie sich ab dem Zeitpunkt, ab dem ein Erbe feststand, grundsätzlich wieder in der gleichen Rechtsstellung befanden wie vor dem Tod des Schuldners. Dies gilt jedenfalls, solange entweder der Erbe oder der Nachlass solvent war: Im Falle eines solventen Erben war dies eine Selbstverständlichkeit, da die Schulden des Erblassers mit dem Anfall oder dem Antritt[6] der Erbschaft zu persönlichen Schulden des Erben wurden, für die er mit seinem gesamten Vermögen einzustehen hatte. Doch auch wenn der Erbe selbst der Überschuldung verdächtig war, schützte der Prätor die Gläubiger des Erblassers, damit sie in einem allfälligen Konkurs nicht mit den Gläubigern des Erben konkurrieren mussten. Die Gläubiger des Erblassers hatten einerseits das Recht, vom Erben eine Sicherheitsleistung für die Erfüllung ihrer Forderungen in Form der *cautio suspecti heredis* zu verlangen.[7] Im Rahmen eines Vollstreckungsverfahrens gegen den Erben konnten die Gläubiger des Erblassers andererseits die *separatio bonorum* beantragen, mit der sie eine Spaltung von Nachlass und Erbenvermögen erreichen konnten. Nur die Gläubiger des Erblassers konnten sich in diesem Fall

---

3 Savigny, System III, 15, bezeichnet den Übergang auch der Forderungen und Schulden als „das eigentliche Kennzeichen der Universalsuccession". Vgl. auch Voci, DER I, 663: „Questo regime [la responsabilità per i debiti contratti dal defunto] è una conseguneza necessaria dei principi della successione e della confusione ereditaria. Per l'idea di successione, il debito ch'era del defunto diventa dell'erede; per l'idea di confusione, non esiste, dopo l'aditio, che un solo patrimonio, e appartiene all'erede: risponda dunque l'erede di tutti i suoi debiti con tutto il suo patrimonio."

4 Gai. 2.97–98. Gaius' Ausführungen zum Erbschaftserwerb machen denn auch den weitaus überwiegenden Teil seiner Ausführungen zum *adquirare per universitatem* (Gai. 2.101–190, 3.1–76) aus.

5 Der Grundsatz scheint für die römischen Juristen derart selbstverständlich gewesen zu sein, dass sie ihn zwar in unzähligen Fallschilderungen – oft stillschweigend – voraussetzen, sich aber kein einziges Zeugnis findet, in dem er ausdrücklich ausformuliert worden wäre; vgl. Buchwitz, HRP I § 58, Rn. 2. Mit Bezug auf die Haftung des *bonorum possessor* findet sich hingegen eine ausdrückliche Erstreckung des Prinzips in D. 37.1.1–3 pr. Ulp. 39 ed. bzw. Ulp. 14 ed.; siehe dazu unten S. 45 f.

6 Zur Unterscheidung zwischen Erbschaftsanfall und -antritt siehe unten die Ausführungen zur Erbenstellung von Hauserben und Außenerben, S. 30 ff. bzw. 33 ff.

7 D. 42.5.31 Ulp. 2 omn. trib.; vgl. Lenel, EP, 421; Buchwitz, HRP I § 58, Rn. 43; Voci, DER I, 674 ff.; Biondi, DER, 359 ff.

an das Nachlassvermögen halten, während die übrigen Gläubiger des Erben auf dessen ursprüngliches Vermögen verwiesen wurden.[8]

Ebenfalls über das Instrument der Universalsukzession verschaffte das klassische römische Recht den Gläubigern einen neuen Schuldner, wenn feststand, dass der Nachlass des ursprünglichen Schuldners weder einen Erben nach *ius civile* noch einen *bonorum possessor* oder sonstigen rechtmäßigen Nachfolger haben würde.[9] In diesem Fall gewährte der Prätor den Gläubigern sukzessive die *missio* in das Nachlassvermögen (*missio in bona* oder *possessionem*), die öffentliche Ausschreibung des Vermögens zum Verkauf, die Wahl eines gemeinsamen Vertreters aus den Reihen der Gläubiger (*magister bonorum*), die Aufstellung der Verkaufsbedingungen (*lex bonorum vendundorum*) durch den *magister bonorum* und schließlich den Verkauf des gesamten Nachlasses an einen *bonorum emptor*.[10] Der *bonorum emptor* wurde durch diesen Vorgang Gesamtrechtsnachfolger des Erblassers und somit neuer Schuldner der Gläubiger. Im Gegensatz zum Erben haftete er den Schuldnern in der Regel jedoch nicht umfassend, sondern lediglich im Umfang der als „Entgelt" bestimmten Quote.[11] Im Falle eines überschuldeten Nachlasses – und das dürfte der Hauptanwendungsfall des gänzlich nachfolgerlosen Nachlasses im Sinne von Gai. 3.78 gewesen sein – wurden die Gläubiger somit nicht umfassend entschädigt, sie konnten mithilfe der *venditio bonorum* aber immerhin einen Teil ihrer Forderung durchsetzen.

Theoretisch deckten die beiden geschilderten Varianten alle erdenklichen Fälle ab und stellten den Gläubigern somit in jeder denkbaren Konstellation einen Gesamtrechtsnachfolger zur Verfügung: Entweder fand sich für den Nachlass ein Erbe oder sonstiger Rechtsnachfolger, oder ein solcher konnte in der Form eines *bonorum emptor* bestellt werden. Diverse Fallschilderungen in den Juristenschriften zeigen aber, dass diese nahtlose Abdeckung dadurch konterkariert wurde, dass die Frage, ob ein Erbe oder sonstiger Rechtsnachfolger für den Nachlass bestand, nicht ohne weiteres im Todeszeitpunkt des Erblassers, sondern häufig erst längere Zeit danach beantwortet werden konnte.

---

8 Zur *separatio bonorum* vgl. D. 42.6.1.1 Ulp. 64 ed.; C. 7.72.2 Gord. (o. A.); den Ediktstext bei Lenel, EP, 433; ferner J. Schmidt, 257 ff.; Buchwitz, HRP I § 58, Rn. 44; López-Barajas Mira, 7 ff.; Wiechmann, 1 ff.; Biondi, DER, 361 ff.; Kaser/Hackl, 400 f.; Voci, DER I, 669 ff.; Wesener, FS Waldstein, 401 ff.

9 Gai. 3.78: „[...] *Mortuorum bona veneunt velut eorum, quibus certum est neque heredes neque bonorum possessores neque ullum alium iustum successorum existere.*" Vgl. dazu auch unten S. 51 ff.

10 Gai. 3.79; Theoph. 3.12 pr.; zum genauen Ablauf der *venditio bonorum* ferner unten S. 50 ff.

11 Rotondi, in: Ciapessoni, 114; Giunti, 49 f.; Kaser/Hackl, 397 f.; Pérez Álvarez, RIDA 45 (1998), 358 ff.; Pérez Álvarez, Bonorum venditio, 270; ebenfalls für eine anteilige Befriedigung allerdings im Rahmen eines einmalig bezahlten Kaufpreises X. d'Ors, 92 f. mit Fn. 40; Behrends, 185 f.; A. d'Ors, SDHI 59 (1993), 177 mit Fn. 9; Forster, 110 ff., 114; zum Streit um die Ausgestaltung der Gegenleistung ausführlich unten S. 53 ff.

Nach *ius civile* ergab sich eine solche Verzögerung immer dann, wenn ein Außenerbe zum Erben eingesetzt worden war, da Außenerben die Erbschaft nicht automatisch, sondern erst mit dem Erbschaftsantritt erwarben.[12] Dies ist denn auch die Fallkonstellation, der die *veteres* durch die Einführung der *usucapio pro herede* gemäß dem eingangs zitierten Gaiusfragment entgegenwirken wollten. Die Unsicherheit über die Annahme der Erbschaft weitete der Prätor mit der Einführung des *beneficium abstinendi* sodann auch auf die *sui heredes* aus.[13] Zwar führte er gleichzeitig – mit dem *successorium edictum* und der *interrogatio in iure an heres sit* – auch eine Befristung der Möglichkeit ein, die Erbschaft zu beanspruchen.[14] Sowohl dem zur *bonorum possessio* Berufenen als auch dem *in iure* Befragten gewährte der Prätor aber Deliberationsfristen, die bei Nichtbeanspruchung der *bonorum possessio* bzw. Verneinung der *interrogatio in iure* nacheinander allen potentiellen Erben angeboten wurden. Somit konnte die Zeit der Ungewissheit – gerade im Falle eines der Überschuldung verdächtigten Nachlasses – ohne weiteres mehrere Jahre andauern.[15] Noch bedeutend länger konnte die Ungewissheit über das Vorhandensein eines Rechtsnachfolgers im Sonderfall einer bedingten Erbeinsetzung andauern. Da die Erbschaft erst mit Bedingungsantritt anfallen und auch der Erbschaftsantritt erst ab diesem Zeitpunkt erklärt werden konnte, war es auch nicht möglich, dem potentiellen Erben bereits vorgängig eine Deliberationsfrist anzusetzen. Aus Gläubigersicht musste sich somit die Frage stellen, ob sie diese lange Zeit der Ungewissheit zwingend abwarten mussten oder ob – und gegebenenfalls unter welchen Umständen – sie bereits vorzeitig Befriedigung ihrer Forderungen erlangen konnten.

II. Untersuchungsgegenstand

Solange Ungewissheit über die Nachfolgerfrage herrschte, befand sich der Nachlass in einer Art Schwebezustand, der gemeinhin als *hereditas iacens*[16] bezeichnet

---

12 Siehe unten S. 33 ff.

13 Siehe unten S. 59 ff.

14 Siehe zum *successorium edictum* unten S. 46 ff.; zur *interrogatio in iure an heres sit* unten S. 135 ff.

15 Die Frist zur Beanspruchung der *bonorum possessio* betrug für Eltern und Kinder ein Jahr (D. 38.9.1.12 Ulp. 49 ed.), für alle übrigen Berufenen 100 Tage (D. 38.9.1.8–9 Ulp. 49 ed.). Die Deliberationsfrist des Erben nach erfolgter *interrogatio in iure* betrug in der Regel ebenfalls 100 Tage (D. 28.8.2 Paul. 57 ed.), der Prätor konnte sie aber auch verlängern (D. 28.8.3 Ulp. 60 ed.).

16 Der Begriff findet sich in dieser Form zwar nicht unmittelbar in den Quellen, der Bezug zum Verb *iacere* ist in den Quellen allerdings angelegt; vgl. D. 36.4.5.20 Ulp. 52 ed. (*hereditas iacuerit*); D. 37.3.1 Pap. 15 quaest. (*bona iaceant*); D. 40.5.4.17 Ulp. 60 ed. (*bona iacent*); D. 43.24.13.5 Ulp. 71 ed. (*hereditas iacebat*).

wird.[17] Das Vermögen des Verstorbenen bestand während dieser Zeit als Einheit weiter. Das Eigentum an den einzelnen Vermögenswerten blieb grundsätzlich bestehen – sie wurden also nicht herrenlos –, obwohl es an einem eigentlichen Eigentümer fehlte.[18] Mögliche Vermehrungen oder Verminderungen des Nachlassvermögens[19] im Zustand der *hereditas iacens* wurden bisher hauptsächlich aus einem sachen- oder erbrechtlichen Blickwinkel untersucht. Gegenstand – auch der meisten Ausführungen der römischen Juristen zur *hereditas iacens* – ist die Frage, inwiefern auch für den Nachlass (oder je nach Konzeption den Erben)[20] erworben werden konnte, wobei mögliche Erwerbs- und Verpflichtungshandlungen des Erbschaftssklaven (*servus hereditarius*) im Mittelpunkt stehen.[21] Daneben wurde immer wieder untersucht, wie der Nachlass für den Erben verwaltet werden konnte. Hier bildete das Edikt *De negotiis gestis* den Hauptanknüpfungspunkt, das die Klagen aus der Geschäftsführung ausdrücklich auch auf den Geschäftsführer über das Vermögen eines Verstorbenen erstreckte.[22]

Die Frage, ob und unter welchen Umständen die Gläubiger des Erblassers auch im Zustand der *hereditas iacens* Aussicht auf eine Erfüllung ihrer Forderungen hatten, wurde in diesem Zusammenhang, wenn überhaupt, nur ganz am Rande thematisiert. Setzt man die einzelnen Aussagen in den Kontext der vollstreckungsrechtlichen Literatur, namentlich zum *curator bonorum*[23] und zu den Voraussetzungen der *venditio bonorum*,[24] ergeben sich bisweilen gar handfeste Widersprüche.

---

17 Zur *hereditas iacens* vgl. ausführlich Voci, DER I, 516 ff.; ferner Dovere, SDHI 70 (2004), 13 ff.; Alonso, Labeo 47 (2001), 209 ff.; Biondi, DER, 299 ff.; Orestano, IVRA 33 (1982), 1 ff.; Knütel, 234; Robbe, 3 ff.; Lübtow, St. Grosso II, 583 ff.

18 Schulz, Classical Roman Law, Rn. 511: „A thing belonging to the inheritance is *in dominio* but without *dominus*." Ihm folgend Lübtow, St. Grosso II, 597 f. Dies gilt zumindest für die klassische Zeit. Für die Zeit der Republik postulieren beide Autoren, die *res hereditariae* seien als *res extra dominium* aufgefasst worden. Vgl. zum Thema zuletzt auch Domisch, 58 f.

19 Vgl. D. 50.16.178.1 Ulp. 49 Sab.: „*‚Hereditas' iuris nomen est, quod et accessionem et decessionem in se recipit: hereditas autem vel maxime fructibus augetur.*"

20 Grundsätzlich scheint die Konzeption vorherrschend gewesen zu sein, wonach die *hereditas* bis zum Zeitpunkt des Erbschaftsantritts die Rolle des Eigentümers vertrat und somit selbständig „anstelle des Erblassers" erwarb (vgl. D. 30.116.3 Flor. 11 inst.; D. 41.1.33.2 Iul. bei Ulp. 4 disp.; D. 41.1.34 Ulp. 4 cens.; D. 41.3.15 pr. Paul. 15 Plaut.; vgl. auch D. 12.1.41 Afr. 8 quaest.). Für Cassius ist aber die Fiktion belegt, der antretende Erbe habe die Erbschaft bereits im Todeszeitpunkt erworben (D. 45.3.28.4 Gai. 3 verb. obl.). Zur Frage siehe unten § 1 Fn. 31.

21 Vgl. dazu ausführlich insb. Voci, DER I, 518 ff.; Alonso, Labeo 47 (2001), 210 ff.

22 Vgl. Lenel, EP, 101 ff. Zur *negotiorum gestio* und den einschlägigen Untersuchungen siehe unten S. 72 ff.

23 Siehe dazu zuletzt Pérez Álvarez, Bonorum venditio, 194 ff.; Biscotti, Curare bona, 66 ff.

24 Grundlegend noch immer Solazzi, Concorso I, II; zuletzt ausführlich Pérez Álvarez, Bonorum venditio, bes. 109 ff., 227 ff.

Ziel dieser Abhandlung ist es deshalb, die Frage nach der Forderungsdurchsetzung nach dem Tod des Schuldners aus Gläubigerperspektive umfassend aufzuarbeiten. Die Möglichkeiten der Gläubiger sollen in jedem Nachlassstadium, das heißt ab dem Todeszeitpunkt des Erblassers bis zu einem möglichen Abschluss der Zwangsvollstreckung, einzeln beleuchtet werden. Naturgemäß liegt der Schwerpunkt dabei auf der Zeitspanne, während deren Ungewissheit über die Nachfolgerfrage herrscht (*hereditas iacens*), da dies die für die Gläubiger problematische Situation ist.

Auch für das römische Recht ist davon auszugehen, dass der weitaus überwiegende Teil der Schulden ohne weitere rechtliche Auseinandersetzung und jedenfalls ohne den Umweg über einen Zivilprozess beglichen wurde. Die vorliegende Abhandlung hat deshalb zum Ziel, sowohl die prozessualen Möglichkeiten der Gläubiger als auch die Möglichkeiten der außergerichtlichen Forderungseintreibung bzw. der freiwilligen Erfüllung zu analysieren.

Wie diese umfassende Betrachtungsweise aufzeigen soll, waren die Gläubiger zwar darauf angewiesen, dass der Nachlass einen Gesamtrechtsnachfolger erhielt, gegen den sie ihre Forderungen anhängig machen konnten. Gleichzeitig trug der Prätor dem Interesse der Gläubiger an einer zeitnahen Erfüllung ihrer Forderungen jedoch in mannigfacher Weise Rechnung. Das insbesondere den Ausführungen SOLAZZIS zugrundeliegende Vorverständnis, wonach die Gläubigerinteressen im Zweifel hinter das Interesse des Erben an einem unversehrten Nachlass zurücktraten, kann deshalb nicht geteilt werden.[25] Vielmehr suchte der Prätor einen Ausgleich zwischen den Interessen aller Beteiligten und konnte daher ausnahmsweise durchaus ein Antasten des Nachlasses im Interesse der Gläubiger zulassen.

III. Abgrenzungen

Aufgrund des gewählten Blickwinkels ist der Untersuchungsgegenstand gegenüber anderen Themenbereichen abzugrenzen. Dies gilt einerseits für jegliche Fragen zu den sogenannten Erbfallschulden, das heißt jenen Schulden, die erst mit dem Tod des Erblassers entstanden: Anders als bei der Haftung für die Erblasserschulden beschränkte das römische Recht die Haftung für Erbfallschulden auf das Nachlasssubstrat. Testamentarisch begründete Verpflichtungen wie Legate, Fideikommisse, Schenkungen von Todes wegen oder testamentarische Freilassungen waren somit grundsätzlich nur in dem Umfang geschuldet, in dem der Nettonachlass einen

---

25 Siehe dazu insbesondere die kategorische Ablehnung eines Nachlassverkaufs bei bedingter Erbeinsetzung, unten S. 167 ff.

Aktivenüberschuss aufwies.[26] Eine Ausnahme galt lediglich für das Universalfideikommiss, bei dem der Überschuldungseinwand den Erben nicht seiner Pflicht zur Herausgabe des Gesamtnachlasses enthob und bei dem der Erbschaftsantritt gemäß dem *senatus consultum Pegasianum* gar durch magistratischen Zwang erwirkt werden konnte.[27] Der Grund hierfür ist in dem Umstand zu sehen, dass der Universalfideikommissar mit der Annahme des Fideikommisses auch die Lasten der Nachlassschulden auf sich lud.[28] Eine Beschränkung der Haftung auf das Nachlasssubstrat fand sich sodann auch hinsichtlich der Rückforderung von Bestattungskosten durch einen die Bestattung vornehmenden Dritten (*actio funeraria*).[29]

Die Beschränkung der Haftung für Erbfallschulden führte dazu, dass die Forderungen der Gläubiger des Erblassers in jedem Zeitpunkt privilegiert waren. Unter der Prämisse, dass der Erbe seine eigenen Rechte schützte und nur Forderungen beglich, die auch tatsächlich bestanden, blieben die Erbfallschulden immer subsidiär und tangierten die Zahlungsfähigkeit des Erben aus Sicht der Gläubiger des Erblassers somit nicht. Daher sahen sich die Gläubiger des Erblassers von vornherein nicht mit der Situation konfrontiert, dass sie ihre Forderungen neben den Erbfallgläubigern anhängig machen mussten und in einem Konkurs gegebenenfalls mit ihnen konkurrierten. Für die vorliegende Untersuchung, die sich auf die Perspektive der Gläubiger des Erblassers beschränkt, können Fragen zu Erbfallschulden und -gläubigern deshalb außer Betracht bleiben. Wenn in der Folge der Einfachheit halber nur von „Gläubigern“ gesprochen wird, bezieht sich diese Terminologie somit immer ausschließlich auf die Gläubiger des Erblassers, die bereits vor dessen Tod bestanden.

Eine weitere Einschränkung des Untersuchungsgegenstands ergibt sich aus der Tatsache, dass nicht alle Verbindlichkeiten des Erblassers auch tatsächlich auf den

---

26 Vgl. D. 35.2.11.5 Pap. 29 quaest.; D. 35.2.66.1 Ulp. 18 l. Iul. Pap.; Buchwitz, HRP I § 58, Rn. 12 f.; Kroppenberg, 190 ff.; Schanbacher, Ratio, 23 ff.; Manthe, 139 ff.; Kaser, RP I, 734; Voci, DER I, 664 f.; Biondi, DER, 345 f.

27 Vgl. dazu Manthe, 85 ff.; Kroppenberg, 191 ff.; Babusiaux, Erbrecht, 292 f.; Rüfner, HRP II § 98, Rn. 55.

28 Die Haftungsübernahme erfolgte ursprünglich durch den ergänzenden Abschluss von *stipulationes emptae et venditae hereditatis*, mit denen der Universalfideikommissar dem Erben versprach, ihn für alle noch zu erleidenden Schäden aus dem Nachlass schadlos zu halten und ihn gegebenenfalls im Prozess zu vertreten (vgl. dazu Manthe, 27 ff.). Das *senatus consultum Trebellianum* (55/56 n. Chr.) baute den Schutz des Erben sodann dahingehend aus, dass der Universalfideikommissar direkt *heredis loco* durch *actiones utiles* eingeklagt werden konnte. Das *senatus consultum Pegasianum* (wohl 72 n. Chr.) kehrte in dieser Hinsicht sodann zum vortrebellianischen Rechtszustand zurück, indem der Schutz des Erben lediglich auf den zwischen dem Erben und dem Universalfideikommissar abgegebenen Stipulationen beruhte; vgl. zum Ganzen Rüfner, HRP II § 98, Rn. 50 ff.; Manthe, bes. 35 ff., 78 ff., 85 ff.; Babusiaux, Erbrecht, 288 ff.; Kaser, RP I, 761 ff.

29 Buchwitz, HRP I § 58, Rn. 12 f.; Voci, DER I, 666; Kaser, RP I; zur *actio funeraria* zuletzt Unger; dazu Meissel, ZRG RA 137 (2020), 480 ff.; Meissel, ZRG RA 138 (2021), 219 ff.

Erben übergingen. Die grundsätzliche Vererblichkeit von Verbindlichkeiten wird zwar für die Mehrheit der vertraglich begründeten Verbindlichkeiten postuliert, namentlich für solche aus Konsensual- und Realverträgen und – zufolge der neueren Forschung – auch für den ganz überwiegenden Teil der durch Stipulation begründeten Verbindlichkeiten.[30] Unvererblich waren aufgrund ihres Ursprungs als religiöser Eid hingegen Verbindlichkeiten aus *sponsio* und *fideipromissio*, nicht aber solche aus der späteren *fideiussio*.[31] Ebenfalls passiv unvererblich waren aufgrund ihres zumindest teilweise pönalen Charakters deliktische Verbindlichkeiten.[32] In den genannten Fällen verfielen die ursprünglichen Ansprüche des betroffenen Gläubigers mit dem Tod des Schuldners. Eine Ausnahme bestand lediglich für den Fall, dass der Gläubiger bereits vor dem Ableben des ursprünglichen Schuldners einen Prozess gegen ihn anhängig gemacht hatte, dessen Inhalt die Parteien bereits durch die *litis contestatio* perpetuiert hatten.[33] Durch diesen Akt wurden alle Klagen vererblich, unabhängig davon, ob sie ihrem Charakter nach vor Streitbegründung auf den Erben übergehen konnten.[34] Der bereits begonnene Prozess konnte auf den Erben als neuen Schuldner übertragen werden (*translatio iudicii*), und der Gläubiger konnte seinen Anspruch unabhängig von dessen ursprünglicher Rechtsnatur durchsetzen.[35]

Die Vererblichkeit oder Unvererblichkeit eines Anspruchs ist eine Rechtsfrage, auf welche die Gläubiger keinerlei Einfluss hatten. In den Fällen, in denen eine Forderung mit dem Tod des Schuldners unterging, verlor der Gläubiger jegliche Anspruchsgrundlage, und sämtliche Handlungen oder Maßnahmen im Hinblick auf die Erfüllung wurden obsolet. Für die vorliegende Arbeit, die sich auf die Rechtslage und das Vorgehen nach Ableben des Schuldners bezieht, sind die Fälle der Unvererblichkeit somit ohne Relevanz. Wenn in der Folge ohne weitere

---

30 Buchwitz, HRP I § 58, Rn. 6 f., 9; zur Frage der Vererblichkeit von Stipulationen vgl. ausführlich zu den einzelnen Arten von Stipulationen Finkenauer, Vererblichkeit, 25 ff. (*stipulatio in dando*), 35 ff. (*stipulatio in faciendo*), 52 ff. (*stipulatio habere licere*), 96 ff. (*stipulatio doli mali*), 125 ff. (*compromissum*), 139 ff. (*stipulatio uti frui licere*), 167 ff. (*stipulatio per te non fieri quo minus quid fiat*); Casella, bes. 15 ff.; dazu auch Finkenauer, ZRG RA 137 (2020), 456 ff. Die ältere Lehre ging dagegen davon aus, dass gewisse Stipulationen ursprünglich nur bei Aufnahme einer Erbenklausel in die Stipulationsformel passiv vererblich waren; Voci, DER I, 225 ff.; Korošec, 66 ff., mit der Präzisierung, dass mit der Zeit Kontroversen betreffend die Vererblichkeit auch ohne Erbenklausel entstanden sein mögen.

31 Gai. 4.113; Buchwitz, HRP I § 58, Rn. 4 f.; Finkenauer, Vererblichkeit, 24 f.

32 Gai. 4.112; Buchwitz, HRP I § 58, Rn. 11.

33 Zu Natur und Wirkung dieses *perpetuare* vgl. zuletzt Albers, 11 ff., 373 ff., mit einschlägigen Quellennachweisen; Erxleben, 3, spricht ausdrücklich von einer „*perpetuatio obligationis*".

34 Erxleben, 119 mit Quellennachweisen in Fn. 15.

35 Zur Übertragung des Prozesses nach erfolgter *litis contestatio* auf den Erben grundlegend zuletzt Erxleben.

Präzisierung von „Forderungen“ gesprochen wird, wird der vererbliche Charakter der zugrundeliegenden Verbindlichkeit vorausgesetzt.

IV. Quellenlage

Der gewählte Ansatz stellt im Hinblick auf das vorhandene Quellenmaterial in mehrfacher Hinsicht eine Herausforderung dar. Zum einen widmet weder die Systematik der justinianischen Kompilation noch jene der Institutionen des Gaius der hier interessierenden umfassenden Gläubigerperspektive eigene Abschnitte oder Titel. Zwar würdigen beide Quellenkorpora einzelne der einschlägigen Teilaspekte mehr oder weniger ausführlich. Die hier besonders interessierenden Schnittstellen und Zusammenhänge zwischen den einzelnen Teilaspekten, insbesondere zwischen der Geschäftsführung über den Nachlass, den Möglichkeiten, die Erbenfindung voranzutreiben, und allfälligen Vollstreckungshandlungen, werden allerdings gerade nicht eigens thematisiert. Sie finden bestenfalls am Rande Erwähnung. Dies gilt im Übrigen auch für die pandektistische Einteilung des Privatrechts, welche die moderne Forschung noch immer prägt.

Am nächsten kommt der gewählte Ansatz der Systematik des prätorischen Edikts, wie es Otto Lenel rekonstruiert hat. Unter dem Titel *Quibus ex causis in possessionem eatur* behandelt das Edikt nicht nur den Unterfall der Erbenlosigkeit (*Cui heres non extabit*), sondern im Anschluss sukzessive die Möglichkeiten, dem Erben eine Deliberationsfrist zu setzen (*De iure deliberandi*), die Auswirkungen der Gewährung des *beneficium abstinendi* an den *suus* (*Si suus heres erit*) mit Unterscheidung des unmündigen und des mündigen Erben (*Si pupillus heres erit* bzw. *Si pubes heres erit*) sowie den vollstreckungsrechtlichen Sonderfall einer Weigerung zur Sicherheitsleistung durch den der Überschuldung verdächtigten Erben (*Si heres suspectus non satisdabit*).[36] Die eigentliche Verwertung des Nachlasses schließt sich sogleich unter dem Titel *De bonis possidendis proscribendis vendundis* an.[37] Weitere einschlägige Gebiete, die einen umfassenderen Anwendungsbereich haben als nur den Fall des (temporär) erbenlosen Nachlasses (z. B. die *negotiorum gestio* oder die *bonorum possessio*), finden sich an anderer Stelle.[38] Der Aufbau des Edikts unterstreicht, dass die prätorischen Maßnahmen zur Klärung der Erbenfrage im Kontext der *missio in bona* und somit im Hinblick auf mögliche Vollstreckungshandlungen verstanden werden müssen. Insoweit stellt der Ediktsaufbau einen wertvollen Ausgangspunkt für die vorliegende Untersuchung dar. Eine lückenlose Rekonstruktion

---

36 Lenel, EP, 413 ff., bes. 416 ff.

37 Lenel, EP, 423 ff.

38 Lenel, EP, 101 ff. (*De negotiis gestis*), 342 ff. (*De bonorum possessionibus*).

der Vorgänge lassen aber aufgrund der nur punktuellen Überlieferung weder der Ediktstext noch die Ediktskommentare zu.

Die zweite nennenswerte Erschwerung erfährt die Arbeit dadurch, dass sowohl der römische Zivilprozess als auch das Vollstreckungsrecht zwischen der klassischen Zeit und der Kompilation durch Justinian umfassende Veränderungen erfahren haben.[39] Das *Corpus iuris civilis*, das den justinianischen Rechtszustand abbilden sollte, kann hinsichtlich der prozessualen Abläufe somit nur bedingt als Grundlage dienen. Für den Zivilprozess vermögen die Institutionen des Gaius das Problem etwas zu entschärfen, deren viertes Buch den *actiones* des Formularverfahrens gewidmet ist.[40] Gleiches gilt jedoch nicht für das das Formularverfahren ergänzende Vollstreckungsrecht. Zwar sind die Institutionen des Gaius – neben der Paraphrase des Theophilus[41] – auch für das Verfahren der *venditio bonorum* unsere hauptsächliche Quelle.[42] Die Informationen, die wir aus den genannten Abhandlungen beziehen können, stellen aber nur punktuelle Ausführungen zur *bonorum emptio* als Form der Gesamtrechtsnachfolge dar. Von einer umfassenden Beschreibung des klassischen Vollstreckungsverfahrens sind sie weit entfernt.[43]

Die Ausführungen des *Corpus iuris civilis* zu Fragen des Vollstreckungsrechts sind für die vorliegende Untersuchung deshalb nur mit Vorsicht heranzuziehen, weil das römische Vollstreckungsrecht zwischen der hier interessierenden klassischen Zeit und der Zeit Justinians einen eigentlichen Systemwechsel durchlaufen hat: die Abkehr vom Grundsatz der Generalexekution durch Universalsukzession hin zur Spezialexekution.[44] Bereits das Kognitionsverfahren kannte keine Beschränkung auf die *condemnatio pecuniaria* mehr, weshalb ein im Prozess Unterlegener zur Herausgabe einzelner Gegenstände gezwungen werden konnte.[45] Lautete das Urteil auf eine Geldschuld, konnte diese durch Pfändung und Verkauf einzelner Vermögenswerte des Schuldnervermögens vollstreckt werden.[46] Dieser Ansatz der Spezialexekution setzte sich in nachklassischer Zeit vollständig durch, so dass sie zur Zeit Justinians die Regel bildete.[47] Die Gesamtvollstreckung beschränkte sich – anders als noch unter dem Formularverfahren – auf die Fälle der Überschuldung

---

39 Siehe ausführlich unten S. 235 ff.

40 Zur Bedeutung der Institutionen des Gaius für das Verfahren vgl. Mantovani, Mél. Humbert, 535 ff.

41 Theoph. 3.12 pr.

42 Vgl. Gai. 3.77–81.

43 Zur Bedeutung der Institutionen des Gaius sowie der Paraphrase des Theophilus für die Lehre von der *venditio bonorum* vgl. Koch, in: Babusiaux/Mantovani, 743 ff.

44 Vgl. Kaser/Hackl, 623 f., 626.

45 Kaser/Hackl, 512. Den Rechtsschutz im Kognitionsverfahren hat zuletzt Babusiaux, ZRG RA 136 (2019), 144 ff., anhand des Beispiels der Fideikommisse ausführlich dargelegt.

46 Kaser/Hackl, 512; Willems, HRP I § 15, Rn. 36.

47 Kaser/Hackl, 626.

des Schuldners sowie auf den nachfolgerlosen Nachlass.[48] Auch hier hatte das Verfahren aber nur noch wenig Ähnlichkeit mit der *venditio bonorum* des klassischen Rechts. Ziel des Konkursverfahrens war nicht mehr die Bestellung eines Gesamtrechtsnachfolgers; vielmehr konnten die Gläubiger nach der Besitzeinweisung frei über das Vermögen verfügen und die Vermögenswerte insbesondere einzeln verkaufen.[49] Justinian selbst erwähnt die *venditio bonorum* in seinen Institutionen denn auch nur noch als Relikt der Vergangenheit.[50]

Aus einem ähnlichen Grund ist schließlich auch der Blick auf andere Rechtsordnungen der Zeit oder auf die Rechtsanwendung in den römischen Provinzen wenig zielführend. Die Vermögensvollstreckung durch Gesamtrechtsnachfolge (*venditio bonorum*) scheint eine Besonderheit des römischen Rechts gewesen zu sein; der Regelfall der Vollstreckung war in den Provinzen eine Form der *distractio bonorum*, das heißt eine Vollstreckung durch Einzelverkauf.[51] Es besteht in der Forschung insoweit Konsens, dass das römische Vollstreckungswesen nicht systematisch und umfassend in die Provinzen übertragen wurde. Zwar scheint die römische Verwaltung die peregrinen Vollstreckungssysteme nicht gänzlich unangetastet belassen zu haben, als Grundlage scheint sie die vorgefundenen peregrinen Institute und damit auch die grundsätzliche Ausrichtung auf die Spezialexekution aber geduldet und darauf aufgebaut zu haben.[52]

V. Methode und Aufbau

Die bisweilen dürftige Quellenlage darf nicht dazu führen, dass die Frage nach der Durchsetzung von Forderungen nach dem Tod des Schuldners von vornherein außer Acht gelassen wird. Dieses Petitum gilt erst recht, wenn man sich vor Augen führt, dass die Untersuchungen zu den einzelnen Rechtsgebieten, die sich am Rande mit der Fragestellung befassen, von bisweilen widersprüchlichen Prämissen ausgehen.[53] Insofern bedeutet bereits eine Aufdeckung und – soweit möglich – Beseitigung dieser Widersprüche einen Mehrwert.

---

48 Kaser/Hackl, 626; Willems, HRP I § 15, Rn. 37, allerdings jeweils ohne Nennung des Nachlasskonkurses. Dieser ergibt sich aus Inst. 2.19.1; vgl. unten S. 235 ff.

49 Vgl. C. 7.72.10.2 Iust. (a. 532); Inst. 2.19.1. Zum Nachlassverkauf nach justinianischem Recht siehe ausführlich unten S. 235 ff.

50 Inst. 3.12 pr.

51 Vgl. zum ptolemäischen Vollstreckungsrecht grundlegend Jörs, ZRG RA 36 (1915), 230 ff.; Jörs, ZRG RA 39 (1918), 52 ff.; Jörs, ZRG RA 40 (1919), 1 ff.; ferner Alonso/Babusiaux, HRP I § 8, Rn. 56 ff.

52 Alonso/Babusiaux, HRP I § 8, Rn. 59.

53 Siehe oben S. 17.

Der erste Teil der Arbeit liefert deshalb einen möglichst vollständigen Abriss über die Rechtslage, mit der sich die Gläubiger nach dem Tod ihres Schuldners konfrontiert sahen. Er umfasst zunächst eine historisch aufgebaute Darstellung der Hilfestellungen, die das römische Recht den Gläubigern im Hinblick auf die Beschaffung eines neuen Schuldners bot (§ 1). Sodann sollen darin die Verfügungsmöglichkeiten und -grenzen der Geschäftsführung über den ruhenden Nachlass ausgelotet werden – und damit die Möglichkeiten einer „freiwilligen" Schuldentilgung durch einen solchen Geschäftsführer (§ 2). Insofern keine entsprechende „freiwillige" Gläubigerbefriedigung erfolgte, sind schließlich die Möglichkeiten und Grenzen der prozessualen Durchsetzung der Forderung nach dem Tod des Schuldners darzustellen (§ 3).

Zu den Fragestellungen dieses ersten Teils enthalten die Juristenschriften an diversen Stellen mehr oder weniger explizite Hinweise. Als weiterer Anhaltspunkt kann sodann der Ediktsaufbau dienen, der die einzelnen Maßnahmen im Rahmen der *missio in possessionem* und damit ebenfalls aus der Gläubigerperspektive behandelt.[54] Ziel wird es deshalb sein, diese Informationen zusammenzutragen und insbesondere die bisherigen Erkenntnisse der Forschung zu einzelnen Rechtsgebieten zueinander in Verbindung zu setzen. Im Falle von Widersprüchen ermöglicht dies, die bestehenden Erkenntnisse kritisch zu hinterfragen und einzelne Rechtsfragen gegebenenfalls einer Neubewertung zu unterziehen.

Der zweite Teil befasst sich sodann vertiefter mit der eigentlich problematischen Fallkonstellation: der Situation, dass die Frage nach dem Vorhandensein eines Erben trotz des im ersten Teil erörterten Maßnahmenpakets über außergewöhnlich lange Zeit ungewiss blieb. Als Paradefall erörtern die Quellen hier in der Regel den Fall der bedingten Erbeinsetzung.[55] Hier lässt sich die Frage der Erbenstellung erst nach Bedingungseintritt abschließend beantworten, was die Phase der Ungewissheit für die Gläubiger auf teilweise unabsehbare Zeit erstrecken kann. Für diesen Fall gilt es deshalb zu prüfen, inwiefern der Prätor im Sinne einer Interessenabwägung zwischen den Interessen des potentiellen Erben und jenen der Gläubiger auch Vollstreckungshandlungen gegen den Nachlass erlauben konnte, obwohl die Erbfolge noch nicht definitiv geklärt war (§ 4). Angesichts der punktuell erweiterten Vollstreckungsmöglichkeiten der Gläubiger bei langer Ungewissheit über die Erbenfrage stellt sich sodann die Frage, inwiefern es im Gegenzug möglich war, die Vollstreckung im Interesse des potentiellen Erben abzuwenden. Hier findet sich in den Quellen ein Hinweis auf eine *defensio defuncti*, das heißt eine Möglichkeit, dass sich jemand nach dem Tod des Schuldners auf einen Prozess

54 Siehe oben S. 21.

55 Vgl. D. 28.5.23 Pomp. 1 Sab. sowie D. 42.7.1 Paul. 57 ed.; zu beiden unten § 4; D. 42.5.4 Paul. 57 ed.; siehe dazu unten § 5.

einließ, noch bevor für den Nachlass ein Gesamtrechtsnachfolger bestand. Sowohl die prozessuale Stellung als auch die Funktion eines solchen *defensor defuncti* sind vertiefter zu untersuchen, zumal das Auftreten eines Beklagten jegliches weitere Warten auf einen Gesamtrechtsnachfolger obsolet machte (§ 5). Aufbauend auf den Erkenntnissen zur Vollstreckung bei langer Nachfolgerlosigkeit kann schließlich untersucht werden, inwiefern der Prätor die Kompetenz hatte, nicht nur eine *venditio bonorum* zuzulassen, sondern ausnahmsweise auch die für den (potentiellen) Erben schonendere *distractio bonorum*, das heißt den Einzelverkauf von Nachlassgegenständen, gewähren konnte (§ 6).

Die in diesem zweiten Teil aufgeworfenen Spezialfragen stützen sich nicht auf umfassende theoretische Abhandlungen in den Quellen, was angesichts des geänderten Prozess- und Vollstreckungsrechts zur Zeit der Kompilation keineswegs überrascht.[56] Sie sind jedoch ausdrücklich oder bisweilen auch nur implizit in einzelnen Digestenstellen angelegt. Dabei darf – wie oben ausgeführt[57] – die Gefahr nicht unterschätzt werden, dass die Digesten nur einen verschleierten oder gar verfälschten Blick auf das klassische Prozess- und Vollstreckungsrecht erlauben. Insbesondere Texte, die sich ausschließlich zu einzelnen Fragen des Prozess- oder Vollstreckungsrechts äußern, können somit nicht verlässlich herangezogen werden. Durchaus verwertbar sind hingegen jene Stellen, welche die beschriebene Konstellation der langen Ungewissheit über die Nachfolgerfrage als für die erörterte Fallkonstellation oder Rechtsfrage wesentliches Element voraussetzen. In diesen Fällen kann davon ausgegangen werden, dass die Frage bereits Gegenstand der klassischen Originalschrift war. Andernfalls würde man unterstellen, dass die Kompilatoren nicht nur Anpassungen der bestehenden Fragmente an den neueren Rechtszustand vorgenommen, sondern gleichsam die gesamte Thematik einer Stelle grundlegend geändert haben. Dies ist zwar nicht ausgeschlossen, entsprechend einschneidende Eingriffe dürften angesichts des Auftrags der Kompilatoren aber eine Seltenheit gewesen sein.[58] Auch bei diesen Fragmenten sind kleinere Bearbeitungen durch die Kompilatoren nicht ausgeschlossen; immerhin steht in diesen Fällen aber fest, dass der klassische Jurist die jeweilige Frage für erörterungswürdig befand und sie einer Lösung zuführte. Ziel der Arbeit ist es, den klassischen Rechtszustand mittels ausführlicher Exegesen dieser Stellen zu rekonstruieren.

---

56 Siehe oben S. 22.

57 Siehe oben S. 22.

58 Vgl. Const. Deo Auctore, 10, ferner 7.

Erster Teil

§ 1 Grundzüge der Schuldnernachfolge

I. Ausgangslage: Das Regime des *ius civile*

1. Erbenhaftung nach *ius civile*

a) Die Haftung im Allgemeinen

Die Haftung des Erben für die Schulden des Erblassers ist eines der ältesten Prinzipien des römischen Rechts.[1] Sicher belegt finden wir sie bereits für die Zeit des Zwölftafelgesetzes, auf die Paulus und mehrere kaiserliche Reskripte den Grundsatz *Nomina ipso iure divisa sunt* zurückführen.[2] Dieser Grundsatz, der in den gängigen Rekonstruktionen gemeinhin auf der Tafel 5,9 verortet wird,[3] statuierte, dass Forderungen und Schulden des Erblassers nicht Gegenstand der Erbteilungsklage (*actio familiae erciscundae*) bildeten, sondern vielmehr mit dem Tod des Erblassers *ipso iure* auf die Erben im Verhältnis ihrer Erbteile übergingen.[4] Mindestens ab dem Zwölftafelgesetz brachte die Erbenstellung somit auch die automatische Schuldnerstellung hinsichtlich der Verbindlichkeiten des Erblassers mit sich.

Da der Grundsatz *Nomina ipso iure divisa sunt* die Erbenhaftung ohne weiteres voraussetzt, ist wahrscheinlich, dass bereits vor der Verabschiedung des Zwölftafelgesetzes eine Form der Erbenhaftung bestand. Mangels Hinweisen in den Quellen sind genauere Aussagen zur Entstehung der Erbenhaftung jedoch nicht möglich. Jedenfalls für die Frühzeit geht die Forschung bisweilen von Unvererblichkeit der Erblasserschulden aus, da die damals allein einschlägige Personalvollstreckung einen Schuldner voraussetzte, der sich s e l b s t verpflichtet hatte.[5]

---

1 Buchwitz, HRP I § 58, Rn. 1, mit Verweis auf Gai. 2.55 (dazu unten S. 38 ff.) und Gai. 3.84.

2 C. 3.36.6 Gord. (o. A.); C. 8.31.1 Valer./Galien. (a. 257); C. 2.3.26 Diocl./Maxim. (a. 294); ferner C. 4.16.7 Diocl./Maxim. (a. 294); D. 10.2.25.9, 13 Paul. 23 ed.

3 Vgl. Bruns, 24; FIRA I, 41; Girard/Senn, 36; zur Frage der Verortung im Zwölftafelgesetz siehe zuletzt Parenti, in: Cursi, I, 381 ff. m. w. N.

4 Vgl. dazu sowie zu den Ausnahmefällen aufgrund nicht teilbarer Schulden Buchwitz, HRP I § 58, Rn. 20 ff.

5 Biondi, IVRA 1 (1950), 166 ff.; Betti, 60 ff.; Kaser, AHDO-RIDA 1 (1952), 517 f.; zuletzt zustimmend Buchwitz, HRP I § 58, Rn. 1; ferner auch J. Schmidt, 129 ff. Für eine Datierung der Anfänge der Erbenhaftung – mit Ausnahme der Leichnamshaftung (a. a. O., 42) – erst im 2. Jahrhundert v. Chr. dagegen Korošec, bes. 126 f., allerdings mit sehr weitgehenden und nicht haltbaren Interpolationsannahmen; dagegen bereits Bonfante, AG 100 (1928), 129 ff.; Rabel, ZRG RA 49 (1929), 580 ff., bes. 584.

Die entwicklungsgeschichtliche Begründung der Erbenhaftung wird gemeinhin darin gesehen, dass die Passiven des Erblassers jener Person aufgebürdet werden sollten, die auch von den Aktiven des Erblassers profitiert und folglich finanziell am besten zur Schuldentilgung in der Lage sein sollte.[6] Diese Überlegung überzeugt insoweit, als, sobald einmal die Hürde der grundsätzlichen Vererblichkeit der Erblasserschulden genommen worden war, der von den Aktiven profitierende Erbe der naheliegende Schuldner war. Er war der neue Inhaber des Vermögens, das bereits vor dem Tod des ursprünglichen Schuldners als Haftungssubstrat diente. Eine eigentliche Koppelung der Haftung an das Nachlassvermögen oder gar ihre Beschränkung darauf darf daraus jedoch nicht abgeleitet werden: Der Erbe haftete den Gläubigern des Erblassers grundsätzlich persönlich und unbeschränkt; entscheidend für den Schuldenübergang war allein die formale Stellung als Erbe – und gegebenenfalls noch die Annahme dieser Erbenstellung[7] – gänzlich unabhängig von dem vorhandenen Nachlassvermögen. In dem Umfang, in dem die Schulden des Erblassers die Nachlassaktiven überstiegen, hatte der Erbe mit seinem eigenen Vermögen *ultra vires hereditatis* für die Erblasserschulden einzustehen.[8]

b) Die Haftung von Hauserben

Bei der Frage, wie die testamentarisch eingesetzten oder durch die Intestaterbfolge berufenen Personen ihre Erbenstellung – und damit verbunden auch die Stellung als neue Schuldner – erwarben, unterschied das *ius civile* zwischen Hauserben und Außenerben.[9] Zu den Hauserben zählten jene Angehörige der *familia* des

---

6 KROPPENBERG, 172; KASER, AHDO-RIDA 1 (1952), 521 f.; BETTI, 168 ff.; zur Begründung der unbeschränkten Erbenhaftung J. SCHMIDT, 247 ff.

7 Zu den unterschiedlichen Formen des Erbschaftserwerbs durch Hauserben und Außenerben siehe sogleich S. 30 ff. bzw. 33 ff.

8 Zu allem: BUCHWITZ, HRP I § 58, Rn. 2; KROPPENBERG, 173 ff.; VOCI, DER I, 663; KASER, RP I, 733. In diesem Zusammenhang findet häufig die These vom sogenannten „aktivischen *bona*-Verständnis" Erörterung, zuletzt ausführlich bei KROPPENBERG, 170 ff. Auf den unbeschränkten Charakter der Erbenhaftung hat die Frage aber keinerlei Auswirkungen, weshalb sie für die vorliegende Untersuchung ohne Relevanz bleibt.

9 Vgl. STROBEL, HRP I § 56, Rn. 6; BABUSIAUX, Erbrecht, 91 f.; VOCI, DER I, 577 f., 587 ff. In Gai. 2.152 findet sich eine Dreiteilung der Erbenkategorien: „*Heredes autem aut necessarii dicuntur aut sui et necessarii aut extranei.*" Mit der Unterscheidung zwischen dem *heres necessarius* und dem *heres suus et necessarius* nimmt Gaius jedoch lediglich eine weiterführende Unterteilung der *ipso iure* erwerbenden Erben vor, ohne für diese einen eigenen Oberbegriff zu bilden (so auch STROBEL, HRP I § 56, Rn. 7). Unter dem Regime des *ius civile* können sowohl der *heres necessarius* (sprich der *servus cum libertate institutus*) als auch der *heres suus et necessarius* unter einer einzigen Kategorie zusammengefasst werden. Eine unterschiedliche Behandlung der beiden Erbenkategorien, die auch die Untergliederung durch Gaius vollauf rechtfertigt, findet sich erst in der vom Prätor eingeführten Möglichkeit, sich der Erbschaft zu enthalten (*beneficium abstinendi*),

Erblassers, die bis zu seinem Tod seiner Hausgewalt unterstanden und durch seinen Tod gewaltfrei (*sui iuris*) wurden.[10] Solange sie der Gewalt des *pater familias* unterstanden, waren sie nicht vermögensfähig, sondern erwarben vielmehr für den *pater familias*, was bedeutet, dass sie bereits zu Lebzeiten des Erblassers zur Mehrung oder Verminderung des Familienvermögens beitrugen.[11] Wenn die Haussöhne beim Tod des *pater familias* gewaltfrei wurden, begründeten sie eigene Familienstämme und wurden gleichsam zum Oberhaupt über die auf sie entfallende *familia* – einschließlich aller zuvor dem Erblasser zustehenden Vermögensrechte.[12] Entsprechend beschreibt Paulus den Übergang des Familienvermögens auf die *sui heredes* nach dem Tod des *pater familias* denn auch nicht als eigentlichen Erbschaftsanfall, sondern als natürliche Fortsetzung der Eigentümerstellung lediglich unter Veränderung der Verfügungsbefugnisse über das Vermögen:[13]

> D. 28.2.11 Paul. 2 Sab.
> *In suis heredibus evidentius apparet continuationem dominii eo rem perducere, ut nulla videatur hereditas fuisse, quasi olim hi domini essent, qui etiam vivo patre quodammodo domini existimantur.* [...] *Itaque post mortem patris non hereditatem percipere videntur, sed magis liberam bonorum administrationem consequuntur.* [...]
> Bei den Hauserben (*sui heredes*) erscheint ziemlich offensichtlich, dass der Fortbestand des Eigentumsrechts dazu führt, dass es keine Erbschaft gegeben zu haben scheint, weil diese gleichsam längst Eigentümer waren, die auch zu Lebzeiten des Vaters in gewisser Weise für Eigentümer gehalten werden.[14] [...] Deshalb scheinen sie nach dem Tod des Vaters nicht eine Erbschaft zu erlangen, sondern vielmehr die freie Verfügungsmacht über das Vermögen. [...]

Im Sinne der nahtlosen Fortführung der *familia* ist verständlich, dass die Hauserben die Erbenstellung ohne weiteres Zutun *ipso iure* erwarben.[15] Erforderlich war weder die Geschäftsfähigkeit noch ein Erwerbswille des Erben.[16] Das *ius civile* ging – anders als das spätere *ius honorarium*[17] – gar so weit, dass es den Hauserben

---

die nur dem *heres suus et necessarius*, nicht aber dem *heres necessarius* offenstand (Gai. 2.158); siehe dazu unten S. 59 ff.

10 Gai. 2.156.

11 Vgl. Babusiaux, Erbrecht, 48 ff.

12 D. 50.16.195.2 Ulp. 46 ed.; Babusiaux, Erbrecht, 50 f.

13 Vgl. hierzu Wacke, ZRG RA 123 (2006), 210 ff.; Avenarius, St. Labruna I, 231 ff.

14 Vgl. auch Gai. 2.157.

15 Gai. 2.157; D. 38.16.14 Gai. 13 l. Iul. Pap.; siehe dazu Strobel, HRP I § 56, Rn. 13 f.; Wimmer, HRP I § 54, Rn. 7; Babusiaux, Erbrecht, 91; Voci, DER I, 577 f.

16 D. 29.2.63 Marcell. Pomp. reg. sing.; Paul. sent. 4.8.5–6; Inst. 3.1.3; Strobel, HRP I § 56, Rn. 14.

17 Zum durch den Prätor eingeführten *beneficium abstinendi* siehe unten S. 59 ff.

keinerlei Möglichkeit ließ, die Erbschaft auszuschlagen und somit dem Drängen der Nachlassgläubiger zu entgehen.[18] Für die Gläubiger ergab sich somit häufig eine vollkommene Kontinuität, bei der das Familienvermögen (*familia*) sowohl vor als auch nach dem Tod des *pater familias* das unmittelbare Haftungssubstrat bildete. Dies war immer dann der Fall, wenn der Erbschaftserwerb des Hauserben – wie es häufig geschah – mit dem Tod des Erblassers zusammenfiel. Gleichwohl war auch ein Auseinanderfallen der beiden Zeitpunkte möglich, namentlich bei aufschiebend bedingten Erbeinsetzungen; als Anwendungsfall einer solchen ist insbesondere an die testamentarische Erbeinsetzung eines Hauserben nicht im ersten, sondern in einem späteren Grad zu denken.[19]

Ebenfalls als Hauserbe zu qualifizieren ist der gleichzeitig freigelassene und zum Erben eingesetzte Sklave des Erblassers (*servus cum libertate institutus*).[20] Zwar zählt er nicht zum Kreis der *sui heredes*.[21] Er war zu Lebzeiten des Erblassers aber Teil des Familienvermögens und somit Teil des Haftungssubstrats der Gläubiger des Erblassers. Insofern ist auch hier der nahtlose Übergang der Erbschaft auf den freigelassenen Sklaven konsequenter Ausdruck der Fortführung der *familia*, und genauso wie für die Hauskinder sah das *ius civile* auch für den freigelassenen Sklaven keine Möglichkeit vor, sich gegen den Erbschaftserwerb und somit auch den Übergang der Erbschaftsschulden zu wehren.[22]

Im Zusammenspiel mit den Mechanismen des prätorischen Rechts führte die Stellung des *servus cum libertate institutus* als Zwangserbe dazu, dass sich die Erbeinsetzung unter gleichzeitiger Freilassung eines eigenen Sklaven als Instrument des Schuldenmanagements nach dem Tod etablierte: Sofern der *pater familias* die *familia* als potentiell überschuldet einschätzte, konnte er durch die Erbeinsetzung des *servus cum libertate institutus* verhindern, dass der Nachlasskonkurs

---

18 Gai. 2.157: „*Necessarii' vero ideo dicuntur, quia omni modo, velint nolint, tam ab intestato quam ex testamento heredes fiunt.*" D. 28.5.87 Maec. 7 quaest. fideic. und D. 28.7.12 Hermog. 3 iur. epit. sehen immerhin die Möglichkeit vor, dass der Erblasser die Erbeinsetzung des Hauserben mit einer *si-volet*-Klausel verband, was dazu führte, dass die Erbeinsetzung bedingt ausgesprochen war und der designierte Erbe sich durch Nichterfüllen der Bedingung der Erbschaft enthalten konnte. In D. 28.5.87 Maec. 7 quaest. fideic. impliziert Maecian allerdings, dass diese Möglichkeit nicht immer unbestritten war. Es muss deshalb offenbleiben, ob eine *si-volet*-Klausel bereits zur frühesten Zeit des *ius civile* den automatischen Erwerb der Erbenstellung anerkanntermaßen verhindern konnte oder nicht. Zur *si-volet*-Klausel vgl. Voci, DER I, 578.

19 Strobel, HRP I § 56, Rn. 16; Voci, DER I, 577 mit Fn. 5; zur bedingten Erbeinsetzung von Hauserben nach *ius civile* siehe allgemein Vogel, ZRG RA 68 (1951), 490 ff. Zur Möglichkeit einer sogenannten *si-volet*-Klausel siehe soeben Fn. 18.

20 Strobel, HRP I § 56, Rn. 8, 11.

21 Vgl. die Unterscheidung zwischen *heredes necessarii* und *heredes sui et necessarii* bei Gai. 2.152–153, 156; dazu auch oben Fn. 9.

22 Gai. 2.153.

unter seinem eigenen Namen eröffnet wurde. Stattdessen richteten sich die Vollstreckungshandlungen direkt gegen den zum Erben eingesetzten freigelassenen Sklaven.[23] Inwiefern der Erblasser bereits nach *ius civile* ein Interesse daran hatte, durch die Einsetzung eines *servus cum libertate institutus* seinen guten Namen zu schützen, kann nicht beurteilt werden. Jedenfalls die öffentliche Ausschreibung des Nachlasses zum Verkauf unter seinem eigenen Namen musste der Erblasser vor der Einführung der Vermögensvollstreckung noch nicht fürchten.[24] Immerhin um die *sui* vor der Erbschaft und der damit verbundenen unbeschränkten Schuldenlast zu bewahren, könnte der *servus cum libertate institutus* aber bereits unter dem Regime des *ius civile* gezielt zum Erben eingesetzt worden sein:

Zwar reichte zum Schutz der *sui* vor den Erbschaftsschulden deren Enterbung aus. Um eine solche Enterbung testamentarisch gültig vornehmen zu können, bedurfte es aber gleichzeitig einer Erbeinsetzung. Hier bot sich ein testamentarisch freizulassender Sklave als Mittel zum Zweck an. Aus Gläubigersicht war eine solche Erbeinsetzung auch beim überschuldeten Nachlass sehr begrüßenswert. Auch wenn der Sklave im Zeitpunkt seiner Freilassung kein eigenes Vermögen besaß, erhielt das Nachlassvermögen mit ihm einen neuen Inhaber und die Gläubiger ein Haftungssubjekt, das über das Vermögen verfügen konnte. Sollte der Sklave sodann in der Zukunft eigenes Vermögen erwirtschaften, bestand zudem die Möglichkeit, dieses ebenfalls zur Schuldentilgung heranzuziehen.[25]

c) Die Haftung von Außenerben

aa) Ausgangslage

Alle übrigen Erben, die beim Tod des Erblassers nicht dessen Hausgewalt unterstanden, werden unter dem Begriff der *extranei* („hausfremde Erben" oder „Außenerben") zusammengefasst.[26] Sie erwarben die Erbenstellung im Gegensatz zu den Hauserben nicht *ipso iure*. Vielmehr wurde ihnen das Recht zugestanden, frei zu entscheiden, ob sie die Erbschaft antreten wollten oder nicht.[27] Der Erwerb der

23 Vgl. Gai. 2.154; dazu unten S. 237. Zum Ziel, die Vermögensvollstreckung unter eigenem Namen zu verhindern und dadurch die *ignominia* abzuwenden, siehe unten S. 61.

24 Zum Verfahrensablauf der *venditio bonorum* siehe unten S. 50 ff.

25 Dies gilt zumindest unter dem Regime des *ius civile* als logische Konsequenz der *ultra-vires*-Haftung des Erben (siehe oben S. 30). Um die damit verbundenen Härten für den Sklaven abzufedern, sah das prätorische Edikt zu späterer Zeit eine *separatio bonorum* zugunsten des *servus cum libertate institutus* vor, die eine erneute Vollstreckung in das neu erwirtschaftete Vermögen ausschloss; siehe dazu auch unten S. 61 f.

26 Vgl. Gai. 2.161.

27 Gai. 2.162.

Erbschaft und somit auch der Erbenstellung erfolgte denn auch nicht automatisch mit dem Tod des Erblassers, sondern erst mit dem eigentlichen Erbschaftsantritt.[28]

Das Erfordernis des gesonderten Erbschaftsantritts führte dazu, dass es, solange der Erbe die Erbschaft noch nicht angetreten hatte, an der Kontinuität der *familia* fehlte, die bei Hauserben ohne weiteres gewährleistet war.[29] Die zu Erben berufenen Personen rückten nicht automatisch mit dem Tod des Erblassers in die Schuldnerstellung nach. Vielmehr ging der Nachlass in einem ersten Schritt in den Zustand der *hereditas iacens*, des ruhenden Nachlasses, über.[30] Der Nachlass bestand somit zwar als Einheit weiter, und der zum Erben Berufene hatte die Möglichkeit, in die Rechtsstellung des Erblassers einzutreten; die Universalsukzession fand jedoch erst im Zeitpunkt der Antrittshandlung statt.[31] Bis dahin führte das Konzept der *hereditas iacens* zwar dazu, dass das Schuldnervermögen als abgeschlossene Vermögensmasse erhalten blieb und somit grundsätzlich auch das Haftungssubstrat der Gläubiger fortbestand. Es fehlte aber an einem persönlich und unbeschränkt haftenden Gesamtrechtsnachfolger, an den sich die Gläubiger halten konnten.

Der Erbschaftsantritt konnte auf zwei Arten erfolgen: Entweder sprach der eingesetzte Erbe eine förmliche Annahmeerklärung (*cretio*), oder der Antritt erfolgte konkludent, indem der Eingesetzte sich wie ein Erbe verhielt und sich in die Nachlassangelegenheiten einmischte (*pro herede gestio*).[32]

---

28 Strobel, HRP I § 56, Rn. 40 ff.; Babusiaux, Erbrecht, 91 f.; Voci, DER I, 587 ff.

29 Siehe oben S. 30 ff.

30 Zur *hereditas iacens* siehe bereits oben S. 16 f.

31 Vom Zeitpunkt der Universalsukzession zu unterscheiden ist der Zeitpunkt, ab dem der Erbschaftsantritt Wirkung entfaltete, und damit die konzeptionelle Erfassung der *hereditas iacens*. Basierend auf verschiedenen Aussagen in den Quellen sagt die Literatur den römischen Juristen bisweilen zwei unterschiedliche Konzepte nach: einerseits die Fiktion des rückwirkenden Erbschaftserwerbs zum Todeszeitpunkt („*quia qui postea heres extiterit, videretur ex mortis tempore defuncto successisse*“, D. 45.3.28.4 Cass. bei Gai. 3 verb. obl.), andererseits den Erwerb der Erbschaft im Antrittszeitpunkt, wobei für die Zwischenzeit fingiert wird, die *hereditas* selbst habe die Eigentümerstellung gleichsam einer Person wahrgenommen (D. 30.116.3 Flor. 11 inst.; D. 41.1.33.2 Iul. bei Ulp. 4 disp.; D. 41.1.34 Ulp. 4 cens.; D. 41.3.15 pr. Paul. 15 Plaut.; Inst. 2.14.2; Inst. 3.17 pr.); zur Frage siehe insb. Voci, DER I, 516 ff.; Lübtow, St. Grosso II, 581 ff.; Knütel, 234 f.; Alonso, Labeo 47 (2001), 209 ff. Die Frage ist vorliegend aber nicht von Bedeutung: Die hier interessierenden Verbindlichkeiten bestanden bereits zu Lebzeiten des Erblassers, und unabhängig von der konzeptionellen Erfassung der *hereditas iacens* lieferte erst der Antrittsakt den Gläubigern einen Gesamtrechtsnachfolger, an den sie sich halten konnten. Zur ausnahmsweisen Befriedigung bereits im Zustand der *hereditas iacens* siehe unten S. 98 ff.

32 Strobel, HRP I § 56, Rn. 54; Babusiaux, Erbrecht, 91 f.; Voci, DER I, 587 ff.; Beduschi, 41 ff.; Coppola, II, bes. 185 ff.

bb) Die cretio*: Ansätze einer privatautonomen Antrittsfrist*

An der *cretio*[33] zeigt sich, dass auch die Erblasser das Problem einer allzu langen Ungewissheit über die Erbenfrage erkannten und ernst nahmen. Im Vordergrund standen dabei gewiss nicht die Gläubigerinteressen. Vielmehr hatten sowohl der Erblasser als auch der Erbe ein Interesse daran, das Nachlassvermögen bestmöglich zu erhalten und es nicht unnötig brachliegen zu lassen.[34] Aus Sicht des Erblassers war der Erbschaftsantritt darüber hinaus bedeutsam für die Umsetzung der weiteren testamentarischen Anordnungen, namentlich die Ausrichtung von Vermächtnissen und die Vornahme der testamentarischen Freilassungen. Sodann konnte der Erblasser durch die *cretio* die zeitnahe Vornahme der *sacra* sicherstellen.[35] Deshalb etablierte sich die Praxis, dass bereits der Erblasser selbst dem eingesetzten Erben im Testament eine Kretionsfrist setzte und ihn somit zu einer zeitnahen Entscheidung zwang. Die Frist betrug in der Regel 100 Tage,[36] während deren der Berufene die Annahme durch *verba sollemnia*[37] erklären konnte. Ließ er die Frist hingegen ungenutzt verstreichen, verwirkte er damit durch die in der *cretio* enthaltene bedingte Enterbung („QUODNI ITA CREVERIS, EXHERES ESTO“)[38] seine Möglichkeit, Erbe zu werden.[39]

Die zeitliche Beschränkung des Zustandes der *hereditas iacens* ist bei der *cretio* allerdings insoweit zu relativieren, als die gesetzte Frist nicht zwingend mit dem Tod des Erblassers zu laufen begann. Gaius führt vielmehr aus, dass zwei Varianten der *cretio* bestanden, wobei jene, deren Frist unmittelbar mit dem Tod des Erblassers zu laufen begann (die sogenannte *cretio continua* oder *cretio certorum dierum*), die Ausnahme darstellte.[40] Die gewöhnliche *cretio* (*cretio vulgaris*) enthielt die Formel „QUIBUS SCIET POTERITQUE“, was bedeutet, dass die Kretionsfrist erst zu laufen begann, wenn der zum Erben Eingesetzte von seiner Erbeinsetzung wusste und die Erbschaft auch antreten konnte.[41] Der Erblasser stellte somit sicher, dass der Eingesetzte auch tatsächlich in der Lage war, über den Erbschaftsantritt zu entscheiden.

---

33 Zur *cretio* siehe allgemein Gai. 2.164–173; UE 22.25–34; STROBEL, HRP I § 56, Rn. 55 ff.; VOCI, DER I, 588 ff.; BEDUSCHI, 19 ff.; COPPOLA, II, 245 ff.

34 Zu den stark eingeschränkten Verwaltungsmöglichkeiten des für den ruhenden Nachlass bestellten *curator* siehe unten S. 96 ff.

35 Allgemein zur Interessenlage des Erblassers BEDUSCHI, 30; zur Bedeutung der *sacra* in diesem Kontext vgl. auch Gai. 2.55.

36 Gai. 2.170.

37 Gai. 2.166 überliefert die Formel wie folgt: „QUOD ME PUBLIUS MEVIUS TESTAMENTO SUO HEREDEM INSTITUIT, EAM HEREDITATEM ADEO CERNOQUE.“

38 Gai. 2.165.

39 Gai. 2.166.

40 Gai. 2.171–173.

41 Gai. 2.172–173.

Aus Gläubigersicht bedeutet dies, dass der Zustand der *hereditas iacens* unter Umständen auch bei angesetzter Kretionsfrist auf unbestimmte Zeit andauern konnte. Dies war beispielsweise der Fall, wenn der eingesetzte Erbe längere Zeit abwesend und nicht zu erreichen war und somit nichts vom Erbfall oder seiner Erbeinsetzung wusste. Dasselbe galt für den Fall, dass jemand unter einer Bedingung zum Erben eingesetzt worden war. Der Eingesetzte konnte die Erbschaft erst dann antreten, wenn die Bedingung eingetreten war, weshalb die Kretionsfrist bis zum Bedingungseintritt aufgeschoben war.

Anders präsentierte sich die Sachlage bei der *cretio continua*: Bei ihr wurde der Beginn des Fristenlaufs nicht durch einen Zusatz in der Kretionsformel aufgeschoben; er begann zwingend mit dem Ableben des Erblassers. Dies führte dazu, dass sowohl die Gläubiger als auch in weiteren Graden eingesetzte Erben innerhalb der vom Testator festgelegten Frist Gewissheit über die Erbenstellung des primär berufenen Erben erhielten. Sofern der Erblasser auch den in weiteren Graden eingesetzten Erben Kretionsfristen auferlegt hatte, beschränkte dies den Zustand der *hereditas iacens* auf eine im Vorhinein bestimmte Maximaldauer. Dies ist insofern bemerkenswert, als diese Art der *cretio* dazu führen konnte, dass ein Antrittsrecht unfreiwillig und ohne Schuld des Erben verwirkt wurde:

> Gai. 2.172
>
> […] *certorum vero dierum cretione data etiam nescienti se heredem institutum esse numerantur dies continui. Item ei quoque, qui aliqua ex causa cernere prohibetur, et eo amplius ei, qui sub condicione heres institutus est, tempus numeratur.*
>
> […] Wurde aber eine förmliche Entscheidung (*cretio*) mit genau bestimmter Frist auferlegt, werden die Tage fortlaufend gezählt, auch wenn jemand nicht weiß, dass er zum Erben eingesetzt wurde. Deshalb läuft die Frist auch für jenen, der aus irgendeinem Grund daran gehindert wird, sich förmlich zu entscheiden, und weiter gar für denjenigen, der unter einer Bedingung zum Erben eingesetzt worden ist.

War ein designierter Erbe beispielsweise längere Zeit abwesend, konnte es sein, dass er erst vom Erbfall und seiner damit verbundenen Anwartschaft erfuhr, wenn seine Kretionsfrist abgelaufen und er somit enterbt war. Im Falle einer bedingten Erbeinsetzung konnte es gar vorkommen, dass der designierte Erbe, obwohl er die Erbschaft grundsätzlich antreten wollte, der Frist geradezu beim Ablauf zusehen musste: Voraussetzung, um die Erbschaft antreten zu können, war deren Anfall, und an einem solchen fehlte es, solange die ausgesprochene Bedingung noch nicht eingetreten war. Sofern es sich bei der Bedingung um eine Potestativbedingung handelte, hatte der designierte Erbe immerhin selbst einen Einfluss darauf, den Erbschaftsanfall herbeizuführen. Solange die Frist gemessen an der Erfüllungshandlung – zum Beispiel das Errichten eines Denkmals – nicht von vornherein zu knapp bemessen war, bedeutete dies keine besondere Härte. Handelte es sich aber um eine kasuelle Bedingung, das heißt um eine Bedingung, deren Eintritt der potentielle Erbe nicht selbst beeinflussen konnte, beschnitt die *cretio continua* das Erbrecht des Eingesetzten, obgleich die Bedingung durchaus noch eintreten konnte und dem potentiellen Erben auch keinerlei Verzögerung anzulasten war. Die damit verbundene Härte war Gaius zufolge der Grund, weshalb die *cretio vulgaris* in der Praxis gebräuchlicher gewesen sei.[42]

Aus Sicht der vorliegenden Untersuchung ist an dieser Stelle die Bedeutung der *cretio* als Rechtsfigur noch einmal besonders zu unterstreichen: Zum einen ist bereits ihre Existenz ein anschaulicher Beleg dafür, dass ein zeitnaher Erbschaftsantritt keinesfalls nur im Interesse der Gläubiger lag. Vielmehr war es der Erblasser, der durch das Setzen der Kretionsfrist seinen Interessen an einer möglichst nahtlosen Nachfolge Rechnung trug.[43] Zum anderen ist bemerkenswert, dass die altrömische Testierpraxis mit der *cretio continua* eine Möglichkeit kannte, den Zustand der *hereditas iacens* auf Kosten des potentiellen Erben zu beschränken. Zwar verdeutlichen die soeben erörterten Darlegungen des Gaius, dass eine solche Beschränkung als problematisch erkannt wurde und sie deshalb die Ausnahme bildete. Dennoch beweist die Existenz der *cretio continua*, dass ein Erblasser das Interesse an einer zeitnahen und reibungslosen Gesamtrechtsnachfolge im Einzelfall durchaus höher gewichten konnte als das individuelle Interesse des potentiellen Erben am Erbschaftsantritt.[44] Aus Sicht des Erblassers muss dies zumal deshalb gegolten haben, weil er für den Fall der verpassten Kretionsfrist einen Ersatzerben ernennen konnte.

cc) *Im Übrigen: keine Antrittsfrist*

Abgesehen von der vom Testator ausdrücklich vorgesehenen *cretio* kannte das *ius civile* keine Fristen für den Erbschaftsantritt. Dies gilt namentlich für die zweite Variante des Antritts, die *pro herede gestio*.[45] Sie erforderte ein Verhalten des eingesetzten Erben, „als ob er Erbe wäre" (*tamquam heres*)[46], woraus sodann von außen geschlossen werden konnte, dass er die Erbschaft annahm. In diesem Sinne als Antrittshandlung werteten die römischen Juristen unter anderem den Gebrauch

---

42 Gai. 2.173: „*Unde melius et aptius est vulgari cretione uti ‚continua' haec cretio vocatur, quia continui dies numerantur; sed quia tam dura est haec cretio, altera magis in usu habetur; unde etiam ‚vulgaris' dicta est.*"

43 Siehe soeben S. 35.

44 Insofern ist vor einer allzu einseitigen Gewichtung der Interessen des potentiellen Erben am Erhalt des Nachlasses Vorsicht geboten; vgl. dazu unten S. 171 ff.

45 Zur *pro herede gestio* siehe Beduschi, 41 ff.; Coppola, I, II; Strobel, HRP I § 56, Rn. 64 f.; Voci, DER I, 594 ff.

46 Gai. 2.166 *in fine*; siehe auch D. 29.2.20 pr. Ulp. 61 ed. („*quasi heres*").

oder die Veräußerung von Erbschaftssachen,[47] gewisse Verwaltungshandlungen am Nachlass[48] sowie die Tilgung von Schulden des Erblassers.[49] Voraussetzung für einen Erbschaftsantritt durch *pro herede gestio* war jedoch immer der Wille des eingesetzten Erben, durch die fragliche Handlung Erbe zu werden (*animus heredis*).[50]

Solange der ohne *cretio* eingesetzte Erbe die Erbenstellung nicht durch *pro herede gestio* erlangte, blieb der Nachlass im Schwebezustand der *hereditas iacens*. Mangels Antrittsfrist konnte dieser Zustand auf unbestimmte Zeit fortdauern, da dem designierten Erben das Recht auf einen jederzeitigen Antritt grundsätzlich erhalten blieb. Für die Gläubiger war dies unbefriedigend, da es an einem Gesamtrechtsnachfolger fehlte, gegen den sie ihre Forderungen anhängig machen konnten.[51] Diesem Missstand wirkte das *ius civile* entgegen, indem es Außenstehenden die Möglichkeit gab, den Nachlass – und damit verbunden die an die Erbenstellung geknüpften Lasten – zu ersitzen.

2. *Usucapio pro herede*

Im Rahmen seiner Erörterung der Ersitzung einzelner Erbschaftssachen[52] gibt Gaius Einblick in das altrechtliche Institut der *usucapio pro herede*, die es Außenstehenden erlaubt habe, ganze Nachlässe „*pro herede*" zu ersitzen.[53] Als Relikte dieser besonderen Ersitzungsform macht Gaius zwei Besonderheiten aus, die weiterhin auch für die Ersitzung einzelner Erbschaftssachen Gültigkeit hätten: Zum einen hindere die Bösgläubigkeit des Besitzers – das heißt dessen Wissen darum, dass es sich um eine fremde Sache handle – die Ersitzung ausnahmsweise nicht;[54] zum

---

47 Gai. 2.166 *in fine*; UE 22.26; Paul. sent. 4.8.23; Inst. 2.19.7; D. 29.2.42.2 Ulp. 4 disp.

48 Paul. sent. 4.8.23; Inst. 2.19.7; UE 22.26.

49 C. 6.30.2 Alex. (a. 223); weitere Anwendungsfälle finden sich zusammengetragen bei Strobel, HRP I § 56, Rn. 65.

50 Zur Bedeutung des Willenselements siehe Voci, DER I, 599 ff., 603 ff.; Coppola, II, 185 ff.

51 Zum Problem der Gläubiger, ihre Forderungen während bestehender *hereditas iacens* befriedigt zu erhalten, unten in § 2.

52 Gai. 2.52–58.

53 Gai. 2.54: „[…] *quod olim rerum hereditariarum possessione ipsae hereditates usucapi credebantur* […]."

54 Gai. 2.52: „*Rursus ex contrario accidit, ut qui sciat alienam rem se possidere, usucapiat, velut si rem hereditariam, cuius possessionem heres nondum nactus est, aliquis possederit; nam ei concessum <est usu>capere, si modo ea res est, quae recipit usucapionem. Quae species possessionis et usucapionis pro herede vocatur.*"

anderen sei die Ersitzungsfrist bei Nachlassgegenständen selbst dann auf ein Jahr beschränkt, wenn es sich um Grundstücke handle.[55]

Die Ersitzung einzelner Erbschaftssachen, wie sie zu Gaius' Zeit die einzige noch zulässige Form der *usucapio pro herede* darstellte, ist als Form der Singularsukzession für die vorliegende Untersuchung ohne weitere Bedeutung. Eine vertiefte Auseinandersetzung mit den sich aus der Stelle für die klassische Zeit ergebenden Problemen kann deshalb unterbleiben.[56] Ausgesprochen aufschlussreich ist jedoch das Konzept einer Ersitzung nicht nur des Nachlasses, sondern der Stellung als Gesamtrechtsnachfolger,[57] die Gaius in der eingangs wiedergegebenen Stelle Gai. 2.55 skizziert – zumal Gaius diese Ersitzungsmöglichkeit ausdrücklich damit begründet, dass der Gefahr einer allzu langen Inhaberlosigkeit von Nachlässen entgegengewirkt werden sollte. Es sollte sichergestellt werden, dass die Angehörigen den Haus- und Familienkult zeitnah vornahmen und die Gläubiger nicht allzu lange auf einen Schuldner warten mussten.[58]

Nicht selten ohne eigentliche Auseinandersetzung mit dieser von Gaius angebotenen Begründung vermuteten verschiedene Autoren die w a h r e sozioökonomische Funktion der *usucapio pro herede* andernorts: Die Begründungsmodelle reichten vom Erlangen der *heres*-Stellung durch den *adgnatus proximus*[59] über die Rettung mangelhafter Akte des Testators[60] und eine Auffangfunktion bei verstrichener Kretionsfrist[61] bis hin zu einer Ausgleichsfunktion innerhalb der *familia* und unter deren Hausgenossen.[62] Gemeinsam ist diesen Erklärungsansätzen, dass sie den

55 Gai. 2.53: „*Et in tantum haec usucapio concessa est, ut et res, quae solo continentur, anno usucapiantur.*"

56 Zu Wesen und Wirkung der klassischen *usucapio pro herede* an Einzelsachen gibt zuletzt Domisch, 56 ff., bes. 63 ff., einen ausgezeichneten Überblick mitsamt Erörterung der einschlägigen Literatur.

57 Der technischen Frage, was genau Gegenstand der altrechtlichen *usucapio pro herede* bildete, soll hier nicht weiter nachgegangen werden. Nach der weitaus überwiegenden Ansicht gilt die Ersitzung der Erbenstellung als solcher; statt vieler Strobel, HRP I § 56, Rn. 82; Babusiaux, HRP I § 57, Rn. 8; Babusiaux, Erbrecht, 93 ff.; für die Ersitzung einzig der Erbschaft jedoch Biondi, Scr. III, 483; zurückhaltend auch Gnoli, 77; für die Ersitzung des *heredium* Mayer-Maly, ZRG RA 77 (1960), 44. Gai. 2.55 lässt jedenfalls keine Zweifel daran, dass mit der *usucapio pro herede* auch ein Eintritt in die Schulden des Erblassers und somit eine Form der Universalsukzession einherging.

58 Zu Gai. 2.55 siehe auch oben S. 13.

59 Solazzi, DER II, 144.

60 Perozzi, II, 483, in Bezug auf die *familiae mancipatio*; Gandolfi, BIDR 61 (1958), 286, in Bezug auf formungültige Testamente.

61 Karlowa, II, 898 ff.

62 Castro Sáenz, RIDA 45 (1998), 165 f., wobei bereits Domisch, 69 f. Fn. 264, darauf hinweist, dass in den fraglichen Ausführungen unklar bleibt, wie die skizzierte Funktion mit der ursprünglichen Ausgestaltung der *usucapio pro herede* als Universalsukzession vereinbar sein soll.

Personenkreis der Ersitzenden zumindest faktisch, bisweilen aber auch rechtlich[63] auf im weitesten Sinn zur Nachfolge „Berechtigte" beschränken, das heißt auf Personen, die der Erblasser tatsächlich zum Erben berufen wollte oder die zumindest zum engeren Kreis der Familienangehörigen zählten. Dem zugrunde liegt einerseits eine offenkundige Skepsis gegenüber dem Konzept einer Ersitzung durch einen „unberechtigten Dritten" – also einer Gesamtrechtsnachfolge entgegen dem Erblasserwillen. Andererseits steht das Ersetzen von Gaius' Erklärungsansatz mit einer unmittelbar erbrechtlichen Funktion exemplarisch dafür, wie stark sich die Forschung zum römischen Erbrecht in der Vergangenheit auf die Erblasser- und Erbenperspektive konzentriert hat.

Einen tragfähigen Grund dafür, die von Gaius angebotene Erklärung zu verwerfen, gibt es jedenfalls nicht. Im Gegenteil: Gaius selbst scheint – wie auch schon im Rahmen seiner Ausführungen zur *cretio continua*[64] – von der Grundhaltung geprägt, dass eine Erbschaft grundsätzlich den Erben zukommen soll. Die Ersitzung *pro herede*, die wohlgemerkt gerade keine Gutgläubigkeit voraussetzte, nennt er denn auch „*inproba*". Dennoch führt Gaius aus, dass die *veteres* bei langer Ungewissheit über die Nachfolgerfrage[65] eine Einschränkung des strikten Erbfolgeprinzips kannten. Damit trugen sie der Tatsache Rechnung, dass nicht nur die Interessen der möglichen Erben am Erhalt der potentiellen Erbschaft zu schützen waren, sondern eben auch ein eminentes Interesse an der Beendigung des Zustands der *hereditas iacens* bestand. Dies gilt ohne weiteres für die Gläubiger des Erblassers, die erst mit dem Erbschaftsantritt oder aber mit der Ersitzung *pro herede* wieder einen Schuldner hatten, an den sie sich halten konnten.[66] Auch das von Gaius genannte Interesse an der Fortführung der *sacra privata* als Bestandteil der grundlegenden

63 So insbesondere Karlowa, II, 898 f., der die *usucapio pro herede* in einem ersten Schritt dem „durch Testament oder Gesetz an erster Stelle zur Erbfolge Berufene[n]" vorbehält und eine Öffnung zugunsten Dritten nur zuließ, wenn „überhaupt kein zur Erbfolge Berufener mehr da war". Ähnlich auch Coppola, I, 131 ff., die den Kreis der zur *usucapio pro herede* Berechtigten – zumindest faktisch – auf die testamentarisch eingesetzten Außenerben beschränkt. Zu einer Zeit, als das Konzept der *pro herede gestio* noch unbekannt war, habe die *usucapio pro herede* sichergestellt, dass die eingesetzten Außenerben die Erbschaft nicht in Besitz nahmen, ohne sie förmlich anzutreten und so der Erbenhaftung und den *sacra* zu entgehen.

64 Siehe oben S. 36 f.

65 Die längere Dauer der Nachfolgerlosigkeit ergibt sich aus der Ersitzungsfrist von immerhin einem Jahr (Gai. 2.53).

66 Zur Erbenhaftung siehe oben S. 29 f.; zur weitestgehenden Unmöglichkeit, während des Zustands der *hereditas iacens* einen Prozess zu führen oder Befriedigung seiner Forderungen zu erlangen, siehe unten S. 105 ff. (zur „freiwilligen" Schuldentilgung) und S. 113 ff., 125 ff., 128 ff. (zum Zivilprozess).

Werte und Pflichten der *familia*[67] ist, zumal für die Zeit der ursprünglichen *usucapio pro herede*, plausibel. Die Klärung der Nachfolge war dafür insofern bedeutsam, als die bei Cicero wiedergegebenen Pontifikaldekrete diese Aufgabe dem Grundsatz nach mit der aus dem Nachlass erhaltenen Zuwendung übergehen ließen.[68]

Vor diesem Hintergrund ist unter der *usucapio pro herede* ein regulierendes Institut zu verstehen, das sehr punktuell für eine Klärung der Rechtslage sorgte, wenn die Erbschaft allzu lange ohne Inhaber blieb.[69] Nicht erforderlich – und von vornherein nicht möglich – war dies, wenn ein Erblasser seinen Nachlass Hauserben hinterließ, da die Fortführung der *familia* nahtlos und die Übernahme der mit der Erbschaft verbundenen Lasten *ipso iure* erfolgte.[70] Waren hingegen Außenerben berufen, für die das *ius civile* keine festen Antrittsfristen kannte,[71] wirkte das Institut der *usucapio pro herede* zweifach: Einerseits setzte der drohende Verlust der Erbschaft durch Ersitzung dem eingesetzten Erben einen Anreiz, die Entscheidung über Antritt oder Ausschlagung der Erbschaft zeitnah zu treffen. Andererseits sorgte die Ersitzung selbst für einen unbeschränkt haftenden Gesamtrechtsnachfolger.[72] Anknüpfungspunkt für die *usucapio pro herede* dürfte dabei nicht der Besitz einzelner Erbschaftssachen gewesen sein, sondern der *usus* an der Erbenstellung – in dem Sinne, dass die ersitzende Person diese während eines Jahres ausübte.[73]

---

67 Vgl. Volp, ARG 18/19 (2017), 171, unter Berufung auf Cic. off. 1.55; zum Verhältnis von *sacra privata* und *ius civile* Mantovani, Ciceroniana 13 (2009), 331 f.

68 Cic. leg. 2.48–49, die den Grundsatz aufstellen, dass primär der *heres* zur Vornahme verpflichtet sei, jedoch einer allfälligen Schmälerung des Nachlasses durch Legate etc. Rechnung tragen. Zu den *sacra privata* und ihrer Bedeutung im Zusammenhang mit dem Erbfall vgl. Bruck, 24 ff.

69 In diesem Sinne auch Collinet, St. Riccobono IV, 140 f.; ferner Domisch, 69 f. mit Fn. 264.

70 Gai. 2.58: „*Et necessario tamen herede extante nihil ipso iure pro herede usucapi potest.*" Zu Erbschaftserwerb und Haftung der Hauserben nach *ius civile* siehe oben S. 30 ff.

71 Siehe oben S. 33 ff.

72 Anderer Ansicht evtl. Babusiaux, Erbrecht, 95, die das „[Hineinwachsen] in die Pflichten des Erblassers" auf die „Höhe der damit erworbenen Berechtigung" beschränkt. Es wird allerdings nicht ganz klar, ob sie eine Beschränkung der Haftung auf das Nachlassvermögen postuliert oder aber die Möglichkeit einer gemeinsamen Ersitzung analog einer Erbengemeinschaft voraussetzt und sich die Beschränkung auf den erworbenen Anteil bezieht. Mit dem Charakter als Universalsukzession wäre nur Letzteres vereinbar, im Sinne einer Aufteilung der Verbindlichkeiten *ipso iure*, die sich aus der gemeinschaftlichen Ersitzung ergäbe. Dies setzte einen gemeinschaftlichen *usus* an der Erbschaft voraus; ein solcher gemeinsam ausgeübter *usus* ist durchaus denkbar, er ist in den Quellen jedoch nicht belegt; vgl. auch Domisch, 73, 76.

73 Vgl. Franciosi, 6 ff., 51 f.; Coppola, I, 79, 101 f.; Domisch, 70 ff. m. w. N.; zuletzt auch Babusiaux, HRP I § 57, Rn. 8. Mit Platschek, ZRG RA 130 (2013), 405 ff., sind die innovativen und durchaus beachtenswerten Ausführungen Pools, ZRG RA 129 (2012), 113 ff., bes. 137 ff., im Ergebnis abzulehnen, der die Ersitzung der Erbenstellung im Zuge einer Neulesung von Gai. 2.54 ausschließlich auf *pro herede* besessene Nachlassgrundstücke beschränkt, wohingegen an Mobilien schon seit jeher „nur ‚Eigentum' an den einzelnen Sachen" erworben worden sei (ebd., 115); vgl. auch Replik und Duplik der beiden Autoren, Pool, ZRG RA 131 (2014), 370 ff.; Platschek,

Damit traf die Haftung jene Person, die von den Aktiven des Nachlasses profitieren konnte – in der Ratio der Erbenhaftung also genau den Richtigen.[74]

Bereits die Ausführungen des Gaius, der die altrechtliche *usucapio pro herede* nur noch als Relikt der Vergangenheit überliefert, machen deutlich, dass von der ursprünglichen Ersitzungsmöglichkeit der Erbenstellung bis zu Gaius' Zeit nichts weiter übriggeblieben war als punktuelle Besonderheiten hinsichtlich der Ersitzung einzelner Erbschaftssachen.[75] Ihren Charakter als Institut der Universalsukzession hatte sie zu klassischer Zeit vollständig eingebüßt,[76] weshalb sie aus Gläubigersicht keinerlei Bedeutung mehr hatte. Der Grund für den Wegfall dieser Form der Universalsukzession dürfte darin liegen, dass schlicht das Bedürfnis hierfür nicht mehr gegeben war. Den *sacra* wurde zu Gaius' Zeit längst nicht mehr die gleiche Bedeutung beigemessen wie einst,[77] und das Problem der Nachfolge in die Erblasserschulden wurde durch einen Paradigmenwechsel im Bereich des prätorischen Erb- und Vollstreckungsrechts entschärft: Mit der Einführung der *bonorum possessio* und des *successorium edictum* wurde ein fester Fristenlauf zur Beanspruchung

---

ZRG RA 131 (2014), 392 ff. Gegen Pool spricht neben den von Platschek herausgestrichenen sprachlichen Bedenken gegen die Übersetzung von „*possessiones*" als „Grundstücke", dass die in Gai. 2.55 angegebene Begründung des Instituts immer dann ins Leere liefe, wenn sich in einem Nachlass kein Grundstück befände. Pool selbst scheint diesen Fall auszublenden und rechtfertigt die Beschränkung der Erbenhaftung auf den Erwerber von Grundstücken mit Praktikabilitätserwägungen: „Nachlassgläubiger konnten Personen, die als Erben oder als nicht zur Erbfolge berufene Dritte den Bauernhof oder ein sonstiges zur Erbschaft gehörendes Grundstück in Besitz genommen hatten, einfach finden. Der Rückgriff auf diese Erwerber der wirtschaftlich bedeutendsten Erbgüter bot den Gläubigern die größte Erfolgschance. Demgegenüber ist es eine andere Geschichte, irgendeinen Besitzer aufspüren zu müssen, der eine einzelne bewegliche Sache ergriffen (und ersessen) hatte" (Pool, ZRG RA 129 [2012], 145). Es leuchtet aber nicht ein, weshalb jemand, der wie ein Erbe von sämtlichen Mobilien eines Nachlasses profitierte, nicht auch mit den *sacra* und Schulden belastet worden sein sollte, zumal der Nachlass historisch ja gerade als Haftungssubstrat der Gläubiger des Erblassers verstanden wurde (siehe oben S. 30). Dass es unter Umständen eine Herausforderung sein konnte, den neuen Schuldner ausfindig zu machen, ist kein Grund dafür, die Haftung von vornherein auszuschließen. Vgl. in diesem Sinne auch Domisch, 72 f., mit noch weiteren sehr berechtigten Kritikpunkten.

74 Zur entwicklungsgeschichtlichen Begründung der Erbenhaftung siehe oben S. 30.

75 Vgl. Gai. 2.54. Als wichtigstes Relikt blieb die einjährige Ersitzungsfrist für Nachlassgrundstücke erhalten; vgl. Gai. 3.80. Daneben verweist Babusiaux, HRP I § 57, Rn. 8 Fn. 28, auf die *testamenti factio* des Ersitzenden (D. 41.5.4 Paul. 5 l. Iul. Pap.). Zum Wandel der *usucapio pro herede* hin zu einem rein sachenrechtlichen Institut vgl. ausführlich Domisch, 74 ff. m. w. N.

76 Als Anhaltspunkt für eine Datierung des Wandels können die in Cic. leg. 2.48–49 überlieferten Pontifikaldekrete dienen, welche die Haftung für die *sacra* betreffen; hierzu grundlegend Mayer-Maly, ZRG RA 79 (1962), 90 ff. Die genaue Datierung ist umstritten, sie ist für die vorliegende Arbeit aber ohne Relevanz (vgl. zur Frage zuletzt Domisch, 75 Fn. 290 m. w. N.).

77 Dies zeigt bereits die Formulierung „*quorum illis temporibus summa observatio fuit*" in Gai. 2.55; vgl. auch Domisch, 77.

der Erbschaft jedenfalls als Nachlassbesitzer festgesetzt, und das Edikt *Cui heres non extabit* ermöglichte eine Vollstreckung ins Nachlassvermögen, sofern sich dennoch kein (ziviler oder prätorischer) Erbe fand.[78]

II. Neuerungen durch das prätorische Edikt

Der Grund dafür, dass die altrechtliche *usucapio pro herede* über die Zeit obsolet wurde,[79] liegt in einigen Entwicklungen der prätorischen Rechtsetzung, mit denen sich die Stellung der Gläubiger des Erblassers über die Zeit signifikant verbesserte. Ausgangspunkt dieser Verbesserung bildete eine der gewichtigsten prätorischen Neuschöpfungen überhaupt:[80] die *bonorum possessio*. Mit ihr ging die Einführung des *successorium edictum* einher, das erstmals einen festen Fristenlauf für die Beanspruchung des Nachlasses (jedenfalls im Rahmen der *bonorum possessio*) vorsah. Abgerundet wurden diese für die Gläubiger äußerst vorteilhaften Entwicklungen durch einen Paradigmenwechsel im Vollstreckungsrecht: Mit dem sogenannten Nachlassverkauf (*venditio bonorum*) sah das prätorische Recht erstmals auch dann eine Möglichkeit zur systematischen Forderungsdurchsetzung vor, wenn die klassischen Mechanismen der Erbfolge (einschließlich der *usucapio pro herede*) zu keinem Gesamtrechtsnachfolger geführt hatten.

1. Das Regime der *bonorum possessio* und das *successorium edictum*

Die genauen Ursprünge der *bonorum possessio* bleiben weitestgehend im Dunkeln. Wahrscheinlich ist sie – wie viele der prätorischen Neuschöpfungen – aus einer Systematisierung von Einzelfallentscheidungen entstanden, in die der Prätor Billigkeitsüberlegungen mit einfließen ließ und so die Ergebnisse der rein zivilen Erbfolge bisweilen korrigierte.[81] Bis zum *edictum perpetuum* Hadrians hatte sich jedenfalls eine feste Ordnung jener etabliert, die zur Beantragung des sogenannten Nachlassbesitzes (*bonorum possessio*) berechtigt waren. Diese Ordnung lehnte sich über weite Strecken an die Erbfolge des *ius civile* an, wobei sie diese aber punktuell

---

78 Die Verdrängung der altrechtlichen *usucapio pro herede* durch die *bonorum possessio* betonen auch Domisch, 77 f.; Babusiaux, HRP I § 57, Rn. 9; Dénoyez, 84 ff.

79 Siehe soeben S. 42 f.

80 Babusiaux, HRP I § 57, Rn. 16.

81 Zur Entstehung der *bonorum possessio* siehe Babusiaux, HRP I § 57, Rn. 11 ff. Unter Beizug von Cic. Verr. 2.1.114–119, lässt sich immerhin festhalten, dass die *bonorum possessio* bereits zu republikanischer Zeit tralatizisch gewesen zu sein scheint (so zuletzt Babusiaux, HRP I § 57, Rn. 11; davor bereits Leist, in: Glück, Bücher 37/38 I, 50 ff.; Voci, DER I, 133; Watson, Succession, 71 ff.).

modifizierte und ergänzte.[82] Damit trug die *bonorum possessio* der Rechtswirklichkeit der Zeit Rechnung und stellte sicher, dass tatsächlich jene Personen vom Nachlass profitieren konnten, denen dieser nach den Moralvorstellungen der Zeit zukommen sollte.[83]

Die Rechtsnatur der *bonorum possessio* war nicht die einer eigentlichen Erbfolge, wie sie das *ius civile* kannte. Insofern kann auch nicht die Rede davon sein, dass das neue prätorische Rechtsinstitut die zivile Erbfolge ersetzte.[84] Gegenstand der *bonorum possessio* war nicht die hoheitliche Besitzübertragung an den einzelnen Nachlassgegenständen und schon gar nicht die Einweisung in das zivile Eigentum, in das der Erbe des *ius civile* einrückte.[85] Mit der *bonorum possessio* verlieh der Prätor dem *bonorum possessor* lediglich die faktische Zugriffsmöglichkeit auf die Nachlassgegenstände, indem ihm das Interdikt *Quorum bonorum* Besitzschutz im Sinne eines Herausgabeanspruchs sowie eines Abwehranspruchs gewährte.[86]

Dennoch stellte dieser faktische Zugriff einen entscheidenden Vorteil auch für die bereits nach *ius civile* berechtigten Erben dar: Das Interdikt *Quorum bonorum* machte es dem *bonorum possessor* leicht, den Besitz an den Nachlasssachen

---

82 Diese punktuelle Korrekturfunktion spiegelt das ureigene Wesen des prätorischen Rechts; vgl. D. 1.1.7.1 Pap. 2 def.; Inst. 3.9 pr. In diesem Sinn bereits A. Schmidt, ZRG RA 17 (1896), 324 f.; Babusiaux, HRP I § 57, Rn. 1 Fn. 1.

83 Das weitaus bekannteste Beispiel für eine solche Korrektur ist die Aufnahme des *emancipatus* in den Kreis der zur *bonorum possessio* Berufenen, obwohl er nach *ius civile* aus dem Kreis der *sui* und damit auch der Intestaterben ausgeschieden war (Gai. 3.25–26; Inst. 3.1.9; dazu zuletzt Stern, 251; Babusiaux, HRP I § 57, Rn. 221). Nicht unterschlagen werden soll an dieser Stelle, dass das System der *bonorum possessio* und ihrer Ausgestaltungen (*bonorum possessio ab intestato / bonorum possessio secundum tabulas / bonorum possessio contra tabulas*) von größter Komplexität ist. Die Frage, unter welchen Umständen jemand zur *bonorum possessio* berufen ist, interessiert aber vor allem aus der Perspektive der potentiell berufenen Nachlassbesitzer. Um die hier eingenommene Gläubigerperspektive nicht aus den Augen zu verlieren, soll eine weitere Vertiefung der Frage an dieser Stelle unterbleiben. Siehe dazu stattdessen Babusiaux, HRP I § 57, bes. Rn. 42 ff., 174 ff., 214 ff.

84 Siehe zur Frage der Überlagerung der zivilen Erbfolge und der *bonorum possessio* die Ausführungen zur *bonorum possessio cum re* und *sine re*, unten S. 164 f.

85 Babusiaux, HRP I § 57, Rn. 2, 7. Insofern ist es missverständlich, wenn D. 37.1.1 Ulp. 39 ed. davon spricht, mit der *bonorum possessio* werde „*dominium*“ an den Nachlassgegenständen zugeteilt: „*Bonorum possessio admissa commoda et incommoda hereditaria itemque dominium rerum, quae in his bonis sunt, tribuit: nam haec omnia bonis sunt coniuncta.*“ Voci, DER I, 194, geht denn auch von einer entsprechenden Interpolation aus. Gai. 3.80 lässt jedenfalls keine Zweifel daran, dass die *bonorum possessio* keinerlei quiritisches Eigentum vermittelte; siehe dazu sogleich. Zu den Auswirkungen, welche die fehlende zivile Erbenstellung auf die Klagen des Formularverfahrens hatte, und der Lösung über *formulae ficticiae* siehe unten S. 119 ff.

86 Babusiaux, HRP I § 57, Rn. 2; zum Interdikt *Quorum bonorum* und seinen Auswirkungen für den *bonorum possessor* siehe Isola, HRP II § 66, Rn. 21; Domisch, 176 ff.; Leist, in: Glück, Bücher 37/38 I, 375 ff.; A. Schmidt, ZRG RA 17 (1896), 326 ff.

zu erlangen, und ersparte es dem Erben, die Herausgabe mittels *hereditatis petitio* oder *rei vindicatio* erstreiten und dabei seine zivile Erbenstellung beweisen zu müssen; umgekehrt versetzte es ihn in die vorteilhafte Prozessrolle des nicht beweisbelasteten Beklagten, sofern einzelne Erbschaftssachen von anderer Seite mittels entsprechender Klagen beansprucht wurden.[87] Für den Fall, dass der *bonorum possessor* quiritisches Eigentum noch nicht aufgrund einer Erbenstellung nach *ius civile* erlangt hatte, konnte er dieses in der Folge immerhin durch Ersitzung der einzelnen Erbschaftssachen erlangen.[88] Dies war immer dann der Fall, wenn das prätorische Recht eine Korrektur der zivilen Erbfolge vornahm und jemanden zur *bonorum possessio* (*cum re*)[89] berechtigte, den die Erbfolge des *ius civile* nicht berücksichtigte.

Funktional erfolgte eine Annäherung der *bonorum possessio* an die zivile Erbenstellung, indem sich die erteilte *possessio* nicht auf die einzelnen Erbschaftssachen an sich bezog, sondern – ähnlich wie schon bei der altrechtlichen *usucapio pro herede*[90] – auf die vormalige Rechtsstellung des Erblassers (*possessio iuris*):

D. 37.1.3 pr.–1 Ulp. 39 ed.
pr. Bona autem hic, ut plerumque solemus dicere, ita accipienda sunt universitatis cuiusque successionem, qua succeditur in ius demortui suscipiturque eius rei commodum et incommodum: nam sive solvendo sunt bona sive non sunt, sive damnum habent sive lucrum, sive in corporibus sunt sive in actionibus, in hoc loco proprie bona appellabuntur.
1. Hereditatis autem bonorumve possessio, ut Labeo scribit, non uti rerum possessio accipienda est: est enim iuris magis quam corporis possessio. Denique etsi nihil corporale est in hereditate, attamen recte eius bonorum possessionem adgnitam Labeo ait.
pr. Der „Nachlass" muss hier aber, wie wir uns meistens auszudrücken pflegen, in dieser Weise als Gesamtrechtsnachfolge verstanden werden, dass in die Rechtsstellung des Verstorbenen eingetreten wird und die Vor- und Nachteile an dessen Vermögen übernommen werden. Denn der Nachlass ist entweder zahlungsfähig oder nicht, führt zu Verlust oder Gewinn, er besteht aus körperlichen Gegenständen oder Klagen – an dieser Stelle wird er im eigentlichen Sinn als „Nachlass" bezeichnet.

---

87 Babusiaux, HRP I § 57, Rn. 4.

88 Gai. 3.80: „*Neque autem bonorum possessorum neque bonorum emptorum <res> pleno iure fiunt, sed in bonis efficiuntur; ex iure Quiritium autem ita demum adquiruntur, si usuceperunt. Interdum quidem bonorum emptoribus ne usu quidem capio contingit, velut si — (2 vv.) —.*" Vgl. dazu Nelson/Manthe, Gai Inst. III 1–87, 93 f. Da die Ersitzung an Erbschaftssachen erfolgt, handelt es sich um eine *usucapio pro herede*, allerdings nicht mehr im Sinne der altrechtlichen Universalsukzession, sondern im Sinne der in klassischer Zeit verbliebenen und in Gai. 2.52–58 beschriebenen Ersitzung einzelner Erbschaftssachen; siehe dazu oben S. 38 f.

89 Zur Unterscheidung von *bonorum possessio cum re* und *sine re* siehe unten S. 164 f.

90 Siehe oben S. 38 ff.

1. Erbschafts- oder Nachlassbesitz sind aber, wie Labeo schreibt, nicht wie der Besitz an einzelnen Sachen zu verstehen, denn es handelt sich eher um den Besitz an einem Recht als an einer körperlichen Sache. Denn auch wenn nichts Körperliches in der Erbschaft enthalten ist, ist dennoch richtigerweise der Nachlassbesitz daran erteilt worden, wie Labeo sagt.

Konkret bedeutet dies, dass mit der Stellung als *bonorum possessor* gleichsam wie bei der zivilen Erbfolge eine Universalsukzession in die gesamten Verbindlichkeiten des Erblassers einherging.[91] Aus Gläubigersicht bewirkte die Erteilung der *bonorum possessio* somit immer eine Klärung der Rechtslage: Die Gläubiger erhielten einen persönlich und unbeschränkt haftenden Schuldner, an den sie sich halten konnten.[92]

Um ein Vielfaches verstärkt wurde dieser positive Effekt für die Gläubiger durch die Einführung des *successorium edictum*. Mit diesem Edikt führte das prätorische Recht erstmals einen strengen Fristenlauf zur Beanspruchung des Nachlasses ein: Konkret kannte der Prätor mehrere Klassen von Personen, die er nacheinander zur *bonorum possessio* berief, wobei eine spätere Klasse immer erst dann antragsberechtigt war, wenn kein Berechtigter aus der vorhergehenden Klasse die *bonorum possessio* beantragt hatte. Für den Antrag galt innerhalb jeder Klasse eine feste Frist, die sich für Kinder und Eltern des Erblassers auf ein Jahr, bei allen übrigen Berufenen auf 100 Tage belief.[93] Mit dem Tod des Erblassers[94] begann somit grundsätzlich eine Kaskade von Fristen zu laufen, an deren Ende sicher feststand, ob jemand den Nachlass im Rahmen der *bonorum possessio* für sich beanspruchte oder nicht. Und da die *bonorum possessio* – wie soeben gesehen – auch wesentliche Vorteile für den zivilen Erben mit sich brachte, war es wahrscheinlich, dass diese Fristen auch jene zur zeitnahen Beantragung der *bonorum possessio* bewegten, denen der Nachlass als Erben nach *ius civile* zustand und die aus Sicht des *ius civile* unter keinem zeitlichen Druck standen, die Erbschaft anzutreten.[95] Verzögerungen des Fristenlaufs ergaben sich nur selten: einerseits, solange der Berufene durch Nichtwissen oder Nichtkönnen an der Antragstellung gehindert war,[96] wobei aber immerhin dadurch eine Beschleunigung erzielt wurde, dass die Beantragung der *bonorum possessio* anders als der Erbschaftsantritt nach *ius civile* der Vertretung zugänglich war und in

91 Vgl. Gai. 2.97–98; Leist, in: Glück, Bücher 37/38 I, 296 ff.; La Pira, 232 f.; Voci, DER I, 193 ff.

92 Siehe zum Grundsatz der unbeschränkten Erbenhaftung oben S. 29 f.; zur prozessualen Umsetzung mittels *formula ficticia* siehe unten S. 119 ff.

93 D. 38.9.1.12 Ulp. 49 ed. für die Jahresfrist der *parentes* und *liberi*; D. 38.9.1.8–9 Ulp. 49 ed. für die 100-Tage-Frist aller übrigen Berufenen.

94 D. 38.8.9.1 Pap. 6 resp.

95 Zu den positiven Effekten der *bonorum possessio* für den zivilen Erben siehe soeben S. 44 f.

96 D. 38.15.2 pr. Ulp. 49 ed.

Abwesenheit des Berechtigten von einem beauftragten Vertreter oder gar von einem nicht beauftragten *negotiorum gestor* vorgenommen werden konnte;[97] andererseits im Falle der Berechtigung eines noch ungeborenen Kindes (*venter in possessionem missus*), bei dem die Fristen stillstanden, bis klar war, ob das Kind lebend geboren werde.[98] Eine Erstreckung der Fristen war nicht vorgesehen.[99]

Ulpian wie auch die mehrheitlich auf den Ausführungen des Gaius basierenden Institutionen Justinians[100] gehen so weit, diesen für die Gläubiger positiven Effekt als eigentlichen Grund für die Einführung des *successorium edictum* zu nennen:

> D. 38.9.1 pr. Ulp. 49 ed.
> *Successorium edictum idcirco propositum est, ne bona hereditaria vacua sine domino diutius iacerent et creditoribus longior mora fieret. E re igitur praetor putavit praestituere tempus his, quibus bonorum possessionem detulit, et dare inter eos successionem, ut maturius possint creditores scire, utrum habeant, cum quo congrediantur, an vero bona vacantia fisco sint delata, an potius ad possessionem bonorum procedere debeant, quasi sine successore defuncto.*
> Das Edikt über die Rechtsnachfolger wurde deshalb erlassen, damit der Nachlass nicht zu lange eigentümerlos ruht und die Gläubiger nicht länger Verzug erfahren. Aus diesem Grund überlegte der Prätor also, denjenigen, denen er den Nachlassbesitz angetragen hat, eine Frist zu setzen und unter ihnen eine Rangfolge zu bestimmen, damit die Gläubiger ziemlich frühzeitig wissen können, ob sie jemanden haben, den sie belangen können, oder ob der Nachlass aber als *bona vacantia* dem Fiskus angetragen wurde oder ob sie eher zum Nachlassbesitz schreiten müssen, als sei der Erblasser ohne Nachfolger verstorben.

---

97 Voci, DER I, 641. Im Falle der Beantragung durch einen *negotiorum gestor* bedurfte es für den Erwerb der *bonorum possessio* allerdings der nachträglichen Genehmigung durch den Berechtigten (*ratihabitio*) innerhalb der Antragsfrist; D. 37.1.3.7 Ulp. 39 ed.; D. 46.8.24 Afr. 5 quaest.; ferner D. 29.2.48 Paul. 1 man.; D. 29.2.86 pr. Pap. 6 resp.; D. 37.1.16 Paul. 3 sent.; D. 38.15.5.1 Marcell. 9 dig.; D. 46.8.7 Paul. 3 sent.

98 D. 38.15.2.4 Ulp. 49 ed.; zur *missio in possessionem ventris* zuletzt Häusler, 220 ff. In weiteren Fällen wurde der Fristenlauf für nachrangig Berufene gehemmt, da einem vorrangig Berufenen die *bonorum possessio* lediglich provisorisch erteilt wurde – namentlich im Fall des *furiosus* und *infans*, die auf Antrag des *curator* bzw. *pater familias* eine *bonorum possessio decretalis* erhielten; dazu Voci, DER I, 642 f.; ferner Babusiaux, HRP I § 57, Rn. 33 f. Für die Gläubiger hatte dieser Fristenstillstand aber keine Hinderungswirkung.

99 D. 29.1.15.6 Ulp. 45 ed.; vgl. dazu auch Babusiaux, HRP I § 57, Rn. 32 Fn. 103; Leist, in: Glück, Bücher 37/38 II, 130 mit Fn. 93, welche die entsprechende Aussage der Stelle für allgemeingültig halten und nicht nur – wie im konkreten Fall – auf das Soldatentestament beziehen.

100 Zu den Vorlagen der Institutionen Justinians vgl. Const. Imp. 6. Auf dieser Grundlage ordnet La Pira, 256, die Aussage in Inst. 3.9.9 Gaius' *res cottidianae sive aurea* zu. Zur Verarbeitung der *res cottidianae sive aurea* in den Institutionen Justinians zuletzt Platschek, in: Babusiaux/Mantovani, 279 ff.

Inst. 3.9.9

Cum igitur plures species successionum praetor introduxisset easque per ordinem disposuisset et in unaquaque specie successionis saepe plures extent dispari gradu personae: ne actiones creditorum differrentur, sed haberent quos convenirent, et ne facile in possessionem bonorum defuncti mitterentur et eo modo sibi consulerent, ideo petendae bonorum possessioni certum tempus praefinivit.

Da der Prätor nun mehrere Arten der Nachfolge[101] eingeführt und zwischen ihnen eine Rangfolge aufgestellt hatte und in jeder einzelnen Nachfolgeart oft mehrere Personen mit unterschiedlichem Grad berufen sind, hat er zur Beantragung des Nachlassbesitzes eine fixe Frist festgelegt. Dies, damit die Klagen der Gläubiger keinen Aufschub erfuhren, sondern sie jemanden hatten, den sie belangen konnten, und damit sie nicht einfach in den Nachlassbesitz des Verstorbenen eingewiesen wurden und sich auf diese Weise zu helfen wussten.

Ganz ähnlich, wie dies Gaius bereits hinsichtlich der Einführung der altrechtlichen *usucapio pro herede* tat,[102] unterstreichen beide Stellen das eminente Interesse der Gläubiger daran, die Dauer der *hereditas iacens* auf ein Minimum zu beschränken: Denn erst wenn es für den Nachlass einen Gesamtrechtsnachfolger gab, hatten die Gläubiger auch einen Schuldner, gegen den sie ihre Forderungen anhängig machen konnten. Dass ein allzu langer Zustand der *hereditas iacens* eine Härte für die Gläubiger darstellte, bedarf insoweit keiner weiteren Ausführungen.[103] Genau wie bei der entsprechenden Begründung des Gaius zur Entstehung der *usucapio pro herede*[104] gibt es denn auch vorliegend keinen Grund, die dargebotene Begründung anzuzweifeln.[105]

---

101 Gemeint sind die verschiedenen Arten der *bonorum possessio*. An erster Stelle berechtigt waren die zur *bonorum possessio contra tabulas* Berufenen, worauf die zur *bonorum possessio secundum tabulas* Berufenen und schließlich die zur *bonorum possessio ab intestato* Berufenen folgten; vgl. Lenel, EP, 361 (*Quis ordo in possessionibus servetur*); ferner Babusiaux, HRP I § 57, Rn. 19.

102 Siehe Gai. 2.55 sowie oben S. 38 ff.

103 Siehe auch die entsprechenden Ausführungen im Zusammenhang mit dem Fehlen einer allgemeinen Antrittsfrist für Außenerben nach *ius civile*, oben S. 37 f.

104 Siehe zu Gai. 2.55 in diesem Zusammenhang oben S. 39 ff.

105 So aber Coppola, II, 97; Solazzi, Concorso I, 97 f., die von einer byzantinischen Bearbeitung ausgeht; sowie La Pira, 256 f., der im *successorium edictum* zwar eine positive Wirkung für die Gläubiger erkennt, diese entgegen dem Wortlaut der Quellentexte aber lediglich als Ausfluss des Edikts versteht: „L'interesse dei terzi ne è avvantaggiato solo di riflesso." Den wahren Ursprung des *successorium edictum* sieht er in der Erstreckung der prätorischen Nachfolge auf alle Kognaten und damit in der Korrektur der Erbfolge des *ius civile*. Die Verlässlichkeit der dargebotenen Begründung ohne weiteres voraussetzend hingegen Voci, DER I, 515; Babusiaux, HRP I § 57, Rn. 18 ff.; vgl. ferner auch Leist, Bonorum possessio I, 72, 75 ff.

Zwar macht die lange Kaskade von potentiell Berufenen mit immer neuen Antragsfristen deutlich, dass das *successorium edictum* den Gläubigern nicht unbedingt eine „schnelle“ Lösung anbot, sondern bisweilen mit langen Wartezeiten verbunden war. Angesichts dessen die überlieferte Begründung abzulehnen, geht jedoch fehl. Es konnte nicht Ziel des Edikts sein, den Gläubigern um jeden Preis sogleich einen Schuldner zu liefern. Hält man sich jedoch vor Augen, dass die Regelung einen Rechtszustand reformierte, der für Außenerben keinerlei Antrittsfristen vorsah,[106] sind die Vorteile für die Gläubiger evident.

Sodann vermag auch die These nicht zu überzeugen, dass der eigentliche Kern des *successorium edictum* in den korrigierenden Eingriffen des Prätors hinsichtlich der zur „Erbfolge“ Berufenen liege.[107] Zwar wich der Prätor bisweilen bewusst von der Erbfolge des *ius civile* ab, indem er Personen vorrangig zur *bonorum possessio* berief, denen keine zivile Erbenstellung zukam.[108] Die Tatsache allein, dass der Prätor die zur *bonorum possessio* Berufenen in Klassen unterteilte und zwischen ihnen eine Rangordnung festlegte, stellt jedoch noch keine echte Besonderheit gegenüber dem System der zivilen Erbfolge dar.[109] Der eigentliche Schwerpunkt des *successorium edictum* scheint vielmehr in der Einführung eines echten Fristenlaufs zur Beschränkung der *hereditas iacens* zu liegen. So ist unbestreitbar, dass der Fristenlauf auch den in späteren Graden berufenen Nachlassbesitzern zugutekam, indem sie dann zeitnah Zugriff auf den Nachlass erhielten, wenn die vorrangig Berechtigten untätig geblieben waren. Dafür, dass die nachrangig Berechtigten derart schützenswert gewesen wären, dass der Fristenlauf eigens ihretwegen eingeführt werden musste, gibt es jedoch keinerlei Hinweise. Im Gegenteil schien es auch noch in klassischer Zeit gerade keine Probleme zu bereiten, wenn nachrangig Berechtigte auf unbestimmte Zeit abwarten mussten, ob eine vorrangige Berechtigung bestand oder nicht. Dies war immer dann der Fall, wenn die *bonorum possessio* lediglich provisorisch zugesprochen wurde, so dass ungewiss war, ob der Nachlass zu einem späteren Zeitpunkt wieder herausgegeben werden musste.[110]

Die ganze Tragweite des *successorium edictum* für die Gläubiger zeigt sich sodann im Kontext weiterer Edikte – allen voran des Edikts *Cui heres non extabit*, das sich nahtlos an die Kaskade von Fristen anschloss und den Gläubigern erstmals auch dann eine institutionalisierte Möglichkeit zur Durchsetzung ihrer Forderungen

---

106 Siehe oben S. 33 ff., bes. 37 f.

107 So La Pira, 256 f.

108 Als Paradefall ist hier die Berücksichtigung des *emancipatus* zu nennen; siehe dazu oben Fn. 83.

109 Die Abstufung in Graden erfolgte entweder durch Ersatzerbeinsetzung (dazu zuletzt Rüfner, HRP I § 53, Rn. 32 ff.) oder im Rahmen der Intestaterbfolge (dazu zuletzt Wimmer, HRP I § 54, Rn. 7 ff.).

110 Als Anwendungsfälle sind die *bonorum possessio* des *furiosus* und des *infans* zu nennen; vgl. Voci, DER I, 642 f.; Babusiaux, HRP I § 57, Rn. 33 f.

bot, wenn es an einem erbrechtlichen Gesamtrechtsnachfolger fehlte.[111] Sowohl D. 38.9.1 pr. Ulp. 49 ed. als auch Inst. 3.9.9 verweisen auf diese Möglichkeit, indem sie in letzter Instanz von einem „Nachlassbesitz" der Gläubiger sprechen. Entgegen der Formulierung handelte es sich hierbei nicht um eine Berücksichtigung der Gläubiger im Rahmen der klassischen *bonorum possessio*. Vielmehr erhielten sie durch das Edikt *Cui heres non extabit* eine Zugriffsmöglichkeit durch *missio in possessionem*, die schließlich in der Veräußerung des Nachlasses münden konnte.[112]

2. Das Edikt *Cui heres non extabit* und die *venditio bonorum*

a) Zu Edikt und Verfahrensablauf im Allgemeinen

Mit dem Edikt *Cui heres non extabit* nahm sich das prätorische Recht des Sonderfalls an, dass die erbrechtliche Lösung der Gläubigerbefriedigung – nämlich Universalsukzession im Rahmen der Erbfolge – zu keinem Ergebnis führte. Dies war immer dann der Fall, wenn weder ein Erbe des *ius civile* noch ein zur *bonorum possessio* Berufener den Nachlass für sich beanspruchte und auch der Fiskus diesen nicht als *bona vacantia* reklamiert hatte.[113] Anstatt wie nach altem Recht auf einen Gesamtrechtsnachfolger durch *usucapio pro herede* warten zu müssen oder diese Nachfolge durch dauernde Anmaßung der Erbenstellung gleich selbst anzutreten,[114] bot das prätorische Recht den Gläubigern somit eine Möglichkeit, auch in diesen Fällen die systematische Befriedigung ihrer Forderungen voranzutreiben. Konsequent – wenn auch aus heutiger Sicht bemerkenswert – ist, dass auch diese neue Zugriffsmöglichkeit auf den Nachlass dem bisher bekannten Grundkonzept der Schuldentilgung treu blieb: Die Befriedigung der Gläubiger erfolgte weiterhin

111 Dazu sogleich S. 50 ff.

112 In diesem Sinne – und damit gegen eine tatsächliche *bonorum possessio* – jedenfalls in Bezug auf D. 38.9.1 pr. Ulp. 49 ed. auch Voci, DER I, 515 Fn. 11, sowie zumindest implizit Babusiaux, HRP I § 57, Rn. 18 ff. Zu den Ähnlichkeiten und Unterschieden zwischen *bonorum possessio* und *missio in possessionem* (oder auch *missio in bona*) zuletzt Babusiaux, HRP I § 57, Rn. 24, ferner Rn. 2 Fn. 4 und 5.

113 Die Möglichkeit des Fiskus, den erbenlosen Nachlass für sich zu beanspruchen, geht bereits aus Ulpians Kommentar des *successorium edictum* hervor (D. 38.9.1 pr. Ulp. 49 ed.; dazu oben S. 47 ff.). Dass mit dieser Beanspruchung der *bona vacantia* auch die Tragung der Schulden einherging, ergibt sich aus D. 49.14.11 Iav. 9 epist.: „*Non possunt ulla bona ad fiscum pertinere, nisi quae creditoribus superfutura sunt: id enim bonorum cuiusque esse intellegitur, quod aeri alieno superest.*" Zur Frage zuletzt Häusler, 608 ff., mit weiteren Hinweisen zur Streitfrage, in welchem Umfang der Fiskus den Gläubigern verantwortlich wurde, in Fn. 2036; zum Verfall der *bona vacantia* an den Fiskus zuletzt Babusiaux, ZRG RA 135 (2018), 131 ff.

114 Siehe dazu oben S. 38 ff.

durch Schuldnernachfolge, indem das gesamte Nachlassvermögen an einen einzigen Schuldner – den *bonorum emptor*, einen Gesamtrechtsnachfolger – verkauft wurde (*venditio bonorum*).

Dieser Ausgestaltung der *venditio bonorum* als Universalsukzession verdanken wir denn auch unsere wichtigsten Quellen zu dieser Vollstreckungsform des klassischen Rechts. Im Rahmen seiner Erörterungen der verschiedenen Formen der Universalsukzession beschreibt Gaius, unter welchen Voraussetzungen ein solcher Nachlassverkauf möglich war und wie dieser genau ablief:[115]

Gai. 3.78–79

78. [...] Mortuorum bona veneunt velut eorum, quibus certum est neque heredes neque bonorum possessores neque ullum alium iustum successorem existere.

79. Si quidem vivi bona veneant, iubet ea praetor per dies continuos xxx possideri et proscribi, si vero mortui, per dies xv; postea iubet convenire creditores et ex eo numero magistrum creari, id est eum, per quem bona veneant. Itaque si vivi bona veneant, in diebus <x legem bonorum> vendundorum fieri iubet, si mortui, in dimidio. Diebus itaque vivi bona xxx, mortui vero xx emptori addici iubet. Quare autem tardius viventium bonorum venditionem compleri iubet, illa ratio est, quia de vivis curandum erat, ne facile bonorum venditiones paterentur.

78. [...] Von Verstorbenen wird zum Beispiel das Vermögen derer verkauft, bei denen es gewiss ist, dass es weder Erben noch Nachlassbesitzer noch sonst einen anderen rechtmäßigen Nachfolger gibt.

79. Wenn das Vermögen eines Lebenden verkauft wird, befiehlt der Prätor die Einweisung in den Besitz und die öffentliche Ausschreibung für 30 aufeinanderfolgende Tage, beim Vermögen eines Verstorbenen hingegen für 15 Tage. Danach befiehlt er den Gläubigern zusammenzukommen und dass aus ihrer Mitte ein Geschäftsführer (*magister*) gewählt wird, das heißt derjenige, durch den das Vermögen verkauft wird. Dann befiehlt er, wenn das Vermögen eines Lebenden verkauft wird, dass die Bedingung für den Verkauf des Vermögens (*lex bonorum vendundorum*) innerhalb von 10 Tagen aufgestellt werde, wenn das Vermögen eines Verstorbenen verkauft wird, innerhalb der Hälfte der Zeit. Und dann befiehlt er, das Vermögen eines Lebenden dem Käufer innerhalb von 30 Tagen, dasjenige eines Verstorbenen jedoch innerhalb von 20 Tagen zuzusprechen. Der Grund aber, warum er befiehlt, dass der Vermögensverkauf Lebender langsamer vollendet werde, ist folgender, dass bei Lebenden dafür gesorgt werden musste, dass sie nicht ohne weiteres Vermögensverkäufe erdulden mussten.

---

115 Auf den Ausführungen des Gaius aufbauend sodann Theoph. 3.12 pr.; zum Verhältnis der Institutionen des Gaius und der Paraphrase des Theophilus vgl. Stolte, in: Babusiaux/Mantovani, 683 ff.

Gaius unterscheidet zwischen dem Gesamtverkauf des Vermögens Lebender und dem Gesamtverkauf von Nachlässen, wobei letzterer – wie gesehen – immer dann angezeigt war, wenn sich für den Nachlass weder ein Erbe noch ein *bonorum possessor* noch ein sonstiger Nachfolger[116] finden ließ. In diesem Fall konnten die Gläubiger in einem ersten Schritt beim Prätor die Einweisung in den Besitz am Nachlassvermögen verlangen (*missio in bona* oder auch *missio in possessionem*).[117] Diese Besitzeinweisung erfolgte *rei servandae causa* und verlieh den Gläubigern anders als dem *bonorum possessor*[118] keinen Interdiktenschutz. Sie sollte lediglich das Nachlassvermögen vor unberechtigtem Zugriff schützen.[119] Auf die Besitzeinweisung folgte die öffentliche Ausschreibung des Nachlasses zum Verkauf (*proscriptio*).[120] Diese allgemeine Bekanntmachung ermöglichte es allfälligen übrigen Nachlassgläubigern, ihre Forderungen ebenfalls anzumelden und sich dem Verfahren somit anzuschließen.[121] Darüber hinaus bot es aber auch Bekannten und Angehörigen des Erblassers – und allfälligen Begünstigten, denen noch keine Erbenstellung zukam – eine letzte Möglichkeit, die *venditio bonorum* abzuwenden, indem sie sich den Gläubigern als neue Schuldner stellten.[122] War dies nicht geschehen, gestattete der Prätor den Gläubigern jedoch bereits nach 15 Tagen, zum Verkauf des Nachlasses zu schreiten. Hierzu wählten die Gläubiger zuerst einen Geschäftsführer (*magister bonorum*) aus den eigenen Reihen, der den Verkauf organisieren und innerhalb von 5 Tagen die Verkaufsbedingungen (*lex bonorum vendundorum*) ausarbeiten sollte. Nach weiteren 15 Tagen erhielt der Kaufinteressent mit dem

---

116 Mit „*alium iustum successorem*" dürfte Gaius auf die soeben erörterte Möglichkeit des Fiskus anspielen, den Nachlass zu beanspruchen; vgl. dazu auch die Formulierung bei D. 49.14.1.1 Callistr. 1 iur. fisci: „[...] *Sed contra sententiam eius edictum perpetuum scriptum est, quod ita bona veneunt, si ex his fisco adquiri nihil possit.*" In diesem Sinne auch Häusler, 607.

117 Zur Gleichwertigkeit von *missio in bona* und *missio in possessionem* siehe unten § 4 Fn. 104.

118 Siehe dazu oben S. 44 f.

119 Solazzi, Concorso I, 15 ff.; Willems, HRP I § 14, Rn. 11. Zum fehlenden Interdiktenschutz vgl. D. 43.17.3.8 Ulp. 69 ed.: „*Creditores missos in possessionem rei servandae causa interdicto uti possidetis uti non posse, et merito, quia non possident* [...]." Zur *missio in possessionem rei servandae causa* zuletzt Häusler, 48 ff.

120 Vgl. auch Theoph. 3.12 pr., der die Ausschreibung beispielhaft wie folgt formuliert: „[...] ‘ὁ δεῖνα χρεώστης ἡμέτερος ὑπάρχων εἰς αἰτίαν ἐνέπεσε διαπράσεως· ἡμεῖς creditores ὄντες τὴν τούτου διαπιπράσκομεν οὐσίαν. ὠνητὴς ὁ βουλόμενος προσίτω’. [...]" („So-und-so, unser Schuldner, ist dem Vermögensverkauf verfallen; wir, seine Gläubiger, verkaufen sein Vermögen; der Kaufliebhaber melde sich.") Zur Öffentlichkeit der Ausschreibung Cic. Quinct. 50.

121 Willems, HRP I § 14, Rn. 12.

122 Zu den Möglichkeiten namentlich der potentiell Begünstigten, die *venditio bonorum* abzuwenden, siehe unten S. 197 ff. Für eine mögliche Tilgung der Forderungen durch Freunde oder Angehörige, um die mit dem Vermögensverkauf einhergehende *ignominia* abzuwenden, bereits Bethmann-Hollweg, II, 677 f.; ihm folgend Willems, HRP I § 14, Rn. 12.

besten Kaufangebot den Zuschlag, wodurch er zum Gesamtrechtsnachfolger nach *ius honorarium*[123] (*bonorum emptor*) wurde.

b) Zur Gegenleistung im Besonderen

Präzisierungen dazu, was die Verkaufsbedingungen konkret beinhalteten, lässt Gaius' knappe Beschreibung des Verfahrensablaufs vermissen. Ein konkretes Beispiel nennt jedoch der byzantinische Rechtslehrer Theophilus in seiner Paraphrase eben dieser Gaiusstelle:[124]

> Theoph. 3.12 pr.
> […] εἶτα ὀλίγων παραδραμουσῶν ἡμερῶν ἐγίνετο καὶ τρίτη προσέλευσις, ἐν ᾗ ἐπετρέποντο ποιήσασθαι LEGEM BONORUM UENDUNDORUM, τουτέστιν ὅρον τῶν διαπρατέων πραγμάτων·λοιπὸν γὰρ τῇ εἰρημένῃ προγραφῇ προσετίθεσαν ὅτι τοῖς CREDITORSI λόγου χάριν ἔχει ἀποκρίνασθαι ὁ ἀγοράζων 'εἰς τὸ ἥμισυ τῶν χρεῶν'. ὥστε τὸν ἐποφειλόμενον ἑκατὸν λαβεῖν πεντήκοντα, τὸν ἐποφειλόμενον διακόσια λαβεῖν ἑκατόν· […]
> […] Nach wenigen Tagen stellten sie [die Gläubiger] noch ein drittes Gesuch, worauf ihnen gestattet wurde, die Kaufbedingungen (*lex bonorum vendundorum*) zu erstellen. Sie fügten nämlich der besagten öffentlichen Bekanntmachung Folgendes hinzu: Der Käufer solle den Gläubigern „für (sagen wir) die Hälfte der Schulden einstehen", so dass derjenige, dem noch 100 *solidi* geschuldet sind, 50 erhält, und derjenige, dem noch 200 geschuldet sind, 100 erhält. […]

Der Kaufinteressent verpflichtete sich grundsätzlich dazu, den Gläubigern für ihre Forderungen im Umfang einer bestimmten Quote einzustehen. Dabei wird es sich in aller Regel lediglich um einen Bruchteil der tatsächlichen Schuldenlast gehandelt haben.[125] Zwar knüpfte der Nachlassverkauf einzig an die Nachfolgerlosigkeit und nicht an eine materielle Überschuldung des Nachlasses an; allerdings wird es in der Praxis nur dann zu einem Nachlassverkauf gekommen sein, wenn der Nachlass der Überschuldung zumindest verdächtig war. Andernfalls werden die (auch nur potentiell) zum *heres* oder *bonorum possessor* Berufenen den Nachlass für sich beansprucht haben.[126]

---

123 Gai. 3.80; Theoph. 3.12 pr.

124 Zum Verhältnis der Paraphrase des Theophilus zu den Institutionen des Gaius STOLTE, in: Babusiaux/Mantovani, 683 ff.

125 Vgl. auch die Formulierung „*pro portione bona venierint*" in Gai. 2.155; zur (beschränkten) Aussagekraft der Stelle für die Frage des konkreten Verkaufsvorgangs siehe KOCH, in: Babusiaux/Mantovani, 763 f.; ferner Sen. ben. 4.39.2; C. 7.72.6.1 Diocl./Maxim. (a. 294).

126 Zur Möglichkeit, dass ein lediglich kasuell-bedingt eingesetzter Erbe den Nachlass bereits vor Bedingungseintritt für sich beanspruchen konnte, siehe unten S. 158 ff.

Uneinigkeit herrscht hinsichtlich der Frage, in welcher Form die Befriedigung der Gläubiger erfolgte. Historisch hat sich die – wohl weiterhin herrschende – Ansicht etabliert, dass die *venditio bonorum* nicht als Barkauf ausgestaltet war, sondern die Gegenleistung des *bonorum emptor* in einer anteiligen Schuldübernahme entsprechend seinem „Kaufangebot" bestand. Die Gläubiger erhielten damit lediglich das Recht, ihre Forderungen gegen den *bonorum emptor* im Rahmen des zugesicherten Bruchteils anhängig zu machen – soweit erforderlich mittels *actiones utiles*.[127] Gegen diese Ansicht haben sich jedoch mehrere Autoren positioniert, die von einer sofortigen Leistung des Kaufpreises in bar und damit dem Wegfall einer gesonderten Forderungseintreibung ausgehen.[128]

Obgleich die Befürworter eines Barkaufs ihre These häufig ohne die notwendige Begründung vorbringen,[129] ist ihnen zuzugestehen, dass die Argumente gegen einen Barkauf weniger zwingend sind, als die Vertreter der herrschenden Lehre bisweilen vorgeben.[130] Dazu ist die Quellenlage im Bereich der *venditio bonorum* schlicht zu dürftig.[131] Namentlich Xavier d'Ors ist recht zu geben, wenn er betont, dass die Ausdrucksweise, wonach der Verkauf „*pro portione*" erfolge,[132] nicht zwingend auf eine quotenmäßige Schuldübernahme hinweise. Die Formulierung besagt lediglich, dass die Gläubiger nicht vollumfänglich befriedigt wurden, sondern proportional zur Höhe der jeweiligen Forderungen.[133] Zu diesem Ergebnis käme man auch dann, wenn der in bar entrichtete Kaufpreis im Anschluss an den Nachlassverkauf *pro rata* unter den einzelnen Gläubigern aufgeteilt worden wäre.

---

127 In diesem Sinne Rotondi, in: Ciapessoni, 113 f.; Kaser/Hackl, 397 f., ferner 399 f.; Pérez Álvarez, Bonorum venditio, 270, 295 f.; für eine analoge Anwendung der *actiones „Serviana"* und *Rutiliana* ferner auch Lenel, EP, 428, 432 f.; Solazzi, Concorso II, 145 f.; Di Lella, Formulae ficticiae, 52 f.; dem Grundsatz nach ferner auch Appleton, 162 f. Fn. 1, der allerdings von einheitlicher Leistung an den *magister* oder *curator* ausgeht. Berechtigte Zweifel an der Terminologie „*Serviana*" formuliert Platschek, ZRG RA 128 (2011), 366; siehe dazu auch unten S. 122. Zur Klagemöglichkeit mittels *actiones utiles* siehe ausführlich unten S. 121 ff.

128 X. d'Ors, 92 f. mit Fn. 40; Behrends, 185 f.; A. d'Ors, SDHI 59 (1993), 177 mit Fn. 9; Forster, 110 ff., 114; Willems, HRP I § 14, Rn. 16.

129 Vgl. Behrends, 185 f.; Forster, 110 ff., 114; Willems, HRP I § 14, Rn. 16.

130 Kritisch gegenüber diesem „Dogma" bereits Degenkolb, 34.

131 Wie bereits oben S. 22 ausgeführt, war das römische Vollstreckungsrecht zwischen der klassischen Zeit und der Kompilation durch Justinian einem umfassenden Systemwandel weg von der General- hin zur Spezialexekution unterworfen (vgl. auch Inst. 3.12 pr.; Theoph. 3.12 pr.). Die vorhandenen Quellen (namentlich die in diesem Zusammenhang zitierten Stellen der Institutionen des Gaius sowie Theoph. 3.12 pr.) haben alle nicht den Zweck, das klassische Vollstreckungsrecht zu beschreiben, sondern behandeln dieses eher nebenher; vgl. dazu Koch, in: Babusiaux/Mantovani, 743 ff.

132 Vgl. Gai. 2.155; Sen. ben. 4.39.2 (*portionem feram*); C. 7.72.6.1 Diocl./Maxim. (o. A.) (*aequali portione pro rata*).

133 X. d'Ors, 92 mit Fn. 40.

Eindeutig gegen die unmittelbare Zahlung eines Kaufpreises sprechen hingegen die Verweise auf *actiones utiles* der Gläubiger gegen den *bonorum emptor* in Theoph. 3.12 pr. und Gai. 3.81:[134]

Gai. 3.81
Item quae debita sunt ei, cuius fuerunt bona, aut ipse debuit, neque bonorum possessor neque bonorum emptor ipso iure debet aut ipsis debentur. Et ideo de omnibus rebus utilibus actionibus agunt vel conveniuntur, quas in sequenti commentario proponemus.[135]
Ebenso schuldet das, was demjenigen geschuldet worden ist, dem das Vermögen gehört hat, oder was er selbst geschuldet hat, weder der Nachlassbesitzer noch der Vermögenskäufer von Rechts wegen, noch wird es ihnen selbst geschuldet. Und deshalb klagen sie in all diesen Angelegenheiten mittels *actiones utiles*, oder sie werden entsprechend verklagt, was wir im folgenden Buch darlegen werden.

Theoph. 3.12 pr.
[…] καὶ ἐλέγετο ὁ ἀγοραστὴς BONORUM EMPTOR, καὶ πᾶσαι αἱ ἀγωγαὶ αἵτινες ἥρμοζον τῷ ὑποστάντι τὴν BONORUM UENDITIONA καὶ ὅσαι ἦσαν κατ᾽ αὐτοῦ, αὗται μετεφέροντο ἐπὶ τὸν BONORUM EMPTORA, καὶ UTILIOS ἐνῆγε καὶ ἐνήγετο, ὥσπερ καὶ ὁ BONORUM POSSESSOR· ἀμφότεροι γὰρ PRAETORIOI διάδοχοι. […]
[…] und der Käufer wurde *bonorum emptor* genannt, und alle Klagen, die der Person zustanden, die der *bonorum venditio* ausgesetzt gewesen war, und alle gegen sie bestehenden Klagen gingen auf den *bonorum emptor* über, und er klagte und wurde beklagt mittels *actiones utiles*, wie der *bonorum possessor*; denn sie beide sind prätorische Rechtsnachfolger. […]

Es ist nicht ersichtlich, weshalb dem Nachlassgläubiger noch eine Klage aus dem ursprünglichen Forderungsverhältnis zum Erblasser gegen den *bonorum emptor* zustehen sollte, wenn sämtliche dieser Forderungen bereits im Rahmen einer Kaufpreiszahlung in bar befriedigt worden wären. Und um genau eine solche Klage aus dem ursprünglichen Forderungsverhältnis zum Erblasser müsste es sich handeln, da der Gläubiger für eine davon unabhängige Klage gegen den *bonorum emptor* keiner *actio utilis* bedurft hätte. Denkbar wäre unter diesen Umständen nur noch eine Haftung des *bonorum emptor* über die zum Verkaufszeitpunkt angemeldeten Forderungen hinaus. Dies erscheint jedoch äußerst unwahrscheinlich, da die haftungsbeschränkende Funktion der *venditio bonorum*, die es in der Regel erst erlaubt

---

134 So auch SOLAZZI, Concorso II, 145 f.

135 Diese Passage „*utilibus actionibus agunt vel conveniuntur, quas in*“ ist insoweit mit Vorsicht zu lesen, als sie fast vollständig auf eine Emendation HUSCHKES zurückgeht, für die der sogleich zitierte Auszug aus Theoph. 3.12 pr. als Grundlage diente (zum Ganzen sogleich).

haben wird, einen Gesamtrechtsnachfolger zu finden, angesichts der Ungewissheit bezüglich der Schuldenlast komplett ausgehöhlt worden wäre.

Als Gegenargument zu den eben gemachten Ausführungen weist D'ORS zu Recht darauf hin, dass die heutige Fassung der genannten Gaius-Passage auf einer Ergänzung HUSCHKES[136] beruhe, welche die ebenfalls wiedergegebene Parallelstelle Theoph. 3.12 pr. zur Grundlage habe.[137] Es ist insofern richtig, dass sich der einzige gewichtige Beleg für eine *actio utilis* gegen den *bonorum emptor* in der Paraphrase des Theophilus findet. Da die Schrift von einem byzantinischen Rechtslehrer des 6. Jahrhunderts stammt, argumentieren nicht nur Befürworter des Barkaufs, dass es sich nicht um eine zuverlässige Quelle zum klassischen Recht handle.[138] Diese Auffassung erscheint jedoch voreilig: Der Vergleich der Paraphrase mit den Institutionen des Gaius hat gezeigt, dass Theophilus gerade für Exkurse zum klassischen Recht auf Gaius zurückgriff[139] und dabei durchaus ein gewisses Verständnis der alten Rechtslage an den Tag legte.[140] Die vorschnelle Verwerfung von Theoph. 3.12 pr. hat bereits in der Vergangenheit zu falschen Ergebnissen geführt[141] und ist deshalb abzulehnen, sofern nicht konkrete Hinweise auf Fehler in Theophilus' Ausführungen bestehen. Anzeichen hierfür sind jedoch nicht ersichtlich.

Im Übrigen findet die These von *actiones utiles* gegen den *bonorum emptor* eine Stütze in Gai. 4.65, wonach der *bonorum emptor* nur *cum deductione* klagen durfte:

> Gai. 4.65
> *Item de bonorum emptor cum deductione agere iubetur, id est, ut in hoc solum adversarius eius condemnetur, quod superest deducto eo, quod invicem ei bonorum emptor defraudatoris nomine debet.*
> Ebenso wird vom Vermögenskäufer verlangt, dass er mit Abzug klagt, das heißt, dass sein Gegner nur zu dem verurteilt wird, was übrigbleibt, nachdem das, was ihm umgekehrt

---

136 HUSCHKE, ad h. l.; zustimmend NELSON/MANTHE, Gai Inst. III 1–87, 198 f.

137 X. D'ORS, 93 Fn. 41.

138 APPLETON, 162 f. Fn. 1; SOLAZZI, IVRA 6 (1955), 88; X. D'ORS, 92 Fn. 40; A. D'ORS, SDHI 59 (1993), 177 f. Fn. 9, 11.

139 STOLTE, in: Babusiaux/Mantovani, 695 ff., der von „'antiquarian' passages" spricht.

140 Wenngleich die Ausführungen des Theophilus frei formuliert sind und somit keine unmittelbaren Rückschlüsse auf den Gaiustext zulassen (STOLTE, in: Babusiaux/Mantovani, 695 ff.), zeugen sie doch von einem gewissen Verständnis des klassischen Rechtszustands; vgl. auch KOCH, in: Babusiaux/Mantovani, bes. 755 ff., zur Tatsache, dass die Autorität des Theophilus hinsichtlich der *venditio bonorum* durch den Fund des Veroneser Gaius eher gestärkt wurde.

141 Vgl. SAVIGNY, ZGR 2 (1816), 375 mit Fn. 25, wonach – entgegen Theophilus – der Eigentumserwerb des *bonorum emptor* nicht ein prätorischer, sondern ein quiritischer war. Dazu und zur Revision der Ansicht SAVIGNYS nach Auffinden der Institutionen des Gaius KOCH, in: Babusiaux/Mantovani, 759 f.

der Vermögenskäufer im Namen des betrügerischen Bankrotteurs schuldet, abgezogen worden ist.

Dass der Vermögenskäufer seiner Gegenpartei etwas *defraudatoris nomine* schuldet, ist nur schwer zu erklären, wenn man davon ausgeht, dass der Kaufpreis für die *bonorum emptio* gleich im Nachgang zur Versteigerung in bar bezahlt wurde. Bestand der „Kaufpreis" hingegen lediglich in einer anteiligen Schuldübernahme, ergibt die Formulierung ohne weiteres Sinn.[142]

Schließlich spricht auch nicht gegen die Existenz von *actiones utiles* gegen den *bonorum emptor*, dass Gaius seine weiterführenden Ausführungen in Gai. 4.35 auf die Klagen des *bonorum emptor* beschränkt und nicht auch die Klagen der Nachlassgläubiger gegen den *bonorum emptor* einbezieht.[143] Gaius beschreibt beispielhaft die Möglichkeit der Klage mittels *formula ficticia*.[144] Als erstes Beispiel, auf das sich Gai. 4.35 ausdrücklich bezieht, nennt er den als Erben klagenden *bonorum possessor*.[145] Auch hier verzichtet Gaius darauf, zusätzlich die Klage gegen den *bonorum possessor* zu erörtern, obgleich bei ihr die gleichen Schwierigkeiten zu überwinden sind. Daran, dass die Klagen aus der Erbschaft auch gegen den *bonorum possessor* gewährt wurden, gibt es dennoch keinen Zweifel.[146] Wenn Gaius die in Gai. 4.34 eingenommene Perspektive auch im folgenden Paragrafen beibehält, ist dies nicht weniger als konsequent, und gewiss kann daraus kein Argument gegen die Existenz einer *actio utilis* gegen den *bonorum emptor* abgeleitet werden.

Insgesamt müssen die Ausführungen des Theophilus somit ernst genommen werden, weshalb die These des reinen Barkaufs abzulehnen ist. Vielmehr wird in der Folge davon ausgegangen, dass die Gläubiger durch die *emptio bonorum* lediglich das Recht erhielten, sich mit ihrer Forderung im Umfang des zugestandenen Bruchteils an den *bonorum emptor* zu halten. Das bedeutet jedoch nicht, dass die Gläubiger diese Forderungen jeweils auch tatsächlich noch einklagen mussten. Jedenfalls in den unproblematischen Fällen wird der *bonorum emptor*

---

142 In diesem Sinne auch PÉREZ ÁLVAREZ, RIDA 45 (1998), 359 f.; anders hingegen A. D'ORS, SDHI 59 (1993), 179, der zur Rettung seiner These vom Barkauf allerdings vertreten muss, die abzuziehenden Schulden seien – ungeachtet der Formulierung „*defraudatoris nomine*" – die persönlichen Schulden des Vermögenskäufers.

143 Dass dem so sei, deutet A. D'ORS, SDHI 59 (1993), 178, an: „La acción Rutiliana [...] y la Serviana [...] sólo se dan a favor del *emptor*, y no, contra él, a los acreedores del insolvente concursado. Gayo 4.35 lo dice claramente: *bonorum emptor agit*."

144 Siehe zum Ganzen unten S. 121 ff.

145 Gai. 4.34.

146 Dies gesteht auch A. D'ORS, SDHI 59 (1993), 178, ohne weiteres zu. – Zur Klage der Gläubiger gegen den *bonorum possessor* siehe näher unten S. 119 ff.

die Gläubiger nach Durchführung der *emptio bonorum* ohne weiteres befriedigt haben.

3. Prätorische Ergänzungen zur Erbfolge des *ius civile*

a) *Ius deliberandi*

Die neu geschaffene Möglichkeit der Vollstreckung in das Nachlassvermögen setzte somit grundsätzlich voraus, dass Gewissheit über die Nachfolgerlosigkeit des Nachlasses herrschte, das heißt darüber, dass es weder einen zivilen Erben noch einen *bonorum possessor* gab und auch der Fiskus den Nachlass nicht für sich beanspruchte. Entsprechend machte das neue Regime auch eine Ergänzung in Bezug auf die zivile Erbenstellung erforderlich.[147] Der Prätor musste den Gläubigern einen Mechanismus zur zeitnahen Klärung der Erbenfrage zur Verfügung stellen[148] – etwas, was das *ius civile*, wie gesehen, zumindest in Bezug auf Außenerben vermissen ließ.[149] Wäre der Prätor für die Gestattung der *venditio bonorum* darauf angewiesen geblieben, dass die designierten Erben die Erbschaft aus eigenem Antrieb antraten oder ausschlugen, hätte dies den Zweck des Edikts *Cui heres non extabit* gänzlich ausgehöhlt. Aus diesem Grund schuf der Prätor mit dem Edikt *De iure deliberandi* einen Anhang zu jenem *Cui heres non extabit*, der es den Gläubigern erlaubte, dem zivilen Erben eine Frist zum Erbschaftsantritt setzen zu lassen:[150]

> Gai. 2.167
> [...] *Solet praetor postulantibus hereditariis creditoribus tempus constituere, intra quod, si velit, adeat hereditatem, si minus, ut liceat creditoribus bona defuncti vendere.*
> [...] Der Prätor pflegt [dem designierten Erben] auf Antrag der Erbschaftsgläubiger eine Frist zu setzen, während deren er die Erbschaft antreten möge, wenn er das möchte, damit, wenn er dies nicht möchte, [der Prätor] den Gläubigern gestattet, den Nachlass des Verstorbenen zu verkaufen.

---

147 Für den Bezug des *ius deliberandi* auf die zivile Erbenstellung im Gegensatz zum *successorium edictum* auch Babusiaux, HRP I § 57, Rn. 26.

148 Für die Einführung des Edikts ausdrücklich im Interesse der Gläubiger vgl. Gai. 2.167; D. 28.8.10 Marcell. 28 dig.

149 Siehe oben S. 33 ff., bes. 37 f.

150 Zum Edikt vgl. Lenel, EP, 417 f.; zum Ediktswortlaut vgl. D. 28.8.1.1 Ulp. 60 ed.: „*Ait praetor: ‚Si tempus ad deliberandum petet, dabo.*'" Zum *ius deliberandi* im Allgemeinen ferner Strobel, HRP I § 56, Rn. 45 f.; Voci, DER I, 501 ff.

Konkret hatten die Gläubiger so vorzugehen, dass sie den designierten Erben *in iure* nach seiner Erbenstellung und der Höhe seines Erbteils befragten.[151] Der designierte Erbe musste aber nicht zwingend sogleich antworten, sondern konnte sich eine Deliberationsfrist ausbedingen, um sich Klarheit über die Finanzen des Erblassers zu verschaffen. Die vom Prätor gesetzte Frist war nicht fest vorgeschrieben, sondern wurde den Bedürfnissen des Einzelfalles angepasst. Sie durfte nicht weniger als 100 Tage betragen und konnte bei Bedarf mehrfach beantragt werden, sofern nachgewiesen wurde, dass die ursprüngliche Frist nicht ausreichend war.[152]

Sofern der designierte Erbe die Erbschaft fristgerecht ausschlug oder auch nur die Antrittsfrist ungenutzt verstreichen ließ, wurde die Erbschaft – ähnlich wie beim *successorium edictum*[153] – etwaigen in weiteren Graden Berufenen angetragen, wobei auch diese das Recht auf eine weitere Deliberationsfrist erhielten.[154] Bisweilen konnte es also auch unter dem Regime des Edikts *De iure deliberandi* zu langen Wartezeiten für die Gläubiger kommen. War aber einmal klar, dass alle designierten Erben die Erbschaft nicht antreten wollten, gestattete der Prätor den Gläubigern, zum Nachlassverkauf zu schreiten.[155]

b) *Beneficium abstinendi*

Die neu geschaffene zeitliche Ordnung des Erbschaftsantritts erlaubte es dem Prätor, auch den Hauserben entgegenzukommen, indem er dafür sorgte, dass sie der Haftung für die Schulden des Erblassers nicht mehr machtlos ausgeliefert waren. Dies war traditionell der Fall, weil die Hauserben die Erbenstellung nach *ius civile* automatisch erlangten und somit grundsätzlich keine Möglichkeit hatten, über den Erbschaftsantritt zu entscheiden.[156] Obgleich der Prätor auf diese zivile Erbenstellung keinen Einfluss nehmen konnte, gewährte er den *sui heredes* das sogenannte *beneficium abstinendi*, das heißt die Möglichkeit, sich der Erbschaft zu enthalten und dadurch den Klagen der Gläubiger trotz formaler Erbenstellung nach *ius ci-*

---

151 Zur *interrogatio in iure an heres sit et quota ex parte* siehe ausführlich unten S. 135 ff.

152 D. 28.8.1.1–2 Ulp. 60 ed.; D. 28.8.2 Paul. 57 ed.; D. 28.8.3 Ulp. 60 ed.

153 Siehe oben S. 43 ff.; zur spiegelbildlichen Funktion von *successorium edictum* und Edikt *De iure deliberandi* mit dem Unterschied, dass ersteres die prätorische Nachfolge, letzteres die zivile Erbenstellung betrifft, vgl. auch Babusiaux, HRP I § 57, Rn. 26.

154 D. 28.8.10 Marcell. 28 dig.; D. 29.2.69 Ulp. 60 ed.

155 Vgl. Gai. 2.167; D. 28.8.10 Marcell. 28 dig.; ferner D. 29.2.61 Macer 1 off. praes., wonach den Gläubigern die *bonorum possessio* zu erteilen sei. Richtigerweise muss die Stelle von der *missio in possessionem* sprechen.

156 Siehe oben S. 30 ff.

vile zu entgehen. Für das Provinzialedikt – und entsprechend mit Bezug auf den Prokonsul – dokumentiert Gaius diese Entwicklung ausführlich:[157]

D. 29.2.57 pr. Gai. 23 ed. prov.
Necessariis heredibus non solum impuberibus, sed etiam puberibus abstinendi se ab hereditate proconsul potestatem facit, ut, quamvis creditoribus hereditariis iure civili teneantur, tamen in eos actio non detur, si velint derelinquere hereditatem. Sed impuberibus quidem, etiamsi se immiscuerint hereditati, praestat abstinendi facultatem, puberibus autem ita, si se non immiscuerint.
Den Zwangserben – nicht nur den unmündigen, sondern auch den mündigen – ermöglichte es der Prokonsul, sich der Erbschaft zu enthalten, derart, dass gegen sie, obgleich sie den Gläubigern nach dem *ius civile* haftbar sind, dennoch keine Klage gewährt wird, sofern sie gewillt sind, die Erbschaft aufzugeben. Den Unmündigen aber steht es selbst dann frei, sich zu enthalten, wenn sie sich in die Erbschaft eingemischt haben; den Mündigen hingegen nur dann, wenn sie sich nicht eingemischt haben.

Mit dem Kriterium, dass ein Enthalten grundsätzlich nur dann möglich war, wenn sich der Erbe noch nicht in die Erbschaftsangelegenheiten eingemischt hatte, glich der Prätor das *beneficium abstinendi* an die Ausschlagung der Erbschaft durch Außenerben an, die diese Möglichkeit ebenfalls durch eine *pro herede gestio* verwirkten.[158] Die Voraussetzungen einer solchen Einmischung waren vergleichbar.[159] Ausgenommen von einer möglichen Verwirkung des *beneficitum abstinendi* war einzig der Unmündige. Er konnte auch dann noch vom *beneficium abstinendi* profitieren, wenn er sich bereits in die Erbschaftsangelegenheiten eingemischt hatte – ein Privileg, das sich aus dem allgemeinen Schutz Unmündiger erklären lässt.[160]

Vom *beneficium abstinendi* ausgenommen war hingegen der hauseigene Sklave. Wurde ein Sklave – unter gleichzeitiger Freilassung – zum Erben eingesetzt, so war er nach *ius civile* ebenfalls Zwangserbe.[161] Mangels Erstreckung des *beneficium*

157 Vgl. auch D. 29.2.99 Pomp. 1 sen. cons.; D. 40.5.30.10 Ulp. 5 fideic.; zum Ganzen auch Strobel, HRP I § 56, Rn. 23 ff., mit weiteren Hinweisen zu den konkreten Auswirkungen des Fortbestands der zivilen Erbenstellung in Rn. 30.

158 Siehe dazu oben S. 33 ff.

159 Vgl. die Präzisierungen in D. 11.7.14.8 Ulp. 25 ed.; D. 29.2.20.1 Ulp. 61 ed.; D. 29.2.71.3–9 Ulp. 61 ed.; D. 29.2.87 pr. Pap. 10 resp.; ferner Strobel, HRP I § 56, Rn. 25. – Die *pro herede gestio* des Außenerben und das *se (im)miscere hereditatem* des Hauserben waren derart deckungsgleich, dass bereits die römischen Juristen die beiden Fälle häufig zusammengefasst haben; vgl. Biondi, DER, 220; bezeichnend auch die Terminologie in D. 29.2.87 pr. Pap. 10 resp.: „*Eum bonis patris se miscere convenit, qui* […] *pro herede gerere videtur.*"

160 Gai. 2.163; D. 29.2.11 Pomp. 3 Sab.; sowie die soeben wiedergegebene Stelle D. 29.2.57 pr. Gai. 23 ed. prov.; Strobel, HRP I § 56, Rn. 26.

161 Siehe oben S. 32 f.

abstinendi blieb er deshalb noch unter dem Regime des *ius honorarium* gezwungen, den Gläubigern als neuer Schuldner zur Verfügung zu stehen.[162] Der Grund für diese Einschränkung dürfte darin bestanden haben, dass die Erbeinsetzung eines Sklaven gemeinhin als Strategie diente, um den Verkauf des Nachlasses unter dem Namen des Erblassers zu vermeiden. So konnte die mit dem Nachlassverkauf einhergehende *ignominia* des Erblassers verhindert werden.[163] Der nunmehr freigelassene Sklave wurde als Erbe zum neuen Schuldner der Gläubiger. Sofern seine Finanzen, die sich aufgrund seiner früheren Sklavenstellung in aller Regel in den Mitteln des Nachlasses erschöpften, nicht zur Befriedigung aller Gläubiger ausreichten, erfolgte die Vollstreckung gegen seine Person. Der gute Name des Erblassers blieb damit intakt.

Gai. 2.153–154[164]

153. Necessarius heres est servus cum libertate heres institutus, ideo sic appellatus, quia sive velit sive nolit, omni modo post mortem testatoris protinus liber et heres est.

154. Unde qui facultates suas suspectas habet, solet servum suum primo aut secundo vel etiam ulteriore gradu liberum et heredem instituere, ut, si creditoribus satis non fiat, potius huius heredis quam ipsius testatoris bona veneant, id est, ut ignominia, quae accidit ex venditione bonorum, hunc potius heredem quam ipsum testatorem contingat [...].

153. Ein Zwangserbe ist ein Sklave, der zusammen mit der Freilassung zum Erben eingesetzt worden ist. Er ist deshalb so genannt worden, weil er – ob er will oder nicht – auf jeden Fall nach dem Tod des Testators unverzüglich frei und Erbe wird.

154. Daher lässt jemand, der sein Vermögen der Überschuldung verdächtigt, gewöhnlich seinen Sklaven frei und setzt ihn im ersten oder zweiten oder auch in einem späteren Grad zum Erben ein, so dass dann, wenn er die Gläubiger nicht befriedigt, eher das Vermögen eines solchen Erben als das [Vermögen] des Erblassers selbst verkauft wird, das heißt, dass der Ehrverlust, der aufgrund des Verkaufs des Vermögens eintritt, eher diesen Erben als den Testator selbst trifft [...].

Als Entschädigung für die Härten, die der *servus cum libertate institutus* in diesem System erdulden musste, gewährte der Prätor ihm immerhin das Privileg der *separatio bonorum*. Diese beinhaltete, dass dem freigelassenen Sklaven sämtliches Vermögen erhalten blieb, das er nach dem Erbgang für sich selbst erworben hatte. Selbst wenn die Forderungen der Gläubiger das Nachlassvermögen überstiegen, haftete der Erbe somit nicht mit seinem außerhalb der Erbschaft erwirtschafteten

---

162 Strobel, HRP I § 56, Rn. 35; Buchwitz, HRP I § 58, Rn. 38.

163 Zur *ignominia* vgl. Wolf, ZRG RA 126 (2009), 55 ff., bes. 97 zum Nachlassverkauf; zur Verwendung von „*infamia*" und „*ignominia*" in den Quellen Kaser, ZRG RA 73 (1956), 220 ff.

164 Vgl. auch die Parallelstelle Inst. 2.19.1; dazu im Kontext des Regimewechsels, der sich im Vollstreckungsrecht vollzog, unten S. 237.

Privatvermögen, und es blieb den Gläubigern darüber hinaus versagt, zu einem späteren Zeitpunkt noch einmal in das Vermögen des Erben zu vollstrecken, selbst wenn dieser nachträglich zu Geld gekommen war.[165]

III. Punktuelle Förderung der Schuldnernachfolge im Kaiserrecht

1. Institutionalisierung der privaten Schuldnerbeschaffung (*pactum ut minus solvatur*)

Die große Bedeutung, welche die Beschaffung eines neuen Schuldners für die Gläubiger hatte, zeigt sich daran, dass die Gläubiger sich offenbar nicht selten selbst darum bemühten, für den Nachlass einen Gesamtrechtsnachfolger zu finden.[166] Diesen Bemühungen lag das nachfolgende Konstrukt zugrunde: Die Gläubiger verglichen sich im Falle einer (drohenden) Überschuldung mit dem designierten Erben dahingehend, dass dieser die Erbschaft antreten sollte. Im Gegenzug sicherten sie dem designierten Erben zu, ihn nur für einen Teil der Schulden zu belangen.[167] Dieser Vergleich wirkte sich traditionellerweise wie folgt aus: Hatte der Erbe die Erbschaft erst einmal angetreten, wurde er nach den Regeln der Universalsukzession unbeschränkt haftender Schuldner aller Verbindlichkeiten des Erblassers. Wollten die am Vergleich mitwirkenden Gläubiger sich aber auf den umfassenden Schuldenübergang berufen, stand dem Erben die *exceptio pacti* gegen sie zu, da sich die Gläubiger ihm gegenüber mit einer anteiligen Befriedigung zufrieden erklärt hatten.[168] Da der Erbschaftsantritt einzig auf Betreiben der Gläubiger erfolgt war, gingen die römischen Juristen darüber hinaus von einem eigentlichen Auftragsverhältnis zwischen den Vergleichsparteien aus – mit der Folge, dass dem Erben die *actio mandati contraria* gegen die beauftragenden Gläubiger zustand, sofern ihm durch den Erbschaftsantritt ein Nachteil entstand.[169] Tauchte also ein

---

165 Gai. 2.155; D. 42.6.1.18 Ulp. 64 ed. – Vgl. zum Ganzen Bonfante, Corso VI, 480 f.; Guarino, ZRG RA 60 (1940), 185 ff.; Ankum, St. Grosso II, 565 ff.; Voci, DER I, 676; Wiechmann, 75 ff.; Buchwitz, HRP I § 58, Rn. 38, 47; J. Schmidt, 256 f.

166 Vgl. D. 17.1.32 Iul. 3 Urs. Fer.: „[...] *Praeterea volgo animadvertere licet mandatu creditorum hereditates suspectas adiri,* [...]".

167 Belegt sind solche *pacta ut minus solvatur* in D. 2.14.7.17–19 Ulp. 4 ed.; D. 17.1.32 Iul. 3 Urs. Fer.; D. 17.1.58.1 Paul. 4 quaest.; D. 26.7.59 Scaev. 26 dig.; D. 29.2.55 Marcian. 2 reg.; D. 40.4.54.1 Scaev. 4 resp.; D. 42.8.23 Scaev. 32 dig.; D. 44.4.4 pr. Ulp. 76 ed. – Grundlegend zum Ganzen zuletzt Finkenauer, TR 85 (2017), 115 ff.

168 Für die *exceptio pacti* vgl. D. 2.14.7.18 e contrario; Finkenauer, 117, 120; für eine *exceptio doli* hingegen Sanfilippo, Mél. Meylan I, 293 ff.

169 Vgl. D. 17.1.32 Iul. 3 Urs. Fer.; D. 2.14.7.18 Ulp. 4 ed.; ferner D. 16.1.19.1–2 Afr. 4 quaest.; Finkenauer, TR 85 (2017), 117, 120; Voci, DER I, 684.

weiterer Gläubiger auf, der nicht Teil des Vergleichspactum gewesen war und mit seiner Forderung somit vollumfänglich durchdringen musste,[170] hatten die am Vergleich mitwirkenden Gläubiger dem Erben den Schaden zu ersetzen, den er durch die Befriedigung dieses Gläubigers erlitt.

Aus Gläubigersicht hatte dieses Vorgehen bedeutende Vorteile. Die obigen Ausführungen zum *successorium edictum* und zum *ius deliberandi* haben deutlich gemacht, wie langwierig das Warten auf einen erbrechtlichen Gesamtrechtsnachfolger sein konnte – besonders dann, wenn Ersatzerbeinsetzungen die den Erben zustehende Deliberationsfrist mehrfach von vorne beginnen ließen.[171] War eine Erbschaft der Überschuldung verdächtig, war sodann wahrscheinlich, dass auch nach Ablauf der Wartezeit kein Gesamtrechtsnachfolger feststehen würde, sondern die Gläubiger auf die Suche nach einem Gesamtrechtsnachfolger im Rahmen der *venditio bonorum* verwiesen würden.[172] War dies der Fall, so mussten sich die Gläubiger ohnehin mit einer nur anteiligen Befriedigung begnügen – im Ergebnis befanden sie sich somit in einer vergleichbaren Situation, wie wenn sie dem designierten Erben einen Schuldenschnitt angeboten hätten.[173] Ein Verhandeln der Gläubiger mit dem designierten Erben verkürzte nicht nur die Dauer des Zustands der *hereditas iacens*, sondern dürfte in aller Regel auch finanziell vorteilhafter gewesen sein: Während der *bonorum emptor* aus dem Vermögenskauf in der Regel einen Gewinn ziehen wollte, konnte der Erbe als dem Erblasser nahestehende Person ein ideelles Interesse daran haben, den Nachlassverkauf und damit einhergehend den Ehrverlust des Erblassers abzuwenden.[174] Entstammte der Erbe der gleichen Familie wie der Erblasser, war gar sein eigener Name betroffen.[175] Es ist deshalb wahrscheinlich, dass die Gläubiger mit dem designierten Erben eine bessere Be-

---

170 Eine Ausnahme nennt Celsus, wie Ulpian in D. 44.4.4 pr. Ulp. 76 ed. überliefert: Wenn sich ein Gläubiger „*decipiendi causa*" nicht an der Auftragserteilung der übrigen Gläubiger beteiligte, um schließlich die gesamte Forderung geltend machen zu können, konnte der Erbe ihm die *exceptio doli* entgegenhalten; vgl. auch Finkenauer, TR 85 (2017), 117 f.

171 Zum *successorium edictum* siehe oben S. 46 ff.; zum *ius deliberandi* siehe oben S. 58 f.

172 Siehe oben S. 50 ff.

173 D. 40.4.54.1 Scaev. 4 resp. belegt, dass auch das *pactum ut minus solvatur* die Beschränkung der Schuldenhaftung auf eine bestimmte Quote beinhaltete (im genannten Beispiel die Hälfte). – Zur quotenmäßigen Schuldübernahme im Rahmen der *venditio bonorum* siehe oben S. 53 ff.

174 Zur *ignominia* siehe bereits knapp oben S. 61; für die Ehrerhaltung als eigentliches Motiv des *pactum ut minus solvatur* statt aller Solazzi, Estinzione, 192; Ernst, ZRG RA 132 (2015), 18; Finkenauer, TR 85 (2017), 116.

175 So bereits Silveira Marchi, St. Talamanca VII, 469 mit Fn. 8; Finkenauer, TR 85 (2017), 116.

friedigungsquote aushandeln konnten als im Rahmen der *venditio bonorum* mit dem *bonorum emptor.*[176]

Die Nachteile, die dieser rein privatautonomen Vergleichslösung anhafteten, sind jedoch offensichtlich: Aus Sicht des Erben war problematisch, dass er denjenigen Gläubigern, die nicht beim Schuldenschnitt mitgewirkt hatten, unbeschränkt haftete. Zwar konnte er sich mittels *actio mandati contraria* schadlos halten, in diesem Verfahren trug er allerdings die Beweislast.[177] Noch belasteter waren die auftraggebenden Gläubiger. Sie mussten den Teil der Forderungen jener unbeteiligten Gläubiger tragen, der die Vergleichsquote überstieg. Dies war deshalb besonders problematisch, weil es keine offizielle Übersicht über die Schulden des Erblassers gab und die Gläubiger somit vorab gegebenenfalls überhaupt nicht von diesen Forderungen wussten.[178] Dieses Problem scheint erkannt und durch kaiserliche Rechtsetzung entschärft worden zu sein:

Die Digesten überliefern mehrfach den Abschluss eines Gesamtvergleichs, der durch ein Dekret des Prätors validiert wurde,[179] wobei einzelne Quellenstellen darauf verweisen, dass der Prätor hinsichtlich der Frage, ob und in welchem Umfang ein Vergleich geschlossen werden solle, einem Mehrheitsentscheid der Gläubiger folgte.[180] Inwiefern diese Digestenstellen den klassischen Rechtszustand korrekt wiedergeben, war in der Vergangenheit allerdings Gegenstand einer Kontroverse. Namentlich Guarino stellte sich vehement gegen die Vorstellung einer Allgemeingültigkeit des Vergleichs. Dieser habe vielmehr Einstimmigkeit unter den Gläubigern vorausgesetzt und sei vom Prätor danach lediglich bestätigt worden; gegenüber nicht *in iure* anwesenden Gläubigern habe der Vergleich weiterhin nur Wirkung entfaltet, wenn sie sich ihm nachträglich anschlossen.[181] Guarinos Argumentation bleibt allerdings vorwiegend ideologisch – geprägt vom Verständnis, dass eine zwangsweise Erstreckung nicht mit dem Wesen des klassischen Rechts vereinbar war. Zu überzeugen vermag dieses Verständnis nicht. Im Gegenteil: Wie oben dargelegt, war die fehlende Allgemeingültigkeit gerade der entscheidende Mangel des privatautonomen Vergleichspactum, der eine kaiserrechtliche Intervention rechtfertigte. Ohne diesen Mehrwert ist nicht ersichtlich, welchen echten

---

176 In diesem Sinne bereits Finkenauer, TR 85 (2017), bes. 116; ferner Voci, DER I, 684; vgl. auch Solazzi, Estinzione, 193, der als Hauptinteresse der Gläubiger die Vermeidung der mit der *venditio bonorum* verbundenen Risiken und Längen herausstreicht.

177 Finkenauer, TR 85 (2017), 118.

178 Finkenauer, TR 85 (2017), 118.

179 D. 2.14.7.19 Ulp. 4 ed.; D. 17.1.58.1 Paul. 4 quaest.; D. 40.4.54.1 Scaev. 4 resp.; D. 42.8.23 Scaev. 32 dig.

180 D. 2.14.7.19 Ulp. 4 ed.; D. 2.14.8 Pap. 10 resp.; D. 17.1.58.1 Paul. 4 quaest.

181 Guarino, Pactum, bes. 7 ff.; Guarino, AUCT 4 (1949/50), bes. 198, 202, 205 f.; zustimmend López-Barajas Mira, 48; Camacho de los Ríos, SDHI 79 (2013), 604 ff.; für justinianisch hielt das Mehrheitsprinzip zuletzt auch Forster, 125.

Vorteil die Zwischenschaltung eines prätorischen Dekrets gehabt hätte, dessen Authentizität nicht einmal GUARINO infrage stellte.[182] Es ist deshalb davon auszugehen, dass die überlieferten Quellenstellen die Rechtslage zumindest im Kern korrekt wiedergeben und somit die Intervention des Prätors die Allgemeingültigkeit des Vergleichs sicherstellte.[183] Zu verdanken war die Neuschöpfung vermutlich einem Reskript Marc Aurels,[184] der damit eine effiziente Maßnahme zur Vereinfachung der Schuldnernachfolge sowohl im Interesse der Gläubiger als auch des designierten Erben schuf.[185]

2. *Addictio bonorum libertatis causa*

Ebenfalls auf einen Rechtsetzungsakt Marc Aurels geht die sogenannte *addictio bonorum libertatis causa* zurück, die dann einschlägig war, wenn ein Nachlass – in der Regel wegen des Verdachts auf Überschuldung[186] – nach den erbrechtlichen Grundsätzen keinen Nachfolger fand und in der Konsequenz die *venditio bonorum* des Nachlasses bevorstand. Unter diesen Umständen gestattete es Marc Aurel, dass ein außenstehender Dritter oder auch ein testamentarisch freigelassener Sklave den Nachlass als neuer Berechtigter übernahm. Voraussetzung hierfür war lediglich, dass der Nachlassübernehmer den Gläubigern Sicherheit dafür leistete, sie vollumfänglich zu befriedigen.[187]

---

182 Zur Authentizität des Dekrets GUARINO, Pactum, 7; GUARINO, AUCT (1949/50), 198; anders noch BESELER, Beiträge, 97. – Mit dieser Begründung für die Klassizität des Mehrheitsprinzips zuletzt auch dezidiert FINKENAUER, TR 85 (2017), 136.

183 SOLAZZI, Estinzione, bes. 194; SOLAZZI, Concorso IV, 107; VOCI, DER I, 683; SILVEIRA MARCHI, Concurso, 49, 121, 136, 145; FINKENAUER, TR 85 (2017), 115 ff.

184 Vgl. FINKENAUER, TR 85 (2017), 121 ff., unter Berufung auf D. 2.14.10 pr. Ulp. 4 ed. Die Stelle spricht je von einem Reskript Marc Aurels und Antoninus Pius', wobei für letzteres einzig ausgeführt wird, es habe die Pflicht des Fiskus statuiert, sich dem Mehrheitsentscheid anzuschließen, sofern er nicht über Pfandrechte verfügte. Der genaue Inhalt der Reskripte ist nicht überliefert; vgl. ERNST, ZRG RA 132 (2015), 19 f. Die Einführung durch Marc Aurel wäre auch insofern stimmig, als er mit der Schaffung der *addictio bonorum libertatis causa* Neuland in einem verwandten Bereich betrat; dazu sogleich.

185 Nicht unterschlagen sei an dieser Stelle, dass die Einzelheiten im Zusammenhang des Mehrheitsprinzips durchaus umstritten sind. Auf eine vertiefte Auseinandersetzung mit diesen Fragen wird jedoch verzichtet, da sie für die eigentliche Fragestellung der Untersuchung von geringer Bedeutung sind. Den Stand der Diskussion geben wieder ERNST, ZRG RA 132 (2015), 18 ff.; FINKENAUER, TR 85 (2017), 115 ff.

186 Vgl. C. 7.2.15 pr. Iust (a. 531/532): „[…] *nemo autem adire vult defuncti hereditatem eo, quod suspecta esse videtur* […]."

187 Inst. 3.11.1 sowie D. 40.5.2 Ulp. 60 ed.: „[…] *si idonee creditoribus caveris* [D. 40.5.2: *caverit*] *de solido quod cuique debetur solvendo.*" Ferner D. 40.5.4.5, 8–11 Ulp. 60 ed.; D. 40.4.50.1 Pap. 9 resp.;

Zur Rechtfertigung dieses neuen Instituts führen die Quellen an zahlreichen Stellen die Erhaltung der testamentarischen Freilassungen auf,[188] die bei fehlendem Erbschaftsantritt nach dem Testament grundsätzlich wirkungslos blieben.[189] Aus diesem Grund stand das Antragsrecht auch nicht nur dem freien *extraneus*, sondern besonders auch dem letztwillig freigelassenen (und damit noch unfreien) Sklaven zu.[190] Er hatte ein echtes Interesse an der *addictio bonorum*, weil er durch sie die Freiheit erlangen konnte – selbst wenn er im Gegenzug die Last einer wahrscheinlich überschuldeten Erbschaft auf sich nehmen musste.

Die Institutionen Justinians nennen daneben auch das Interesse des Erblassers daran, der *ignominia* zu entgehen, die mit dem Nachlassverkauf in eigenem Namen verbunden war.[191] Unverkennbar sind darüber hinaus aber auch die Vorteile, welche die *addictio bonorum* für die Gläubiger mit sich brachte, wobei diese Vorteile der Neuschöpfung gewiss ebenfalls zuträglich waren.[192] Die Bedeutung, die den Gläubigerinteressen beigemessen wurde, wird jedenfalls ob der konstanten Betonung der Sicherstellungspflicht zugunsten der Gläubiger deutlich.[193] Indem die Nachlassübernahme nur unter der Bedingung möglich war, dass der Nachlassübernehmer den Gläubigern in geeigneter Weise Sicherheit für ihre vollumfängliche Befriedigung leistete,[194] wurden die Gläubiger deutlich besser gestellt, als wenn sie zum Nachlassverkauf schreiten mussten. Sie erhielten einen neuen, unbeschränkt haftenden Schuldner, während sie sich von der *venditio bonorum* lediglich eine teilweise Befriedigung durch den *bonorum emptor* erhoffen konnten.[195] Grundlage der Haftung war die Kautionsstipulation, die der Nachlassübernehmer abzugeben hatte (*cautio omnium creditorum nomine*).[196] Dies führte dazu, dass die Gläubiger durch die *addictio bonorum* gar bessergestellt wurden, als wenn der Erblasser selbst

---

C. 7.2.15 pr. Iust (a. 531/532). Zur *addictio bonorum libertatis causa* vgl. ausführlich Finkenauer, Symp. Wieling, 19 ff.

188 Inst. 3.11 pr.–2, 5–6; D. 40.5.4.2, 20 Ulp. 60 ed.

189 Vgl. D. 40.4.23 pr. Marcian. 1 inst.; D. 40.4.25 Ulp. 4 reg.; Voci, DER II, 409.

190 Die Frage, ob das Antragsrecht von Anfang an sowohl dem Sklaven als auch dem *extraneus* zustand, ist umstritten. Zuletzt aber überzeugend für den Einbezug beider Gruppen bereits im Reskript Marc Aurels Finkenauer, Symp. Wieling, 22 ff. m. w. N. zur Diskussion in 24 Fn. 20, 25 Fn. 27 f.

191 Inst. 3.11.2; zum Interesse des Erblassers, den Nachlassverkauf in eigenem Namen zu verhindern, siehe oben S. 61.

192 Dies betont zu Recht Finkenauer, Symp. Wieling, 22 m. w. N. in Fn. 17 auf die ältere Literatur, die diesen Zweck meist nicht erkannt hat.

193 Vgl. D. 40.5.4.8 Ulp. 60 ed.; C. 7.2.15 pr.–1b, 4–5, 7 Iust. (a. 531/532).

194 Inst. 3.11.1–2; C. 7.2.15 Iust. (a. 531/532); D. 40.5.2, 4.8 Ulp. 60 ed.

195 Zur in der Regel lediglich anteiligen Schuldübernahme durch den *bonorum emptor* siehe oben S. 53 ff.

196 Vgl. D. 40.5.4.22 Ulp. 60 ed.; Finkenauer, Symp. Wieling, 28 ff.; sowie ausführlicher unten S. 201 ff.

einen Sklaven unter gleichzeitiger Freilassung zum Erben eingesetzt hätte.[197] Die Gläubiger erhielten eine Sicherheitsleistung, die nicht zuletzt dazu führte, dass der Nachlassübernehmer nicht von der *separatio bonorum* profitieren konnte, die den zum Zwangserben eingesetzten Sklaven vor einem erneuten Vermögensverkauf schützte, sofern in einem ersten Vermögensverkauf Forderungen offen geblieben waren.[198]

IV. Zusammenfassung

Das römische Erbrecht war vom Grundsatz geprägt, dass die Schulden des Erblassers mit seinem Tod auf die Erben übergingen. Sie bedurften keiner Aufteilung unter den Erben, sondern wurden gemäß dem Grundsatz *Nomina ipso iure divisa sunt* im Umfang des Erbteils zu persönlichen Schulden der Erben, für die diese unbeschränkt hafteten. Aus Gläubigersicht galt es somit vorrangig den jeweiligen Erben zu ermitteln, an den sie sich mit ihren Forderungen sodann halten konnten (I.1.a).

Nach *ius civile* präsentierte sich die Ausgangslage zur Ermittlung des Erben grundlegend verschieden, je nachdem, ob der Erbe aus dem Kreis der *sui* stammte oder nicht: Auf Hauserben (*sui heredes*) ging die Erbschaft mit dem Todesfall automatisch über. Sie hatten nach *ius civile* keine Möglichkeit, sich der Erbschaft zu enthalten, was nicht nur in Bezug auf das Familienvermögen (*familia*), sondern auch mit Blick auf die Schuldnerstellung Kontinuität sicherstellte (I.1.b). Die übrigen Erben, die sogenannten „Außenerben", erlangten die Erbenstellung hingegen erst durch den Erbschaftsantritt. Für diesen sah das *ius civile* keine Fristen vor, was grundsätzlich dazu führen konnte, dass der Zustand des ruhenden Nachlasses (*hereditas iacens*) über sehr lange Zeit andauern konnte. Das aber stellte ebenso eine Belastung für die Gläubiger dar, wie es den Interessen des Erblassers – und im Übrigen auch jenen des zukünftigen Erben – zuwiderlief (I.1.c.aa). Aus diesem Grund etablierte sich die Praxis, dass bereits der Erblasser selbst im Testament eine Antrittsfrist, die sogenannte „Kretionsfrist", setzte. Im Rahmen einer solchen *cretio* verfügte der Erblasser, dass der designierte Erbe die Erbschaft innerhalb der gesetzten Frist von in der Regel 100 Tagen durch förmliche Erklärung annehmen müsse, ansonsten sei er enterbt. Von dieser Beschleunigung des Erbschaftsantritts profitierten auch die Gläubiger (I.1.c.bb). Nahm der Testator hingegen keine solche *cretio* in sein Testament auf oder verstarb er gar testamentlos, mussten die Gläubiger die Entscheidung des designierten Erben grundsätzlich auf unbestimmte Zeit

197 Zu dieser Praxis siehe oben S. 60 f.

198 In diesem Sinne auch Finkenauer, Symp. Wieling, 27 Fn. 35.

abwarten. Erst wenn er sich mindestens konkludent als Erbe zu erkennen gab (*pro herede gestio*), konnte er auch als neuer Schuldner belangt werden (I.1.c.cc).

Dem Problem der potentiell langen Nachfolgerlosigkeit wirkte das *ius civile* ursprünglich dadurch entgegen, dass es die Ersitzung der Erbenstellung zuließ (*usucapio pro herede*). Durch einjährigen *usus* an der Erbschaft konnten damit auch Außenstehende zu Gesamtrechtsnachfolgern des Erblassers werden und damit verbunden nicht nur Eigentümer der Nachlasssachen, sondern auch unbeschränkt haftende Schuldner der Erblasserschulden. Die Skepsis, welche die Forschung dieser Form des „Streitigmachens der Erbenstellung" in der Vergangenheit bisweilen entgegenbrachte, erscheint unbegründet. Im soeben skizzierten System des *ius civile*, das ein allzu langes Brachliegen des Nachlasses ansonsten nicht verhindern konnte, entsprach die *usucapio pro herede* schlicht einem allgemeinen Bedürfnis – nicht nur der Gläubiger, sondern auch des Erblassers selbst und aller Angehörigen der *familia* (I.2).

Obsolet – und in der Folge gar förmlich abgeschafft – wurde diese altrechtliche Form der *usucapio pro herede* dadurch, dass das *ius honorarium* einen Paradigmenwechsel hin zu klaren Antrittsfristen vollzog. Ausgangspunkt dieses Paradigmenwechsels bildete die Einführung der *bonorum possessio* als prätorisches „Erbfolgeinstitut". Die *bonorum possessio* konnte dem Berufenen zwar nicht die zivile Erbenstellung verleihen, sie sicherte ihm aber im Rahmen des Interdikts *Quorum bonorum* immerhin den faktischen Zugriff auf die Nachlassgegenstände. Die Haftung für Erblasserschulden wurde analog zur Erbenhaftung nach *ius civile* auf den *bonorum possessor* erstreckt. Das *successorium edictum* sah eine Kaskade von Klassen vor, die nacheinander die *bonorum possessio* beantragen durften, wofür sie – je nach Antragsberechtigtem – 100 Tage oder ein Jahr Zeit hatten (II.1).

Am Ende dieser Kaskade des *successorium edictum*, das heißt, wenn sich weder ein Erbe nach *ius civile* gefunden noch jemand die *bonorum possessio* beantragt hatte und auch der Fiskus den Nachlass nicht für sich beanspruchte, war es nach prätorischem Recht sodann möglich, ins Nachlassvermögen zu vollstrecken. Im Einklang mit dem Konzept des Schuldenübergangs durch Gesamtrechtsnachfolge handelte es sich bei dieser Vollstreckungsmöglichkeit durch *venditio bonorum* um eine Form der Generalexekution, bei welcher der gesamte Nachlass an einen *bonorum emptor* verkauft wurde, der sodann honorarrechtlicher Gesamtrechtsnachfolger des Erblassers wurde (II.2.a). Für die Schulden des Erblassers hatte er im Umfang der von ihm beim Nachlasskauf versprochenen Quote einzustehen (II.2.b).

Die Tatsache, dass die *venditio bonorum* grundsätzlich Sicherheit darüber voraussetzte, dass sich für den Nachlass kein erbrechtlicher Nachfolger fand, machte es erforderlich, dass die Gläubiger auch die Antrittsabsicht des designierten Erben ermitteln konnten – selbst in den Fällen, in denen das *ius civile* grundsätzlich keine Antrittsfrist vorsah. Hierfür schuf der Prätor das Edikt *De iure deliberan-*

di, das vorsah, dass die Gläubiger den designierten Erben direkt vor dem Prätor nach seiner Erbenstellung befragen konnten. Sofern der designierte Erbe noch unschlüssig war, ob er die Erbschaft annehmen wollte, konnte er sich vom Prätor eine Deliberationsfrist erbitten (II.3.a). Im Gegenzug zu dieser neu geschaffenen Möglichkeit, den Erben eine Antrittsfrist zu setzen, kam der Prätor auch den Hauserben entgegen: Er erlaubte es ihnen, sich der Erbschaft zu enthalten. Dieses neu geschaffene Enthaltungsrecht (*beneficium abstinendi*) war deshalb nicht mehr übermäßig problematisch, weil die Gläubiger nach *ius honorarium* gerade nicht mehr auf das Vehikel der Erbfolge angewiesen waren, um ihre Forderungen durchzusetzen (II.3.b).

Zwei weitere punktuelle Neuerungen, die sich positiv auf die Situation der Gläubiger auswirkten, erfolgten im Rahmen der kaiserlichen Rechtsetzung: die Institutionalisierung des *pactum ut minus solvatur* und die Einführung der *addictio bonorum libertatis causa*. Das *pactum ut minus solvatur* ging auf eine privatautonome Praxis zurück, die abermals deutlich macht, wie wichtig es für die Gläubiger war, einen Erben für den Nachlass ihres ehemaligen Schuldners zu finden. Diese Praxis bestand darin, dass die Gläubiger den designierten Erben im Falle eines der Überschuldung verdächtigen Nachlasses mit dem Erbschaftsantritt beauftragten, sich im Gegenzug jedoch verpflichteten, sich mit einer nur anteiligen Befriedigung zu begnügen. Dieser rein privatrechtliche Vertrag wirkte traditionell nur zwischen den beteiligten Parteien. Trat nach dem Erbschaftsantritt ein nicht mitwirkender Gläubiger auf, haftete der Erbe ihm grundsätzlich für die gesamte Erblasserschuld. Aufgrund des Mandatsverhältnisses konnte sich der Erbe jedoch mittels *actio mandati contraria* an die beauftragenden Gläubiger halten, die ihm den Betrag erstatten mussten, der die mit ihnen vereinbarte Quote überstieg. Dem Risiko einer Haftung für fremde Erblasserschulden, dem sich die Gläubiger bei einem solchen Vergleich aussetzten, bereitete vermutlich ein Reskript Marc Aurels ein Ende. Das Kaiserrecht sah vor, dass solche Gesamtvergleiche durch prätorisches Dekret validiert werden mussten, womit eine Allgemeinverbindlichkeit erreicht wurde, die das *pactum ut minus solvatur* dem rein privatautonomen Bereich enthob (III.1).

Für die Gläubiger überaus positiv war schließlich auch die Schaffung der *addictio bonorum libertatis causa*, das heißt der Möglichkeit, sich einen Nachlass zusprechen zu lassen, der ansonsten als nachfolgerlos verkauft würde. Die Konstitution Marc Aurels, die diese neue Form der Nachlassübernahme einführte, begründete die Einführung des Instituts zwar nicht mit den Interessen der Gläubiger. Vielmehr diene die *addictio bonorum* einerseits der Aufrechterhaltung der Freilassungen, die ansonsten mangels angetretenen Testaments wirkungslos geblieben wären, und andererseits der Ehrenwahrung des Erblassers, den im Falle eines Nachlassverkaufs die damit verbundene *ignominia* getroffen hätte. Voraussetzung für die Erteilung der *addictio bonorum* war aber, dass der Nachlassübernehmer den Gläubigern Sicherheit für die vollumfängliche Befriedigung ihrer Forderungen leistete. Damit waren sie in eine weitaus bessere Position versetzt, als wenn der Nachlass an einen *bonorum emptor* verkauft worden wäre, von dem die Gläubiger nur eine teilweise Befriedigung ihrer Forderungen erwarten konnten (III.2).

§ 2 Geschäftsführung und Schuldentilgung bei ruhendem Nachlass

I. Ausgangslage

Die Ausführungen des vorangehenden Paragrafen haben deutlich gemacht, dass der Weg der Gläubiger zur zwangsweisen Durchsetzung ihrer Forderungen in aller Regel über die Bestellung eines Gesamtrechtsnachfolgers für das Nachlassvermögen führte. Hält man sich allerdings den üblichen Geschäftsverkehr in Rom vor Augen, so ist klar, dass eine solche zwangsweise Forderungsdurchsetzung nur ausnahmsweise erforderlich war; im Normalfall beglichen Schuldner ihre Verbindlichkeiten durch freiwillige Leistung. Vor diesem Hintergrund stellt sich die Frage, wie sich das plötzliche Ableben des Schuldners auf diese Praxis der freiwilligen Erfüllung auswirkte. Setzte das Fehlen eines eigentlichen Schuldners dieser Teilnahme am Geschäftsverkehr ein abruptes Ende, oder war eine freiwillige Erfüllung bereits zu einem Zeitpunkt möglich, zu dem noch kein Gesamtrechtsnachfolger sicher feststand?

Der Gedanke, dass eine freiwillige Gläubigerbefriedigung möglich war, ist insoweit nicht abwegig, als die *hereditas iacens* nicht als totes Vermögen verstanden werden darf. Es handelte sich um ein dynamisches Gebilde aus verschiedenen Vermögensbestandteilen, dem nicht zuletzt auch Sklaven angehörten und für das Hausgenossen, die auch durch das Ableben des *pater familias* nicht *sui iuris* geworden waren, gegebenenfalls weiterhin erwarben.[1] Insoweit konnte die *hereditas iacens* bis zu einem gewissen Grad weiter im Geschäftsverkehr auftreten, ungeachtet dessen, dass noch unklar war, wer der neue Inhaber des Nachlassvermögens werden würde.[2] Ulpian definiert die Erbschaft denn auch ausdrücklich wie folgt:[3]

> D. 50.16.178.1 Ulp. 49 Sab.
> *„Hereditas" iuris nomen est, quod et accessionem et decessionem in se recipit: hereditas autem vel maxime fructibus augetur.*

---

1 Zur Zugehörigkeit der unter der *patria potestas* stehenden Angehörigen zur *familia* siehe oben S. 30 ff., wobei das vom Prätor gewährte *beneficium abstinendi* dazu führte, dass anders als nach *ius civile* auch eine grundsätzlich den Hauskindern zustehende *familia* in den Zustand der *hereditas iacens* gelangen konnte (vgl. oben S. 59 f.).

2 Vgl. zum Ganzen Rabel, Grundzüge, 228.

3 Zu den zahlreichen Definitionen von „*hereditas*" in den Digesten vgl. Robbe, 373 ff.

„Erbschaft" ist die rechtliche Bezeichnung dessen, was sowohl die Vermehrung als auch die Verminderung in sich aufnimmt. Am stärksten wird die Erbschaft aber durch Früchte vermehrt.

Neben den natürlichen Schwankungen im Nachlassvermögen, die – um bei Ulpians Beispiel zu bleiben – durch natürliche Früchte oder auch den Untergang von Nachlasssachen geschehen konnten, diskutieren die Juristen in diesem Zusammenhang hauptsächlich Rechtshandlungen des *servus hereditarius*, der für den Nachlass erwerben und diesen – zumindest in bestimmten Grenzen – auch verpflichten konnte.[4] Inwiefern eine Schuldentilgung durch den *servus hereditarius* möglich war, wird in der Regel wenig beleuchtet und soll deshalb in der Folge näher untersucht werden. Darüber hinaus widmen sich die nachfolgenden Ausführungen der Frage, inwiefern Dritte die Geschäftsführung über den Nachlass übernehmen konnten, wobei aus Gläubigersicht zentral ist, inwiefern ein Antasten des Nachlassvermögens zur Schuldentilgung möglich war.

II. Das Edikt *De negotiis gestis*

1. Gegenstand und Umfang des Ediktsschutzes

Der schuldrechtliche Aspekt der Geschäftsführung über den nachfolgerlosen Nachlass fand eine ausdrückliche Regelung im Edikt über die Geschäftsführung ohne Auftrag. Dessen Wortlaut gibt Ulpian in seinem Ediktskommentar wie folgt wieder:[5]

D. 3.5.3 pr. Ulp. 10 ed.
Ait praetor: „Si quis negotia alterius,[6] *sive quis negotia, quae cuiusque cum is moritur fuerint, gesserit: iudicium eo nomine dabo."*

4 Eine Erörterung der einschlägigen Stellen findet sich bei Voci, DER I, 518 ff.; siehe ferner Biondi, DER, 299 ff.; Lübtow, St. Grosso II, 583 ff.; Orestano, IVRA 33 (1982), 1 ff.; Alonso, Labeo 47 (2001), 210 ff.; Dovere, SDHI 70 (2004), 13 ff.

5 Lenel, EP, 101. Nicht haltbar ist die These Freses, Mél. Cornil I, 353 ff. (abgeschwächt ferner auch Frese, St. Bonfante IV, 407 f.), wonach der gesamte Ediktszusatz zur Führung von Geschäften Verstorbener auf einen Texteingriff der Kompilatoren zurückgehe; ablehnend bereits Sachers, SDHI 4 (1938), 333 f.; Finazzi, II.1, 483 Fn. 368.

6 Lenel, EP, 101, ersetzt *„alterius"* durch *„absentis"*; so auch Partsch, 10 ff.; Frese, St. Bonfante IV, 403; weitere Literatur bei Deppenkemper, I, 258 Fn. 1295. Unabhängig davon, ob *„absentis"* einmal dem Ediktswortlaut entsprach, ist das *„alterius"* in Ulpians Kommentar aber für authentisch zu halten; vgl. in diesem Sinne auch Mayer-Maly, ZRG RA 86 (1969), 420, 424; Finazzi, I, 80 ff.; Deppenkemper, I, 259 f.; Meissel, HRP II § 83, Rn. 10.

Der Prätor sagt: „Wenn jemand die Geschäfte eines anderen geführt hat oder wenn jemand Geschäfte führt, die jemandes Geschäfte waren, als dieser starb, werde ich aus diesem Grund eine Klage geben."

Der ediktale Schutz war dabei zweiseitig: Dem Geschäftsführer gewährte der Prätor die *actio negotiorum gestorum contraria,*[7] mit welcher der Geschäftsführer Ersatz für seine im Zusammenhang mit der Geschäftsführung getätigten Aufwendungen erlangen konnte. Erfasst war nicht nur die reine Notgeschäftsführung, sondern jede nützliche Geschäftsführungshandlung, in deren Zusammenhang der Geschäftsführer Aufwendungen tätigte.[8] Spiegelbildlich stand dem Geschäftsherrn die *actio negotiorum gestorum directa* zu, mit der er seine Ansprüche aus der *negotiorum gestio* gegen den Geschäftsführer durchsetzen und sich nach Lage des Falles schadlos halten konnte.[9]

Die Führung von Geschäften nach dem Ableben des ehemaligen Geschäftsherrn erhielt im Ediktstext eine eigenständige und ausdrücklich genannte Fallvariante, die Ulpian im Rahmen seiner Erörterung des Ediktstextes wie folgt rechtfertigt:

D. 3.5.3.6 Ulp. 10 ed.
Haec verba: „Sive quis negotia, quae cuiusque cum is moritur fuerint, gesserit" significant illud tempus, quo quis post mortem alicuius negotia gessit: de quo fuit necessarium edicere, quoniam neque testatoris iam defuncti neque heredis qui nondum adiit negotium gessisse videtur. Sed si quid accessit post mortem, ut puta partus et fetus et fructus, vel si quid servi adquisierint: etsi his verbis non continentur, pro adiecto tamen debent accipi.

---

7 Nach herrschender Lehre bestand sowohl eine *in ius* als auch eine *in factum* konzipierte Klageformel; dazu grundlegend Wlassak, 15 ff.; zustimmend zuletzt Finazzi, I, 4 f. mit umfassenden Hinweisen zur bisherigen Literatur in Fn. 8; Meissel, HRP II § 83, Rn. 4 ff.; anderer Ansicht hingegen Magdelain, 181 ff., der sich gegen die Vorstellung einer *actio in factum concepta* ausspricht. Die *in ius* konzipierte Klageformel des Geschäftsführers über die *hereditas iacens* rekonstruiert Lenel, EP, 105, wie folgt: „Quod Aulus Agerius negotia quae Titii, cum is moreretur, fuerunt, gessit, qua de re agitur, quidquid ob eam rem Numerium Negidium Aulo Agerio dare facere oportet ex fide bona, eius iudex Numerium Negidium Aulo Agerio condemnato, si non paret absolvito." Für einen Überblick über die in der Lehre umstrittenen Fragen von Entstehungsgeschichte und Verhältnis der beiden Klageformeln vgl. zuletzt Meissel, HRP II § 83, Rn. 10.

8 Vgl. zum Ganzen Seiler, Tatbestand, 51 ff.; Finazzi, II.2, 145 ff.; Deppenkemper, II, 71 ff.; Meissel, HRP II § 83, Rn. 35 ff. Zum Kriterium der Nützlichkeit vgl. D. 3.5.11.2 Ulp. 10 ed. (ausdrücklich mit Bezug auf die Geschäftsführung über *bona mortuorum*); ferner D. 3.5.2 Gai. 3 ed. prov.; D. 3.5.8 Scaev. 1 quaest.; D. 3.5.9.1 Ulp. 10 ed.; D. 3.5.44 pr. Ulp. 4 opin.; D. 17.1.50 pr. Cels. 38 dig.; D. 44.7.5 pr. Gai. 3 aur.

9 Die *actio negotiorum gestorum directa* des Geschäftsherrn ist für die vorliegende Arbeit nicht weiter von Bedeutung und findet deshalb keine weitere Erörterung. Einen aktuellen Überblick über den Meinungsstand liefert Meissel, HRP II § 83, Rn. 26 ff.

> Diese Worte „oder wenn jemand Geschäfte führt, die jemandes Geschäfte waren, als dieser starb" bezeichnen jenen Zeitraum, in dem jemand nach dem Tod von irgendjemandem dessen Geschäfte geführt hat. Es war erforderlich, dies im Edikt bekanntzugeben, da er ja weder ein Geschäft des bereits verstorbenen Erblassers noch eines des Erben, der die Erbschaft noch nicht angetreten hat, geführt zu haben scheint. Aber wenn etwas nach dem Tod hinzugekommen ist, wie zum Beispiel das Neugeborene einer Sklavin, ein Tierjunges und eine Frucht, oder wenn Sklaven etwas erworben haben, so müssen sie, obwohl sie von diesen Worten nicht erfasst werden, dennoch als hinzugefügt verstanden werden.

Offenbar konnte der Fall der Geschäftsführung nach dem Tod nicht unter die Führung von Geschäften *„alterius"* gefasst werden, da weder für den Verstorbenen noch für einen – eben noch nicht vorhandenen – Erben gehandelt werden konnte. Die zusätzliche Variante des *negotia gerere, quae cuiusque cum is moritur fuerint* war insofern erforderlich, um den Schutz des Geschäftsführers und der später Berechtigten auch auf die Zeitspanne zu erstrecken, während deren es keinen eigentlichen Geschäftsherrn gab.

Dies ist insoweit bemerkenswert, als die römischen Juristen das Problem, das mit der beschriebenen zeitweiligen „Herrenlosigkeit" des Nachlassvermögens einherging, in der Regel gerade über das dogmatische Konstrukt der *hereditas iacens* lösten: Cassius griff dazu auf die Fiktion zurück, der Erbschaftsantritt erfolge rückwirkend per Todeszeitpunkt, womit der Erbe auch ab diesem Zeitpunkt Träger der damit verbundenen Rechte und Pflichten wurde;[10] andere Juristen bedienten sich der Fiktion, die Erbschaft selbst vertrete die Stellung des Erblassers.[11] Im Zusammenhang mit der Gewährung der *actio negotiorum gestorum* gelangten diese Fiktionen ganz offensichtlich nicht zum Einsatz. Voci und ihm folgend Finazzi führen diesen Umstand darauf zurück, dass der die Geschäftsführung über den ruhenden Nachlass betreffende Zusatz zu einem Zeitpunkt ins Edikt aufgenommen worden sei, zu dem die Juristen das eben geschilderte Konzept der *hereditas iacens* noch gar nicht entwickelt hätten.[12] Diese These scheint durchaus plausibel; sie kann mangels Hinweisen in den Quellen aber nicht weiter nachgeprüft werden.

---

10 D. 45.3.28.4 Cass. bei Gai. 3 verb. obl.

11 D. 30.116.3 Flor. 11 inst.; D. 41.1.33.2 Iul. bei Ulp. 4 disp.; D. 41.1.34 Ulp. 4 cens.; D. 41.3.15 pr. Paul. 15 Plaut.; vgl. ferner Inst. 2.14.2; Inst. 3.17 pr. Was das Verhältnis der beiden Konstrukte zueinander betrifft, geht Voci, DER I, 516 ff., bes. 543, 571 ff., davon aus, dass es sich bei der Fiktion des rückwirkenden Erbschaftsantritts um die ältere Lehrmeinung handle, die er anhand von D. 22.2.9 Lab. 5 pith. auf Labeo zurückführt; kritisch dazu Lübtow, St. Grosso II, 581 ff.; Knütel, 234 f.; Alonso, Labeo 47 (2001), 209 ff.

12 So Voci, DER I, 536 f.; Finazzi, II.1, 483 f.

2. Die Stellung des Geschäftsführers über die *hereditas iacens*

Wenn es um die Frage geht, wer dem Geschäftsführer über den Nachlass als Haftungssubjekt zur Verfügung steht, greift Paulus schließlich doch in gewisser Weise auf die Fiktion zurück, die *hereditas iacens* könne die Stelle einer Person vertreten. Verbindlich mache sich der Geschäftsführer nämlich „gewissermaßen" die Erbschaft, genauso wie er auch selbst gegenüber der Erbschaft hafte:

> D. 3.5.20.1 Paul. 9 ed.
> *Qui negotia hereditaria gerit, quodammodo sibi hereditatem seque ei obligat: ideoque nihil refert an etiam pupillus heres existat, quia id aes alienum cum ceteris hereditariis oneribus ad eum transit.*
> Wer Erbschaftsgeschäfte führt, macht gewissermaßen sich die Erbschaft und der Erbschaft sich verbindlich. Und daher liegt nichts daran, ob auch ein *pupillus* Erbe wird, weil diese Schuld mit den übrigen Erbschaftsverbindlichkeiten auf ihn übergeht.

Obwohl Paulus die Erbschaft nicht als vollwertiges Rechtssubjekt behandelt,[13] war dieses Gedankenkonstrukt aus Sicht des Geschäftsführers essenziell, um sicherzustellen, dass er ganz unabhängig von der Person des späteren Erben Klageschutz erhielt und die Nachlassmittel zu seiner Befriedigung heranziehen konnte. Dies zeigt sich bereits im von Paulus beschriebenen Fall des *pupillus* als Erben: Die Haftung des *pupillus* aus der *negotiorum gestio* war aus juristischer Sicht deshalb problematisch, weil die Führung von Geschäften des *pupillus* grundsätzlich dessen *tutor* oblag, mit der Folge, dass unter Umständen gar nicht der *pupillus* selbst, sondern der *tutor* als Geschäftsherr der *negotiorum gestio* anzusehen war.[14] Das Vermögen des *pupillus* – und dazu zählte im Erbfall auch der Nachlass – haftete in diesem Fall nur in dem Umfang, in dem es bereichert worden war.[15]

Auch für den Fall, dass sich für einen Nachlass kein Erbe finden ließ, war die Fiktion der *hereditas iacens* als Geschäftsherrin und Schuldnerin bedeutsam. Sie

---

13 Dies zeigt die Wortwahl „*quodammodo*"; vgl. Finazzi, II.1, der sich richtigerweise gegen die Ansicht Vocis, DER I, 538, wendet, wonach die *hereditas* durchaus die Stelle einer Person vertreten habe und die Einschränkung nur deshalb erfolgt sei, weil die entstandene *obligatio* erst nach Erbschaftsantritt auch tatsächlich eingeklagt werden konnte.

14 D. 3.5.5.2 Iul. bei Ulp. 10 ed.; zum Problemkreis der *negotiorum gestio* für den *pupillus* ferner D. 3.5.33 Paul. 1 quaest. (unter Verweis auf ein Reskript des Antoninus Pius); C. 2.18.2 Sev./Ant. (a. 197).

15 Die entsprechende Bemerkung in D. 3.5.5.2 Ulp. 10 ed. wurde mehrheitlich einer nachträglichen Bearbeitung zugeschrieben; vgl. die Literaturangaben bei Finazzi, II.1, 423 Fn. 193. Dafür gibt es aber keine fundierten Anhaltspunkte, und die These steht auch im Widerspruch zur sonstigen Quellenlage in den Digesten; vgl. überzeugend Finazzi, II.1, 423 f. m. w. N.

erlaubte dem Geschäftsführer, als Gläubiger der Erbschaft ebenfalls vom Nachlassverkauf zu profitieren. Ähnliches dürfte darüber hinaus auch für den Spezialfall des überschuldeten Erben gegolten haben. Sofern die Nachlassgläubiger die *separatio bonorum* beantragten,[16] liegt nahe, dass auch der freiwillige Geschäftsführer über den Nachlass von der Befriedigung aus dem Nachlassvermögen profitieren konnte. Wäre seine Forderung erst mit dem Erbschaftsantritt entstanden, wäre der *negotiorum gestor* lediglich ein persönlicher Gläubiger des Erben geworden, den die *separatio bonorum* gänzlich von der Partizipation am Nachlassvermögen ausgeschlossen hätte.

Dadurch, dass die Juristen den Anspruch auf Aufwendungsersatz bereits entstehen ließen, bevor die Erbschaft auf den Erben übergegangen war, stellten sie den Nachlassgeschäftsführer den Gläubigern des Erblassers somit faktisch gleich. Eine Privilegierung des Geschäftsführers gegenüber den Gläubigern des Erblassers ist demgegenüber nicht ersichtlich. Auch der *negotiorum gestor* scheint keine Möglichkeit gehabt zu haben, sich bereits während des Bestehens der *hereditas iacens* zu befriedigen. Obwohl die „*obligatio*" aus der Geschäftsführung bereits entstanden war, konnte er seinen Anspruch erst dann klageweise durchsetzen, wenn ein Gesamtrechtsnachfolger gefunden war.[17]

III. Verfügungsmöglichkeit über das Nachlassvermögen?

Das Edikt über die *negotiorum gestio* regelte also die schuldrechtliche Seite von Geschäftsführungshandlungen über den Nachlass. Es ermöglichte dem Geschäftsführer, aus eigenem Vermögen getätigte Aufwendungen erstattet zu erhalten, und bot dem späteren Erben eine Möglichkeit, sich schadlos zu halten, sollten die Geschäfte nicht sachgerecht geführt worden sein. Nicht mit der *negotiorum gestio* einher ging hingegen eine sachenrechtliche Zugriffsmöglichkeit auf die einzelnen Nachlassgegenstände. Dass eine solche Zugriffsmöglichkeit während bestehender *hereditas iacens* grundsätzlich nicht bestand, wurde im Rahmen der bisherigen Ausführungen denn auch vorausgesetzt. Erst eine solche Zugriffsmöglichkeit auf das Nachlassvermögen hätte eine freiwillige Tilgung von Nachlassschulden jedoch realistisch gemacht. Die Frage verdient deshalb eine differenzierte Betrachtung. In einem ersten Schritt sollen anhand einer konkreten Fall-Exegese die Verfügungsmöglichkeiten jener Personen ausgelotet werden, von denen eine freiwillige Geschäftsführung aufgrund ihrer Nähe zum Nachlass vielleicht vermutet werden

16 Zur *separatio bonorum* siehe oben S. 14 f. mit Fn. 8.

17 Vgl. Voci, DER I, 538, allerdings im Rahmen seiner These, das „*quodammodo*" in D. 3.5.20.1 Paul. 9 ed. beziehe sich auf die Unterscheidung zwischen der Entstehung der *obligatio* und der Durchsetzungsmöglichkeit der *actio*; dagegen bereits oben Fn. 13.

könnte. Danach soll auf die Formen institutionalisierter Geschäftsführung und die damit einhergehenden Verfügungsmöglichkeiten eingegangen werden.

1. D. 12.1.41 Afr. 8 quaest – Der Grundsatz fehlender Verfügungsmacht

Einen ersten Einblick in die Zugriffsmöglichkeiten auf das Nachlassvermögen gibt D. 12.1.41 aus dem achten Buch der *quaestiones* Afrikans. Die Stelle handelt nicht direkt von der Begleichung bestehender Erblasserschulden, sie äußert sich aber allgemein zur Verfügungsmacht über das Nachlassvermögen und deren Grenzen. Insofern erlaubt sie Rückschlüsse auf den Spezialfall einer möglichen Gläubigerbefriedigung. Die Besonderheit der Stelle – die auch die Aufnahme in die Gattung der Problemliteratur rechtfertigen dürfte – liegt darin, dass ein testamentarisch freigelassener Sklave die Geschäfte des verstorbenen *dominus* auch nach dessen Ableben weiterführt – und zwar weiterhin im Glauben, unfrei zu sein:

> D. 12.1.41 Afr. 8 quaest.
> *Eius, qui in provincia Stichum servum kalendario praeposuerat, Romae testamentum recitatum erat, quo idem Stichus liber et ex parte heres erat scriptus: qui status sui ignarus pecunias defuncti aut exegit aut credidit, ut interdum stipularetur et pignora acciperet. Consulebatur quid de his iuris esset. Placebat debitores quidem ei qui solvissent liberatos esse, si modo ipsi quoque ignorassent dominum decessisse. Earum autem summarum nomine, quae ad Stichum pervenissent, familiae herciscundae quidem actionem non competere coheredibus, sed negotiorum gestorum dari debere. Quas vero pecunias ipse credidisset, eas non ex maiore parte, quam ex qua ipse heres sit, alienatas esse: nam et si tibi in hoc dederim nummos, ut eos Sticho credas, deinde mortuo me ignorans dederis, accipientis non facies: neque enim sicut illud receptum est, ut debitores solventes ei liberentur, ita hoc quoque receptum, ut credendo nummos alienaret. Quare si nulla stipulatio intervenisset, neque ut creditam pecuniam pro parte coheredis peti posse neque pignora teneri.* […]
> In Rom war das Testament desjenigen verlesen worden, der den Sklaven Stichus in der Provinz zur Führung seines Schuldbuchs eingesetzt hatte; in diesem Testament war derselbe Stichus freigelassen und zu einem Teil als Erbe eingesetzt worden; ohne Kenntnis seines Status hat dieser Gelder des Verstorbenen entweder eingefordert oder dargeliehen, so dass er sich manchmal [die Rückzahlung] durch Stipulation versprechen ließ und Pfänder annahm. Es wurde Rat eingeholt, was bezüglich dieser Angelegenheiten an Recht gelte. Es wurde beschlossen, dass zwar diese Schuldner, die geleistet hatten, befreit worden waren, wenn auch sie selbst nicht gewusst hatten, dass der Herr verstorben war. Wegen dieser Geldsummen jedoch, die Stichus zugekommen waren, komme den Miterben die Erbteilungsklage zwar nicht zu, aber ihnen müsse die Geschäftsführungsklage gegeben werden. Diese Gelder aber, die er selbst als Darlehen gegeben hatte, seien zu keinem größeren Teil als zu dem Teil, zu dem er selbst Erbe sei, veräußert worden. Denn auch

wenn ich dir in dieser Angelegenheit Münzen gegeben hätte, damit du sie Stichus als Darlehen gewährst, und du sie danach, nach meinem Tod, unwissend hingegeben hättest, wirst du sie nicht [zum Eigentum] des Empfängers machen; denn es ist nicht – so wie jenes gutgeheißen worden ist, dass die an ihn leistenden Schuldner befreit würden – so auch dieses gutgeheißen worden, dass er durch das Gewähren eines Darlehens die Münzen veräußerte. Wenn keine Stipulation abgeschlossen worden sei, könne deshalb weder das auf den Teil eines Miterben entfallende Geld gefordert werden, noch würden die Pfänder haften. […]

Ein *pater familias* hatte seinen Sklaven Stichus mit der Führung seines *kalendarium*, das heißt seines Zinsdarlehensbuchs,[18] in der Provinz betraut. Das Verb „*praeposuerat*" deutet dabei darauf hin, dass Stichus nicht nur einzelne Anweisungen des *dominus* ausführte, sondern gleichsam zum Geschäftsführer eingesetzt worden war.[19] Zwar bezeichnet der Text Stichus nicht ausdrücklich als *institor*, doch lässt der Kontext auf einen weitgehend selbständigen Abschluss von Geschäften durch den Sklaven schließen, was eine Stellung als *institor* zumindest als denkbar erscheinen lässt. Als solcher wäre er befugt gewesen, im Rahmen der ihm übertragenen Geschäfte selbständig Rechtsgeschäfte abzuschließen, die unmittelbar das Vermögen des *dominus* mehrten oder belasteten.[20]

Die Führung des *kalendarium* beinhaltete einerseits die Eintreibung bestehender Schulden, andererseits aber auch die Gewährung neuer Darlehen, wobei Stichus zur Sicherung dieser Darlehen Pfänder entgegennahm und sich die Rückzahlung stipulationsweise versprechen ließ. Mit dem Gewähren und Auszahlen der Darlehen hatte Stichus zu Lebzeiten des *dominus* somit die Möglichkeit, unmittelbar in dessen Vermögen einzugreifen. Diese Tätigkeit führte Stichus auch über den Tod seines Herrn hinaus fort. Das ist bereits deshalb naheliegend, weil sich Stichus in der Provinz befand, wohin die Nachricht vom Tod des Herrn erst mit einiger Verzögerung gelangt sein dürfte.[21]

Die eigentliche Besonderheit des Falles liegt darin, dass Stichus testamentarisch freigelassen und zum Miterben eingesetzt wurde. Als Zwangserbe (*heres necessarius*)

---

18 Oehler, s. v. Kalendarium, RE X.2, 1564.

19 Vgl. Heumann/Seckel, s. v. *praeponere* 3). Das *praeponere* könnte auf eine erfolgte *praepositio*, die offizielle Ernennung zum *institor*, hinweisen. Zur Ernennung des *institor* siehe Klingmüller, s. v. Institor, RE IX.2, 1564; Rainer, 11 ff.

20 Zur *actio institoria*, mit welcher der *dominus* aus Geschäften des *institor* belangt werden konnte, vgl. Rainer, 11 ff.; Lenel, EP, 258 ff.

21 Dass Stichus nicht nur hinsichtlich seiner Erbenstellung, sondern auch mit Blick auf das Ableben des Herrn an sich unwissend war, ergibt sich insoweit aus der Quellenstelle, als die Unkenntnis der Schuldner mit „*quoque*" eingeleitet wird: „[…] *Placebat debitores quidem ei qui solvissent liberatos esse, si modo ipsi quoque ignorassent dominum decessisse.* […]."

wurde er unmittelbar mit dem Tod des Erblassers frei und zum Erben, ohne dass sein Wissen oder ein Antrittsakt erforderlich gewesen wäre.[22] Afrikan stellt sich deshalb die Frage, wie das Weiterführen der Geschäfte durch den nunmehr freien Stichus rechtlich zu qualifizieren sei.

a) Entgegennahme von Zahlungen durch den Geschäftsführer

Zuerst wendet sich die Stelle den Zahlungen zu, welche die Schuldner nach dem Tod des Erblassers an Stichus geleistet haben. Der gültigen Erfüllung, die dem Grundsatz nach nur bei Leistung an den Gläubiger erfolgt,[23] stehen hier gleich zwei Probleme entgegen: Einerseits hat ein Gläubigerwechsel stattgefunden, da die Forderungen mit dem Tod auf die Erben übergegangen sind.[24] Andererseits wurde Stichus mit dem Tod des Erblassers frei, weshalb er grundsätzlich nicht mehr in Vertretung der Erbschaft oder der Erben erwerben konnte. Nichtsdestoweniger gelangt die Stelle zu dem Ergebnis, dass die Zahlungen befreiend wirkten, sofern die Schuldner keine Kenntnis vom Tod ihres Gläubigers hatten.

Dieses Ergebnis steht im Einklang mit einer vielfach überlieferten Kasuistik, der zufolge die Leistung auf eine Schuld selbst dann befreiend wirkt, wenn an einen Nichtberechtigten geleistet wird, solange der Schuldner nur in gutem Glauben handelt und der bestehende Irrtum der Gläubigersphäre zuzurechnen ist.[25] Aus-

---

22 Gai. 2.153; gleichgerichtet Alonso, Labeo 47 (2001), 225. Voci, DER I, 528 f., spricht mangels Erbschaftsantritts der übrigen Miterben weiterhin von einer *hereditas iacens*. Auch er setzt die automatische Freilassung des Stichus jedoch ohne weiteres voraus, da er diesen nur noch als Scheinsklaven (*bona fide serviens*) behandelt. Zur fehlenden Deliberationsmöglichkeit des *servus cum libertate institutus* siehe oben S. 60 f.

23 Vgl. Gai. 3.160: „[…] *stricta iuris ratione non posset liberari eo, quod alii solvisset quam, cui solvere deberet.*"

24 Zum Übergang der Erblasserschulden auf die Erben und dem Grundsatz *Nomina ipso iure divisa sunt* siehe oben S. 29.

25 Es sind mehrere Fallgruppen zu beobachten: 1) Auch nach dem Tod des Gläubigers wirkt die Leistung an einen Sklaven oder designierten Dritten bei Unkenntnis des Todes befreiend; D. 17.1.26.1 Paul. 32 ed.; D. 31.77.6 Pap. 8 resp.; D. 39.5.19.3 Ulp. 76 ed.; D. 46.3.32 Iul. 13 dig.; ferner D. 46.3.18 Ulp. 41 Sab. 3. Alt.; D. 46.3.12.2 Ulp. 30 Sab., wo der Gläubiger lediglich seine Anweisung zur Leistung an einen Dritten diesem gegenüber widerruft. 2) Die Leistung an einen Geschäftsführer des Gläubigers, der mit dem Einzug von Schulden betraut ist, wirkt befreiend, selbst wenn dieser abgesetzt oder freigelassen wurde, sofern hierüber keine Kenntnis bestand; Gai. 3.160 2. Alt.; D. 46.3.18 Ulp. 41 Sab. 1. Alt.; D. 46.3.34.3 Iul. 54 dig.; D. 46.3.51 Paul. 9 ed.; D. 46.3.62 Paul. 8 Plaut. 3) An einen Sklaven, der im Auftrag seines Herrn Geschäfte abschloss, kann die Gegenleistung mit befreiender Wirkung erbracht werden, selbst wenn er in der Zwischenzeit freigelassen oder verkauft wurde, sofern hierüber keine Kenntnis bestand; D. 16.3.11 Ulp. 41 Sab.; D. 44.7.14 Ulp. 7 disp.; D. 46.3.35 Alf. 2 dig. Paul. epit. 2. Alt. 4) Leistungen aus dem Sondergut eines Gewaltunterworfenen können wirksam in dieses zurückgezahlt werden, selbst wenn es in der Zwischenzeit eingezogen wurde oder der Gewaltunterworfene freigelassen oder verkauft

drücklich überliefert ist, dass der Tod eines Gläubigers die Befreiungswirkung einer Erfüllung nicht hinderte, solange der Schuldner in Unkenntnis des Todes handelte.[26] Ferner gilt der Grundsatz auch für die Leistung an einen freigelassenen oder verkauften Sklaven, solange der besagte Sklave zuvor für den Empfang der Leistung zuständig war.[27] Der vorliegende Fall kombiniert diese beiden Konstellationen mit dem Ergebnis, dass auch unter diesen Umständen der gute Glaube des Schuldners geschützt wurde und er sich durch die Zahlungen an Stichus befreien konnte.[28]

Keinen Einfluss hat die Befreiungswirkung der Leistung auf die Frage, wem die einkassierten Gelder zustehen. Diese müssen weiterhin den Erben zukommen, auf welche die Forderungen des Erblassers im Todeszeitpunkt übergegangen sind. Da Stichus selbst Erbe wurde, wird er zwar den seinem Erbteil entsprechenden Anteil behalten können, das restliche Geld hat er aber seinen Miterben herauszugeben. Die Stelle spricht den Miterben hierfür die *actio negotiorum gestorum* zu,[29] während sie die Möglichkeit eines Vorgehens über die *actio familiae erciscundae* ausdrücklich verneint. Diese Aussage erstaunt im ersten Moment, da im Rahmen der *actio familiae erciscundae* eine Gesamtabrechnung unter den Erben vorgenommen wurde, die nicht nur die Aufteilung der Erbschaftssachen zum Inhalt hatte, sondern auch die Ausgleichung dessen einschloss, was in Erbschaftsangelegenheiten erlangt oder aufgewendet worden war.[30] Berger führt das Verwehren der *actio familiae erciscundae* auf die Tatsache zurück, dass Stichus bei der Annahme der Gelder nicht „*quasi heres*" gehandelt habe.[31] Dass Stichus die Intention fehlte, „*quasi heres*" zu handeln, trifft zweifellos zu – er handelte ja gerade in Unkenntnis des Ablebens des *dominus* und seiner Erbenstellung. Die von Afrikan referierte Lösung könnte aber noch über dieses rein subjektive Element hinausgehen:

---

wurde, sofern hierüber keine Kenntnis bestand; D. 12.6.26.8 Ulp. 26 ed.; D. 46.3.35 Alf. 2 dig. Paul. epit. 1. Alt.; D. 46.3.32 Iul. 13 dig. Eine weitere Fallgruppe, die zwar nicht die Erfüllung, aber immerhin das Auftragsverhältnis betrifft, ist ferner: 5) Die Leistung einer Auftragsschuld lässt auch bei bereits durch Tod untergegangenem Auftragsverhältnis eine *actio mandati* entstehen, sofern in Unkenntnis des Todes gehandelt wurde; Gai. 3.160 1. Alt.; D. 39.5.19.3 Ulp. 76 ed. – Vgl. zum Ganzen Alonso, Labeo 47 (2001), 215 f.

26 D. 17.1.26.1 Paul. 32 ed.; D. 31.77.6 Pap. 8 resp.; D. 39.5.19.3 Ulp. 76 ed.; D. 46.3.32 Iul. 13 dig.

27 Gai. 3.160 2. Alt.; D. 16.3.11 Ulp. 41 Sab.; D. 44.7.14 Ulp. 7 disp.; D. 46.3.35 Alf. 2 dig. Paul. epit. 2. Alt.; D. 46.3.51 Paul. 9 ed.

28 In der Formulierung „*sicut illud receptum est, ut debitores solventes ei liberentur*" scheint sich Afrikan denn auch auf eine anerkannte Rechtsprechung zu beziehen. Zur Frage, ob diese einhellig war, Daube, IVRA 11 (1960), 117, der aus der Formulierung „*plerisque placuit*" in Gai. 3.160 einen Meinungsstreit ableitet; dagegen Alonso, Labeo 47 (2001), 216 f. mit Fn. 30.

29 Der Irrtum hinsichtlich der Person des Geschäftsherrn, dem Stichus unterlag, war anerkanntermaßen unerheblich; vgl. Meissel, HRP II § 83, Rn. 18 mit diversen Quellennachweisen in Fn. 69 f.

30 Vgl. Castresana, HRP II § 67, Rn. 10.

31 Berger, 194.

Da die Forderungen des Erblassers mit dessen Tod *ipso iure* auf die Erben im Umfang ihres jeweiligen Erbteils übergingen, erwarb Stichus nicht für die Erbschaft, sondern für die einzelnen Erben. Insofern besteht beispielsweise ein Unterschied zu Früchten, die *ex re hereditaria* anfallen und somit von der *actio familiae erciscundae* erfasst sind.[32] Auch der in D. 10.2.25.13 Paul. 23 ed. gebildete Fall, wonach einem Erben die *actio familiae erciscundae* zustehe, wenn er die gesamte Erblasserschuld beglichen habe, um den Verfall einer Vertragsstrafe zu verhindern,[33] ist in dieser Hinsicht anders gelagert. Obwohl auch hier nicht Schulden der Erbschaft, sondern solche der einzelnen Erben beglichen werden, dient die Handlung dem Zweck, eine Strafzahlung abzuwenden, die alle Gemeinschafter gemeinsam und aufgrund ihrer Erbenstellung treffen würde. Auch wenn sich der durch Untätigkeit entstandene Schaden schließlich wieder auf die einzelnen Erben verteilen würde, dient das Tätigwerden somit einem gemeinsamen Zweck. Ein solcher fehlt bei der Entgegennahme der Gelder durch Stichus. Die Zahlung hätte ohne weiteres auch später erfolgen können, ohne dass den Erben hierdurch ein Nachteil entstanden wäre.[34]

b) Verfügungen über das Nachlassvermögen

Für die vorliegende Arbeit von größerem Interesse ist die Fallvariante, in der Stichus weiterhin Darlehen auszahlte und somit unmittelbar auf das Nachlassvermögen zugriff. Hier hält Afrikan fest, dass das Geld lediglich zu dem Teil an den Darlehensnehmer veräußert worden sei, zu dem der ehemalige Sklave selbst Erbe geworden sei. Anders als in Bezug auf die Erfüllungswirkung der entgegengenommenen Zahlungen bestehe nämlich kein Grundsatz, der auch die gutgläubige Übergabe von Darlehensgeldern zur Begründung einer Schuld schütze. Zur Illustration nennt Afrikan ein vom Ursprungsfall unabhängiges Fallbeispiel, in dem jemand einer anderen Person Münzen mit dem Auftrag übergibt, sie einem – vom Ausgangsfall völlig unabhängigen – Stichus als Darlehen zu geben.[35] Auch in diesem Fall könne

32 Vgl. D. 10.2.19 Gai. 7 ed. prov.; D. 17.2.34 Gai. 10 ed. prov.; D. 10.3.4.3 Ulp. 19 ed. (zur *actio communi dividundo*); Berger, 188 ff.

33 Siehe dazu unten S. 108 f.

34 Diesem objektivierten Verständnis muss D. 10.2.52.1 Iul. 2 Urs. Fer. nicht entgegenstehen, wo es heißt: „*Servus liber et heres esse iussus id quod ex rationibus quas patri familias gessisset penes se retineret iudicio familiae erciscundae coheredibus suis praestabit.*“ In diesem Fall bleibt offen, ob der ehemalige Sklave die besagten Vermögenswerte im Rahmen der Geschäftsführung vor oder nach dem Tod seines Herrn erlangt hat. Hat er sie noch zu Lebzeiten des Herrn erworben, fallen sie in die Erbmasse und sind somit ohne weiteres im Rahmen der *actio familiae erciscundae* beizubringen.

35 Der didaktisch etwas unglückliche erneute Rückgriff auf den Namen „Stichus“ lässt sich vielleicht so erklären, dass Afrikan auf einen bestehenden Beispielfall zurückgriff, der sich rein zufällig des gleichen Namens bediente.

der Beauftragte dem Stichus kein Eigentum mehr an den Münzen verschaffen, wenn er diese erst nach dem Tod des Auftraggebers übergebe – selbst dann, wenn er bei der Übergabe noch keine Kenntnis vom Tod seines Auftraggebers gehabt habe.

Anhand der beiden geschilderten Fallvarianten lässt die Stelle einerseits Rückschlüsse auf die Verfügungsbefugnisse des zu Lebzeiten eingesetzten Geschäftsführers zu, und zwar sowohl in der Variante des gewaltfreien Geschäftsführers wie auch in jener des mit der Geschäftsführung beauftragten Sklaven. Andererseits gibt die Stelle Aufschluss darüber, inwiefern sich eine Verfügungsbefugnis aus der Stellung als Miterbe ergeben konnte.

aa) Verfügungsbefugnis des zu Lebzeiten eingesetzten Geschäftsführers

Hinsichtlich des zu Lebzeiten eingesetzten gewaltfreien Geschäftsführers macht der beigezogene Referenzfall deutlich, dass die Ermächtigung, Eigentum des Geschäftsherrn zu übertragen, mit dessen Ableben in jedem Fall endete. Dies gilt wohlgemerkt selbst dann, wenn die fragliche Verfügungshandlung ausdrücklich Gegenstand des zu Lebzeiten erteilten Auftrags war, und unabhängig davon, ob der Geschäftsführer Kenntnis vom Ableben des Geschäftsherrn hatte. Der Tod führte somit nicht nur zur Beendigung des Auftragsverhältnisses,[36] sondern machte aus sachenrechtlicher Perspektive jegliche Eigentumsübertragung unmöglich.[37] Mit Blick auf eine mögliche „freiwillige" Gläubigerbefriedigung nach dem Tod des Erblassers aus dem Nachlassvermögen bedeutet dies, dass eine solche selbst dann nicht möglich war, wenn der Erblasser jemanden vor seinem Ableben mit der Führung seiner Geschäfte und insbesondere auch dem Begleichen damit zusammenhängender Gläubigerforderungen beauftragt hatte.

Fraglich bleibt einzig, ob dieser Ausschluss auch für den Fall galt, dass der Geschäftsführer über den Tod des Herrn hinaus Sklavenstatus behielt. Dazu lässt sich der Stelle keine ausdrückliche Aussage entnehmen, wurde Stichus doch bereits im Todeszeitpunkt gewaltfrei,[38] womit er sich beim Gewähren der Darlehen in einer Situation befand, die mit jener des von vornherein gewaltfreien Auftragnehmers vergleichbar war. Bestenfalls Indizfunktion kann die Tatsache haben, dass sich eine Verfügungsbefugnis des Stichus offenbar nicht aus dessen Stellung als *bona fide*

---

36 Zum Untergang des Auftrags mit dem Tod vgl. Gai. 3.160; D. 17.1.26 pr. Paul 32 ed.; D. 17.1.27.3 Gai. 9 ed. prov.; D. 17.1.58 pr. Paul. 4 quaest.; D. 46.3.108 Paul. 2 manual.; Biondi, DER, 103 ff. Die Tatsache, dass bei Ausführung des untergegangenen Auftrags in gutem Glauben dennoch eine Klage zur Schadloshaltung des Ausführenden gewährt wird, ist vorliegend ohne Belang. Diskutiert wird lediglich die Frage, ob eine Eigentumsübertragung im Rahmen des ursprünglichen Auftrags noch möglich war.

37 Siehe auch Zilletti, 121; Burdese, Archives de droit privé 16 (1953), 36.

38 Siehe oben S. 78 f.

serviens ableiten lässt: Zwar handelte Stichus selbst im Glauben, weiterhin als Sklave des Geschäftsherrn tätig zu werden, was in der Fortsetzung der Stelle Grund genug dafür ist, dass sich Stichus die Rückzahlung der Darlehen auch nach dem Tod des Gewalthabers noch gültig stipulieren lassen konnte, wenngleich neu zugunsten der Erbschaft.[39] Im Zusammenhang mit der Beauftragung eines Scheinsklaven wurde dieser anders als bei der Stipulation nicht einfach wie ein echter Sklave behandelt. Vielmehr entstand zwischen Geschäftsherrn und Scheinsklave ein Rechtsverhältnis, das Gegenstand der *actio mandati* oder der *actio praescriptis verbis* bildete.[40] Eine sich aus dem Scheinsklavenverhältnis ergebende dingliche Berechtigung zur Verfügung über das Vermögen des Geschäftsherrn ist hingegen nicht ersichtlich.

Da die Quellen auch sonst keinerlei Hinweise darauf geben, dass das *iussum*, das der Erblasser seinem Sklaven zu Lebzeiten erteilt hatte, sein Ableben überdauerte, erscheint es wahrscheinlicher, dass das *iussum* mit dem Tod des *dominus* unterging und der Sklave seine Verfügungsgewalt über das Nachlassvermögen verlor.[41] Dass für den formell eingesetzten *institor* ein hiervon abweichendes Regime galt, ist weder belegt noch naheliegend.[42] Insgesamt gibt es somit keinerlei Hinweise darauf, dass der als Geschäftsführer tätige Sklave die Gläubiger nach dem Tod seines Herrn noch befriedigen konnte.

Insgesamt ist somit davon auszugehen, dass Stichus seine Verfügungsbefugnis über das Nachlassvermögen weder als Gewaltfreier noch als Sklave über den Todeszeitpunkt hinaus behalten konnte. Wenn Afrikan (im Anschluss an Julian) schreibt, die als Darlehen hingegebenen Münzen seien dennoch im Umfang von Stichus' Erbteil ins Eigentum des Empfängers übergegangen, so muss sich diese Verfügungsbefugnis folglich aus seiner Erbenstellung herleiten.

---

39 D. 12.1.41 Afr. 8 quaest.: „[…] *Quod si stipulatus quoque esset, referret, quemadmodum stipulatus esset: nam si nominatim forte Titio domino suo mortuo iam dari stipulatus sit, procul dubio inutiliter esset stipulatus. Quod si sibi dari stipulatus esset, dicendum hereditati eum adquisisse: sicut enim nobismet ipsis ex re nostra per eos, qui liberi vel alieni servi bona fide serviant, adquiratur, ita hereditati quoque ex re hereditaria adquiri. Post aditam vero a coheredibus hereditatem non aeque idem dici potest, utique si scierint eum sibi coheredem datum, quoniam tunc non possunt videri bonae fidei possessores esse, qui nec possidendi animum haberent. Quod si proponatur coheredes eius id ignorasse, quod forte ipsi quoque ex necessariis fuerint, potest adhuc idem responderi: quo quidem casu illud eventurum, ut, si suae condicionis coheredes iste servus habeat, invicem bona fide servire videantur.*" Zum *bona fide serviens* siehe Gamauf, HRP I § 36, Rn. 30 f.

40 D. 13.6.13.2 Celsus bei Pomp. 11 Sab.; dazu Kranjc, ZRG RA 106 (1989), 453.

41 In diesem Sinne auch Alonso, Labeo 47 (2001), 226; Voci, DER I, 529 Fn. 46. Dasselbe gilt im Übrigen auch hinsichtlich des Empfangs von Leistungen aus Erblasserforderungen.

42 So aber Rainer, 14, der für den *institor* annimmt, die *praepositio* habe den Tod des Geschäftsherrn überdauert, wobei der *institor* in einem ersten Zeitraum die *hereditas iacens*, danach die Erben verpflichtet habe.

bb) Verfügungsbefugnis des (Mit-)Erben

Nicht weiter einzugehen ist an dieser Stelle auf die Situation, dass ein Nachlass einen Alleinerben (oder sonstigen alleinigen Gesamtrechtsnachfolger) hatte. In diesem Fall waren die Schulden des Erblassers nicht nur vollumfänglich auf den Erben übergegangen, sondern dieser war als Gesamtrechtsnachfolger auch ohne weiteres berechtigt, über das gesamte Nachlassvermögen nach eigenem Gutdünken zu verfügen.[43] Anders präsentierte sich die Lage allerdings, wenn jemand lediglich Erbe zu einem Bruchteil wurde. In diesem Fall erstreckte sich seine Verfügungsbefugnis nicht auf den gesamten Nachlass.

Sobald ein Nachlass mehr als nur einen Erben aufwies, entstand unter den Miterben ohne weiteres Zutun eine Erbengemeinschaft.[44] Gaius berichtet, dass diese Gemeinschaft in altrömischer Zeit für Hauserben als Gemeinschaft *ercto non cito* ausgestaltet war, was er selbst mit „*dominio non diviso*" – also Gemeinschaft mit ungeteiltem Eigentum – übersetzt.[45] Charakteristisch für dieses *consortium* soll gewesen sein, dass ein einzelner Gesellschafter mit Wirkung für alle über das Gesellschaftsvermögen verfügen konnte.[46] Spätestens gegen Ende der Republik wurde das *consortium* aber von einer anderen Form der Erbengemeinschaft – der *communio pro indiviso* – abgelöst.[47] In ihr konnte kein Erbe mehr allein über den gesamten Nachlass verfügen, sondern die einzelnen Erben erlangten lediglich eine sogenannte *pars pro indiviso*[48] an allen Erbschaftssachen.

Im Schrifttum besteht eine Fülle an Theorien, wie dieses Miteigentumsverhältnis dogmatisch zu durchdringen sei.[49] Für die Frage nach den Verfügungsmöglichkeiten über den Nachlass ist aber nur relevant, welche Rechte die besagte *pars pro indiviso* den Erben verlieh: Ein jeder unter den Miterben hatte – gemeinsam mit den anderen Eigentümern – ein körperlich die ganze Sache erfassendes Eigentum; die tatsächliche Verfügungsbefugnis beschränkte sich hingegen auf den dem jeweiligen Erbteil entsprechenden Bruchteil.[50] Immerhin über diesen Bruch-

---

43 Zum Konzept der Universalsukzession siehe oben S. 13 ff.

44 Im Anschluss an die Terminologie bei D. 10.2.25.16 Paul. 23 ed. wird auch von einer *communio incidens* gesprochen; vgl. Honsell/Mayer-Maly/Selb, 149 f.

45 Gai. 3.154a; zur vermutlichen Unrichtigkeit der Übersetzung vgl. Nelson/Manthe, Gai. Inst. III 88–181, 333 f., 531 ff.; Meissel, Societas, 81 f. mit Fn. 62 m. w. N.

46 Gai. 3.154b; zum *consortium ercto non cito* siehe Dajczak, HRP I § 47, Rn. 1 ff.; Meissel, Societas, 78 ff.

47 Meissel, Societas, 102 ff.

48 Zur Terminologie vgl. D. 13.6.5.15 Cels. bei Ulp. 28 ed.; D. 45.3.5 Ulp. 48 Sab.; D. 50.16.25.1 Q. Muc. bei Paul. 21 ed.

49 Eine detaillierte Aufstellung findet sich bei Bonfante, Corso II.2, 4 ff.; gegen die Bildung ideeller Teile am Eigentumsrecht oder der Sache selbst zuletzt Lohsse, 143 f. m. w. N.

50 Dajczak, HRP I § 47, Rn. 10.

teil konnte der Miterbe aber frei verfügen – insbesondere eine Veräußerung des Bruchteilseigentums an einen Dritten war ohne weiteres möglich.[51]

Dieses Miteigentumsverhältnis spiegelt sich auch im von Afrikan beschriebenen Fall. Hier übergibt Stichus eine Anzahl Münzen in der Absicht, ein Darlehen zu begründen, das heißt das Eigentum an den Empfänger zu übertragen. Das Übertragen von Eigentum ist allerdings nur möglich, wenn der Verfügende selbst dazu berechtigt ist.[52] Da der Gewalthaber, für den er eigentlich tätig werden wollte, verstorben ist, sind die Erben zu ihrem jeweiligen Bruchteil Eigentümer der Münzen geworden. Und obwohl Stichus selbst Erbe geworden ist, verleiht ihm das nicht das Recht, über die gesamten Münzen zu verfügen. Lediglich im Umfang seines eigenen Bruchteils scheint Stichus verfügungsberechtigt zu sein – die Münzen werden *non ex maiore parte, quam ex qua ipse heres sit* übereignet.

Eben dieser Teilsatz, der impliziert, dass das Eigentum zumindest im Umfang von Stichus' Erbteil übergegangen ist, wurde in der bisherigen Literatur aber oft als unklassisch verworfen.[53] Beanstandet wurde zweierlei:

Voci[54] und ihm folgend Burdese[55] setzten bei der Frage an, ob Stichus tatsächlich Eigentum im Umfang seines Erbteils übertragen konnte, obwohl er selbst nicht wusste, dass er nunmehr über sein eigenes Eigentum und nicht mehr über das seines ehemaligen Gewalthabers verfügte. Die Tatsache, dass dieser Irrtum im Text offenbar für unerheblich gehalten wurde, widerspreche der klassischen Lehre vom sogenannten *error in dominio*. Diese folge dem aus D. 41.1.35 Ulp. 7 disp. gefolgerten Grundsatz *Nemo errans rem suam amittit*. Die Zulassung einer partiellen Eigentumsübertragung im vorliegenden Fall müsse deshalb auf eine justinianische Bearbeitung zurückzuführen sein.[56]

In der Tat ist nicht von vornherein zwingend, dass Stichus' Irrtum über die Eigentumsverhältnisse unbeachtlich bleibt. Die vorgebrachte Argumentation verfängt allerdings nicht: In den Quellen findet sich keine solche einheitliche Lehre zum *error in dominio*; die referierten Falllösungen zeichnen im Gegenteil ein auf den ersten Blick eher uneinheitliches Bild, wobei im Einzelfall andere Überlegungen ausschlaggebend waren als das moderne Konzept des *error in dominio*.[57]

---

51 D. 10.2.54 Ner. 3 memb.; D. 17.2.68 pr. Gai. 10 ed. prov.; D. 21.2.64.4 Pap. 7 quaest.; Dajczak, HRP I § 47, Rn. 22.

52 D. 50.17.54 Ulp. 46 ed.: „*Nemo plus iuris ad alium transferre potest, quam ipse haberet.*"

53 Voci, Errore, 98, korrigiert: „*quas vero pecunias ipse credidisset, eas [non ex maiore parte, quam ex qua ipse heres sit,] alienatas <non> esse*"; ihm folgend Burdese, Archives de droit privé 16 (1953), 36 f.; Wolff, St. De Francisci III, 87, (mit abweichender Begründung); Zilletti, 121 Fn. 67.

54 Voci, Errore, 97 f.

55 Burdese, Archives de droit privé 16 (1953), 36 f.

56 Voci, Errore, 98.

57 Wolff, St. De Francisci III, 71 ff.; Harke, ZRG RA 121 (2004), 129 ff.

Obwohl er die Argumentation Vocis ablehnte, gelangte auch Wolff[58] zu dem Ergebnis, dass die Stelle derart zu rekonstruieren sei, dass auch kein partieller Eigentumsübergang zugelassen wurde. Er gründete seine Zweifel auf den sich anschließenden Satz, der die Rechtsfolgen dieser partiellen Eigentumsübertragung beschreibt:

> *Quare si nulla stipulatio intervenisset, neque ut creditam pecuniam pro parte coheredis peti posse neque pignora teneri.*

Darin heißt es, dass außerhalb eines Stipulationstatbestandes weder das übergebene Geld für den Teil des Miterben gefordert werden könne noch die Pfänder gültig verwertet werden könnten. In Bezug auf die Pfänder ist diese Aussage unproblematisch, da die Pfandbestellung nur möglich war, wenn der Verfügende die Pfandsache (umfassend) *in bonis* hatte.[59] In Bezug auf die Verweigerung der *actio certae creditae pecuniae* wendet Wolff nun aber ein, „dass niemand – ob Klassiker oder Nachklassiker – [diese] dem Stichus […] in Höhe seines Erbteils hätte verweigern können", wenn die *traditio* im Umfang der Erbquote für wirksam erklärt wurde.[60] Dieser Aussage ist gewiss zuzustimmen. Allerdings ist fraglich, ob sich die Stelle tatsächlich auf die Quote des Stichus bezieht. Konsequenter wäre, dass Afrikan hiermit unterstreicht, dass im Umfang der Erbquoten der übrigen Miterben kein Darlehensvertrag begründet worden sei. Dies würde bedeuten, dass zwar Stichus eine Klage im Umfang der tatsächlich übereigneten Münzen hätte, aber kein anderer Miterbe auf diesem Weg vorgehen könnte. Dieser Interpretation könnte lediglich die Tatsache entgegenstehen, dass die Stelle nicht von *coheredes*, sondern von einem einzelnen *coheres* spricht, während Stichus' Miterben im Rest des Textes jeweils als *coheredes* bezeichnet werden. Die Formulierung kann sich aber auch lediglich auf die Klage e i n e s Miterben beziehen. Dies scheint zumindest wahrscheinlicher, als dass Stichus selbst plötzlich als „Miterbe" bezeichnet würde.

Folgt man dieser Auffassung, so bildet die Lösung des Afrikan lediglich die Verfügungsbefugnisse über den Nachlass in konsequenter Weise ab. Als Erbe ist es Stichus möglich, über den ihm zustehenden Bruchteil an den Erbschaftssachen wirksam zu verfügen; über die Bruchteile seiner Miterben hat er hingegen keinerlei Verfügungsmacht.[61] Ganz präzise müsste denn auch gesagt werden, der Darlehensnehmer erhalte nicht Eigentum an einem der Erbquote entsprechenden Teil der Münzen, sondern Miteigentum an jeder einzelnen Münze im Umfang

58 Wolff, St. De Francisci III, 86 ff.

59 Vgl. Schanbacher, HRP I § 48, Rn. 42 ff.

60 Wolff, St. De Francisci III, 87.

61 Vgl. C. 2.18.19 Diocl./Maxim. (a. 294), wonach die Veräußerung der gesamten Sache grundsätzlich der *ratihabitio* bedarf.

von Stichus' Erbteil. Mehrere Quellenstellen machen aber deutlich, dass bereits die klassischen Juristen für Bargeld eine Ausnahme von dieser sachenrechtlichen Betrachtungsweise kannten. Genannt sei hier stellvertretend:[62]

> D. 46.3.94.1 Pap. 8 quaest.
> *Sin autem communes nummos credam aut solvam, confestim pro parte mea nascetur et actio et liberatio, sive in singulis nummis communionem pro indiviso quis esse intellegat sive in pecunia non corpora cogitet, sed quantitatem.*
> Wenn ich aber gemeinschaftliche Münzen als Darlehen oder zur Zahlung hingebe, so wird im Umfang meines Anteils unverzüglich sowohl eine Klage entstehen als auch die Befreiung eintreten, sei es, dass man der Ansicht ist, an den einzelnen Münzen bestehe eine ungeteilte Gemeinschaft, oder sei es, dass man sich im Geld nicht körperliche Gegenstände, sondern eine rechnerische Größe vorstellt.

Die Frage, ob bei gemeinschaftlichem Geld tatsächlich Miteigentum an jeder einzelnen Münze bestehen sollte, war offenbar noch in der Spätklassik umstritten oder zumindest unklar. Für die rechtlichen Folgen einer *traditio* solchen Geldes erklärt Papinian diese Diskussion aber pauschal für unbedeutend.[63] Für den vorliegenden Fall war anerkannt, dass ein Darlehen im Umfang von Stichus' Anteil an dem übergebenen Geld begründet wurde und er zur Rückforderung auch eine *actio certae creditae pecuniae* in dieser Höhe erhielt.

Die übergebenen Münzen konnten hingegen zurückverlangt werden. Solange das Eigentum nicht durch Vermischung oder den Verbrauch der Münzen übergegangen war,[64] stand den Miterben die *rei vindicatio* zu.[65] In Anlehnung an die Regelung zur *hereditatis petitio*[66] ist dabei anzunehmen, dass jeder einzelne Miterbe seinen Anteil an den Münzen einklagen musste.[67] Auch hier könnte sich die Frage stellen,

---

62 Vgl. auch D. 12.6.19.2 Pomp. 22 Sab.; D. 12.1.13.2 Ulp. 26 ed.; D. 16.3.1.36 Ulp. 30 ed.

63 Zur bei Papinian häufigen Ablehnung einer Distinktion durch die Struktur „*sive … sive*" vgl. Babusiaux, Quaestiones, 224 f., die diese knappe Form der Ablehnung als „besonders abfällig" beschreibt.

64 Zum Verlust der *rei vindicatio nummorum* aufgrund *commixtio* oder *consumere* vgl. Gamauf, Vindicatio nummorum, 149 ff., 197 ff.

65 Entgegen einer lange Zeit anders lautenden herrschenden Meinung ist die *vindicatio nummorum* ein durchaus praktikables Instrument; vgl. Gamauf, Vindicatio nummorum, bes. 27 ff., 72 ff., 121 ff.; Kaser, TR 29 (1961), 169 ff.

66 Die *hereditatis petitio* stand den Erben im geschilderten Fall nicht zu, da sich der vermeintliche Darlehensnehmer auf einen Einzelerwerbsgrund berufen konnte; vgl. Kaser, RP I, 735, gestützt auf C. 7.34.4 Diocl./Maxim. (o. A.); anders dagegen Lenel, ZRG RA 46 (1926), 9 ff., der die Verweigerung der *hereditatis petitio* einzig auf den Fall beschränkt, dass auf Grundlage eines „Singulartitels" besessen wird.

67 D. 5.4.1 Ulp. 5 ed.

ob Miteigentumsanteile an jeder einzelnen Münze herausverlangt werden mussten. D. 16.3.1.36 zeigt aber, dass Miterben zumindest bei hinterlegten Münzen die Herausgabe eines ihrem Anteil entsprechenden Geldbetrages verlangen konnten.[68] Diese Rechtsfolge lässt vermuten, dass auch bei der *rei vindicatio* auf Herausgabe einer bestimmten Summe geklagt werden konnte.[69] Sofern die Miterben das Eigentum an den Münzen bereits durch Vermischung oder Verbrauch verloren hatten, konnten sie den ihnen zustehenden Betrag kondizieren. Zweifelhaft ist, ob sie sich darüber hinaus auch an Stichus schadlos halten konnten. Eine gegen Stichus gerichtete *actio familiae erciscundae* ist zu verwerfen, da sie bereits bei der Frage der Rückforderung der eingenommenen Gelder ausdrücklich abgelehnt wurde.[70] Die im obigen Fall gewährte *actio negotiorum gestorum* könnte hier aber an der fehlenden Fahrlässigkeit des Stichus scheitern.[71] Die Frage ist nicht abschließend zu beantworten. Stichus selbst konnte den zu Unrecht übergebenen Betrag jedenfalls über die *condictio indebiti* zurückfordern.

Ganz unabhängig von der Art der Rückforderung scheint die pragmatische Herangehensweise der römischen Juristen in Bezug auf Miteigentum an Geld im Ergebnis dazu geführt zu haben, dass Stichus tatsächlich Münzen im Umfang seiner Erbquote und nicht nur Miteigentumsanteile an einzelnen Münzen übereignen konnte.[72] Es ist aber nachdrücklich festzuhalten, dass die Juristen von der strengen Beachtung sachenrechtlicher Prinzipien nur dort abrückten, wo dies in der Praxis aus Praktikabilitätsgründen geboten war – in den besprochenen Texten im Zusammenhang mit der klageweisen Geltendmachung eines Anspruchs.[73] Aus diesen Fragmenten darf daher nicht geschlossen werden, dass Miteigentum an Geld grundsätzlich zu einer Teilung entsprechend den einzelnen Bruchteilen geführt

---

68 D. 16.3.1.36 Ulp. 30 ed.: „*Si pecunia in sacculo signato deposita sit et unus ex heredibus eius qui deposuit veniat repetens, quemadmodum ei satisfiat, videndum est. Promenda pecunia est vel coram praetore vel intervenientibus honestis personis et exsolvenda pro parte hereditaria: sed et si resignetur, non contra legem depositi fiet, cum vel praetore auctore vel honestis personis intervenientibus hoc eveniet: residuo vel apud eum remanente, si hoc voluerit (sigillis videlicet prius ei impressis vel a praetore vel ab his, quibus coram signacula remota sunt) vel, si hoc recusaverit, in aede deponendo. Sed si res sunt, quae dividi non possunt, omnes debebit tradere satisdatione idonea a petitore ei praestanda in hoc, quod supra eius partem est: satisdatione autem non interveniente rem in aedem deponi et omni actione depositarium liberari.*“

69 Dass die Nennung einer Summe für die *intentio* der *rei vindicatio* ausreichend war, wies zuletzt Gamauf, Vindicatio nummorum, bes. 44 ff., nach.

70 Siehe oben S. 80.

71 Die Haftung des *negotiorum gestor* erstreckte sich gemeinhin auf Fälle von *dolus* und *culpa*; D. 3.5.3.9 Labeo bei Ulp. 10 ed.; D. 3.5.10 Pomp. 21 Q. Muc.; Meissel, HRP II § 83, Rn. 32.

72 Vgl. Gamauf, Vindicatio nummorum, 49 f.

73 Zum Verhältnis von Geld und Sachenrecht und einigen weiteren sachenrechtlichen Ausnahmen vgl. Rüfner, in: Fox/Ernst, 106 ff.

hätte. Im Gegenteil: D. 12.1.41 lässt keinen Zweifel daran, dass auch an Münzen ungeteiltes Miteigentum bestand, solange sie sich in der Erbmasse befanden. Andernfalls hätte Stichus die hingegebenen Münzen nicht nur im Umfang seiner Erbquote übereignen können, sondern vollständig bis zu einem Höchstbetrag seines rechnerischen Anteils am Barvermögen der Erbschaft. Für den Miterben galt folglich selbst bei Geldzahlungen der Grundsatz, dass er über Erbschaftsvermögen niemals vollständig verfügen konnte. Seine Verfügungshandlungen beschränkten sich immer auf die Quote, zu der er Erbe geworden war.

c) Zwischenergebnis

Dem Grundsatz nach ist festzuhalten, dass das römische Recht keinem anderen als dem alleinigen Gesamtrechtsnachfolger das Recht – oder auch nur die sachenrechtliche Möglichkeit – einräumte, über das Nachlassvermögen zu verfügen. Dies gilt selbst für vor dem Tod eingesetzte Geschäftsführer und die dem Nachlass angehörenden Sklaven. Auch Miterben konnten grundsätzlich nicht über die Nachlasssachen verfügen, da sich ihre Verfügungsbefugnis nur auf den ihrem Erbteil entsprechenden Bruchteil, niemals aber auf die ganze Sache erstreckte. Einzig im Falle der Veräußerung von Geld praktizierten die römischen Juristen einen pragmatischen Ansatz: Wurden Münzen aus dem Nachlass veräußert, anerkannten sie, dass diese zumindest im Umfang des Erbteils des Miterben ins Eigentum des Empfängers übergehen konnten und nicht nur jeweils ein dem Erbteil entsprechender Bruchteil an jeder einzelnen Münze.

Insgesamt ist festzuhalten, dass die gänzlich freiwillige Begleichung von Erblasserschulden grundlegend daran scheiterte, dass die involvierten Personen nicht gültig über das Nachlassvermögen verfügen konnten. Hierzu bedurfte es vielmehr eines institutionalisierten Vorgehens.

2. Der Sonderfall der institutionalisierten Geschäftsführung

Nimmt man das Fehlen jeglicher Verfügungsbefugnis über den Nachlass ernst, würde dies bedeuten, dass die Erbschaft während der Zeit der *hereditas iacens* zumindest in Bezug auf Veräußerungshandlungen völlig gelähmt gewesen wäre. Dies entspricht dem Willen, die Erbmasse unvermindert zu erhalten, bis sie der rechtmäßige Nachfolger in Empfang nehmen konnte. Dieser Werterhalt durch Nichtantasten der Erbmasse gelingt allerdings nur bei Vermögenswerten, die keines Unterhalts bedürfen und keine Wertminderung erfahren, selbst wenn sie über längere Zeit brachliegen. Für die *hereditas*, die in aller Regel gerade nicht nur aus solch „totem“ Vermögen bestand, sondern die dynamische Fortsetzung der ehemaligen *familia* darstellte,[74] wäre eine derartig starre Beschränkung in vielen Fällen fatal gewesen: Im schlimmsten Fall hätten Sklaven nicht mehr unterhalten werden können, Güter wären verdorben oder der abrupte Abbruch der Geschäfte hätte dem späteren Erben einen Schaden verursacht.[75] Um dem vorzubeugen, erlaubte der Prätor in beschränktem Umfang erhaltende Maßnahmen, welche die Veräußerung von Erbschaftsvermögen einschlossen.

a) Geschäftsführung durch den designierten Erben

Zum Kreis jener Personen, die an einer gewissenhaften Geschäftsführung über den ruhenden Nachlass interessiert waren, zählte allen voran der designierte Erbe selbst. Er war derjenige, dem das Nachlassvermögen nach dem Erbschaftsantritt zugutekommen sollte, weshalb er ein Interesse daran hatte, dass der Nachlass möglichst ungeschmälert erhalten blieb oder bestenfalls gar vermehrt wurde. Solange er sich jedoch noch nicht entschieden hatte, ob er die Erbschaft auch tatsächlich antreten wolle, befand er sich in dem Dilemma, dass er sich jeder Anmaßung der Erbenstellung enthalten musste, um nicht Gefahr zu laufen, eine *pro herede gestio* oder *immixtio* zu begehen, mit der er sein Deliberationsrecht eingebüßt hätte. Der Zugriff auf Nachlassvermögen – ungeachtet zu welchem Zweck – war grundsätzlich dem Erben vorbehalten; aus einer Verfügung über den Nachlass durch den designierten Erben musste somit prinzipiell der Wille abgeleitet werden, Erbe zu sein, was einem konkludenten Erbschaftsantritt gleichkam.[76] Um den Werterhalt des Nachlasses auch während des *tempus ad deliberandum* sicherzustellen, ließ der Prätor im Einzelfall jedoch gewisse Verfügungshandlungen durch den noch unentschlossenen Erben zu:

D. 28.8.5.1 Ulp. 60 (70) ed.[77]
Si maior sit hereditas et deliberat heres et res sunt in hereditate, quae ex tractu temporis deteriores fiunt, adito praetore potest is qui deliberat sine praeiudicio eas iustis pretiis vendere:

---

74 Zur *familia* und ihrem Fortbestand nach dem Ableben des *pater familias* siehe oben S. 30 ff. Das vom Prätor gewährte *beneficium abstinendi* (dazu oben S. 59 ff.) führte dabei – anders als noch nach *ius civile* – dazu, dass der Nachlass selbst dann in den Zustand der *hereditas iacens* fiel, wenn Hauserben vorhanden waren.

75 Vgl. D. 28.8.5 Ulp. 60 (70) ed.; D. 28.8.7.3 Ulp. 60 ed. mit noch weiteren Beispielen.

76 Dedekind, 8; Solazzi, DER II, 176; Coppola, II, 105 f. Fn. 99; anders Tondo, AG 153 (1957), 72 f., dem zufolge nicht jede Geschäftsführungshandlung einer *pro herede gestio* gleichkomme. Die Vornahme solcher Handlungen ohne Intervention des Prätors stelle für den designierten Erben aber deshalb eine Gefahr dar, weil die Frage, ob sie zum Verlust des Deliberationsrechts führe, erst *ex post* beurteilt werde. – Zur *pro herede gestio* bzw. *immixtio* siehe oben S. 37 f. bzw. 60.

77 Die Inskription ist im Anschluss an Lenel, Pal. II, 785, Ulp. 1397 mit Fn. 2, vom siebzigsten zum sechzigsten Buch zu korrigieren.

qui possit etiam ea, quae nimium sumptuosa sint, veluti iumenta aut venalicia, item ea quae mora deteriora fiant, vendere, quique praeterea curaturus sit, ut aes alienum quod sub poena vel sub pretiosis pignoribus debeatur, solvatur.

Wenn es sich um eine größere Erbschaft handelt und der Erbe sich [den Antritt] überlegt und sich Sachen in der Erbschaft befinden, die sich aufgrund Zeitablaufs verschlechtern, kann derjenige, der sich [den Antritt] überlegt, nach Anrufen des Prätors diese [Sachen] zu gebührenden Preisen verkaufen, ohne dass ihm hieraus ein Nachteil entsteht. Dieser könnte auch solche [Sachen] verkaufen, die allzu kostspielig sind, wie zum Beispiel Lasttiere oder zum Verkauf bestimmte Sklaven, ebenso solche Sachen, die sich durch Aufschub verschlechtern, und außerdem wird dieser dafür sorgen, dass eine Schuld, die durch eine Strafe oder wertvolle Pfänder gesichert ist, geleistet wird.

Den Ausgangspunkt bildet der Fall einer *maior hereditas*, bei der das Sichten der zum Nachlass gehörigen Urkunden[78] offenbar längere Zeit in Anspruch nimmt. Das Problem, das sich in diesem Fall stellt, ist, dass sich im Nachlass Gegenstände befinden, die sich durch die lange Wartezeit verschlechtern. Für diese Situation berichtet Ulpian, dass es dem eingesetzten Erben möglich war, diese Gegenstände zu veräußern, ohne deswegen den Verlust seines Deliberationsrechts befürchten zu müssen. Voraussetzung hierfür war lediglich, dass er vorgängig den Prätor anrief und sich die Veräußerung ausdrücklich bewilligen ließ. Zudem musste die Veräußerung zu angemessenen Preisen erfolgen.

b) *Missio in possessionem* der Gläubiger und Ernennung eines *curator bonorum*

Die soeben besprochene punktuelle Geschäftsführungskompetenz des designierten Erben lag deshalb nahe, weil sie derjenigen Person einen Handlungsspielraum eröffnete, die am meisten am Erhalt des Vermögens interessiert war. Es handelte sich allerdings lediglich um eine Möglichkeit, die sich der designierte Erbe durch Eigeninitiative beim Prätor ausbedingen konnte. Sollte der Vermögenserhalt unabhängig von der Bereitschaft des designierten Erben sichergestellt werden, konnte der Prätor dem Nachlass einen *curator bonorum* bestellen.

Diese Ernennung beschreibt Ulpian zunächst in seinem Kommentar des Edikts *De iure deliberandi*[79] im Zusammenhang mit einer Erörterung der Möglichkeiten, die der zweiten am Vermögenserhalt besonders interessierten Personengruppe offenstanden, nämlich den Gläubigern:

---

78 Vgl. den unmittelbaren Kontext von D. 28.8.5 pr. Ulp. 60 (70) ed.: „*Aristo scribit non solum creditoribus, sed et heredi instituto praetorem subvenire debere hisque copiam instrumentorum inspiciendorum facere, ut perinde instruere se possint, expediet nec ne agnoscere hereditatem.*“

79 Lenel, Pal. II, 785, Ulp. 1398.

D. 42.4.8 Ulp. 60 ed.
Si diu incertum sit, heres extaturus nec ne sit, causa cognita permitti oportebit bona rei servandae causa possidere, et, si ita res urgueat vel condicio bonorum, etiam hoc erit concedendum, ut curator constituatur.
Wenn lange Zeit unsicher ist, ob ein Erbe hervortreten wird oder nicht, wird es nach Prüfung des Einzelfalles angezeigt sein, dass die Besitznahme der Güter zur Erhaltung der Sache erlaubt werde und, wenn die Sache oder der Zustand der Güter so sehr drängt, wird sogar dies zugestanden werden müssen, dass ein *curator* bestellt wird.

Sofern der Zustand der *hereditas iacens* allzu lange andauerte, konnte der Prätor die Gläubiger unter Berücksichtigung des Einzelfalles in den Besitz des Nachlassvermögens einweisen (*missio in possessionem*). Diese *missio* erlaubte es den Gläubigern, den Erhalt des Nachlassvermögens sicherzustellen.[80] Hierfür gewährte der Prätor den Gläubigern den Schutz des Edikts *De fructu praediorum vendendo locandove*,[81] mit dem sie sicherstellen konnten, dass die Früchte von Grundstücken nicht über lange Zeit ungenutzt verfielen. Ob den Gläubigern – wie in D. 42.5.8.1–4 Ulp. 61 ed. überliefert – neben der Vermietung auch der Verkauf solcher Früchte zustand, war in der Vergangenheit umstritten.[82] Mit der neueren Literatur und im Anschluss an Lenel und Solazzi ist allerdings davon auszugehen, dass das Edikt auch den Verkauf vorsah.[83] In sehr geringem Maß stand somit bereits den in den Besitz eingewiesenen Gläubigern das Recht zu, Veräußerungshandlungen vorzunehmen. Weitergehende Eingriffe in das Nachlassvermögen blieben den Gläubigern jedoch versagt. Machte eine drohende Wertminderung solche Eingriffe erforderlich, konnte nur ein vom Prätor ernannter *curator* sie vornehmen. In diesem Fall konnten die Gläubiger die Ernennung eines solchen *curator* verlangen.[84]

Eine zweite Erwähnung des *curator* über den ruhenden Nachlass findet sich in Ulpians Sabinuskommentar. Sie steht außerhalb des ausdrücklichen Kontextes der Gläubiger und ihrer *missio in possessionem*, was die Frage nach dem Verhältnis von *curator bonorum* und *missio in possessionem* aufwirft.

---

80 Zur *missio in possessionem* bei langer Ungewissheit über die Erbenfrage zuletzt auch Häusler, 617 f.

81 Lenel, EP, 423 f.

82 Für eine entsprechende nachträgliche Bearbeitung der Stelle Ramadier, 99; Albertario, Filang. 36 (1911), 817.

83 Vgl. zuletzt ausführlich Pérez Álvarez, Bonorum venditio, 187 ff.; Häusler, 729; grundlegend Solazzi, Concorso I, 181 ff.; Lenel, EP, 423 mit Fn. 8.

84 Zum Ganzen siehe ausführlich Pérez Álvarez, Bonorum venditio, 194 ff.

D. 27.10.3 Ulp. 31 Sab.
Dum deliberant heredes instituti adire, bonis a praetore curator datur.
Solange die eingesetzten Erben überlegen, ob sie die Erbschaft antreten, wird dem Nachlass vom Prätor ein *curator* bestellt.

Die Stelle ist derart knapp und allgemein gehalten, dass man sie gar so verstehen könnte, als handle es sich bei der Bestellung eines *curator bonorum* um einen Automatismus – dass also jede *hereditas iacens* spätestens bei Gewährung der Deliberationsfrist[85] einen *curator* erhalten hätte. Dass ein solches Verständnis zu weit gehen würde, zeigt jedoch bereits ein Vergleich mit D. 28.8.5.1 Ulp. 60 (70) ed., wonach der designierte Erbe ausnahmsweise den Prätor anrufen konnte, um dringende Geschäftsführungshandlungen vorzunehmen, ohne eine *pro herede gestio* zu begehen.[86] Die verwendete Terminologie („*deliberare*") legt nahe, dass sich beide Stellen nicht allgemein auf die Phase der *hereditas iacens* beziehen, sondern ganz spezifisch den Fall betreffen, dass der Prätor dem designierten Erben bereits das offizielle *tempus ad deliberandum* gesetzt hat, dieses jedoch noch nicht verstrichen ist.[87] Wenn sich die Stellen aber auf die exakt gleiche Situation beziehen, dann ist ausgeschlossen, dass mit dem Setzen der Deliberationsfrist auch zwingend ein *curator* ernannt wurde. Wäre dies der Fall, bliebe kein Raum mehr für eine erhaltende Geschäftsführung durch den designierten Erben, wie sie in D. 28.8.5.1 60 (70) ed. belegt ist, denn diese wäre Aufgabe des *curator bonorum*.

Insofern ist D. 27.10.3 Ulp. 31 Sab. mit einer gewissen Vorsicht heranzuziehen. Die mangelnde Präzision des Fragments lässt sich aber ohne weiteres dadurch erklären, dass Ulpian seine Aussage weder im Kontext von Ausführungen zum *ius deliberandi* noch im Zusammenhang mit dem *curator bonorum* macht. Im 31. Buch seines Sabinuskommentars behandelt er das Dotalrecht,[88] mit dem die hier betrachtete Aussage keine direkten Berührungspunkte hat. Es ist deshalb wahrscheinlich, dass es sich bei der Stelle um eine Randbemerkung handelt, in deren Rahmen es Ulpian nicht für erforderlich hielt, auf die genauen Modalitäten der Ernennung des *curator bonorum* einzugehen. Es erscheint deshalb nicht gerechtfertigt, auf der Grundlage von D. 27.10.3 Ulp. 31 Sab. eine Form der Kuratel über die *hereditas*

85 Zum *ius deliberandi* siehe oben S. 58 f.

86 Zur Stelle siehe oben S. 90 f.

87 Zum Initiieren dieser Deliberationsfrist durch *interrogatio in iure* siehe untern S. 135 ff.

88 Lenel, Pal. II, 1132, Ulp. 2751. Die thematische Einordnung kann als gesichert angesehen werden, da sich das gesamte 31. Buch des Sabinuskommentars mit dem Dotalrecht befasst. Die konkrete Rekonstruktion Lenels, der zufolge die Stelle zwischen die Paragrafen 4 und 5 von D. 23.3.5 Ulp. 31 Sab. einzugliedern ist, erscheint hingegen nicht zwingend.

iacens anzunehmen, die der Prätor losgelöst von der *missio in possessionem* erteilt hätte.[89]

Dass die Gläubiger die *missio in possessionem* auf der Grundlage des Edikts *Si diu incertum sit* nicht bereits standardmäßig während des *tempus ad deliberandum* erhielten, zeigt sich auch an zwei Stellen, welche die bedingte Erbeinsetzung behandeln:[90]

D. 28.5.23.2 Pomp. 1 Sab.[91]
Item si condicioni heres parere non poterit, quam in sua potestate non habebit, veluti institutione collata in alterius factum aut quendam casum, „si ille" puta „consul factus fuerit", tunc postulantibus creditoribus constituet praetor, nisi intra certum tempus hereditas optigerit aditaque fuerit, se bona defuncti creditoribus possidere iussurum et interim quae urguebunt per procuratores distrahi iussurum.
Ebenso wenn der Erbe eine Bedingung nicht erfüllen können wird, die nicht in seiner Macht stehen wird, wie zum Beispiel weil die Erbeinsetzung von der Handlung eines anderen oder von irgendeinem Zufall abhängig gemacht worden ist, wie zum Beispiel: „wenn jener zum Konsul ernannt worden ist": Dann wird der Prätor auf Antrag der Gläubiger anordnen, er werde, wenn die Erbschaft [dem eingesetzten Erben] nicht innerhalb einer bestimmten Frist angefallen und [von ihm] angetreten worden sei, die Besitznahme des Vermögens durch die Gläubiger des Verstorbenen verfügen, und in der Zwischenzeit werde er anordnen, dass Sachen, bei denen Dringlichkeit bestehen wird, durch *procuratores* verkauft werden.

---

89 Von diesem Konnex zwischen *curator bonorum* über die *hereditas iacens* und *missio in possessionem* der Gläubiger geht die bisherige Literatur häufig stillschweigend aus; ausdrücklich in diesem Sinne Solazzi, Concorso II, 4, dem zufolge die in D. 27.10.3 Ulp. 31 Sab. und D. 42.5.22.1 Ulp. 63 ed. beschriebenen *curatores* ebenfalls aus einer *missio* auf der Grundlage des Edikts *Si diu incertum sit* hervorgehen müssten, sofern die Texte authentisch wären. Da er ihre Authentizität aber verneint, gelangt er im Ergebnis dennoch nicht zu einer *missio in possessionem* während des laufenden *tempus ad deliberandum*. Im Anschluss hieran auch Kaser/Hackl, 393 Fn. 58. Ganz grundsätzlich für die Möglichkeit eines „intervento parziale e sporadico del curatore (o di un amministratore affine)" im klassischen Recht dagegen Solazzi, ebd., 51 f.

90 Für eine *missio in possessionem rei servandae causa* noch während des *tempus ad deliberandum* noch Dedekind, 21; dagegen Solazzi, Scr. I, 362 Fn. 6; Solazzi, Concorso I, 91. Solazzi, Concorso I, 91 f., hält die *missio in possessionem* nur dann für einschlägig, wenn das Mittel des *ius deliberandi* keinen Nachfolger beschaffte oder nicht anwendbar war, namentlich bei bedingter Erbeinsetzung. In letzterem Fall habe das Edikt die *missio* schließlich gestattet (ebd., 92 f.). Hingegen spricht er den Gläubigern die Mittel des Edikts *Si diu incertum sit* auch während des Fristenlaufs der *bonorum possessio* zu (ebd., 93). Da dieser Fristenlauf – wenn auch vielleicht nach längerer Zeit – zu einem eindeutigen Ergebnis führt, scheint diese Erstreckung wenig konsequent. Zur Vorstellung Solazzis, auf die *missio in possessionem* folge keine *venditio bonorum*, solange die bedingt ausgesprochene Erbeinsetzung noch in der Schwebe sei, siehe unten S. 167 ff.

91 Siehe dazu unten ausführlich S. 153 ff.

D. 29.2.70.2 Paul. 57 ed.[92]
Si respondit neutram hereditatem ad se velle pertinere, bona defuncti a creditoribus possidenda sunt.
Wenn er antwortet, er wolle, dass keine der beiden Erbschaften ihm zukomme, muss die Besitznahme der Güter des Verstorbenen durch die Gläubiger erfolgen.

In beiden Fällen erhalten die Gläubiger die *missio in possessionem* erst in letzter Konsequenz – entweder weil eine dem *tempus ad deliberandum* analoge Frist ungenutzt verstrichen ist[93] oder weil der bedingt eingesetzte Erbe erklärt hat, weder die testamentarische noch die gesetzliche Erbschaft antreten zu wollen. Wenn aber die analoge Anwendung des Edikts *De iure deliberandi* zur Konsequenz hat, dass die Gläubiger die *missio in possessionem* erhalten, ist auszuschließen, dass sie bereits vor Ablauf der gesetzten Frist in den Besitz eingewiesen wurden. Dabei muss unerheblich sein, ob es sich um eine unmittelbare oder eine analoge Anwendung des Edikts handelt. Mithin ist davon auszugehen, dass die *missio in possessionem* der Gläubiger erst dann erfolgte, wenn die üblichen Mittel des prätorischen Rechts – namentlich das *ius deliberandi* – ausgeschöpft waren.[94]

Hingegen ist umgekehrt belegt, dass unter Umständen auch bereits die Unsicherheit während des *tempus ad deliberandum* die *missio in possessionem* der Gläubiger auf der Grundlage des Edikts *Si diu incertum sit* rechtfertigen konnte:

D. 42.4.9.1 Paul. 57 ed.
Si alter ex heredibus intra tempora sibi praestituta deliberet adire hereditatem, alter vero neget se aditurum, videndum est, quid creditoribus agendum sit. Et placet interim eos in possessionem mittendos custodiae causa, donec appareat, is qui deliberat utrum adgnoscat partem suam an non adgnoscat.
Wenn einer von [zwei] Erben während der ihm gesetzten Frist überlegt, ob er die Erbschaft antreten soll, der andere aber verneint anzutreten, muss betrachtet werden, was von den Gläubigern unternommen werden kann. Und es gefällt, dass sie zwischenzeitlich zum Zweck der Verwahrung in den Besitz eingewiesen werden, so lange bis sich zeigt, ob derjenige, der überlegt, seinen Teil annimmt oder nicht.

Zwar lässt sich mangels ausreichenden Quellenmaterials keine Aussage darüber treffen, welchen Grad der (qualifizierten) Ungewissheit über die Erbfolge die *missio*

---

92 Zur Stelle siehe auch unten S. 173 f. sowie zur Textkritik SOLAZZIS an der Stelle unten S. 181.
93 Zur analogen Anwendung des Edikts siehe unten S. 168.
94 Offen lässt die Frage nach einer möglichen Anwendung im Rahmen des *successorium edictum* SPENGLER, 37 Fn. 10.

in possessionem der Gläubiger auf der Grundlage des Edikts *Si diu incertum sit* voraussetzte. Die Tatsache, dass die Einweisung *causa cognita*[95] erfolgte, darf aber wohl dahingehend verstanden werden, dass es sich nicht um einen standardisierten Vorgang handelte, sondern der Prätor die *missio in possessionem* im Zusammenhang mit der *hereditas iacens* nur ausnahmsweise erteilte[96] – dann, wenn die Einweisung zum Schutz der Gläubiger tatsächlich notwendig war. Zu denken ist in diesem Zusammenhang einerseits an eine mögliche Beanspruchung von Nachlasssachen durch Dritte, andererseits aber auch an die Notwendigkeit erhaltender Geschäftsführungshandlungen.[97] Maßgeblich für die Ernennung des *curator bonorum* war die Frage, ob solche Geschäftsführungshandlungen erforderlich waren.[98]

c) Umfang der Verfügungsbefugnis

aa) Beschränkung auf Notgeschäftsführung

Sowohl die Geschäftsführungshandlungen des *curator bonorum* über die *hereditas iacens* als auch jene des designierten Erben waren auf Fälle der Notgeschäftsführung beschränkt. Für den *curator bonorum* macht dies Hermogenian in seinen *iuris epitomae* deutlich, in denen er den *curator bonorum* zusammen mit dem *curator ventris* den *curatores* über Geisteskranke, Verschwender und Unmündige gegenüberstellt:

> D. 26.7.48 Hermog. 2 iur. epit.
> *Inter bonorum ventrisque curatorem et inter curatorem furiosi itemque prodigi pupillive magna est differentia, quippe cum illis quidem plane rerum administratio, duobus autem superioribus sola custodia et rerum, quae deteriores futurae sunt, venditio committitur.*
> Zwischen dem Pfleger über das Vermögen sowie die ungeborene Leibesfrucht und den Pflegern über Geisteskranke sowie Verschwender oder Unmündige besteht ein großer Unterschied, da nämlich Letzteren die volle Verwaltung des Vermögens zusteht, den beiden Erstgenannten hingegen lediglich der Gewahrsam sowie der Verkauf von Sachen, die sich durch Zeitablauf verschlechtern.

Anders als die *curatores* jener Personengruppen, denen die Fähigkeit, ihr Vermögen selbst zu verwalten, dauerhaft oder – im Fall von Unmündigen – häufig auf lange Zeit fehlt, ist die *curatio bonorum* auf kürzere Dauer ausgelegt. Sie soll die Verfügung

95 D. 42.4.8 Ulp. 60 ed.

96 Vgl. auch Spengler, 37, dem zufolge Ulpian ein nur „ausnahmsweise zugelassenes Verfahren" geschildert habe.

97 Zur Funktion der *missio in possessionem rei servandae causa* zuletzt Häusler, 48 ff.

98 Die Ernennung ging nicht automatisch mit der *missio in possessionem* einher; vgl. Pérez Álvarez, Bonorum venditio, 194 f., 203; Solazzi, Concorso II, 25, 54; Rotondi, in: Ciapessoni, 108.

über das Vermögen, die im Falle des *curator* über die *hereditas iacens* dem späteren Erben oder sonstigen Gesamtrechtsnachfolger vorbehalten ist, nicht präkludieren. Ihr einziger Zweck ist der Erhalt des Vermögens, was bedeutet, dass der *curator bonorum* nur dann Vermögenswerte veräußern durfte, wenn eine unmittelbare Wertminderung der Erbschaft drohte.[99]

Dieselbe Beschränkung der Verfügungsbefugnis gilt auch für Geschäftsführungshandlungen des designierten Erben. In der bereits erörterten Stelle D. 28.8.5.1 Ulp. 60 (70) ed.[100] nennt Ulpian die folgenden Situationen, die einen unmittelbaren Eingriff ins Erbschaftsvermögen rechtfertigten: wenn sich im Nachlass Vermögenswerte befinden, die im Unterhalt besonders kostspielig sind, wie zum Beispiel Lasttiere oder zum Verkauf bestimmte Sklaven, wenn sich Nachlasssachen durch Zeitablauf verschlechtern würden – hier ist etwa an verderbliche Früchte zu denken – sowie wenn Verbindlichkeiten fällig zu werden drohen, die durch Strafe oder wertvolle Pfänder gesichert sind.[101]

Weitere Konstellationen, in denen der Prätor Eingriffe in das Nachlassvermögen gestattete, nennt Ulpian schließlich an derselben Stelle seines Ediktskommentars[102] im Zusammenhang mit dem *tempus ad deliberandum*, das im Namen eines Unmündigen erbeten wurde. Neben den bereits bekannten Eingriffsmöglichkeiten aufgrund drohenden Schadens durch Untätigkeit trug der Prätor hier offenbar auch der besonderen Situation des Unmündigen Rechnung. Dieser verfügte im Zweifel nicht über ein vom Nachlass unabhängiges Vermögen und war somit auf einen gewissen Zugriff auf das Nachlassvermögen angewiesen – sei es zur Bestreitung des eigenen Unterhalts, zur Sicherstellung eines angemessenen Begräbnisses des Erblassers oder zur Vornahme eines Sühneopfers:[103]

> D. 28.8.7.3 Ulp. 60 ed.
> *In causae autem cognitione hoc vertetur, an iusta causa sit, ut deminuere praetor permittat. Ergo et funeris causa deminui permittet, item eorum quae sine piaculo non possunt praeteriri. Vescendi gratia aeque deminui permittet. Sed et ubi urguet, ex aliis quoque causis permittere eum oportet, ut aedificia sarciantur, ne agri inculti sint, si qua pecunia sub poena debetur ut restituatur, ne pignora distrahantur. Ex aliis quoque iustis causis*

---

99 Vgl. auch D. 28.5.23.2 Pomp. 1 Sab.

100 Siehe oben S. 90 f.

101 Das Beispiel der durch Vertragsstrafe gesicherten Verbindlichkeit findet sich ausdrücklich auch für die Geschäftsführung des *curator bonorum* in D. 28.5.23.3 Pomp. 1 Sab. sowie D. 42.7.1.2 Paul. 57 ed.; zu den Stellen siehe unten S. 153 ff. und 169 ff.

102 Die Ausführungen folgen der Rekonstruktion Lenels, der die Inskription zu D. 28.8.5 von „*septaginta*" zu „*sexaginta*" korrigiert; siehe oben Fn. 77.

103 Zum *piaculum* (Sühneopfer) vgl. Cic. leg. 2.57; dazu zuletzt d'Amati, Dis Manibus, 81 ff.

> *praetor aditus deminutionem permittet: neque enim sine permissu eius debet deminutio fieri.*
> Bei der Prüfung des Einzelfalles jedoch wird dies beurteilt werden, ob es einen berechtigten Grund dafür gibt, dass der Prätor eine Verminderung gestattet. Daher wird er auch zum Zweck der Bestattung eine Verminderung gestatten, ebenso zum Zweck derjenigen Angelegenheiten, die nicht ohne Sünde unterlassen werden können. In gleicher Weise wird er um der Ernährung willen eine Verminderung erlauben. Aber auch wo es eilt, muss er es auch aus anderen Gründen gestatten; damit Gebäude instandgesetzt werden, damit Äcker nicht unbestellt sind, wenn irgendwelches Geld unter Strafe geschuldet wird, damit es erstattet wird, damit Pfänder nicht verkauft werden. Auch aus anderen berechtigten Gründen wird der angerufene Prätor eine Verminderung erlauben; denn ohne seine Genehmigung darf keine Verminderung erfolgen.

Aus Sicht der Gläubiger ist festzuhalten, dass die vom Prätor orchestrierte Geschäftsführung über die *hereditas iacens* grundsätzlich keinen Raum für eine freiwillige Schuldentilgung bot. Obwohl das Begleichen einer tatsächlich bestehenden Schuld keine eigentliche Vermögensverminderung, sondern lediglich eine Verschiebung von Aktiven und Passiven bedeutet hätte, war es offenbar dem späteren Gesamtrechtsnachfolger vorbehalten, über Form und Durchführung dieser Schuldentilgung zu entscheiden. Insofern profitierten die Gläubiger von der Ernennung eines *curator bonorum* durch den Prätor oder von der Geschäftsführung durch den designierten Erben nur mittelbar, indem sichergestellt wurde, dass sich die Erbmasse – und damit ihr Haftungssubstrat – nicht verminderte. Nur ausnahmsweise rechtfertigten die Aufgaben des jeweiligen Geschäftsführers auch eine Gläubigerbefriedigung; namentlich dann, wenn sie dazu dienten, Schaden vom Nachlass abzuwenden. Diesen Sonderfällen widmet sich der folgende Abschnitt.

bb) Ausnahmsweise Befriedigung der Gläubiger im Rahmen der Notgeschäftsführung

Die Befriedigung einzelner Gläubiger im Rahmen der Notgeschäftsführung setzte voraus, dass die Nichterfüllung der fraglichen Verbindlichkeit eine Schädigung der Erbmasse zur Folge hätte. Die Juristenschriften nennen übereinstimmend zwei Konstellationen, in denen das der Fall war: wenn der Verfall einer Vertragsstrafe drohte oder die Forderung durch wertvolle Pfänder gesichert wurde.[104] Ausnahmsweise war es in diesen Fällen die Aufgabe des Notgeschäftsführers, die Erblasserschuld aus den Mitteln des Nachlasses zu begleichen.

---

104 D. 28.8.5.1 Ulp. 60 (70) ed.; dazu oben S. 90 f.; D. 28.8.7.3 Ulp. 60 ed.; dazu soeben S. 97 f.; D. 28.5.23.3 Pomp. 1 Sab.; dazu unten S. 153 ff.; D. 42.7.1.2 Paul. 57 ed.; dazu unten S. 169 ff.

Notwendig wurde die Intervention des Notgeschäftsführers, weil der Zustand der *hereditas iacens* den Verfall von Vertragsstrafen oder Pfändern nicht hinderte – und dies obgleich es gerade noch keinen Gesamtrechtsnachfolger und neuen Schuldner gab:

> D. 45.1.77 Paul. 58 ed.
> *Ad diem sub poena pecunia promissa et ante diem mortuo promissore committetur poena, licet non sit hereditas eius adita.*
> Ist eine Geldzahlung auf einen bestimmten Tag unter Strafe versprochen worden und der Versprechende noch vor diesem Tag verstorben, wird die Strafe verfallen, selbst wenn seine Erbschaft (noch) nicht angetreten worden ist.

Anders als dies bisweilen vorgebracht wurde,[105] besagt das Fragment nicht, dass eine Vertragsstrafe im Todeszeitpunkt des Versprechenden verfalle. Im Gegenteil: Würde der Verfallszeitpunkt durch den Erbfall vorgezogen, könnte weder ein eingesetzter Erbe noch ein sonstiger Geschäftsführer den der Erbschaft verursachten Schaden durch Begleichen der Erblasserschuld abwenden.[106] Noch immer im Kontext des *ius deliberandi*[107] stellt Paulus lediglich klar, dass die fehlende Zurechenbarkeit des Vermögens während der Periode der *hereditas iacens* – und damit das Fehlen eines Schuldners – dem Verfall der Strafe nicht entgegenstehe.[108]

Der zweite Anwendungsfall einer vorzeitigen Gläubigerbefriedigung bildete jener der pfandgesicherten Erblasserschulden. Jedenfalls dann, wenn es sich um „wertvolle" Pfänder handelte, war es Ulpian zufolge angezeigt, den Pfandgläubiger noch während bestehender *hereditas iacens* zu befriedigen.[109] Im Vergleich mit der verfallenden Strafstipulation ist die drohende Schädigung der Erbschaft nicht in gleichem Maße offensichtlich. Zwar erhielt der Gläubiger mit Eintritt der Fälligkeit seiner Forderung das Recht, sich aus dem Pfand zu befriedigen, doch erfolgte dies in klassischer Zeit in der Regel nicht mehr durch Pfandverfall, sondern durch Verkauf der Pfandsache.[110] Sofern der Verkaufserlös die gesicherte Forderung überstieg,

---

105 Frezza, Garanzie I, 318; Kaser, RP I, 520 Fn. 17; Voci, St. Volterra III, 336 ff., bes. 351; dagegen bereits zutreffend Knütel, 101 f.

106 Vgl. Knütel, 102, mit Bezug auf D. 3.5.12 Paul. 9 ed.

107 Lenel, Pal. I, 1075, Paul. 709, wobei die Stelle unter der Klausel „*Si suus heres erit*" steht und somit das Deliberationsrecht des Hauserben betrifft (dazu Lenel, EP, 418 ff.); vgl. auch Knütel, 232 f.

108 Knütel, 101 f. Besonders erwähnenswert könnte dies auch deshalb gewesen sein, weil Vertragsstrafen grundsätzlich nur verfielen, wenn den Schuldner eine Verantwortlichkeit für den Eintritt der Verfallsbedingung traf. Zum Verhältnis dieses Grundsatzes mit dem Verfall der Strafe auch während der *hereditas iacens* siehe Knütel, 234 ff.

109 D. 28.8.5.1 Ulp. 60 (70) ed.

110 Kaser, RP I, 470 f., ferner 460 f. für die *fiducia*.

konnte der später am Nachlass Berechtigte den Überschuss herausverlangen.[111] Zumindest wenn der Pfandgegenstand zum Marktwert verkauft wurde, erlitt die Erbschaft dadurch rechnerisch keine Wertminderung. Dass der Verkauf der „wertvollen" Pfandsache dennoch verhindert werden sollte, lässt sich auf zwei Arten erklären:

Einerseits verschob sich durch den Verkauf das Insolvenzrisiko, da die *hereditas iacens* lediglich einen schuldrechtlichen Anspruch auf Herausgabe des *superfluum* erwarb.[112] Darüber hinaus bestand die Gefahr, dass der Gegenstand vom Pfandnehmer – der sich in erster Linie für die Deckung seiner Forderung interessierte – zu einem zu tiefen Preis verkauft und die Erbschaft dadurch tatsächlich unmittelbar in ihrem Wert vermindert wurde. Gerade bei sehr wertvollen Objekten wären große Summen den genannten Risiken ausgesetzt worden, weshalb ein berechtigtes Interesse aller Beteiligten an der rechtzeitigen Erfüllung der Erblasserschuld bestand. Andererseits wäre die Inkaufnahme des Verlusts wertvoller Erbschaftssachen dem Grundsatz zuwidergelaufen, die Erbschaft dem zukünftigen Erben möglichst vollständig zu erhalten. Der Erbe sollte auch nach der Periode der *hereditas iacens* seine Eigentumsrechte über alle Nachlassgegenstände möglichst umfassend ausüben können.[113]

Der Grundsatz, dass die eigentlichen Entscheidungen, wie mit den Erbschaftssachen zu verfahren sei, den späteren Erben vorbehalten bleiben sollten, schlägt sich auch in Bezug auf die zulässige Notgeschäftsführung nieder. Selbst wenn das Begleichen von Erblasserschulden aufgrund eines drohenden Schadens angezeigt war, hatte es mit möglichst milden Mitteln zu geschehen:

> D. 28.8.6 Gai. 23 ed. prov.
> *Igitur si quidem in hereditate sit vinum oleum frumentum numerata pecunia, inde fieri debebunt impendia: si minus, a debitoribus hereditariis exigenda pecunia. Quod si nulli sunt debitores aut iudicem provocent, venire debent res supervacuae.*
> Wenn sich also Wein, Öl, Getreide oder Bargeld in der Erbschaft befinden, werden die Ausgaben daraus geleistet werden müssen. Wenn nicht, muss von den Erbschaftsschuld-

111 D. 13.7.42 Pap. 3 resp.; D. 13.7.24.2 Ulp. 30 ed.; C. 8.27.20 Diocl./Maxim. (a. 294).

112 Zur *actio pigneraticia* gegen den Gläubiger siehe Schanbacher, HRP II § 87, Rn. 9 ff., 18 zum Herausgabeanspruch des Mehrerlöses im Besonderen.

113 Der Grundsatz zeigt sich bereits darin, dass auch Miterben keine Verfügungsbefugnis über die Erbschaftssachen erhielten und somit so lange keine richtungsweisenden Entscheidungen über den Nachlass treffen konnten, bis alle Erben feststanden; siehe oben S. 84 ff.

> nern Geld eingefordert werden. Wenn es nun keine Schuldner gibt oder sie es auf einen Prozess ankommen lassen,[114] müssen überflüssige Sachen verkauft werden.

Selbst wenn es dem Geschäftsführer erlaubt war, notwendige Ausgaben zu tätigen, konnte er auch in diesem Umfang nicht frei über das Erbschaftsvermögen verfügen. In erster Linie hatte er auf das erbschaftliche Barvermögen oder auf vorhandene Wein-, Öl- oder Getreidevorräte zurückzugreifen. Diese Vermögenswerte zählten die römischen Juristen – und allen voran Gaius in exakt diesem Wortlaut – zu den „vertretbaren Sachen" (*res, quae pondere numero mensura constant*).[115] Sie zeichneten sich dadurch aus, dass sie innerhalb der jeweiligen Gattung austauschbar waren.[116] Das Interesse des später Berechtigten an diesen Sachen beschränkte sich somit auf deren generellen Werterhalt – in dem Sinne, dass eine Schädigung des Nachlassvermögens vermieden werden sollte. Wurden die Vermögenswerte aber zur Tilgung einer tatsächlich bestehenden Schuld verwendet, fand eine solche Schädigung – zumindest funktional betrachtet – gerade nicht statt, da die Schuld mit dem Nachlassvermögen auf den Berechtigten übergegangen wäre.

Sofern solche Gattungsware nicht in ausreichender Menge vorhanden war, galt es, ausstehende Geldforderungen einzutreiben. Diese Möglichkeit der Geldbeschaffung blieb allerdings auf jene Schuldner beschränkt, die ihre Schulden freiwillig beglichen. Weigerte sich ein Schuldner, so konnte dagegen zu diesem Zeitpunkt nichts unternommen werden, da das Erheben von Klagen – gleich der Veräußerung von Erbschaftsgegenständen – untersagt war.[117] Erst wenn auch diese Maßnahmen zur Geldbeschaffung erfolglos blieben, war es dem designierten Erben erlaubt, die Liquidität durch den Verkauf von Erbschaftssachen herzustellen. Auch hier betont Gaius aber, dass „*res supervacuae*" zu wählen seien, das heißt Gegenstände, die für den späteren Eigentümer entbehrlich waren. Selbst wenn also ausnahmsweise Verfügungen über das Nachlassvermögen erlaubt waren, blieb der Grundsatz

---

114 HEUMANN/SECKEL, s. v. *provocare* 1); BRECHT, ZRG 59 (1939), 287 ff. Fn. 6, geht von einer „Anrufung des Gerichts" aus. Da es sich dabei um ein aktives Tun der Schuldner handelt, scheint diese Formulierung aber unpräzise.

115 Vgl. Gai. 2.196, 3.90; D. 18.1.35.5 Gai. 10 ed. prov.; D. 44.7.1.2 Gai. 2 aur.; ferner Epit. Gai. 2.9.1; Inst. 3.14 pr.; zu den *res, quae pondere numero mensura constant* und der Problematik der Terminologie „vertretbare Sachen" RÜFNER, Vertretbare Sachen, 24 ff.; zur Vertretbarkeit von Geld ferner auch RÜFNER, in: Fox/Ernst, 106 f.

116 RÜFNER, Vertretbare Sachen, 32 ff., hat überzeugend dargelegt, dass die römischen Juristen nicht von einem einheitlichen Begriff der *res, quae pondere numero mensura constant* ausgingen, sondern bisweilen ein objektives (ebd., 32 ff.), bisweilen ein vorwiegend subjektives (ebd., 56 ff.) Verständnis an den Tag legten. Die objektive Komponente der Austauschbarkeit zieht sich jedoch durch alle Fallkonstellationen hindurch.

117 D. 28.8.7.2 Ulp. 60 ed.

bestehen, dass dem später Berechtigten nicht die Möglichkeit genommen werden durfte, die maßgeblichen Entscheidungen selbst zu treffen.

cc) *Bedeutung für die Gläubiger*

Die soeben referierte Gläubigerbefriedigung im Rahmen der Notgeschäftsführung hatte eine eigentliche Teilung der Gläubiger in zwei Klassen zur Folge: Während jene Gläubiger, die ihre Forderungen nicht weiter abgesichert hatten, warten mussten, bis es einen Gesamtrechtsnachfolger gab, waren die Gläubiger, die ihre Forderungen zusätzlich gesichert hatten, in jeder Hinsicht privilegiert. Sobald der Verfall des Pfandes oder der Vertragsstrafe drohte, durften sie auf die „freiwillige" Begleichung ihrer Forderung aus den Mitteln des Nachlasses hoffen. Dies führte nicht nur dazu, dass ihre Forderungen früher getilgt wurden als jene der übrigen Gläubiger; sie entgingen auch dem Insolvenzrisiko, das die übrigen Gläubiger im Rahmen der Zwangsvollstreckung grundsätzlich gemeinsam trugen.[118] Rechtfertigen lässt sich diese Privilegierung einerseits dadurch, dass sie seit jeher gerade der Zweck der Pfandbestellung war. Andererseits lag es auch im Interesse der übrigen Gläubiger, dass die Schulden, für die der Nachlass haftete, nicht noch weiter anstiegen.

IV. Anwendungsbereich einer spontanen Geschäftsführung durch Dritte

Angesichts der soeben beschriebenen Möglichkeit einer vom Prätor orchestrierten Geschäftsführung durch den *curator bonorum*[119] stellt sich die Frage, inwiefern noch Raum für eine informelle Geschäftsführung durch Dritte blieb und ob die Gläubiger darauf hoffen durften, dass ihre Forderungen im Rahmen einer solchen Geschäftsführung getilgt wurden.

1. Zur Möglichkeit einer *negotiorum gestio* außerhalb der institutionalisierten Geschäftsführung

Das Verhältnis des Edikts *De negotiis gestis* zum *curator bonorum* hat in der Vergangenheit bisweilen Anlass zu Diskussionen geboten. So vertrat etwa Frese die These, dass die „auftraglose" Geschäftsführung erst dem Recht Justinians entsprungen sei, während die *actio negotiorum gestorum* des klassischen römischen Rechts auf den (bevollmächtigten) *procurator* beschränkt gewesen sei.[120] Im Einklang da-

---

118 Zur *venditio bonorum* und der in der Regel damit einhergehenden nur teilweisen Schuldentilgung siehe oben S. 50 ff., bes. 53 ff.

119 Siehe oben S. 91 ff.

120 Frese, Mél. Cornil I, 325 ff.; Frese, St. Bonfante IV, 397 ff. In Bezug auf die Erbschaftsgeschäftsführung ermittelte er in den Quellen vier Fälle, die allesamt auf einen *curator* bauten: „Je nach der

mit hielt er den gesamten Ediktszusatz zur Führung von Geschäften Verstorbener für eine „grobe Interpolation der Kompilatoren“.[121] Die (formlose) Führung von Erbschaftsgeschäften beschränkte FRESE auf den Kreis der Erbschaftsbesitzer.[122] Ansprüche aus der Geschäftsführung seien ausschließlich über die *hereditatis petitio* ausgeglichen worden, niemals über die *actio negotiorum gestorum*.[123] Eine solche Beschränkung der Möglichkeiten zur auftraglosen Geschäftsführung ist aber weder in den Quellen angelegt noch erforderlich, weshalb die These ohne weiteres zu verwerfen ist.[124]

Das Verhältnis des Edikts *De negotiis gestis* zum *curator bonorum* ist nicht alternativ zu verstehen. Vielmehr baute auch die Geschäftsführung durch den *curator* auf dem Ediktstext auf, da auch der vom Prätor eingesetzte *curator* die Stellung eines *negotiorum gestor* innehatte.[125] Entsprechend konnte der *curator bonorum* die Erstattung seiner Aufwendungen mittels *actio negotiorum gestorum contraria* vom späteren Gesamtrechtsnachfolger verlangen, während er selbst mittels *actio negotiorum gestorum directa* für Schäden haftbar gemacht werden konnte.[126] Hieraus darf jedoch nicht geschlossen werden, dass sich der Ediktszusatz betreffend die Führung von Geschäften Verstorbener einzig auf den Fall der offiziellen Geschäftsführung des *curator* bezog.[127] Ulpians Begründung des Ediktszusatzes[128] ist viel allgemeiner zu verstehen: Der Schutz der Führung fremder Geschäfte sollte auch auf Geschäfte Verstorbener ausgedehnt werden – völlig unabhängig davon, wer diese Geschäftsführung vornahm.

Art der [sic] Falles unterscheidet man den *curator* bei der *missio ventris nomine*, den *curator* bei der *bonorum possessio ex edicto Carboniano* den [sic] *curator*, der im Hinblick auf den unter einer Bedingung eingesetzten Erben fungiert, und den *curator*, der aus Anlass der vom Erben erbetenen Ueberlegungsfrist bestellt wird“ (FRESE, St. Bonfante IV, 407).

121 FRESE, Mél. Cornil I, 355. Vorsichtiger ist die Ausdrucksweise in FRESE, St. Bonfante IV, 408, wonach es ausreichend Gründe gebe, „um auch das zweite *quis* im Edikte *de negotiis gestis* anzuzweifeln, wenn nicht gar den ganzen Satz als für das klassische Recht nicht zutreffend zu streichen.“

122 FRESE, Mél. Cornil I, 353 f., unterscheidet zwei Fälle: Geschäftsführungshandlungen nach erfolgter Okkupation im Hinblick auf eine *usucapio pro herede* und Geschäftsführungshandlungen eines sonstigen Erbschaftsbesitzers im Interesse der Erbschaft.

123 FRESE, Mél. Cornil I, 353 f.

124 Ablehnend bereits SACHERS, SDHI 4 (1938), 333 f.; FINAZZI, II.1, 483 Fn. 368; mit Blick auf die mit der Grundthese zusammenhängende Ablehnung der Liberationswirkung bei Leistung durch einen (beliebigen) Dritten auch MÜLLER-EHLEN, 54 Fn. 1.

125 Zur Anwendbarkeit des Edikts auf den *curator bororum* siehe ausführlich unten S. 216 ff.

126 Zu den Klagen aus dem Edikt *De negotiis gestis* siehe oben S. 72 ff.

127 In diese Richtung geht BISCOTTI, Curare bona, 109: „L'editto *de negotiis gestis* riferito da Ulpiano (D.3.5.3 pr.), del resto, menziona espressamente il caso *'sive quis negotia, quae cuiusque cum is moritur fuerint, gesserit'*, che lo stesso Ulpiano (D.3.5.3.6) spiega con parole che rinviano direttamente all'ipotesi del *curator* dell'eredità *nondum adita* […].“

128 D. 3.5.3.6 Ulp. 10 ed.; dazu oben S. 73 f.

Dass es durchaus Fälle gab, in denen jemand Geschäfte aus der Sphäre eines Verstorbenen führte, ohne vom Prätor als Geschäftsführer eingesetzt worden zu sein, zeigt bereits das oben ausführlich besprochene Fallbeispiel aus Afrikans *Quaestiones* (D. 12.1.41 Afr. 8 quaest.).[129] Gerade wenn sich der Erblasser oder der zu Lebzeiten eingesetzte Geschäftsführer in der Provinz befanden, konnte es längere Zeit dauern, bis der Geschäftsführer vom Ableben des Erblassers erfuhr. Wenn er in dieser Zeit die Geschäfte in gewohnter Weise weiterführte, so verdiente er nicht weniger Schutz als derjenige, der Geschäfte eines Lebenden führte. Und selbst wenn der Geschäftsführer vom Ableben des Geschäftsherrn erfuhr, führte dies nicht dazu, dass er die Geschäftsführung niederlegen durfte. Einmal übernommene Aufgaben musste er auch nach dem Ableben weiterführen; lediglich neue brauchte er nicht mehr zu übernehmen:

> D. 3.5.20.2 Paul. 9 ed.
> *Si vivo Titio negotia eius administrare coepi, intermittere mortuo eo non debeo: nova tamen inchoare necesse mihi non est, vetera explicare ac conservare necessarium est.* [...]
> Wenn ich zu dessen Lebzeiten die Führung der Geschäfte des Titius übernommen habe, darf ich nach seinem Tod nicht damit aufhören. Neue muss ich jedoch nicht beginnen; die alten müssen abgeschlossen oder weitergeführt werden. [...]

Das Nebeneinander von *curatio* und ediktaler *negotiorum gestio* über den Nachlass ist denn auch nicht redundant. Es spiegelt lediglich zwei unterschiedliche Aspekte der Geschäftsführung wider, die sich gegenseitig ergänzen: Das Edikt *De negotiis gestis* betraf einzig das schuldrechtliche Verhältnis zwischen Geschäftsführer und späterem Gesamtrechtsnachfolger. Die Ernennung zum *curator bonorum* ging in zweifacher Hinsicht darüber hinaus: Einerseits begründete in der Regel erst die Ernennung zum *curator bonorum* die Pflicht, Geschäftsführungshandlungen vorzunehmen; andererseits beinhaltete die Ernennung durch den Prätor auch eine sachenrechtliche Komponente, die es in den geschilderten Fällen[130] ermöglichte, rechtsgültig Nachlassgegenstände zu veräußern.

Wollte ein Dritter im Interesse der Erbschaft tätig werden, so stand dem nichts entgegen; es fehlte lediglich die sachenrechtliche Eingriffsberechtigung, die der Prätor dem *curator bonorum* ausnahmsweise zusprach. Dem *negotiorum gestor* standen somit *a priori* nur seine eigenen Mittel zur Verfügung. Sofern die Geschäftsführungshandlungen nützlich (*utiliter*) waren, konnte der Handelnde seine

---

129 Siehe oben S. 77 ff.

130 Siehe oben S. 96 ff.

Ausgaben aber – unabhängig vom tatsächlichen Erfolg – mit der *actio negotiorum gestorum contraria* zurückfordern.[131]

Darüber hinaus ist nicht auszuschließen, dass ein Geschäftsführer rein faktischen Zugriff auf das Nachlassvermögen hatte und Nachlassgegenstände im Rahmen seiner Geschäftsführung auch ohne eine sachenrechtliche Ermächtigung verkaufte und tradierte. In diesem Fall unterstand das Geschäft allerdings den Regeln über den Verkauf einer fremden Sache. Als Nichteigentümer konnte der Verkäufer kein Eigentum auf den Käufer übertragen;[132] dieses ging vielmehr mit Erbschaftsantritt ungehindert auf den Erben über.[133] Die Eigentumsübertragung konnte dann nur nachträglich durch *ratihabitio* des Erben erfolgen.[134] Die Erteilung der Genehmigung begründete sodann eine *actio negotiorum gestorum* des Erben auf den Kaufpreis.[135]

2. Gläubigerbefriedigung im Rahmen einer spontanen Geschäftsführung

Im Wissen, dass eine spontane *negotiorum gestio* zugunsten des Nachlasses möglich war, bleibt aus Gläubigersicht die entscheidende Frage, inwiefern im Rahmen einer solchen *negotiorum gestio* auch Erblasserschulden getilgt wurden. Die nachfolgenden Ausführungen sollen zeigen, dass eine derartige Tilgung zwar theoretisch möglich war, sie jedoch nur in Ausnahmefällen vorgekommen sein dürfte.

a) Gegen die Vorstellung einer „freiwilligen" Schuldentilgung durch Dritte

Die römischen Juristen anerkannten die Möglichkeit, dass jeder Unbeteiligte fremde Schulden mit Liberationswirkung begleichen konnte.[136] Insofern stand der frei-

131 Siehe oben S. 73. Als mögliches Beispiel für eine solche „spontane" Geschäftsführung zugunsten des Nachlasses siehe D. 3.5.21 Gai. 3 ed. prov., wo der Geschäftsführer für die *familia* benötigten Wein oder Getreide kauft. Da die Stelle lediglich von einem *hereditaria negotia gerere* spricht, ist jedoch auch nicht ausgeschlossen, dass sie eine Geschäftsführung durch einen *curator bonorum* betrifft.

132 Vgl. D. 12.1.41 Afr. 8 quaest.; dazu oben S. 77 ff., bes. S. 81 ff.; C. 3.32.2 Sev./Ant. (a. 213); ferner C. 2.18.19 Diocl./Maxim. (a. 294); C. 3.36.20 Diocl./Maxim. (a. 294).

133 Eine Ausnahme besteht lediglich bei einem Eigentumsübergang durch Vermischung namentlich bei Münzen; siehe oben S. 87 mit Fn. 64.

134 Seiler, Tatbestand, 67 f.; ausdrücklich gegen die Möglichkeit von Veräußerungshandlungen des *negotiorum gestor* ohne *ratihabitio* auch Talamanca, Labeo 17 (1971), 229 f. mit Fn. 34. – Zum Eigentumsübergang durch *ratihabitio* vgl. C. 3.32.2 Sev./Ant. (a. 213); ferner Bertolini, I, 58, 62 f.; Kaser, SDHI 16 (1950), 62; Burdese, Autorizzazione, 64 f.; Finazzi, II.1, 285; ebenfalls zu C. 3.32.3, aber hinsichtlich dieser Frage wenig hilfreich, De Filippi, 124, 136.

135 C. 2.18.19 Diocl./Maxim. (a. 294); C. 3.36.20 Diocl./Maxim. (a. 294).

136 D. 3.5.38 Gai. 3 verb. oblig.; D. 46.3.23 Pomp. 24 Sab.; D. 46.3.53 Gai. 5 ed. prov.; ferner D. 3.5.42 Lab. 6 post. a Iav. epit.; D. 12.6.8 Paul. 6 Sab.; D. 46.3.40 Marcian. 3 inst. (implizit); D. 46.3.72.2

willigen Tilgung von Erblasserschulden mit eigenem Geld grundsätzlich nichts entgegen. Theoretisch denkbar war zudem – wie gesehen – ein (nicht autorisiertes) Antasten des Nachlasses in der Hoffnung, die Verfügung werde nachträglich vom Geschäftsherrn genehmigt.[137] Dennoch wird es nicht überraschen, dass es in den Quellen soweit ersichtlich keine Hinweise auf eine nicht notwendige Schuldentilgung durch einen spontan handelnden *negotiorum gestor* gibt.[138] Eine solche hätte in den meisten Fällen vornehmlich den Effekt gehabt, den spontan handelnden *negotiorum gestor* zugunsten der Gläubiger schlechter zu stellen. Diese Schlechterstellung dürfte die Vorteile, die eine vorzeitige Schuldentilgung durch einen spontan handelnden *negotiorum gestor* für den späteren Erben hatte, in den meisten Fällen überwogen haben:

Wie gesehen begründete die Geschäftsführung aus eigenen Mitteln lediglich einen schuldrechtlichen Entschädigungsanspruch, das heißt die Möglichkeit, die *utiliter* getätigten Aufwendungen vom Geschäftsherrn mit der *actio negotiorum gestorum contraria* zurückzufordern.[139] Im Fall der Führung der Geschäfte eines Verstorbenen konnte der *negotiorum gestor* diesen Anspruch – wie alle Gläubiger – aber erst anmelden, wenn für den Nachlass ein Gesamtrechtsnachfolger bestand. Das Begleichen einer Erblasserschuld aus eigenem Geld hätte damit die Gläubigerzahl des späteren Erben nicht verringert, sondern nur den einen Gläubiger durch einen anderen – den *negotiorum gestor* – ersetzt, wobei der *negotiorum gestor* das Insolvenzrisiko der Erbschaft auf sich genommen hätte. Sinnvoll war ein derartiges Einschreiten nur dann, wenn durch die Begleichung der Forderung eine weitere Schädigung der Erbschaft abgewendet werden konnte. In genau diesen Fällen – das heißt bei Sicherung der Forderung durch Pfand oder Strafstipulation – erlaubte der Prätor dem von ihm ernannten *curator bonorum* aber gerade, das Nachlassvermögen zur Schuldentilgung anzutasten.[140] Wann immer eine solche

---

Marcell. 20 dig.; C. 8.42.5 Gord. (a. 238); zur Frage Müller-Ehlen, 54 f. m. w. N.; anderer Ansicht noch Frese, St. Bonfante IV, 431 ff., 444 ff.

137 Siehe soeben S. 105.

138 Anders Sachers, 332 ff., sowie Cenderelli, Ric. Gallo I, 99 f., welche die Liquidationshandlung in D. 3.5.12 Paul. 9 ed. einem spontanen Geschäftsführer zuschreiben; in dieser Frage wenig aussagekräftig, weil lediglich vom „*negotiorum gestor*" sprechend, dagegen Seiler, Tatbestand, 56 f.; Seiler, Studien Kaser, 205; Wacke, BIDR 79 (1976), 129 mit Fn. 335; Knütel, 230 ff.; Klingenberg, ZRG RA 109 (1992), 369; Finazzi, II.1, 540 ff.; Deppenkemper, II, 118 f. – Zumindest mit Blick auf das Antasten des Nachlasses durch den *negotiorum gestor* zu einem ähnlichen Ergebnis gelangt Talamanca, Labeo 17 (1971), 229 f. mit Fn. 34: Die Quellen ließen auf keinen Fall schließen, in dem eine Veräußerung aus fremdem Vermögen eine *actio negotiorum gestorum* nach sich gezogen hätte, ohne dass sie durch eine *ratihabitio* oder besondere Umstände wie eine bestehende *curatela* gerechtfertigt worden wäre.

139 Siehe oben S. 73, 104 f.

140 Siehe oben S. 98 ff.

institutionalisierte Geschäftsführung möglich war, erscheint eine gänzlich spontane Gläubigerbefriedigung durch einen Dritten aus eigenen Mitteln unwahrscheinlich.

Dasselbe gilt sodann auch für die Möglichkeit, dass ein spontan handelnder Geschäftsführer rein faktisch auf die Nachlassgegenstände zugriff und sie zum Zweck der Gläubigerbefriedigung veräußerte. Zwar ging das Eigentum erst mit der *ratihabitio* des Erben über, weshalb der Erbe die Sache grundsätzlich vindizieren konnte.[141] Den *negotiorum gestor* traf aber dennoch die Gefahr eines Verlusts des Eigentums durch Untergang der Sache oder Vermischung.[142]

Für eine gänzlich spontane Tilgung von Erblasserschulden durch einen *negotiorum gestor* bleibt somit nur ein relativ kleiner Anwendungsbereich: Denkbar ist sie einerseits in Gebieten, in denen der Prätor nicht kostengünstig erreicht werden konnte. Unter diesen Umständen ist vorstellbar, dass ein Dritter, der dem Erblasser zu Lebzeiten verbunden war, selbst größere Ausgaben als spontan handelnder Geschäftsführer tätigte, wenn er dadurch eine merkliche Schädigung des Nachlasses verhindern konnte. Andererseits kann man vermuten, dass ein *negotiorum gestor* dann auf die offizielle Ermächtigung durch den Prätor verzichtete, wenn das Risiko, dem er sich durch die Schuldentilgung aussetzte, vergleichsweise klein blieb, zum Beispiel weil er lediglich kleinere Verbindlichkeiten beglich, dadurch aber immerhin das Anhäufen von Zinsen verhindern konnte.[143] Die Vorstellung,

---

141 C. 3.32.2 Sev./Ant. (a. 213); ferner C. 2.18.19 Diocl./Maxim. (a. 294); C. 3.36.20 Diocl./Maxim. (a. 294).

142 Vgl. für den Fall der *actio negotiorum gestorum* trotz fehlender *ratihabitio* D. 3.5.48 Afr. 8 quaest.; für eine *condictio* des Kaufpreises hingegen die ähnlich gelagerte Stelle D. 12.1.23 Afr. 2 quaest. – Die Gewährung der *actio negotiorum gestorum* wurde in der Vergangenheit stark angezweifelt, einerseits aufgrund der abweichenden Lösung in D. 12.1.23 Afr. 2 quaest., anderseits wegen des fehlenden Wissens um die Fremdgeschäftsführung (vgl. die Literaturhinweise bei Finazzi, II.1, 151 f. Fn. 148). Für Authentizität beider Stellen aufgrund von Unterschieden im Sachverhalt dagegen überzeugend Mayer-Maly, ZRG RA 86 (1969), 427; Finazzi, II.1, 150 ff., bes. 161 f. Umstritten bleibt, ob die Gewährung der *actio negotiorum gestorum* in D. 3.5.48 Afr. 8 quaest., das heißt bei fehlendem Fremdgeschäftsführungswillen, ein situationsbezogener Sonderfall war oder nicht (für einen Sonderfall zuletzt Müller-Ehlen, 202 ff.; Finazzi, II.1, 164 ff., jeweils m. w. N.; dagegen Harke, Geschäftsführung, 30 ff.). Die Frage kann hier offenbleiben, da jedenfalls unstreitig ist, dass die Verfügungen über fremdes Vermögen in den beschriebenen Sachverhalten eine Haftung nach sich zogen; vgl. auch die Billigkeitserwägungen bei Seiler, FG Kaser (1986), 256; Müller-Ehlen, 173.

143 Das Abwenden von zukünftig anfallenden Zinsen sah zuletzt Deppenkemper, II, 118 f. mit Fn. 4504, als Grundlage dafür, dass der *negotiorum gestor* Schulden des Geschäftsherrn begleichen musste; in diesem Sinne auch Wacke, BIDR 79 (1976), 129 mit Fn. 335. Gerade in Bezug auf eine Geschäftsführung während bestehender *hereditas iacens*, auf die sich die von den Autoren referenzierte Stelle D. 3.5.12 Paul. 9 ed. bezieht, ist allerdings zweifelhaft, dass die Pflicht zur Gläubigerbefriedigung einzig auf einer spontanen Geschäftsführung durch einen nicht vom Prätor eingesetzten *negotiorum gestor* beruhte; siehe dazu unten S. 211 ff., bes. 213 ff.

dass Verbindlichkeiten des Erblassers nach dessen Tod standardmäßig von ihm nahestehenden Personen beglichen wurden, überzeugt jedenfalls nicht.

b) Zum Sonderfall einer Gläubigerbefriedigung durch Miterben

Eine besondere Stellung mit Blick auf die Geschäftsführung über noch nicht angetretene Teile der Erbschaft kommt den Miterben zu. Sie hatten in den Situationen, in denen die Schuldentilgung notwendig war, weil sonst eine Schädigung des Nachlasses drohte,[144] ein persönliches Interesse daran, diese Schädigung abzuwenden. In diesen Konstellationen kam es deshalb tatsächlich vor, dass ein Miterbe die volle Schuld beglich, obgleich er nur Erbe zu einem Bruchteil war.[145] Im Hinblick auf die Erstattung der aufgewendeten Mittel befand er sich als Erbe aber in einer privilegierten Position, wie eine Stelle aus Paulus' Ediktskommentar zeigt:

> D. 10.2.25.13 Paul. 23 ed.
> *Idem iuris est in pecunia promissa a testatore, si sub poena promissa sit: nam licet haec obligatio dividatur per legem duodecim tabularum, tamen quia nihilum prodest ad poenam evitandam partem suam solvere,* [...] *sive etiam solvit unus universam pecuniam quam defunctus promittit, ne poena committeretur, familiae erciscundae iudicio a coheredibus partes recipere poterit.*
> Dasselbe ist rechtens im Falle von Geld, das vom Testator versprochen worden ist, wenn es unter Strafe versprochen worden ist: Denn obgleich diese Verbindlichkeit durch das Zwölftafelgesetz geteilt wird, gilt – da es zum Abwenden der Strafe nichts nützt, seinen Teil zu leisten – dennoch: [...]; oder wenn schon einer das gesamte vom Verstorbenen versprochene Geld geleistet hat, damit die Strafe nicht verfällt, wird er die Teile von den Miterben durch das Urteil der Erbteilungsklage zurückerhalten können.

Ausgangslage bildet das Prinzip *Nomina ipso iure divisa sunt* des Zwölftafelgesetzes, wonach die Verbindlichkeiten des Erblassers nicht Teil der Erbmasse, sondern persönliche Teilschulden der Erben werden. Sofern die ursprüngliche Verbindlichkeit allerdings durch Strafstipulation gesichert war, waren die Miterben davon abhängig, dass auch die anderen Miterben die auf sie entfallende Teilschuld beglichen, da der Verfall der Vertragsstrafe nur abgewendet werden konnte, wenn die gesamte Schuld getilgt wurde.[146] Obwohl die auf den Miterben entfallende Teilschuld somit in keiner Weise mehr als Obligation der übrigen Erben angesehen werden konnte,

---

144 Dies war der Fall, wenn eine Forderung durch Strafstipulation oder Pfand besonders gesichert war; siehe oben S. 98 ff.

145 Vgl. D. 10.2.25.13–14 Paul. 23 ed.

146 Zum Verfall von Vertragsstrafen unabhängig davon, ob für eine Erbschaft schon Gesamtrechtsnachfolger bestanden, siehe oben S. 99.

waren diese auf die getreue Erfüllung durch alle Miterben angewiesen, um den Anfall einer weiteren persönlichen Schuld abzuwenden. In diesem Sinne blieben die Miterben trotz Schuldenteilung faktisch miteinander verbunden. Dieser Umstand fand Berücksichtigung im Erbteilungsverfahren, indem der in Vorleistung gehende Miterbe seine Aufwendungen mittels *actio familiae erciscundae* geltend machen konnte.

Der ursprüngliche Kern der *actio familiae erciscundae* war – wie bei jeder Teilungsklage – die *adiudicatio*, das heißt die Zusprechung von Eigentum.[147] Die Formeln der Teilungsklagen zeichnen sich aber dadurch aus, dass sie neben der *adiudicatio* auch eine *condemnatio* enthielten; es handelte sich also gleichzeitig um Gestaltungs- wie auch um Leistungsklagen.[148] Notwendig war diese Möglichkeit, dass der Richter auf eine Geldleistung verurteilte, bereits deshalb, weil der Richter seine Aufgabe, im Rahmen der *actio familiae erciscundae* den gesamten Nachlass zu teilen,[149] nur in den seltensten Fällen durch reine Realteilung erfüllen konnte. Eine solch umfassende Realteilung hätte vorausgesetzt, dass jede im Nachlass befindliche Sache entsprechend den Erbteilen einer tatsächlichen Teilung unterzogen werden konnte oder – bei Unteilbarkeit – der Nachlass zumindest eine den Erbteilen entsprechende Anzahl gleichwertiger Sachen enthalten hätte. Dieses Szenario wird in den allermeisten Fällen rein theoretischer Natur geblieben sein. Im Regelfall dürften durch die einzelnen *adiudicationes* Ungleichheiten geschaffen worden sein, die vom Teilungsrichter durch die Verurteilung auf Geldleistungen ausgeglichen wurden.[150]

Die Möglichkeit der *condemnatio* auf Geldleistung erfüllte neben der beschriebenen Hilfsfunktion im Teilungsverfahren aber noch eine viel weitreichendere Funktion. Im Sinne einer umfassenden und abschließenden Auseinandersetzung

---

147 Gai. 4.42; vgl. auch Lenel, EP, 207, dessen Schluss, dass sich das „*quidquid ob eam rem alterum alteri praestare oportet*" erst später herausgebildet habe, allerdings zu bezweifeln ist; vgl. Karlowa, II, 458; Audibert, Mél. Appleton, 17 ff.; Berger, 93 f.; Frezza, Actio communi dividundo, 13; Gaudemet, 309, 315; Aricò Anselmo, AUPA 42 (1992), 302 Fn. 25; zur *adiudicatio* zuletzt Castresana, HRP II § 67, Rn. 1 ff.

148 Lenel, EP, 206 ff.; Audibert, Mél. Appleton, 15 ff.; Aricò Anselmo, AUPA 42 (1992), 301 f. mit Fn. 25; Gaudemet, 309 ff.; Kaser, RP I, 591 f., 727 f.; vgl. auch Castresana, HRP II § 67, Rn. 10, die allerdings nur die *adiudicatio* als „wesentliche[n] Bestandteil der Erbteilungsklage" bezeichnet, wohingegen die *condemnatio* „nur eine Ergänzung" sei, welche „die tatsächliche Teilung des Nachlasses und die Zuteilung der Anteile an der Erbmasse [voraussetze]".

149 Vgl. D. 10.2.25.20 Paul. 23 ed.: „*Iudex familiae erciscundae nihil debet indivisum relinquere.*"

150 Karlowa, II, 458; Audibert, Mél. Appleton, 17 ff.; Berger, 93 f., die aus diesen Überlegungen ableiten, dass die Klageformel seit jeher eine *condemnatio* beinhaltet haben muss. Zustimmend Frezza, Actio communi dividundo, 13; Gaudemet, 309, 315; Aricò Anselmo, AUPA 42 (1992), 302 Fn. 25. Für eine ursprünglich reine *adiudicatio* hingegen Geib, 7, der es allerdings für denkbar hält, dass bereits die *adiudicatio* zu einer Verurteilung auf Abfindungssummen *ex bono et aequo* führte; Lenel, EP, 207.

zwischen den Gemeinschaftern konnten durch die jeweilige Teilungsklage auch alle Ansprüche ausgeglichen werden, die dem Gemeinschaftsverhältnis selbst entsprungen waren. Die Forderungen, die diesen *condemnationes* zugrunde lagen, waren unabhängig von dem eigentlichen Hauptziel der Teilung, sondern kamen lediglich „aus Anlaß der Teilung" zur Sprache.[151] Unter diesen sogenannten *praestationes personales* lassen sich drei Formen unterscheiden: Ersatz für einen der Gemeinschaft zugefügten Schaden durch einen Gemeinschafter (*quid damni datum factumve est*), Erstattung des durch einen Gemeinschafter aus der Gemeinschaft gezogenen Gewinns (*quid pervenit*) sowie Ersatz des Schadens, den ein Gemeinschafter beim Handeln im Interesse der Gemeinschaft erlitten hat (*quid abest*).[152]

Zur letztgenannten Kategorie der getätigten Aufwendungen gehört auch der Fall, dass ein Miterbe bereits vor Einleitung des gerichtlichen Teilungsverfahrens die gesamte Schuld des Erblassers beglichen hat, um den Verfall einer Strafstipulation zu verhindern. Im Unterschied zu einem gänzlich unbeteiligten Dritten, der seine Aufwendungen einzig über die *actio negotiorum gestorum contraria* geltend machen konnte, hatte der Miterbe somit immerhin die Gewissheit, dass er seine Entschädigung im Rahmen der Erbteilung und somit direkt aus dem Nachlass erhielt – noch bevor der spätere Miterbe, dessen Teilschuld er beglichen hatte, Verfügungsmacht über seinen Erbteil erlangte.

V. Zusammenfassung

Obwohl eine „freiwillige" Gläubigerbefriedigung während des Zustands der *hereditas iacens* in der Literatur immer wieder als selbstverständlich vorausgesetzt wird, erscheint es wahrscheinlicher, dass eine solche eher eine Ausnahmeerscheinung war. Zwar erkannten die römischen Juristen durchaus die Notwendigkeit, die Geschäfte des Verstorbenen weiterzuführen. Dies zeigt sich einerseits daran, dass sich das Edikt *De negotiis gestis* ausdrücklich auch auf Geschäfte eines Verstorbenen bezog (II.1); andererseits konnte der Prätor dem Nachlass einen *curator bonorum* bestellen (III.2.b) oder zumindest einzelne Geschäftsführungshandlungen des designierten Erben dergestalt genehmigen, dass sie nicht als *pro herede gestio* gewertet werden durften (III.2.a). Das Prinzip des Edikts *De negotiis gestis*, von dem die Geschäftsführer profitierten, bestand aber darin, dass der Geschäftsführer

151 Berger, 101 f.

152 D. 10.3.3 pr. Ulp. 30 Sab.: „*In communi dividundo iudicio nihil pervenit ultra divisionem rerum ipsarum quae communes sint et si quid in his damni datum factumve est sive quid eo nomine aut abest alicui sociorum aut ad eum pervenit ex re communi.*" Vgl. auch D. 17.2.34 Gai. 10 ed. prov.; C. 3.37.4.2 Diocl./Maxim. (a. 294). Zu den einzelnen „Praestationes-Richtungen" ausführlich Berger, 108 ff.

die Geschäfte in einem ersten Schritt aus eigenen Mitteln bestreiten musste; erst nachträglich – wenn es einen Gesamtrechtsnachfolger gab – konnte er mittels *actio negotiorum gestorum contraria* Ersatz für seine Aufwendungen erlangen (II.1). Eine Berechtigung, auf das Nachlassvermögen zuzugreifen, sah das Edikt nicht vor, und selbst der vor dem Tod eingesetzte Geschäftsführer und einzelne Miterben hatten keine Möglichkeit, Nachlassgegenstände rechtsgültig zu veräußern. Es bestand vielmehr der Grundsatz, dass der Nachlass dem zukünftigen Erben möglichst umfassend erhalten bleiben sollte – nicht nur wertmäßig, sondern hinsichtlich jeder einzelnen Erbschaftssache (III.1, bes. III.1.b).

Eine Ausnahme von diesem Grundsatz bestand einzig für den Fall, dass Veräußerungshandlungen notwendig waren, um eine Schädigung des Nachlasses zu verhindern. Dies war etwa der Fall, wenn einzelne Vermögenswerte im Unterhalt unverhältnismäßig kostspielig waren oder sich durch Zeitablauf verschlechterten (III.2.c.aa). Im Hinblick auf Erblasserschulden drohte eine solche Schädigung nur, wenn Forderungen durch ein Pfand oder eine Vertragsstrafe besonders gesichert waren, die mit dem Verstreichenlassen des Fälligkeitszeitpunkts verfielen (III.2.c.bb). Die Gläubiger derartig gesicherter Forderungen konnten somit bereits während des Zustands der *hereditas iacens* auf Tilgung hoffen (III.2.c.cc), zumal es der Prätor für diesen spezifischen Fall ausnahmsweise zuließ, dass die von ihm ernannten Geschäftsführer das Nachlassvermögen zur Schuldentilgung antasteten (III.2.c.bb). Auch Miterben, die in Vorleistung gingen, um eine entsprechende Schädigung des Nachlasses zu verhindern, profitierten immerhin davon, dass sie ihren Ersatzanspruch im Rahmen der Erbteilung geltend machen konnten (IV.2).

Dass während bestehender *hereditas iacens* eine systematische Gläubigerbefriedigung erfolgte, die über die soeben skizzierte Notgeschäftsführung hinausging, ist hingegen unwahrscheinlich. Zwar war es theoretisch möglich, dass ein gänzlich spontan handelnder *negotiorum gestor* die Schulden des Erblassers beglich (IV.1). Allerdings brachte eine solche Intervention den Erben in der Regel keine Vorteile; im schlechtesten Fall bewirkte sie gar einzig eine Schlechterstellung des *negotiorum gestor*. Befriedigte der *negotiorum gestor* die Gläubiger nämlich aus eigenen Mitteln, bewirkte seine Geschäftsführung in erster Linie, dass er den ursprünglichen Gläubiger als neuen Gläubiger des Nachlasses ersetzte (IV.2.a). Als Geschäftsführer über den Nachlass schützte ihn das Edikt *De negotiis gestis* immerhin dahingehend, dass er als Gläubiger auf die gleiche Stufe gehoben wurde wie die Gläubiger des Erblassers (II.2). Es ist aber nicht ersichtlich, weshalb sich ein Dritter dem Insolvenzrisiko, das mit seiner Vorleistung verbunden war, grundlos hätte aussetzen sollen (IV.2.a).

§ 3 Auswirkungen auf die Forderungsdurchsetzung im Zivilprozess

I. Problemstellung

Das Versterben des ursprünglichen Schuldners hatte auch Auswirkungen auf die zwangsweise Durchsetzung von Forderungen im Zivilprozess. Die hauptsächliche Herausforderung bestand darin, dass sowohl das Formularverfahren wie auch der Kognitionsprozess zwingend die Bezeichnung von Kläger und Beklagtem voraussetzten,[1] wobei als Beklagter in der Regel jene Person in Betracht kam, gegen die der Kläger einen dinglichen oder obligatorischen Anspruch zu haben glaubte.[2] Mit dem Wegfall dieses primären Schuldners wurde das Erfordernis der Beklagtenbezeichnung somit ungleich schwieriger.

Aus materiell-rechtlicher Sicht löste das klassische römische Recht diesen Wegfall des primären Schuldners – wie gesehen – durch das Prinzip der Universalsukzession.[3] Während dieser Übergang der Verbindlichkeiten auf einen Gesamtrechtsnachfolger automatisch erfolgte, musste ihn das Prozessrecht formal spiegeln. Die hierfür entwickelten Lösungen sollen in der Folge näher ausgeführt werden. Aus Gläubigersicht von zentraler Bedeutung ist dabei die Frage, inwiefern ein Zivilprozess bereits vor dem Zeitpunkt der Universalsukzession, das heißt während bestehender *hereditas iacens*, anhängig gemacht werden konnte.

II. Unmöglichkeit der Verurteilung des Erblassers

Ohne zu präzisieren, auf welche Verfahrensart er sich bezieht, berichtet Paulus in seinen *responsa*, dass eine auf den Namen eines Verstorbenen lautende *condemnatio* nichtig sei:[4]

---

1 Im Formularverfahren zeigt sich diese Notwendigkeit bereits daran, dass die Prozessparteien Bestandteil der Klageformeln sind (vgl. die Blankettformeln in Gai. 4.39–43; als Beispiele für eine tatsächliche Namensnennung ferner lex Rubr. 20; Gai. 4.37, 42; zur zwingenden Benennung der Prozessparteien auch Apelt, 54; Erxleben, 4 mit Fn. 18). Im Kognitionsprozess waren die Parteien nicht mehr streng an einzelne Formeln gebunden, doch auch hier stellte das Vorhandensein zweier zugelassener Parteien eine Prozessvoraussetzung dar, bei deren Fehlen die Klage denegiert wurde (Kaser/Hackl, 482 f. i. V. m. 204 ff.).

2 Kaser/Hackl, 204; zur Möglichkeit einer Prozessvertretung siehe unten S. 123 ff.

3 Siehe oben S. 13 ff., 29 ff.

4 Vgl. auch Bethmann-Hollweg, II, 452; Apelt, 54 ff.; Sperl, 15 f.; Erxleben, 120 mit Fn. 19.

D. 49.8.2 Paul. 3 resp.

pr. Paulus respondit eum, qui in rebus humanis non fuit sententiae dictae tempore, inefficaciter condemnatum videri.

1. Idem respondit adversus eum, qui in rebus humanis non esset, cum iudex datus est, neque iudicis dationem valuisse neque sententiam adversus eum dictam vires habere.

pr. Paulus hat geantwortet, dass derjenige, der zur Zeit der Urteilsverkündung nicht mehr am Leben war, als unwirksam verurteilt zu betrachten ist.

1. Derselbe hat geantwortet, dass gegen denjenigen, der nicht mehr am Leben war, als der Richter bestellt wurde, weder die Benennung des Richters gültig sei noch das gegen ihn ausgesprochene Urteil Wirkung entfalte.

Die zwei Responsen scheinen auf den ersten Blick zumindest teilweise redundant: Im *principium* stellt Paulus fest, dass eine Verurteilung zu einem Zeitpunkt, zu dem der Beklagte bereits verstorben war, keine Wirkung entfalte. Dasselbe wiederholt der Jurist in Paragraf 1 für den Fall, dass der Tod bereits zur Zeit der Richterbestellung eingetreten war. In diesem Fall sei aber zusätzlich auch die *iudicis datio* unwirksam.

Die Paragrafen beschreiben damit zwei unterschiedliche Verfahrensstadien, in die der Todeszeitpunkt fällt; die Grenze bildet die *iudicis datio*. Damit der Sinngehalt des *principium* nicht vollständig in Paragraf 1 aufgeht, sind für die beiden Verfahrensstadien unterschiedliche Rechtsfolgen anzunehmen. Für das *principium* drängt sich somit der folgende Rückschluss auf: Wenn ein Erblasser nach der *iudicis datio* verstorben war, so entfaltete zwar das Urteil keine Rechtswirkungen, wenigstens die *iudicis datio* blieb aber bestehen.[5]

Diese Lesart steht im Einklang damit, dass der Tod einer Partei das Verfahren nicht zwingend beendete. Zwar konnte der Kläger das Verfahren nicht gegen den Verstorbenen weiterführen, doch ließen sowohl das Formularverfahren als auch der Kognitionsprozess eine Übertragung der Klage auf den Erben zu. Ein laufendes Verfahren konnte somit als *eadem lis* und unter Erhaltung der bereits vorgenommenen Prozesshandlungen gegen den Erben weitergeführt werden.[6]

Nicht ohne weiteres ersichtlich wird aus der Stelle jedoch, auf welche Verfahrensart sich Paulus mit seiner Aussage bezog. Die Aussage des *principium* ist derart weit gefasst, dass eine Zuteilung zum Formular- oder Kognitionsprozess realistischerweise nicht möglich ist. Sie kann sich, wie soeben dargelegt, insbesondere auch auf ein Versterben *durante lite* beziehen – ein Szenario, das in beiden Verfahrensar-

5 Bedeutung hatte die *iudicis datio* insbesondere für den Gerichtsort, den der Erbe auch bei abweichender Wohnsitzgerichtsbarkeit übernehmen musste; vgl. D. 5.1.34 Jav. 15 Cass.

6 Zur *translatio iudicii in heredem* des Formularverfahrens zuletzt ausführlich Erxleben, 119 ff.; zu den Unterschieden des Parteiwechsels im Kognitionsprozess Duquesne, 19 ff.; knapp auch Erxleben, 3 f.

ten ohne weiteres denkbar ist.[7] Aussagekräftiger ist Paragraf 1: Hier wird der Tod des Verurteilten bereits zur Zeit der *iudicis datio* vorausgesetzt, was jedenfalls die Zuordnung jener Aussage zum Formularverfahren fraglich macht. Im Gegensatz zum Kognitionsprozess[8] kannte das Formularverfahren kein Säumnisurteil.[9] Das *iudicium* bezog seine Legitimation aus der Unterwerfung beider Parteien unter die Entscheidungsgewalt des *iudex*.[10] Die *condemnatio* des Beklagten setzte somit eine gültige *litis contestatio* voraus.[11] Wenn aber – wie in Paragraf 1 – der Beklagte bereits zur Zeit der *iudicis datio* verstorben und somit nicht *in iure* anwesend war, ist nicht ersichtlich, wie die *litis contestatio* dennoch zustande gekommen sein soll.[12] In Betracht käme höchstens der Fall, dass ein Prozessvertreter die *litis contestatio* vornahm.[13] In diesem Fall hätte Paulus aber nicht mehr von einer Verurteilung des Verstorbenen sprechen können, da die *condemnatio* dann den Vertreter bezeichnet hätte.[14] Damit liegt der Schluss nahe, dass Paulus in seinem zweiten Responsum auf eine Anfrage zum Kognitionsprozess antwortete.[15] In dieser Verfahrensart unterstanden alle Rechtssubjekte ohne weiteres der Urteilsgewalt der Gerichtsmagistrate,[16] weshalb ein Richter den Beklagten auch in Abwesenheit verurteilen konnte.[17]

Dass ein gegen einen Verstorbenen ergangenes Säumnisurteil nichtig war, beschreibt auch Ulpian:

---

7 Vgl. auch Apelt, 54 mit Fn. 128, der sich tendenziell für einen Todeszeitpunkt nach erfolgter *litis contestatio* ausspricht, allerdings einräumt, dass auch eine Führung des Verfahrens gegen einen Abwesenden denkbar ist.

8 Zum Säumnisverfahren des Kognitionsprozesses vgl. Willems, HRP I § 15, Rn. 20.

9 Sofern die Abwesenheit *fraudationis causa* erfolgt, erhielt der Gläubiger im Säumnisfall unmittelbar die Berechtigung, die *missio in possessionem* zum Zweck der *venditio bonorum* zu beantragen; Gai. 3.78; Cic. Quinct. 60; Platschek, HRP I § 12, Rn. 13 ff.

10 Kaser/Hackl, 290; Erxleben, 4.

11 Zur *litis contestatio* vgl. Platschek, HRP I § 10, Rn. 12 ff.

12 Die Richterbestellung wurde nach herrschender Lehre grundsätzlich noch vor der *litis contestatio* vorgenommen; vgl. Kaser/Hackl, 286 m. w. N. zur Kontroverse in Fn. 1.

13 Zur Prozessvertretung siehe unten S. 123 ff.

14 Gai. 4.87: „*Ab adversarii quoque parte si interveniat aliquis, cum quo actio constituitur, intenditur dominum dare oportere, condemnatio autem in eius personam convertitur, qui iudicium accepit* [...]."

15 So bereits Apelt, 55; Biondi, St. Bonfante IV, 71; Gandolfi, St. Grosso IV, 142; anders hingegen Hellmann, ZRG RA 23 (1902), 407, der die Nichtigkeit des Urteils gerade dadurch erklärt, dass die *litis contestatio* ungültig gewesen sei „wegen der Nichtexistenz der einen Prozesspartei". Dazu, wie die *litis contestatio* habe vorgenommen werden können, äußert er sich nicht.

16 Duquesne, 19 ff.; Erxleben, 3 f.; zum Wesen des Kognitionsverfahrens siehe Kaser/Hackl, 435 ff.

17 Willems, HRP I § 15, Rn. 20.

D. 42.1.59.3 Ulp. 4 omnib. trib.
Si quis ex edicto peremptorio post mortem sit condemnatus, non valet sententia, quia morte rei peremptorium solvitur. Ideoque, ut in re integra, de causa notio praestabitur et quod optimum patuerit, statuetur.
Wenn jemand aus dem abschließenden Ladungsedikt nach seinem Tod verurteilt worden ist, ist das Urteil nicht gültig, weil ja durch den Tod des Beklagten das abschließende Edikt aufgehoben wird. Und daher wird eine Untersuchung über den Rechtsfall geleistet werden, wie bei einer noch unentschiedenen Angelegenheit, und es wird festgesetzt werden, was als das Beste sichtbar gewesen ist.

Auch diese Stelle bezieht sich auf den Kognitionsprozess. Demgegenüber ist kein Beleg ersichtlich, der die Nichtigkeit der *condemnatio* des Verstorbenen ausdrücklich für einen Formularprozess erklärt. Dennoch kann kein Zweifel daran bestehen, dass der Grundsatz auch für das Formularverfahren bestanden haben muss.[18] Ein Indiz hierfür ist bereits das erste von Paulus' Responsen (D. 49.8.2 pr. Paul. 3 resp.), das sich auf einen gänzlich anderen Sachverhalt beziehen könnte. Es ist derart allgemein gefasst, dass eine Geltung über die Verfahrensgrenzen hinaus naheliegt. Darüber hinaus ist nur so die Praxis zu erklären, einem Verfahren gegen den Erben eine *interrogatio in iure an heres sit* voranzustellen.[19] Sie diente dazu, den Erben und neuen Schuldner zu ermitteln, auf dessen Namen die *condemnatio* lauten musste. Nicht zuletzt wäre die Vorstellung, eine Verurteilung des Verstorbenen und auf deren Grundlage Leistungen des Erben erwirken zu können, nicht vereinbar mit unserer Kenntnis vom römischen Formularverfahren im Allgemeinen und der *translatio iudicii* im Besonderen.[20]

Weder im Formular- noch im Kognitionsprozess hatten die Gläubiger somit die Möglichkeit, einen Prozess gegen den Erblasser weiterzuführen. Als neuer Schuldner stand ihnen dafür der Gesamtrechtsnachfolger zur Verfügung, gegen den sie eine Klage anhängig machen oder auf den sie eine bestehende Klage übertragen konnten.

---

18 Vgl. ausdrücklich auch Apelt, 55. Implizit auf das Formularverfahren beziehen D. 49.8.2 pr. Paul. 3 resp. Bethmann-Hollweg, II, 452; Erxleben, 120 mit Fn. 19.

19 Siehe dazu unten S. 135 ff.

20 Zur *translatio iudicii* siehe zuletzt grundlegend Erxleben. Während die exakte Formelgestaltung bei einer *translatio iudicii in heredem* in der bisherigen Literatur umstritten ist, ist die Notwendigkeit, die *condemnatio* umzugestalten, unstreitig; vgl. Sperl, 41; Koschaker, 255; Duquesne, 182; Bonifacio, 71; Erxleben, 152; ferner auch Bethmann-Hollweg, II, 452. Dasselbe muss *a forteriori* auch für den noch nicht hängigen Prozess gelten.

III. Klage gegen den Gesamtrechtsnachfolger

1. Klage gegen den zivilen *heres*

Der Übergang der Schulden auf den Erben erfolgte nach *ius civile* automatisch in dem Zeitpunkt, in dem der Nachfolger die *heres*-Stellung erlangte.[21] Weder ein gesonderter Übernahmeakt noch ein Aufteilen der Schulden im Fall mehrerer Miterben war erforderlich. Dies führte dazu, dass dem Gläubiger in der Person des Erben ein neuer materieller Schuldner gegenüberstand, gegen den der Gläubiger unmittelbar klagen konnte. Die Verteidigung des neuen Schuldners erfolgte in diesem Fall *suo nomine*.

Über die genauen prozessualen Umstände dieser Klagemöglichkeit schweigen die Quellen. Dass sie sich unmittelbar aus der zivilen Erbenstellung ableitete, folgt aber aus der Tatsache, dass die Klagen der (und gegen die) prätorischen Gesamtrechtsnachfolger die zivile Erbenstellung in den Formeln fingierten.[22] Zur Abgrenzung des prätorischen vom zivilen Erben schreibt Gaius:

> Gai. 4.34[23]
> *Habemus adhuc alterius generis fictiones in quibusdam formulis, velut cum is, qui ex edicto bonorum possessionem petit, ficto se herede agit; cum enim praetorio iure et non legitimo succedat in locum defuncti, non habet directas actiones et neque id, quod defuncti fuit, potest intendere suum esse neque id, quod ei debebatur, potest intendere dari sibi oportere* [...].
> Wir haben in gewissen Formeln außerdem Fiktionen anderer Art, zum Beispiel wenn derjenige, der den Nachlassbesitz nach dem Edikt beantragt, mit der Fiktion klagt, Erbe zu sein. Da er nämlich nach *ius praetorium* und nicht nach *ius civile* in die Position des Verstorbenen nachfolgt, hat er keine unmittelbaren Klagen, und er kann im Klageantrag weder behaupten, dass das, was dem Verstorbenen gehörte, ihm gehöre, noch kann er behaupten, dass das, was ihm [dem Verstorbenen] geschuldet war, ihm gegeben werden müsse [...].

Im Unterschied zum prätorischen Erben konnte der *heres* des *ius civile* somit aus eigenem Recht klagen, das heißt, er konnte die *intentio* einer Klage unmittelbar auf seine Person beziehen.

Gaius' Beispiel behandelt ausschließlich die Klagemöglichkeiten des Erben. Den spiegelbildlichen Fall, dass der Erbe im Prozess als Beklagter auftrat, behandelt die Institutionenstelle nicht. Dennoch kann als gesichert gelten, dass auch für diese

21 Siehe oben S. 13 ff., 29 ff.
22 Gai. 4.34; UE 28.12; siehe dazu sogleich S. 119 ff.
23 Siehe zur Stelle und insbesondere deren Fortsetzung unten S. 119 ff.

Konstellation dieselben Grundsätze zum Tragen kamen.[24] Das Fehlen der Variante in Gaius' Ausführungen lässt sich auf den Charakter der Institutionen zurückführen, die als Lehrwerk für Anfänger keinen Anspruch auf Vollständigkeit hatten.[25] Ziel der Stelle war es gerade nicht, alle Anwendungsfälle der *formula ficticia* aufzuzählen, sondern ganz grundlegend deren Wirkung anhand eines besonders eingängigen Beispiels zu erläutern.[26]

Sofern es einen Erben nach *ius civile* gab, stellte die klageweise Geltendmachung einer Erblasserschuld den Gläubiger somit vor keine besonderen Herausforderungen. Sowohl die *intentio* als auch die *condemnatio* konnten direkt auf die Person des Erben gerichtet sein.[27] Sofern sich eine Formel lediglich aus *intentio* und *condemnatio* zusammensetzte, dürfte die Besonderheit der Sukzession in die Schuldnerstellung somit überhaupt keinen Eingang in die Formelgestaltung gefunden haben. Die zivile Erbenstellung war dann lediglich eine Tatfrage, die der Kläger vor dem Richter beweisen musste.[28] Nur leicht verändert präsentierte sich die Sachlage, wenn die Formel zusätzlich eine *demonstratio* enthielt. Hier konnte der Erbe den Erblasser nicht ersetzen, da die *demonstratio* den die Forderung begründenden Sachverhalt beschrieb, an dem der Erblasser und nicht der Erbe mitgewirkt hatte.[29] Insofern muss die Formel unterschiedliche Personen in ihren einzelnen Teilen aufgeführt haben. Es ist jedoch nicht ersichtlich, dass sich hieraus Probleme ergaben. Abermals konnte der Gläubiger mit der Beweisführung über die Erbenstellung des Beklagten ohne weiteres dessen Verurteilung erwirken.

---

24 Vgl. UE 28.12: „*Hi, quibus ex successorio edicto bonorum possessio datur, heredes quidem non sunt, sed heredis loco constituuntur beneficio praetoris. Ideoque seu ipsi agant seu cum his agatur, ficticiis actionibus opus est, in quibus heredes esse finguntur.*" – Die *formula ficticia* des Gläubigers gegen den *bonorum possessor* setzen ebenfalls voraus Biondi, DER, 129; Voci, DER I, 184; Todescan, 51; Dos Santos Justo, 27.

25 Zum Wesen der Institutionen als Lehrwerk vgl. Liebs, HLL IV, 191 f.

26 Den Beispielcharakter des erörterten Falles macht Gaius bereits dadurch deutlich, dass er den Fall mit „*velut*" einführt. Zur Bedeutung von „*velut*" und der darum bestehenden Kontroverse siehe unten § 4 Fn. 101 m. w. N.

27 Die Ausrichtung der *condemnatio* auf den Erben ist die logische Konsequenz der auf den Erben lautenden *intentio*. Darüber hinaus ist die *condemnatio* aber auch gar nicht zwingend an die Person des materiellen Schuldners gebunden, wie die Formelgestaltung bei der Verteidigung durch einen Prozessvertreter zeigt; vgl. dazu Platschek, HRP I § 12, Rn. 61 f.

28 Die Beweislastverteilung mit Blick auf die Erbenstellung ergibt sich aus Ulpians und Paulus' Rechtfertigung des Edikts zur *interrogatio in iure an heres sit*, D. 11.1.2, 3 Ulp. 22 ed./Paul. 17 ed.; dazu unten S. 135 ff.

29 Vgl. die Beispiele in Gai. 4.40: „QUOD A^s^ A^s^ N^o^ N^o^ HOMINEM VENDIDIT" und „QUOD A^s^ A^s^ APUD N^m^ N^m^ HOMINEM DEPOSUIT"; zur *demonstratio* vgl. zuletzt Platschek, HRP I § 12, Rn. 41 ff.

2. Klage gegen den prätorischen Gesamtrechtsnachfolger

a) Klage gegen den *bonorum possessor*

Bereits oben vorweggenommen wurde die Lösung der römischen Juristen für den Fall, dass nicht ein *heres* des *ius civile* die Gesamtrechtsnachfolge antrat, sondern ein *bonorum possessor.*[30] Als lediglich prätorisch Berechtigter rückte er nicht unmittelbar in die materielle Gläubiger- oder Schuldnerstellung des Erblassers nach.[31] Diesem Umstand trug der Prätor Rechnung, indem er dem *bonorum possessor* eine *actio utilis*[32] gewährte, in der die zivile Erbenstellung des *bonorum possessor* in der *intentio* fingiert wurde:[33]

> Gai. 4.34 (Fortsetzung von S. 117)
> [...] *itaque ficto se herede intendit, velut hoc modo:* IUDEX ESTO. SI AULUS AGERIUS, *id est, si ipse actor,* LUCIO TITIO HERES ESSET, TUM SI FUNDUM, DE QUO AGITUR, EX IURE QUIRITIUM EIUS ESSE OPORTERET; *et, si illi debeatur pecunia, praeposita simili fictione heredis ita subicitur:* TUM SI PARERET NUMERIUM NEGIDIUM AULO AGERIO SESTERTIA X MILIA DARE OPORTERE.
> [...] deshalb formuliert er den Klageantrag mit der Unterstellung, Erbe zu sein, zum Beispiel folgendermaßen: DER UND DER SOLL RICHTER SEIN. WENN AULUS AGERIUS, das heißt der Kläger selbst, ERBE DES LUCIUS TITIUS WÄRE, UND WENN SODANN DAS GRUNDSTÜCK, AUF DAS GEKLAGT WIRD, NACH QUIRITISCHEM RECHT IHM GEHÖREN MÜSSTE; und wenn jenem Geld geschuldet wird, wird unter Voranstellung einer vergleichbaren Fiktion, Erbe zu sein, derart fortgefahren: UND WENN SICH SODANN ERWEISEN WÜRDE, DASS NUMERIUS NEGIDIUS DEM AULUS AGERIUS 10.000 GEBEN MÜSSTE.

Weiterhin bezieht sich Gaius nur auf den Fall des klagenden *bonorum possessor.* Es ist jedoch unstreitig, dass der Prätor die *formula ficticia* auch zugunsten des Gläubigers gewährte, der gegen den *bonorum possessor* klagen wollte.[34] Die *intentio* der von Gaius beispielhaft angeführten *actio in personam* kann in diesem Fall wörtlich bestehen bleiben – einzig mit dem Unterschied, dass die Erbenstellung des Beklagten fingiert wird:

---

30 Siehe soeben S. 117.

31 Vgl. Gai. 3.80–81 sowie oben S. 44 f.

32 Als *actio utilis* bezeichnen die Klage ausdrücklich Theoph. 3.12 pr.; Gai. 3.81 (rekonstruiert).

33 Zur *formula ficticia* des *bonorum possessor* vgl. auch TODESCAN, 50 ff.; HACKL, St. Biscardi I, 252; DOS SANTOS JUSTO, 27; DI LELLA, Formulae ficticiae, 17 ff.; zum Charakter der Fiktion ferner ROBBE, 166.

34 Vgl. BIONDI, DER, 129; VOCI, DER I, 184; TODESCAN, 51; DOS SANTOS JUSTO, 27.

SI N^s^ N^s^ LUCIO TITIO HERES ESSET, TUM SI PARERET N^m^ N^m^ A^o^ A^o^ SESTERTIA X MILIA DARE OPORTERE …

Erteilt wurde die *formula ficticia* grundsätzlich gegen jeden *bonorum possessor*. Eine besondere Beschränkung der Klage auf den „definitiv Berechtigten“ ist nicht ersichtlich.[35] Einschlägig ist diese Überlegung vor allem mit Blick auf den nicht in der ersten Klasse berechtigten *bonorum possessor*, dem ein ziviler Erbe vorgehen konnte und dessen *bonorum possessio* deshalb *sine re* ausgestaltet war.[36] Wie noch darzulegen sein wird, traf die Qualifizierung *cum re* oder *sine re* jedoch lediglich eine Aussage darüber, wer in einem Streit über die tatsächliche Sachherrschaft an der Erbschaft (Eigentum oder geschützter Nachlassbesitz nach dem Interdikt *Quorum bonorum*) obsiegen würde.[37] Gerade mit Blick auf den kasuell bedingt eingesetzten Erben konnte der Nachlassbesitz aber auch an Personen erteilt werden, von denen nicht sicher war, dass sie die Berechtigung am Nachlass auf Dauer behalten würden. Das war entweder Fall, wenn der kasuell bedingt eingesetzte Erbe die *bonorum possessio* beantragte,[38] oder aber, wenn er sie nicht beantragte, dafür aber ein in einer weiteren Klasse Berechtigter, dessen *bonorum possessio* nach Bedingungseintritt hinter das Eigentum des zivilen *heres* zurücktreten konnte.[39] Solange der Nachlassbesitz jedoch noch nicht streitig gemacht wurde, ist nicht ersichtlich, warum der Prätor die *actiones* mit *formula ficticia* nicht gewährt haben sollte.

Erst wenn die *bonorum possessio* sich definitiv als *sine re* erwies, weil es einen besser berechtigten Erben gab, der die Erbschaft bereits evinziert hatte, kann man sich fragen, ob der Prätor Klagen gegen den *bonorum possessor sine re* noch immer zuließ. Zu dieser Frage schweigen die Quellen. In diesem Fall ist es aber in der Tat wahrscheinlich, dass der *bonorum possessor* die Denegierung der Klage mit dem Argument erwirken konnte, der wahre Berechtigte an der Erbschaft – und damit auch der neue Schuldner der Nachlassgläubiger – sei nicht er selbst, sondern der *heres*.[40] Diese Lösung wäre insofern konsequent, als der Prätor dem *bonorum*

---

35 So aber DI LELLA, Formulae ficticiae, 41, dem zufolge die *actiones ficticiae* „presuppongono la definitività dell'acquisto da parte del successore pretorio“.

36 Zur *bonorum possessio sine re* siehe unten S. 164 ff.

37 Siehe unten S. 164 f.

38 Siehe unten S. 155 ff.

39 Siehe unten S. 164 ff.

40 Anderer Ansicht GIRARD, 965; LONGO, Enciclopedia giuridica italiana II.1, 1233 mit Fn. 3: „non v'è ragione né testimonianza che induca a ritenere che queste azioni fossero inapplicabili al caso di *bonorum possessio sine re*“. Dagegen bereits DI LELLA, Formulae ficticiae, 41 mit Fn. 51, der bei seiner Aussage, es brauche einen „definitiven Erwerb“ (vgl. Fn. 35), wohl eher diesen Fall vor Augen hatte als jenen des einstweilen, aber noch nicht mit Sicherheit dauerhaft besitzenden *bonorum possessor*.

possessor in diesem Fall – trotz der ursprünglichen Gewährung der *bonorum possessio* – auch den Schutz des Interdikts *Quorum bonorum* verwehrte. Sicher ist dies im Verhältnis zum besser berechtigten zivilen Erben.[41] Angesichts der alleinigen Berechtigung des *heres* am Nachlass gibt es gute Gründe anzunehmen, dass der *bonorum possessor* mit der Entwehrung des Nachlasses auch das Recht verlor, zum Nachlass gehörende Forderungen geltend zu machen.

b) Klage gegen den *bonorum emptor*

Auf die gleiche Weise wie der *bonorum possessor* konnte auch der *bonorum emptor* klagen (und beklagt werden), nachdem die Gläubiger zum Gesamtverkauf des Vermögens geschritten waren. Diese Möglichkeit führt Gaius gleich im Anschluss an seine Erörterung der Klagen des *bonorum possessor* aus:

> Gai. 4.35
> *Similiter et bonorum emptor ficto se herede agit. Sed interdum et alio modo agere solet; nam ex persona eius, cuius bona emerit, sumpta intentione convertit condemnationem in suam personam, id est, ut, quod illius esset vel illi dari oporteret, eo nomine adversarius huic condemnetur. Quae species actionis appellatur ‚Rutiliana', quia a praetore Publio Rutilio, qui et bonorum venditionem introduxisse dicitur, comparata est. Superior autem species actionis, qua ficto se herede bonorum emptor agit, ‚Serviana'*[42] *vocatur.*
> Auf ähnliche Weise klagt auch der Vermögenskäufer mit der Fiktion, Erbe zu sein. Aber manchmal pflegt er auch auf andere Weise zu klagen. Denn nachdem der Klageantrag aus der Person desjenigen bezogen worden ist, dessen Vermögen er gekauft hat, wendet er die Verurteilung auf seine eigene Person, das heißt, dass der Gegner aufgrund dessen, was jenem gehörte oder jenem gegeben werden musste, für diesen verurteilt werde. Diese Art der Klage wird die ‚Rutilianische' genannt, weil sie vom Prätor Publius Rutilius, der auch den Vermögensverkauf eingeführt haben soll, geschaffen worden ist. Die weiter oben genannte Art der Klage, bei welcher der Vermögenskäufer mit der Fiktion klagt, Erbe zu sein, wird ‚Servianische' genannt.

Genau wie der *bonorum possessor* konnte auch der *bonorum emptor* mit der Unterstellung klagen, selbst ziviler Erbe zu sein, und entgegen kritischen Stimmen in der Literatur[43] muss dies auch für den spiegelbildlichen Fall gegolten haben,

---

41 Gai. 3.36–37.

42 Siehe sogleich die Kritik an der Terminologie „*actio Serviana*". Im Rahmen dieser Untersuchung wird fortan von „*actio cum fictione hereditatis*" gesprochen.

43 Gegen die Existenz von *actiones utiles* der Gläubiger gegen den *bonorum emptor* ausdrücklich X. d'Ors, 92 f. mit Fn. 40, der in der *venditio bonorum* einen Barkauf sieht; ihm folgend A. d'Ors,

dass ein Gläubiger des Erblassers gegen den *bonorum emptor* klagte.[44] In den gängigen Editionen der Institutionen des Gaius wird diese Variante des klageweisen Vorgehens mit Erbenfiktion nach erfolgter *venditio bonorum* gemeinhin als *actio „Serviana"* ausgewiesen. Zuletzt hat allerdings PLATSCHEK berechtigte Zweifel an dieser Terminologie geäußert und stattdessen die Bezeichnung *„actio bonorum emptoris cum fictione hereditatis"* vorgeschlagen.[45] Diese Bezeichnung beschränkt sich allerdings auf die Variante, dass der *bonorum emptor* als Kläger auftritt, was mit Blick auf die Gaiusstelle, die sich ja gerade auf diese Variante beschränkt, völlig konsequent ist. Da vorliegend aber die analoge Klage des Nachlassgläubigers gegen den *bonorum emptor* im Zentrum steht, soll fortan die allgemeinere Terminologie *„actio cum fictione hereditatis"* verwendet werden.

Neben dieser Klage mit Erbenfiktion beschreibt Gaius noch eine weitere Möglichkeit der Formelgestaltung bei Klagen des *bonorum emptor*: die *actio Rutiliana*. Diese zeichnet sich dadurch aus, dass sie dem Prozessieren *alieno nomine* entspricht, das heißt, dass die *intentio* weiterhin auf den materiellen Gläubiger oder Schuldner gerichtet war, die *condemnatio* hingegen auf den Namen des Prozessierenden lautete.[46] Auch diese Klagemöglichkeit spricht die herrschende Lehre spiegelbildlich dem Gläubiger gegen den *bonorum emptor* zu.[47]

Beim Verkauf des Vermögens Lebender war diese Ausgestaltung entsprechend dem Prozessieren *alieno nomine* ohne weiteres möglich. Da die *venditio bonorum* lediglich eine prätorische Rechtsstellung vermitteln konnte, gingen die Forderungen und Schulden nach *ius civile* nicht auf den *bonorum emptor* über.[48] Wenn die *intentio* auf die Person des ursprünglichen Vermögensherrn abstellte, hatte dies nach *ius civile* somit auch nach dem Verkauf noch seine Richtigkeit, da der materielle

---

SDHI 59 (1993), 177 mit Fn. 9; ebenfalls für Barkauf ferner BEHRENDS, 185 f.; FORSTER, 110 ff., 114; WILLEMS, HRP I § 14, Rn. 16.

44 Siehe dazu bereits oben S. 53 ff. sowie LENEL, EP, 432 f., ferner 428 zur *actio Rutiliana*; in diesem Sinne zuletzt auch DI LELLA, Formulae ficticiae, 52 f.; PÉREZ ÁLVAREZ, Bonorum venditio, 295 f., je m. w. N. hinsichtlich der älteren Literatur.

45 PLATSCHEK, ZRG RA 128 (2011), 366.

46 Vgl. die Musterformel bei Gai. 4.86: „SI PARET NUMERIUM NEGIDIUM PUBLIO MEVIO SESTERTIA X MILIA DARE OPORTERE, IUDEX NUMERIUM NEGIDIUM LUCIO TITIO SESTERTIA X MILIA CONDEMNA; SI NON PARET, ABSOLVE." Zum Prozesseintritt auf Beklagtenseite sodann ergänzend Gai. 4.87: „[...] *intenditur* DOMINUM DARE OPORTERE, *condemnatio autem in eius personam convertitur, qui iudicium acceperit* [...]". – Für einen identischen Wortlaut der Formel der *actio Rutiliana* einzig mit Ausnahme eines Hinweises auf das *agere cum deductione* (Gai. 4.65, 68) LENEL, EP, 427 f.; unter Berufung darauf zuletzt auch PÉREZ ÁLVAREZ, Bonorum venditio, 294, allerdings ohne Hinweis auf die *deductio*.

47 Vgl. die Literaturangaben in Fn. 44.

48 Gai. 3.80–81.

Gläubiger oder Schuldner bezeichnet wurde. Weitaus problematischer ist die Rutilianische Klageart hingegen mit Blick auf die *venditio bonorum mortuorum*, denn in diesem Fall würde die *intentio* auf einen Verstorbenen lauten. Mit dem Tod verlor der Verstorbene aber auch nach *ius civile* seine Gläubiger- oder Schuldnerstellung, die entweder unmittelbar (beim Hauserben) oder mit dem Erbschaftsantritt (beim Außenerben) auf den Erben übergingen. Eine *intentio* der Form SI PARET *DEFUNCTUM* A° A° SESTERTIA X MILIA DARE OPORTERE konnte somit keinen Erfolg haben, da die fragliche Obligation nicht mehr bestand. Die *actio Rutiliana* kann somit – wenigstens im hier interessierenden Fall der *venditio bonorum mortuorum* – nicht alternativ neben die *actio cum fictione hereditatis* getreten sein. Sie ist vielmehr ausschließlich der *venditio bonorum vivorum* zuzuordnen.[49] Gegen den *bonorum emptor* des Nachlasses konnten die Gläubiger somit ausschließlich unter Rückgriff auf die Erbenfiktion klagen.

3. Zwischenergebnis

Aus Gläubigerperspektive lässt sich die Rechtslage nach dem Gesagten wie folgt zusammenfassen: Für die Klageerhebung gegen einen Gesamtrechtsnachfolger bedurfte es einzig der Beweisführung, dass die Universalsukzession tatsächlich stattgefunden hatte. Weitere prozessuale Schwierigkeiten ergaben sich durch die Rechtsnachfolge nicht. Die Passivlegitimation ergab sich ausschließlich aus der zivilen Erbenstellung. Bei den lediglich prätorischen Gesamtrechtsnachfolgern *bonorum possessor* und *bonorum emptor* wurde diese zivile Erbenstellung fingiert, um das angestrebte Ergebnis der Universalsukzession prozessual umzusetzen.

IV. Klage gegen einen Prozessvertreter

Der römische Zivilprozess zeichnete sich dadurch aus, dass ein *alieno nomine agere*, das heißt eine Prozessführung in fremdem Namen möglich war, bei welcher der Prozessvertreter selbst Parteistellung erlangte.[50] Er war es, der bei der *litis contesta-*

49 Nach herrschender Lehre gilt die Ausschließlichkeit nicht nur für die *actio Rutiliana*, sondern auch für die *actio cum fictione hereditatis*, die im Gegenzug nur auf den Fall der *venditio bonorum mortuorum* (sowie den verwandten Fall der *capitis deminutio*) anwendbar sei; vgl. LENEL, EP, 432 f.; SOLAZZI, Concorso II, 138 ff., 142 ff.; APPLETON, 157; RAMADIER, 31; GIRARD, 1113; ROTONDI, in: Ciapessoni, 113; KASER/HACKL, 399; anders dagegen KARLOWA, II, 969; PEROZZI, II, 77 Fn. 3; CARRELLI, SDHI 4 (1938), 467 ff.; vgl. zum Ganzen auch PÉREZ ÁLVAREZ, Bonorum venditio, 291 ff. m. w. N.

50 Gai. 4.82–87; vgl. zu allem PLATSCHEK, HRP I § 12, Rn. 60 ff.

tio mitwirkte, und auf seinen Namen lautete auch die *condemnatio* der Formel.[51] Rein formal gesehen, bestand damit ab dem Auftritt des Prozessvertreters weder das Problem der fehlenden Handlungsfähigkeit noch jenes, dass die Verurteilung auf die Person des Verstorbenen lautete, fort. Der Vollständigkeit halber muss deshalb an dieser Stelle noch die Frage thematisiert werden, ob eine Prozessvertretung – und damit ein Zivilprozess – zur Zeit der *hereditas iacens* möglich war. Als Möglichkeiten sind eine Prozessvertretung des Verstorbenen, eine Vertretung der *hereditas iacens* oder eine Vertretung des (zukünftigen) Erben zu erwägen.

1. Vorbemerkung

Gaius nennt grundsätzlich vier Anwendungsfälle der Prozessvertretung: die Vertretung als *cognitor, procurator, tutor* oder *curator.*[52] Die beiden letztgenannten Funktionen beziehen sich allerdings nicht spezifisch auf das Auftreten vor Gericht; es handelt sich vielmehr um eine umfassende Vertretung in allen Bereichen, zu denen gegebenenfalls auch eine Prozessführung zählte.[53] Als solch umfassender Vertreter kommt im Falle der *hereditas iacens* einzig der *curator bonorum* infrage. Auf dessen Möglichkeiten der Prozessführung wird in der Folge näher einzugehen sein.[54] Außerhalb dieser umfassenden Vertretungsverhältnisse kannte das römische Recht mit dem *cognitor* und dem *procurator* grundsätzlich zwei Arten von Prozessvertretern. Der Hauptunterschied zwischen ihnen bestand darin, dass der Prozessherr den *cognitor* ausdrücklich *in iure* als seinen Vertreter benannte,[55] während der *procurator* lediglich im Innenverhältnis ermächtigt war oder unter Umständen sogar ganz ohne vorgängige Ermächtigung tätig werden konnte.[56] Bereits ausreichend war eine pauschale Ernennung zum *procurator* für alle Streitigkeiten.[57]

Der vorliegende Abschnitt betrifft nicht die Prozessvertretung des Schuldners an sich, sondern die Frage, ob eine Prozessvertretung bereits zu einem Zeitpunkt möglich war, in welchem dem Vermögen kein offiziell Berechtigter vorstand. Weil

---

51 Gai. 4.87.

52 Gai. 4.82.

53 Vgl. auch Platschek, HRP I 1 12, Rn. 63.

54 Siehe unten S. 131 ff.

55 Gai. 4.83, Platschek, HRP I § 12, Rn. 67; Kaser/Hackl, 210 f.; ferner Erxleben, 12.

56 Gai. 4.84; Platschek, HRP I § 12, Rn. 73 f.; Kaser/Hackl, 213; ferner Erxleben, 12. – Auf den Nachweis der Ermächtigung verzichtete der Prätor bei nahen Angehörigen (D. 3.3.35 pr. Ulp. 9 ed.; D. 46.7.3.3 Ulp. 77 ed.); umstritten war, ob auch der Nicht-Ermächtigte zuzulassen war, wenn er *bona fide* handelte und die *cautio ratam rem habiturum* leistete (Gai. 4.84; Platschek, HRP I § 12, Rn. 74, versteht Gaius' Ausdrucksweise „*sunt qui dicant*" „wohl" als Hinweis auf eine „Mindermeinung").

57 D. 3.3.1.1 Ulp. 9 ed.

es in einem solchen Fall keinen physisch anwesenden Prozessherrn gibt, kommt die Bestellung eines *curator* so gut wie gar nicht in Betracht. Denkbar wäre einzig der Fall, dass der Prozessherr erst nach erfolgter *litis contestatio* verstarb. Unter Vorbehalt dieses einen Sonderfalles soll in der Folge deshalb nur die Prozessführung durch einen *procurator* thematisiert werden.

2. Keine Vertretung des Verstorbenen

Die Verteidigung des Prozessherrn durch einen *procurator* führte dazu, dass nicht mehr der materielle Schuldner sich auf den Prozess einließ, sondern der *procurator*. Er war es auch, der im Falle eines Unterliegens verurteilt wurde. Die vor Gericht verhandelte Forderung gründete aber weiterhin auf einem Anspruch des Klägers gegen den materiellen Schuldner, also den Prozessherrn. Während die *condemnatio* der Formel somit auf den *procurator* umgestellt wurde, musste insbesondere die *intentio* weiterhin auf den Prozessherrn lauten[58] – Aufgabe des *iudex* war es zu klären, ob der behauptete Anspruch gegen den Prozessherrn bestand.

Wäre der *procurator* für einen Verstorbenen eingestanden, dann hätte die Klage bereits an diesem Punkt scheitern müssen: Der Anspruch bestand ab dem Todeszeitpunkt nicht mehr gegen den Verstorbenen. Er war entweder bereits auf den Erben übergegangen oder wartete im Umfeld der *hereditas iacens* darauf, dies zu tun. Die Klage wäre mithin von vornherein zu denegieren oder spätestens vom *iudex* als unbegründet abzuweisen gewesen.[59] Die römischen Juristen gingen allerdings noch einen Schritt weiter: Ein Urteil, das gegen den Prozessvertreter eines Verstorbenen erging, war – wie die Verurteilung des Verstorbenen selbst[60] – nichtig:

D. 5.1.74.2 Iul. 5 dig.
Cum absentem defendere vellem, iudicium mortuo iam eo accepi et condemnatus solvi: quaesitum est an heres liberaretur, item quae actio mihi adversus eum competeret. Respondi iudicium, quod iam mortuo debitore per defensorem eius accipitur, nullum esse et ideo heredem non liberari: defensorem autem, si ex causa iudicati solverit, repetere quidem non posse, negotiorum tamen gestorum ei actionem competere adversus heredem: qui sane exceptione doli mali tueri se possit, si ab actore conveniatur.
Als ich einen Abwesenden verteidigen wollte, habe ich mich auf den Prozess eingelassen, als er bereits verstorben war, und geleistet, wozu ich verurteilt wurde. Es ist gefragt worden, ob der Erbe [dadurch] befreit wurde und ebenfalls, welche Klage mir gegen ihn

---

58 Vgl. zum Ganzen Platschek, HRP I § 12, Rn. 61 ff.

59 Vgl. auch die ähnlichen Ausführungen bei Maier, ZRG RA 50 (1930), 489, der allerdings fälschlicherweise die Nichtigkeit in D. 5.1.74.2 Iul. 5 dig. auf das *dare oportere* des *mortuus* zurückführt (dagegen sogleich S. 126 mit Fn. 63).

60 Siehe oben S. 113 ff.

zustünde. Ich habe geantwortet, dass der Prozess, auf den sich sein Vertreter einlässt, als der Schuldner bereits verstorben ist, nichtig sei und der Erbe deshalb nicht befreit werde. Der Vertreter aber könne, wenn er aufgrund des Urteils geleistet hat, dies zwar nicht zurückfordern, ihm stehe aber die Geschäftsführungsklage gegen den Erben zu. Dieser könne sich allerdings durch die Einrede der Arglist schützen, wenn er vom Kläger belangt wird.

Ein *defensor*[61] übernahm die Verteidigung eines Abwesenden, ohne zu wissen,[62] dass dieser zum Zeitpunkt der *litis contestatio* bereits verstorben war. Er unterlag in dem Prozess und leistete die Summe, zu der ihn der Richter verurteilte. Julian sieht sich nun mit den Fragen konfrontiert, ob erstens der Erbe durch diese Zahlung befreit werde und, zweitens, welche Klage dem *defensor* gegen den Erben zustehe. Er gelangt zu dem Ergebnis, dass das *iudicium* nichtig sei, weshalb der Erbe durch die Leistung nicht befreit werde. Der *ex causa iudicati* leistende *defensor* könne die Summe aber auch nicht zurückfordern. Ihm stehe stattdessen eine *actio negotiorum gestorum* gegen den Erben zu. Der Erbe wiederum – der ja nach *ius civile* nicht befreit worden ist – könne sich gegen den Kläger, falls dieser ihn erneut belangen möchte, mit der *exceptio doli* verteidigen.

Der Grund für die Nichtigkeit des Verfahrens kann nicht darin liegen, dass die *intentio* der Formel auf einen Verstorbenen lautete.[63] Wie soeben dargelegt, würde dieser Umstand allein bewirken, dass der Richter das *dare oportere* verneinen müsste. Täte er dies nicht, würde es sich zwar um ein materiell unrichtiges Urteil handeln, es hätte aber dennoch Gültigkeit. Es liegt in der Natur eines Urteils, dass die darin enthaltene Verurteilung nicht mehr von der materiellen Richtigkeit des Anspruchs abhängt;[64] Rechtsgrund der Leistung ist das *iudicium* selbst. Je nach Umständen konnte der Verurteilte eine erneute Überprüfung durch *appellatio* erwirken[65] – die automatische Nichtigkeit des Urteils lässt sich aus dieser Überprüfungsmöglichkeit aber nicht begründen.[66] Sie ergibt sich vielmehr aus dem Umstand, dass der

61 Zur Terminologie vgl. zuletzt Erxleben, 64, unter Verweis auf Wenger, 87 Fn. 44, wonach der Ausdruck *defensor* zumeist „synonym mit einem *procurator* auf der Beklagtenseite verwendet" wurde.

62 Vgl. Müller-Ehlen, 195; Finazzi, I, 79 Fn. 176; II.1, 180; Cenderelli, Atti Biscardi, 83, dem aber nicht zuzustimmen ist, wenn er annimmt, der „*absens*" müsse zum Zeitpunkt der *vocatio in ius* noch am Leben gewesen sein, mit der Begründung: „un defunto non potrebbe essere indicato come assente". Erforderlich ist nur, dass die Nachricht von seinem Tod noch nicht zum Prätor (und zu den Parteien) durchgedrungen war.

63 So aber Maier, ZRG RA 50 (1930), 489; ihm folgend Kreller, ZRG RA 59 (1939), 392 Fn. 1.

64 Klingenberg, HRP I § 13, Rn. 81.

65 Zur *appellatio* vgl. Klingenberg, HRP I § 13, Rn. 82.

66 In diesem Sinne bereits Gandolfi, St. Grosso IV, 129 ff. – Maier, ZRG RA 50 (1930), 489 f., selbst findet das Ergebnis „überraschen[d]" und liefert mit seinem Hinweis auf D. 9.4.42.1 Ulp. 37 ed.

Prozessherr mit dem Tod seine Parteifähigkeit verlor und damit für ihn auch kein legitimer *defensor* mehr auftreten konnte.[67]

Die Nichtigkeit des Verfahrens muss auch die Nichtigkeit des Urteils nach sich gezogen haben, was bedeutet, dass für den *defensor* nie eine Pflicht bestand, die Leistung zu erbringen, zu welcher der Richter ihn verurteilt hatte.[68] Hiervon scheint der *defensor* bei der Erfüllung aber gerade keine Kenntnis gehabt zu haben. Julian muss sich deshalb mit der Frage beschäftigen, welche Rechtswirkungen diese Leistung auf der Grundlage eines nichtigen Urteils hatte: Mit Blick auf die Ursprungsschuld, die neu den Erben belastete, konnte die Zahlung keine Liberationswirkung haben. Zwar war es jedem gestattet, eine fremde Schuld zu begleichen,[69] doch leistete der *defensor* gerade nicht für einen anderen, sondern *suo nomine* – zur Erfüllung seiner (vermeintlichen) Judikatsschuld.[70] Wenn er aber – obgleich nicht verpflichtet – *ex causa iudicati* leistete, fiel er mit seiner Leistung gleichwohl unter den Grundsatz, dass nicht kondiziert werden kann, was zur Erfüllung einer Judikatsschuld gegeben wurde.[71] Dies würde zu dem Ergebnis führen, dass der Gläubiger sowohl die Erfüllungsleistung als auch seinen Anspruch gegen den Erben behielte. Um diesem unbefriedigenden Ergebnis entgegenzuwirken, spricht Julian dem Erben die *exceptio doli* gegen den Gläubiger zu. Der *defensor* hatte seinerseits die Möglichkeit, mittels *actio negotiorum gestorum* vom Erben die Erstattung seiner Auslagen zu verlangen.[72]

Dem klagenden Gläubiger ist es in diesem Fall tatsächlich gelungen, bereits im Zeitpunkt der *hereditas iacens* oder zumindest bei Unkenntnis über den vorhandenen Erben ein Urteil hinsichtlich seiner Forderung zu erwirken und sogar die

---

(Tod des Delinquenten vor *litis contestatio* des *iudicium noxale*) gleich selbst ein Gegenargument zu seiner These.

67 Apelt, 67, mit der etwas künstlichen Betonung der unmöglichen *ratihabitio*; Gandolfi, St. Grosso IV, 135 f.; Kaser/Hackl, 351 mit Fn. 8.

68 Gandolfi, St. Grosso IV, 142 f., dem zufolge der *defensor* bei einer erfolgten *actio iudicati* die *quaestio iudicatum sit nec ne* (D. 49.8.1 pr. Macer 2 appell.) erheben konnte; ferner auch Maier, ZRG RA 50 (1930), 491; Müller-Ehlen, 196.

69 Siehe oben S. 105 mit Fn. 136.

70 Maier, ZRG RA 50 (1930), 491; Gandolfi, St. Grosso IV, 137; Müller-Ehlen, 196; in der Begründung anders Cenderelli, Atti Biscardi, 83 f., der die fehlende Deliberationswirkung auf die Nichtigkeit des Urteils zurückführt.

71 Vgl. auch D. 17.1.29.5 Ulp. 7 disp. (*propter auctoritatem rei iudicatae*); ferner D. 10.2.36 Paul. 2 quaest.; C. 4.5.1 pr. Sev./Ant. (a. 213); C. 4.31.2 Ant. (o. A.); Gandolfi, St. Grosso IV, 138 ff.; Kaser/Hackl, 378 m. w. N. in Fn. 24.

72 Umstritten ist die Frage, ob die *actio negotiorum gestorum* der Führung von Geschäften eines Verstorbenen oder eines Lebenden entspringt. Die Frage kann hier offenbleiben, da sie für die Grenzen der Prozessvertretung keinerlei Relevanz hat. Zum Thema vgl. Finazzi, I, 79 Fn. 176; kritisch dazu Cenderelli, Atti Biscardi, 77 ff., bes. 82 ff.; Replik in Finazzi, II.1, 483 f. Fn. 370. Zur *actio negotiorum gestorum* siehe oben S. 73.

Zahlung der Urteilssumme zu erlangen. Zumindest faktisch war er damit befriedigt.[73] Die Ausführungen Julians machen aber deutlich, dass er durch den Prozess weder ein gültiges Urteil noch die echte Erfüllung der Ursprungsschuld erwirken konnte. Der Prozess gegen einen Vertreter des Verstorbenen war somit ein untaugliches Mittel, um eine Erblasserschuld einzuklagen.

3. Keine Vertretung der *hereditas iacens*

Nicht von vornherein ausgeschlossen scheint ferner die Möglichkeit, dass ein Prozessvertreter sich noch im Stadium der *hereditas iacens* auf einen Prozess einlassen konnte – mangels eines klar benennbaren Prozessherrn als Vertreter der *hereditas iacens*. Auf sie hätte mit anderen Worten das *dare oportere* der *intentio* lauten müssen, während die *condemnatio* abermals auf die Person des *procurator* gelautet hätte. Voraussetzung hierfür wäre aber einerseits, dass die *hereditas iacens* als Gebilde in der Prozessformel erscheinen konnte. Andererseits hätte sich ein konkreter Vertreter finden müssen, der sich auf den Prozess auch tatsächlich einließ.

a) Zur Prozessfähigkeit der *hereditas iacens*

Dass der Prätor die Prozessvertretung zumindest punktuell auch für Gebilde ohne natürliche Rechtspersönlichkeit zuließ, zeigt der Vergleich mit den *municipia* sowie sonstigen Körperschaften: Ihnen war es erlaubt, einen sogenannten *actor* zu bestellen, der sodann in ihrem Namen klagen und beklagt werden konnte.[74] Die *defensio* gestattete der Prätor zudem jedem beliebigen Außenstehenden, da sie im Interesse der Körperschaft lag.[75] Die Grundlage für die Vertretung privater Vereinigungen im Prozess bildete das Edikt *Quod cuiuscumque universitatis nomine vel contra eam agatur*.[76]

Unter den Begriff „*universitas*" fiel grundsätzlich auch der Nachlass – in dem Sinne, dass die Erbschaft eine Einheit darstellte und nicht lediglich eine Vielzahl von Einzelsachen bezeichnete:[77]

---

73 Vgl. auch Gandolfi, St. Grosso IV, 137.

74 Vgl. dazu ausführlich zuletzt Zahn, 70 ff.; ferner Kaser/Hackl, 218; Groten, 317 ff., jeweils m. w. N.

75 D. 3.4.1.3 Gai. 3 ed. prov.

76 Lenel, EP, 100 f.

77 Vgl. auch die Unterscheidung zwischen Singular- und Universalsukzession in Gai. 2.97–98.

D. 50.16.208 Afr. 4 quaest.[78]
„Bonorum" appellatio, sicut hereditatis, universitatem quandam ac ius successionis et non singulas res demonstrat.
Der Begriff „Nachlass" bezeichnet – genauso wie jener der „Erbschaft" – eine gewisse Gesamtheit und das Recht zur Nachfolge und nicht einzelne Sachen.

Dennoch wäre es verfehlt, aus diesem Zeugnis den Schluss zu ziehen, der Prätor habe auch die Vertretung der *hereditas iacens* im Prozess zugelassen. Eine vertiefte Betrachtung des Digestentitels *Quod cuiuscumque universitatis nomine vel contra eam agatur*[79] zeigt, dass die darin enthaltenen Stellen sich ausschließlich auf Personenmehrheiten beziehen. Genannt werden ausdrücklich *collegium*, *corpus* und *societas* (oder *sodalicium*?)[80] als Personenmehrheiten des Privatrechts, ferner (zum Teil zu Vergleichszwecken) solche des öffentlichen Rechts, namentlich *res publica*, *civitas*, *curia*, *municipes* und *decuriones*. Als Kernelemente der (erlaubten) Körperschaft nennt Gaius ein gemeinsames Vermögen, eine gemeinsame Kasse und das Bestehen eines Vertreters (*actor* oder *syndicus*),[81] wobei die Bestellung des Vertreters von dem Vorliegen der beiden erstgenannten Elemente sowie von der Zulässigkeit der Vereinigung abhängig gewesen sein dürfte.[82] Einen gewichtigen Beweis für die Beschränkung des Edikts auf Personenvereinigungen liefert auch der einzige überlieferte Auszug des (Provinzial-)Ediktstexts in D. 3.4.1.2 Gai. 3 ed. prov.:[83] Dort verheißt der Prätor im Falle der *indefensio* die Einweisung in den gemeinsamen Besitz.[84] Der *hereditas iacens* als reiner Sachgesamtheit[85] fehlte es an einem entsprechenden Zusammenschluss Mehrerer. Eine unmittelbare Anwendung des Edikts ist somit auszuschließen.

Es bleibt zu prüfen, ob die Vertretung der *hereditas iacens* im Prozess auf anderer Grundlage zugelassen wurde – zumal im Zusammenhang mit der *hereditas iacens*

78 Zur Stelle zuletzt Groten, 57 ff.; Siracusa, 35 ff., die allerdings zu Recht darauf hinweist, dass die Verwendung des Begriffs „*universitas*" in der fraglichen Stelle nicht technisch-juristischer, sondern generischer Natur ist.

79 D. 3.4.

80 Für eine entsprechende Korruption von D. 3.4.1.1 Gai. 3 ed. prov. zuletzt Zahn, 26 ff. m. w. N.; ablehnend dagegen Cimma, 186 ff.; Groten, 154 (*societatem*).

81 D. 3.4.1.1 Gai. 3 ed. prov.

82 Zahn, 54 f., 56 f.

83 Lenel, EP, 101.

84 D. 3.4.1.2 Gai. 3 ed. prov.: *„Quod si nemo eos defendat, quod eorum commune erit possideri et, si admoniti non excitentur ad sui defensionem, venire se iussurum proconsul ait. Et quidem non esse actorem vel syndicum tunc quoque intellegimus, cum is absit aut valetudine impedietur aut inhabilis sit ad agendum."*

85 Vgl. die Unterteilung in „Personenmehrheit" und „Sachmehrheit" bei Schnorr von Carolsfeld, 59 ff., 116 ff., bes. 131 ff. zur Erbschaft; ferner auch Groten, 57 ff.

bisweilen die Fiktion griff, der Erbschaftsantritt sei bereits zum Todeszeitpunkt erfolgt,[86] und Florentin darüber hinaus ausdrücklich eine Verwandtschaft zwischen *hereditas iacens* und gewissen Personenvereinigungen feststellt:

> D. 46.1.22 Flor. 8 inst.
> *Mortuo reo promittendi et ante aditam hereditatem fideiussor accipi potest, quia hereditas personae vice fungitur, sicuti municipium et decuria et societas.*
> Nachdem ein Stipulationsschuldner gestorben ist, kann ein Bürge angenommen werden, auch bevor die Erbschaft angetreten worden ist, weil ja die Erbschaft Personenstellung übernimmt, so wie ein Municipium, eine Dekurie und eine Gesellschaft.

Wenn aus dieser Stelle geradezu eine Rechtspersönlichkeit des ruhenden Nachlasses abgeleitet wird,[87] ist das aber vorschnell. Florentin bezieht sich mit seiner Aussage auf die konkrete Frage, ob eine Bürgschaftsstipulation auch dann wirksam begründet werden könne, wenn die gesicherte Forderung Teil einer *hereditas iacens* sei.[88] Eine allgemeine Rechtspersönlichkeit spricht Florentin der *hereditas iacens* damit nicht zu.[89] Im Gegenteil: Dass die Vorstellung, die *hereditas iacens* könne gleichsam wie eine Person auftreten, nicht umfassend galt, zeigt eine Stelle aus Paulus' Plautus-Kommentar. Im Rahmen einer komplexen Fallerörterung zur Anrechnung der Ersitzungszeit schreibt er:

> D. 41.3.15 pr. Paul. 15 Plaut.
> [...] *Nam hereditatem in quibusdam vice personae fungi receptum est. Ideoque in successoribus locum non habere usucapionem.*
> [...] Denn es ist [nur] angenommen worden, dass die Erbschaft in gewissen [Bereichen] die Person vertritt. Und deswegen finde eine Ersitzung anstelle des Gesamtrechtsnachfolgers nicht statt.

86 Vgl. D. 29.2.54 Flor. 8 inst.; D. 45.3.28.4 Gai. 3 verb. obl., worin Proculus allerdings die gegenteilige Auffassung vertritt; ferner D. 50.17.138 pr. Paul. 27 ed.; D. 50.17.193 Cels. 38 dig.; zum Ganzen ausführlich Voci, DER I, 516 ff.

87 So Mattiangeli, 61 f., 126 f., 494 ff. m. w. N.; dagegen Eliachevitch, 187 f. mit Fn. 22 (mit Blick auf die Personenvereinigungen), 330; Cenderelli, SDHI 30 (1964), 157 f.

88 Zur Thematik und zur Stelle Flume, Akzessorietät, 102 ff. (noch ablehnend unter Interpolationsvermutung); anders später Flume, ZRG RA 113 (1996), 121 f.; Cenderelli, SDHI 30 (1964), 146 ff.

89 Vgl. Eliachevitch, 330; Cenderelli, SDHI 30 (1964), 157 f.; dezidiert gegen die in der älteren Literatur vorherrschenden Vorstellungen, die *hereditas iacens* sei als juristische Person konzipiert gewesen oder es sei eine Personenstellung zumindest fingiert worden, Robbe, 23 ff., 52 ff., 70 ff., je m. w. N.

Damit lehnt er die Anrechnung der Ersitzungszeit auch angesichts des Grundsatzes *hereditas personae vice fungitur* ab, der nicht umfassend, sondern nur in gewissen Fällen gelte.[90]

Für die Frage der Vertretung der *hereditas iacens* im Prozess können aus D. 46.1.22 Flor. 8 inst. weder positive noch negative Schlussfolgerungen abgeleitet werden. Gegen die Vertretungsfähigkeit der *hereditas iacens* spricht, dass keinerlei Belege einer Prozessvertretung ersichtlich sind. Das muss die Prozessvertretung angesichts der eher dürftigen Quellenlage nicht zwingend ausschließen. Berücksichtigt man jedoch, dass das römische Recht von vornherein keine systematische Schuldentilgung während bestehender *hereditas iacens* vorsah,[91] ist nicht ersichtlich, weshalb die römischen Juristen der *hereditas iacens* Parteifähigkeit zugesprochen haben sollten.

b) Zur Person eines möglichen Vertreters

Gegen eine Vertretung der *hereditas iacens* im Prozess spricht sodann, dass zwischen den Personenvereinigungen und der *hereditas iacens* ein grundlegender Unterschied bestand – gerade mit Blick auf die Vertretung der Beklagtenseite: Bei einer Klage gegen eine Personenvereinigung war der von ihr bestellte *actor* der Adressat der *in ius vocatio*.[92] Die *hereditas iacens* verfügte hingegen über keinen offiziellen Vertreter, der für sie hätte handeln können. Es ist somit höchst fraglich, gegen wen sich eine *in ius vocatio* überhaupt gerichtet hätte.

Mit Blick auf die *translatio iudicii* wurde dennoch unlängst vertreten, eine anhängige Klage habe im Zustand der *hereditas iacens* auf den *curator bonorum* übertragen werden können.[93] Dies ist insofern nicht von vornherein abwegig, als der *curator bonorum* die einzige Person zu sein scheint, an die sich eine *in ius vocatio* zumindest hypothetisch hätte richten können. Die nachfolgenden Ausführungen sollen jedoch noch einmal verdeutlichen, dass die Vertretung der *hereditas* im Prozess nicht in den Kompetenzbereich des *curator bonorum* fiel:[94]

Bereits die Lektüre von D. 26.7.48 Hermog. 2 iur. epit.[95] hat gezeigt, dass der *curator bonorum* kein umfassender Geschäftsführer über den Nachlass war wie

---

90 Gegen eine verbindliche Systematisierung in der Frage der Vertretungsfunktion der *hereditas* auch Domisch, 55 mit Fn. 197, der – aufbauend auf der Vorarbeit Orestanos, IVRA 33 (1982), 10 ff. – von einer „kasuistischen Anwendung auf einzelne Rechtsfragen" ausgeht.

91 Siehe oben S. 71 ff., bes. 96 ff. sowie sogleich S. 131 ff.

92 D. 2.4.10.4 Ulp. 5 ed.

93 Erxleben, 183 f., die allerdings – anders als hier vertreten – davon ausgeht, der *curator bonorum* sei „zur Zahlung der Erbschaftsschulden berechtigt" gewesen.

94 Zum *curator bonorum* und seinen Aufgaben siehe bereits oben S. 91 ff. sowie 96 ff.

95 Siehe oben S. 96.

beispielsweise der *curator pupilli* oder *furiosi*. Seine Aufgaben beschränkten sich auf die Verwaltung der Güter und umfassten deren Veräußerung nur ausnahmsweise – dann wenn dadurch eine drohende Schädigung der Erbschaft verhindert werden konnte.[96] Die Tilgung von Erblasserschulden fiel nur in Ausnahmefällen darunter, wenn der Verfall eines Pfandes oder einer Strafstipulation drohte.[97] Eine ausdrückliche Aussage darüber, ob der *curator bonorum* die *hereditas* in einem Prozess verteidigen durfte, machen die Digesten nicht. Besser ist die Quellenlage hingegen für den umgekehrten Fall, das heißt für die Frage, ob der *curator* die *hereditas* auf Klägerseite vertreten konnte. Im Rahmen seiner Kommentierung des Edikts *Si pupillus heres erit*[98] verneint Ulpian dies zumindest für den *curator* über den Nachlass eines *pupillus*, für den das *tempus ad deliberandum* beantragt worden ist:

> D. 28.8.7 pr., 2 Ulp. 60 ed.
> *pr. Ait praetor: „Si pupilli pupillae nomine postulabitur tempus ad deliberandum, an expediat eum hereditatem retinere, et hoc datum sit: si iusta causa esse videbitur, bona interea deminui nisi si causa cognita boni viri arbitratu vetabo".*
> […]
> *2. Quid sit autem „deminui vetabo" videamus. His verbis praetor non tantum alienationem impedit, verum etiam actiones exerceri non patitur: est enim absurdum ei, cui alienatio interdicitur, permitti actiones exercere, et ita Labeo scribit.*
> pr. Der Prätor sagt: „Wenn im Namen eines oder einer Unmündigen die Deliberationsfrist darüber beantragt wird, ob es vorteilhaft sei, dass er [oder sie][99] die Erbschaft behält, und sie gewährt wurde, werde ich verbieten, dass der Nachlass unterdessen vermindert wird, sofern nicht erscheinen wird, dass nach der Untersuchung der Rechtssache gemäß dem Ermessen eines redlichen Mannes ein berechtigter Grund dafür besteht."
> […]
> 2. Untersuchen wir aber, was „ich werde verbieten, dass vermindert wird" bedeutet. Durch diese Worte verhindert der Prätor nicht bloß die Veräußerung, sondern es wird auch

96 Siehe oben S. 96 ff.

97 Siehe oben S. 98 ff. Für eine generelle Berechtigung des *curator* zur Schuldentilgung dagegen Erxleben, 183, unter Verweis auf Kaser, RP I, 718, wo sich allerdings keine entsprechende Aussage findet. Kaser erwähnt die Möglichkeit, einen *curator* ernennen zu lassen, lediglich im Zusammenhang mit der *missio in possessionem rei servandae causa*, das heißt zur Vornahme einer erhaltenden Geschäftsführung. Diese umfasste die Tilgung von Erbschaftsschulden aber gerade nur ausnahmsweise.

98 Lenel, EP, 419 f.; Lenel, Pal. II, Ulp. 1400, der das Edikt als Unterfall des Edikts *Si suus heres erit* führt, das wiederum eine Erstreckung des Edikts *De iure deliberandi* dargestellt habe.

99 Solazzi, Concorso I, 94 Fn. 3, beanstandet, dass bei Berücksichtigung des männlichen und weiblichen Unmündigen an dieser Stelle „*eum eam*" stehen müsste. Er löst das Problem, indem er vorschlägt, das Edikt habe an dieser Stelle „*pupillum pupillam*" wiederholt.

nicht gestattet, Klagen zu erheben. Denn es ist widersinnig, jenem, dem die Veräußerung verboten wird, zu gestatten, Klagen zu erheben, und so schreibt auch Labeo.

Das *beneficium abstinendi* gewährte der Prätor nicht nur dem *suus*, der sich noch nicht in die Erbschaftsangelegenheiten eingemischt hatte, sondern auch dem aufgrund seiner Unmündigkeit besonders schützenswerten *pupillus* nach erfolgter *immixtio*. Für die Gläubiger bedeutete dies, dass sie sich nicht auf die durch Einmischung begründete Erbenstellung verlassen konnten. Ihnen stand es deshalb frei, auch in diesem Fall eine definitive Entscheidung zu erbitten. Der *tutor* des Unmündigen konnte in diesem Fall wie üblich ein *tempus ad deliberandum* erbitten.[100]

Normalerweise verhinderte das Verbot der *immixtio* jegliche Verfügungen über den Nachlass während des *tempus ad deliberandum*, sofern der Prätor sie nicht ausdrücklich – in Form einer Notgeschäftsführung – gestattete.[101] Beim *pupillus*, der jederzeit von einer *restitutio in integrum* profitieren konnte, funktionierte dieser Mechanismus jedoch nicht, weshalb der Prätor die Verminderung des Nachlasses für diesen Fall ausdrücklich verbot. In seinem Kommentar führt Ulpian diesbezüglich aus, dass unter „Verminderung" auch die Klageerhebung zur Durchsetzung von Erbschaftsforderungen falle. Sie war demnach genauso verboten wie physische Verfügungen über das Nachlassvermögen. Ulpian erklärt dies damit, dass es widersinnig wäre, die Veräußerung zu verbieten und gleichzeitig die Klageerhebung zuzulassen – eine Überlegung, die darin gründet, dass die gleiche Klage nach erfolgter *litis contestatio* kein zweites Mal erhoben werden konnte.[102] Wäre der *tutor* im Prozess aus eigener Nachlässigkeit unterlegen, hätte er den Anspruch verbraucht und den Wert des Nachlasses dadurch vermindert.

Das zitierte Fragment bezieht sich nicht unmittelbar auf den hier interessierenden *curator bonorum*. Die Begründung Ulpians lässt sich aber ohne weiteres auf ihn übertragen, da ihm die Verminderung des Nachlassvermögens nur unter vergleichbar engen Voraussetzungen, wie sie für den deliberierenden Erben galten, gestattet war.[103] Es ist somit davon auszugehen, dass die Prozessvertretung ganz grundsätzlich nicht in den Aufgabenbereich des *curator bonorum* fiel. Solange noch kein Gesamtrechtsnachfolger feststand, war sie aber auch nicht notwendig: Vollstreckungsmaßnahmen aufgrund einer *indefensio* des Schuldners waren zu diesem Zeitpunkt ausgeschlossen. Dass die Gläubiger Befriedigung nicht auf der Grundlage eines Urteils gegen den *curator bonorum* erlangen konnten, machen

100 Zum gesamten Abschnitt vgl. Solazzi, Concorso I, 94 ff.; Voci, DER I, 581 f.; Ankum/van Gessel-de Roo/Pool, ZRG RA 104 (1987), 288 f.

101 Zur Notgeschäftsführung des deliberierenden Erben siehe oben S. 90 f.

102 Das gilt jedenfalls für die hier interessierenden *actiones in personam*; vgl. Kaser/Hackl, 299 f., 301 ff.

103 Siehe oben S. 96 ff.

sodann die erbrechtlichen Maßnahmen zur Verkürzung der „Wartezeit" der Gläubiger deutlich, die zeigen, dass die Gläubiger weiterhin von den Interventionen des Prätors abhängig waren.[104] Im Ergebnis ist eine Vertretung der *hereditas iacens* folglich ausgeschlossen. Das muss unabhängig davon gelten, ob im Todeszeitpunkt bereits ein Prozess anhängig war oder nicht. Die Gläubiger mussten warten, bis sich eine Person als Gesamtrechtsnachfolger bekannte und sich als solcher auf den Prozess einließ.

4. Vertretung des (zukünftigen) Erben

Ohne weiteres möglich war eine Prozessvertretung dann, wenn der Erbe die Erbschaft bereits angetreten hatte. Die materielle Schuld, die Gegenstand des Prozesses bildete, war dann bereits auf den Erben übergegangen,[105] und dieser konnte die Prozessführung – wie jeder andere Beklagte – auf einen *procurator* übertragen. Eine Vertretung war unter Umständen aber bereits dann möglich, wenn die Erbenfrage noch nicht abschließend geklärt war, das heißt, wenn aus erbrechtlicher Sicht noch von einer *hereditas iacens* gesprochen werden musste. Diese Möglichkeit ergibt sich aus dem Umstand, dass der Prätor den Wahrheitsgehalt der Antwort, die auf die *interrogatio in iure* folgte, nicht überprüfte, sondern das einfache Bekenntnis, Erbe zu sein, ausreichte, um sich als Erbe auf einen Prozess einzulassen.[106] Dasselbe gilt *mutatis mutandis* auch für den Vertreter eines derartigen „Erben". Als Vertreter des vermeintlichen neuen Schuldners konnte er sich ohne weiteres auf einen Prozess einlassen.

Dass jemand, der noch nicht sicher als Gesamtrechtsnachfolger feststand, oder dessen Vertreter bereit war, sich als unbeschränkt haftender Schuldner auf einen Prozess einzulassen, dürfte äußerst selten vorgekommen sein. Den Ausnahmefällen, in denen diese Möglichkeit dennoch Bedeutung entfaltete, widmet sich § 5 dieser Arbeit.[107]

---

104 Darunter fallen neben der *usucapio pro herede* des alten *ius civile* (siehe oben S. 38 ff.) der Fristenlauf des *successorium edictum* (oben S. 46 ff.) und die Möglichkeit zur Setzung einer Deliberationsfrist (oben S. 58 f.). Ferner wären auch die Stellen zur kasuell bedingten Erbeinsetzung damit nur schwer zu vereinbaren (D. 28.5.23 Pomp. 1 Sab. und D. 42.7.1 Paul. 57 ed.; dazu jeweils unten S. 153 ff.).

105 Siehe oben S. 29 f.

106 Siehe unten S. 142 f.

107 Siehe unten bes. 197 ff.

V. *Interrogatio in iure an heres sit et quota ex parte*

1. Funktion

Der Beweis der Stellung als Gesamtrechtsnachfolger war gerade im Fall des *heres* häufig nicht leicht zu erbringen. Der Erbschaftsantritt nach *ius civile* wie auch der Verzicht auf das prätorische *beneficium abstinendi* konnten durch reine *pro herede gestio* erfolgen und waren somit für Außenstehende häufig nicht klar erkennbar.[108] Diesem Umstand trug der Prätor in seinem Edikt über die *interrogationes in iure* Rechnung:

> D. 11.1.2–3 Ulp. 22 ed./Paul. 17 ed.[109]
> *2. Edictum de interrogationibus ideo praetor proposuit, quia sciebat difficile esse ei, qui heredem bonorumve possessorem convenit, probare aliquem esse heredem bonorumve possessorem,*
> *3. quia plerumque difficilis probatio aditae hereditatis est.*
> 2. Das Edikt über die Vorabbefragungen erließ der Prätor deshalb, weil er wusste, dass es für denjenigen, der gegen einen Erben oder Nachlassbesitzer klagt, schwierig zu beweisen ist, dass jemand Erbe oder Nachlassbesitzer sei,
> 3. weil die Beweisführung über den Erbschaftsantritt meistens schwierig ist.

Die erbrechtliche *interrogatio in iure* ermöglichte es dem Kläger, bereits vor der Streitbegründung – im Zeitraum *in iure*[110] – eine verbindliche Antwort nicht nur auf die Frage nach einer grundsätzlichen Erbenstellung, sondern auch nach dem exakten Erbteil zu erhalten (*interrogatio in iure an heres sit et quota ex parte*). Dieser zweite Aspekt der *interrogatio* hatte den Vorteil, dass der Kläger auch den exakten Anteil an der Ursprungsschuld erfuhr, auf den er den Teilerben verklagen konnte.[111] So konnte er der Gefahr vorbeugen, den Teilerben auf mehr zu verklagen, als er schuldete, das heißt eine *pluris petitio* zu begehen. Eine solche hätte nicht nur zur Abweisung der Klage geführt, sondern der Kläger hätte auch jede Möglichkeit eingebüßt, seinen Anspruch im Rahmen eines erneuten Verfahrens geltend zu

---

108 Zum Erbschaftsantritt durch *pro herede gestio* siehe oben S. 37 f.; zum *beneficium abstinendi* siehe oben S. 59 ff.

109 Zu den Stellen vgl. auch SPENGLER, 31 f.

110 Vgl. D. 11.1.4.1 Ulp. 22 ed.

111 Der Grundsatz *Nomina ipso iure divisa sunt* hatte insofern auch für den Gläubiger Geltung, als er jeden Miterben nur für den Anteil an der Ursprungsschuld belangen konnte, der dessen Erbteil entsprach.

machen, da das Klagerecht mit der ursprünglichen Abweisung konsumiert worden wäre.[112]

Die Rolle der erbrechtlichen *interrogatio* zur Vermeidung einer *pluris petitio* nennt Callistratus ausdrücklich in D. 11.1.1 pr. Call. 2 ed. mon.,[113] also jener Stelle, welche die Kompilatoren an den Beginn des Digestentitels *De interrogationibus in iure faciendis et interrogatoriis actionibus* stellten. Nicht zuletzt diese prominente Stellung hat dazu geführt, dass Sanfilippo[114] den Inhalt der bereits vielfach verdächtigten[115] Stellen D. 11.1.2–3 Ulp. 22 ed. bzw. Paul. 17 ed. gänzlich für interpoliert erklärt hat. Ihm zufolge bestand die *interrogatio* nicht aus zwei autonomen Teilfragen, sondern es habe immer nur eine einzige Frage „*an heres (ex asse) vel quota ex parte sit*“ gegeben. Eine Beweiserleichterung mit Blick auf die Erbenstellung zugunsten des Klägers sei mit dem System des klassischen römischen Rechts hingegen nicht vereinbar; insbesondere sei nicht ersichtlich, warum der Prätor eine solche nur für Erbschaftsgläubiger eingeführt haben sollte.[116] Mit der heute herrschenden Lehre ist diese Ansicht Sanfilippos abzulehnen.[117] Das ergibt sich bereits aus den seither aufgefundenen Originaldokumenten im Archiv der Sulpicii.[118] Doch auch die Begründung, wonach der besondere Schutz der Erbschaftsgläubiger systemfremd wäre, geht fehl. Die vorliegende Arbeit zeigt an diversen Stellen auf, dass das römische Recht die Erbschaftsgläubiger durchaus als besonders schützenswert behandelte und der Prätor ihren Interessen ausreichend Rechnung trug. Mit Blick

112 Zur *pluris petitio* im Zusammenhang mit der *interrogatio in iure* vgl. Provera, 179 f.; Sacconi, 116 ff.

113 D. 11.1.1 pr. Call. 2 ed. mon.: „*Totiens heres in iure interrogandus est, qua ex parte heres sit, quotiens adversus eum actio instituitur et dubitat actor, qua ex parte is, cum quo agere velit, heres sit. Est autem interrogatio tunc necessaria, cum in personam sit actio et ita, si certum petetur, ne, dum ignoret actor, qua ex parte adversarius defuncto heres exstiterit, interdum plus petendo aliquid damni sentiat.*“

114 Sanfilippo, Scr. Jovene, 637; zustimmend Sacconi, 117 Fn. 95.

115 Ind. itp., ad h. l.; Biondi, Giuramento, 64; Bonfante, Istituzioni, 465 Fn. 36; Lautner, FS Hanausek, 64 f.

116 Sanfilippo, Scr. Jovene, 637: „Una interrogazione ‘*an heres sit*’ rivolta ad accertare se l’interrogato sia erede o no, non potrebbe trovar posto nel sistema classico, essendosi dimostrato inammissibile lo scopo di facilitare all’attore l’onere della prova circa la legittimazione passiva. Non si comprenderebbe, nella specie, perchè il pretore avrebbe dovuto decidersi ad introdurre tale mezzo proprio in favore del creditore ereditario e non di altri.“

117 Medicus, St. Volterra I, 446; Di Lella, Scr. Guarino VI, 2793 ff.

118 TPSulp. 23, 24 = TPN 24, 25, die jeweils zwei Teilfragen über die Erbenstellung und den Erbteil enthalten; in diesem Sinne auch bereits Piccirillo, Labeo 17 (1971), 308; Di Lella, Scr. Guarino VI, 2793 ff.; vorsichtiger Spengler, 9, der nicht nur eine zwingend zweigeteilte Frage für möglich hält, sondern auch Teilfragen, je nach Maßgabe des vom Gläubiger glaubhaft gemachten Informationsbedürfnisses. Diese Unterscheidung im Einzelfall ist überzeugend. Auch sie stellt die Möglichkeit einer Frage nur nach der Erbenstellung aber nicht infrage.

auf die Stellung, in der sich der Erbschaftsgläubiger noch vor dem Ableben des Schuldners befunden hatte, wie auch in Bezug auf das Verhältnis der Erbschaftsgläubiger zu den übrigen Gläubigern des Erben kann im Übrigen ohnehin nicht von einer echten Privilegierung gesprochen werden. Die Beweisführung über die Erbenstellung war der ursprünglichen Forderung der Gläubiger nicht inhärent, sondern wurde erst deshalb erforderlich, weil der ursprüngliche Schuldner zwischenzeitlich verstorben war – ein Umstand, den der Gläubiger in der Regel nicht vorhersehen konnte. Indem der Prätor dem Erbschaftsgläubiger die Last abnahm, zusätzlich auch die Erbenstellung beweisen zu müssen, versetzte er ihn somit nur in die Lage zurück, in der er sich vor dem Ableben des Schuldners befunden hatte. Gleichzeitig stellte er den Erbschaftsgläubiger den übrigen Gläubigern gleich, denen von Anfang an der Erbe verpflichtet war.

Die *interrogatio in iure* stand nicht nur gegen den *heres*, sondern auch gegen den *bonorum possessor* zu. Das geht implizit bereits aus D. 11.1.2 Ulp. 22 ed. hervor und wurde durch den Fund von TPSulp. 24 (= TPN 24) bestätigt, in dem die Frage auf die Eigenschaft als *heres* oder *bonorum possessor* lautet:

> [...] *In iure aput Q(uintum) Puteolanum Aquilam praefectum C(aius) Sulpicius Faustus interrogavit A(ulum) Castricium Erotem Hordionianum essetne heres aut bonorum possessor A(uli) Castrici Isocrysi et quota ex parte.* [...][119]

Die Erstreckung der *interrogatio* auf den *bonorum possessor* ist insoweit nicht selbstverständlich,[120] als der Erhalt der *bonorum possessio* im Gegensatz zum Erbschaftsantritt nicht formlos, sondern durch einen Akt vor dem Prätor erfolgte.[121] Das Beweisproblem des Gläubigers blieb aber auch unter diesen Umständen bestehen.[122] Nicht zu unterschätzen ist sodann ein weiterer Faktor, der die Klärung der erbrechtlichen Vorfrage beim *bonorum possessor* noch viel wichtiger machte als beim *heres*: Wenn gegen den zivilen Erben die direkten Klagen gewährt wurden,

---

119 Vgl. auch Spengler, 4 ff. – Im Gegensatz dazu lautet die Frage in TPSulp. 23 (= TPN 25) nur auf die Stellung als *heres*.

120 Vgl. auch die Ablehnung der Gleichsetzung von *heres* und *bonorum possessor* in D. 11.1.2 Ulp. 22 ed. bei Sanfilippo, Scr. Jovene, 637.

121 Zur Erteilung der *bonorum possessio* durch den Prätor siehe oben S. 43 ff.

122 Di Lella, Scr. Guarino VI, 2795 ff., geht sogar so weit, dass er den Ursprung der *interrogatio in iure an heres sit* gerade in der Schwierigkeit sieht, zu erkennen, ob der Gesamtrechtsnachfolger seine Stellung nach *ius civile* oder *ius honorarium* erlangt habe. Auf diese Unterscheidung zwischen *heres* und *bonorum possessor* habe die *interrogatio* abgestellt. Die These vermag nicht zu überzeugen, da die Frage nach der Stellung als Gesamtrechtsnachfolger mindestens so problematisch zu beweisen war. Sie stützt sich im Übrigen auf eine veraltete Lesung von TP 63 (in diesem Sinne bereits Camodeca, Archivio, 119).

ohne dass die Erbenstellung Eingang in die Formel finden musste,[123] wäre auch ein Prozess ohne vorgängige *interrogatio in iure* denkbar. Der Kläger hätte dann *apud iudicem* die in der *intentio* erhobene Forderung erhärten müssen, wozu zwingend auch der Übergang der Schuld auf den Beklagten aufgrund von Universalsukzession gehörte. Dieser Beweis ist zwar nicht leicht zu erbringen, aber durchaus möglich. Anders präsentiert sich die Sachlage bei der Klage gegen einen *bonorum possessor*. Hier war die Klageformel fiktizisch gefasst, das heißt, die Erbenstellung des Beklagten wurde fingiert.[124] Das hatte zur Folge, dass die Frage nach der Stellung als Gesamtrechtsnachfolger dem Richter gänzlich entzogen war. Sie musste also zwingend bereits *in iure* abschließend geklärt werden, oder der Prätor musste die Frage dem *iudex* zumindest ausdrücklich in der Formel zur Klärung übergeben. Auf letztere Variante gibt es in den Quellen keinerlei Hinweise; sie wäre aber beispielsweise durch das Vorschalten einer *praescriptio* zumindest denkbar.[125] Diese Ausgangslage spricht dafür, dass der Prätor im Notfall auch aus eigener Initiative zur Klärung der Rechtsstellung eines möglichen *bonorum possessor* schreiten musste, bevor er eine fiktizische Klage gewährte. Aus dieser Überlegung könnte sich erklären, dass der Prätor die *interrogatio in iure* auch selbst stellen konnte.[126]

2. Rechtsfolgen

Mit der *interrogatio in iure an heres sit et quota ex parte* ging grundsätzlich eine Antwortpflicht des Befragten einher. Ansonsten drohte dem Befragten eine Klage auf das Ganze:

> D. 11.1.11.3–4 Ulp. 22 ed.
> *3. Si, cum esset quis ex semisse heres, dixerit se ex quadrante, mendacii hanc poenam feret, quod in solidum convenitur: non enim debuit mentiri, dum se minoris portionis heredem adseverat.* [...]
> *4. Qui tacuit quoque apud praetorem, in ea causa est, ut instituta actione in solidum conveniatur, quasi negaverit se heredem esse. Nam qui omnino non respondit, contumax est: contumaciae autem poenam hanc ferre debet, ut in solidum conveniatur, quemadmodum si negasset, quia praetorem contemnere videtur.*

---

123 Siehe oben S. 117 f.

124 Siehe oben S. 119 ff.

125 Ein ähnliches Zusammenspiel von erbrechtlicher Vorfrage und *formula ficticia* nimmt Lenel, EP, 149, für den Fall der Klage *ex falsa responsione* nach erfolgter *interrogatio in iure* an; zustimmend Spengler, 159 f.

126 D. 11.1.9.1 Ulp. 22 ed., wo der Prätor als Fragesteller sogar noch vor dem Prozessgegner genannt wird; vgl. dazu Spengler, 39 f.

3. Wenn jemand, obwohl er Erbe zur Hälfte war, gesagt hat, er sei dies zu einem Viertel, dann wird er aufgrund der Lüge diese Strafe tragen, dass er auf das Ganze verklagt werden kann. Er durfte nämlich nicht lügen, indem er behauptete, Erbe zu einem kleineren Teil zu sein. [...]
4. Auch wer vor dem Prätor geschwiegen hat, befindet sich in der Lage, dass er mit einer auf das Ganze gerichteten Klage belangt werden kann, wie wenn er die Erbenstellung verneint hätte. Denn wer überhaupt nicht antwortet, ist ungehorsam. Er muss aber diese Strafe wegen Ungehorsams tragen, dass er auf das Ganze verklagt werden kann, wie wenn er verneint hätte, weil er den Prätor zu missachten scheint.[127]

Sowohl wenn der Befragte eine Antwort verweigerte als auch wenn er seine Erbenstellung fälschlicherweise verneinte (Paragraf 4) oder jedenfalls einen zu niedrigen Erbteil angab (Paragraf 3), sah er sich einer Strafe des Prätors ausgesetzt. Sie bestand darin, dass der Prätor auch ohne die zufriedenstellende Mitwirkung des Befragten eine Klage gewährte – dieses Mal ungeachtet des tatsächlichen Erbteils im Umfang der gesamten Forderung, die gegen den Erblasser bestand, also ganz so, als sei der Beklagte Alleinerbe geworden.

Ohne weiteres konnte der Prätor diese Klage *in solidum* gewähren, wenn der Befragte schwieg oder seine Antwort nicht den nötigen Anforderungen an Klarheit entsprach.[128] Schwieriger war die Ausgangslage für den Gläubiger hingegen im Fall, dass der Befragte seine Erbenstellung oder den tatsächlich auf ihn entfallenden Erbteil wahrheitswidrig verneinte. Hier musste es dem Gläubiger obliegen, den Nachweis über diese Lüge – und damit über die Stellung als *heres* oder *bonorum possessor* – zu erbringen.[129] Den genauen prozessualen Rahmen, in dem diese Beweiserhebung erfolgte, lassen die Quellen nicht erkennen. Es scheint wahrscheinlich, dass der Prätor die Behauptung, der Befragte habe sich eines *mentiri* schuldig gemacht, keiner besonders eingehenden Prüfung unterzog, sondern sie dem Richter überließ. Eine derartige Aufgabenverteilung war insoweit atypisch, als die Klage, die sich an die *interrogatio* anschloss (*actio interrogatoria*), wahrscheinlich fiktizisch gefasst war,[130] womit die Frage nach der tatsächlichen Erbenstellung

---

127 Zur Echtheit des Verweises auf die *contumacia* und zur Bedeutung der Passage vgl. Spengler, 59.

128 Zum Erfordernis einer klaren Antwort vgl. D. 11.1.11.5–7 Ulp. 22 ed.; dazu auch Spengler, 61 f., der Paragraf 7 jedoch im Anschluss an Fraenkel, ZRG RA 82 (1965), 320, für eine Randglosse hält, die aber immerhin den klassischen Rechtszustand korrekt wiedergebe. – Zur Klagegewährung gegen den Schweigenden vgl. Spengler, 59 f.

129 Vergleiche zum *negare* Spengler, 59 ff.

130 Die Frage ist umstritten und lässt sich auch nicht abschließend beantworten, da die Quellen hierzu keine Informationen liefern. Heute herrschend ist aber die auf Krüger, KritV. 22 (1880), 419 f., zurückgehende und von Lenel, EP, 145 ff., aufgegriffene Idee der Erbenfiktion; zustimmend Sanfilippo, Scr. Jovene, 670; Spengler, 159 f. – Andere Vorschläge finden sich bei Savigny, System VII, 23 f.; Rudorff, RRG II, 277 (beide untauglich wegen der auf den Verstorbenen gerichteten

dem Verfahren *apud iudicem* grundsätzlich entzogen war.[131] Lenel hat aber zu Recht darauf hingewiesen, dass der Prätor die Prüfung dieser Tatfrage durch die Aufnahme einer *praescriptio* in die Formel anordnen konnte. Ergab die Prüfung eine Erbenstellung zu einem höheren Anteil als dem in der Antwort genannten, folgte die Haftung *in solidum* aus der Fiktion der Stellung als Alleinerbe:

> „Ea res agitur si N^{s} N^{s} L. Titio ex maiore parte quam ex semisse heres est. Si N^{s} N^{s} L. Titio heres ex asse esset, tum si N^{m} N^{m} A^{o} A^{o} HS decem milia dare oporteret, iudex N^{m} N^{m} (si in iure interrogatus, quota ex parte heres esset, respondit se ex semisse heredem esse) A^{o} A^{o} …“[132]

Für den Fall der wahrheitswidrigen Verneinung der Erbenstellung glaubte Demelius[133] noch einen weiteren Weg zu erkennen, den die Gläubiger beschreiten konnten. Wie bei allen *interrogationes in iure* habe diese nämlich gerade die Funktion gehabt, dem Fragesteller die Entscheidung zwischen zwei prozessualen Wegen zu erleichtern: den Befragten als *defensor defuncti*[134] zu belangen oder zur *missio in bona defuncti* mit anschließendem Nachlassverkauf zu schreiten. Die Grundthese Demelius' sah sich wenigstens in ihrer Absolutheit einiger Kritik ausgesetzt.[135] Die grundsätzliche Möglichkeit, nach einer ablehnenden Antwort zum „Nachlasskonkurs“ zu schreiten, fand hingegen Zustimmung.[136] Der Einbezug des Nachlassverkaufs darf aber nur unter Vorbehalt erfolgen:

---

intentio, deshalb ablehnend bereits Lenel, ebd.); Rudorff, EP, § 80 (Fiktion der Lebendigkeit des Verstorbenen); Demelius, 271 ff. (Frage und Antwort begründen eine unmittelbare Verpflichtung des Erben nach *ius civile*); Lenel, EP[1], § 53 (Leistungspflicht „*hereditatis nomine*“). Gegen die fiktizische Fassung mindestens bei wahrheitsgemäßer Antwort Lemosse, Labeo 34 (1988), 9.

131 Bejahte der Befragte seine Erbenstellung, haftete er selbst dann, wenn die Antwort unzutreffend war (D. 11.1.11.1–2 Ulp. 22 ed.); verhielt er sich pflichtwidrig und gab eine falsche oder keine Antwort, haftete er zur Strafe unabhängig von seinem Erbteil auf das Ganze (D. 11.1.11.3–4 Ulp. 22 ed.). Ausnahmen bestanden lediglich für den irrenden Befragten (D. 11.1.11.8–12 Ulp. 22 ed.; dazu Spengler, 63 ff.). – Zur Tatsache, dass es auf den Wahrheitsgehalt der Antwort nicht ankam, vgl. umfassend Demelius, bes. 319, am Beispiel der „*interrogatio* behufs Erlangung von *cautio damni infecti*“; zustimmend Medicus, St. Volterra I, 450 f.; Spengler, 57.

132 Lenel, EP, 149; Spengler, 159 f.; für diesen Fall der wahrheitswidrigen Antwort sogar auch Lemosse, Labeo 34 (1988), 12, der die fiktizische Fassung bei wahrheitsgemäßer Antwort ablehnt (ebd., 9).

133 Demelius, 253 ff., bes. 258 zum *heres ex asse* und 267 zum *heres ex parte*.

134 Zur Terminologie und Demelius' Verständnis des „*defensor defuncti*“ siehe unten S. 196 f.

135 Vgl. nur Sanfilippo, Scr. Jovene, 631 ff.; leicht abgeschwächt Medicus, St. Volterra I, 450 ff.

136 Medicus, St. Volterra I, 450 ff.; Spengler, 60, dem zufolge „diesen Weg aufgezeigt zu haben […] das große Verdienst der Arbeit von Demelius“ sei. Wenn auch nicht ausdrücklich, entfernt er sich aber sogleich von Demelius' Ausführungen; siehe dazu Fn. 143.

Es ist sicher zutreffend, dass auch die verneinende Antwort den Gläubigern in gewisser Weise weiterhalf, indem sie einen belastbaren Beweis für die fehlende Erbenstellung lieferte – ein Nachweis, der bei der Beantragung der *missio in possessionem* auf der Grundlage des Edikts *Cui heres non extabit* erbracht werden musste.[137] Gerade bei der wahrheitswidrigen Verneinung der Erbenstellung war dieses Erfordernis aber grundsätzlich nicht erfüllt. Zwar ist durchaus wahrscheinlich, dass der Prätor die offizielle Verneinung der Erbenstellung in der Regel ausreichen ließ.[138] Da aber grundsätzlich alle Gläubiger in die *missio in possessionem* und den anschließenden Nachlassverkauf einbezogen wurden, hätte sich jeder unter ihnen gegen die *responsio* stellen können, um den Nachlassverkauf zu verhindern. Dass ein Gläubiger dies tatsächlich tat, ist wiederum nicht unwahrscheinlich, weil die Position der Gläubiger jedenfalls bei Überschuldungsgefahr – wie oben dargelegt – ungleich besser war, wenn sie sich an einen unbeschränkt haftenden Schuldner halten konnten, statt zum Nachlassverkauf schreiten zu müssen.[139] Der weitaus bedeutendste Einwand gegen die Nennung des Nachlassverkaufs als echte Alternative ist aber der, dass der Nachlassverkauf von vornherein nur dann überhaupt in Betracht kam, wenn der Antwortende Alleinerbe war.[140] Sobald es einen weiteren – sich bekennenden – Erben gab, schloss dessen Existenz den Nachlassverkauf aus.[141] Hätte der verneinende Teilerbe die Erbschaft tatsächlich ausgeschlagen, so hätte dies eine Anwachsung seines Erbteils an jenen des antretenden Erben zur Folge gehabt;[142] die Gläubiger hätten sich dann umfassend an den tatsächlichen Erben halten können. Die bloße Lüge bei der *interrogatio in iure* konnte eine bestehende Erbenstellung aber nicht rückgängig machen, womit auch ein Anwachsen des Erbteils außer Frage stand. Sofern der antretende Erbe sich nicht bei der eigenen *interrogatio* auch zu dem Erbteil des Leugnenden bekannte, blieb den

137 Zum Edikt *Cui heres non extabit* siehe oben S. 50 ff.

138 In diesem Sinne Demelius, 258, dem zufolge es für die *missio in possessionem* ausreichend war, dass sich niemand „als für die Schulden des Verstorbenen haftbar erklärt".

139 Siehe dazu die einzelnen Ausführungen in § 1, zusammengefasst in S. 67 ff. Das gilt sogar dann, wenn der Erbe selbst überschuldet war. In diesem Fall konnten sie die *separatio bonorum* verlangen und hatten dann den gesamten Nachlass als Haftungssubstrat (zur *separatio bonorum* siehe oben S. 14 f. mit Fn. 8). Im Gegensatz dazu wird ein *bonorum emptor* in aller Regel wenigstens eine kleine Gewinnmarge für sich ausbedungen haben, womit das Haftungssubstrat geringer war als der Gesamtwert des Nachlasses (siehe oben S. 53 ff.).

140 Anders Demelius, 267, der die Möglichkeit sieht, dass sich der Erbschaftsgläubiger „gegen die Nachlassmasse [wendet] und dadurch indirect die Erben zur *defensio defuncti* zu nöthigen [versucht]".

141 Der Ediktstatbestand *Cui heres non extabit* war dann nicht mehr erfüllt; siehe dazu oben S. 50 ff.

142 Zur Anwachsung von Erbteilen vgl. Rüfner, HRP I § 53, Rn. 49 ff.; Babusiaux, Erbrecht, 87 ff.

Gläubigern nur der Weg, den Leugnenden zu verklagen und seine Erbenstellung nachzuweisen.[143]

Verneinte der Befragte die Erbenstellung wahrheitswidrig oder bekannte er sich zu einem zu geringen Erbteil, so dürfte somit trotz allem in erster Linie die Strafe der Haftung *in solidum* einschlägig gewesen sein. Sie schuf zwar generell einen Anreiz dafür, dass Erben von vornherein nicht versuchten, ihre Erbenstellung zu verbergen; im Falle der wahrheitswidrigen Antwort kam der Gläubiger aber nicht darum herum, die Erbenstellung oder den höheren Erbteil zu beweisen. In diesem Fall brachte die *interrogatio* immerhin den Vorteil, dass der Beklagte bereits *in iure* gezwungen war, seine spätere Verteidigungsstrategie offenzulegen.[144]

In allen anderen Fällen nahm die *interrogatio in iure* dem Gläubiger hingegen jede weitere Beweisführung über die Erbenstellung ab. Das gilt namentlich für den Fall, dass der Befragte seine Erbenstellung *in iure* bejahte. Da die *interrogatio* die Frage grundsätzlich abschließend beantwortete, entzog sie diese dem weiteren Verfahren, was dazu führte, dass sich auch der Befragte, der die Frage wahrheitswidrig bejahte, hieran festhalten lassen musste:

> D. 11.1.11.1–2 Ulp. 22 ed.
> *1. Si quis, cum heres non esset, interrogatus responderit ex parte heredem esse, sic convenietur, atque si ex ea parte heres esset: fides enim ei contra se habebitur.*
> *2. Qui ex quadrante heres vel omnino cum heres non esset responderit se heredem ex asse, in assem instituta actione convenietur.*

---

143 Unklar ist, ob Spengler, 60, noch eine weitere Möglichkeit des Vermögensverkaufs erwägt. Er referiert grundsätzlich die These Demelius' und spricht selbst vom „Nachlaßkonkurs". Gleichzeitig geht er allerdings davon aus, dass die *missio in possessionem* aufgrund von *indefensio* eingeleitet würde. Das entspricht aber nicht Demelius' These, der 256 f. ausdrücklich den Ediktstatbestand *Cui heres non extabit* als Grundlage nennt. Eine Möglichkeit, die *missio in possessionem* auf der Grundlage einer *indefensio* zu erbitten, nachdem der Befragte auf die *interrogatio in iure* mit *negare* oder *tacere* reagiert hatte, ist jedenfalls abzulehnen. Sie hätte nicht zu einer *venditio bonorum mortuorum* führen können, sondern allenfalls zu einer *venditio bonorum vivorum*. Denn charakteristisch für eine *venditio bonorum mortuorum* ist gerade die Tatsache, dass für das Vermögen niemand zuständig ist, da es an einem Gesamtrechtsnachfolger fehlt (vgl. Gai. 3.78; dazu oben S. 51 ff.). Eine Defensionspflicht ist damit nicht vereinbar. Eine *venditio bonorum vivorum* hätte vorausgesetzt, dass die Erblasserforderung dem Befragten zugerechnet worden wäre, obwohl er sich nicht dazu bekannt oder seine Verantwortlichkeit gar verneint hätte. Verkauft worden wäre sodann nicht das Nachlassvermögen, sondern das Privatvermögen des Befragten. Eine solche Zurechnung wäre überaus erstaunlich, und in den Quellen finden sich keinerlei Hinweise auf eine entsprechende *missio in bona vivorum* nach *interrogatio in iure*. Die Idee soll deshalb nicht weiterverfolgt werden.

144 Hierin sieht Medicus, St. Volterra I, 454 ff., 467, das eigentlich Gemeinsame aller Interrogationsfälle.

1. Wenn jemand, obwohl er nicht Erbe war, auf die Frage geantwortet hat, er sei Teilerbe, wird er so verklagt werden, wie wenn er Erbe zu diesem Teil wäre. Ihm wird nämlich auch gegen sich selbst Glauben geschenkt werden.
2. Wer Erbe zu einem Viertel oder überhaupt nicht Erbe war, obwohl er antwortete, Alleinerbe zu sein, wird mit einer auf das Ganze gerichteten Klage verklagt werden.

Erklärte ein Nichterbe auf die *interrogatio in iure*, er sei Erbe, oder bekannte sich ein Teilerbe zu einem höheren Erbteil, als ihm tatsächlich zustand, so gewährte der Prätor dem Gläubiger eine Klage im Umfang des behaupteten Erbteils.[145] Die Tatsache, dass die Antwort nicht den erbrechtlichen Begebenheiten entsprach, war irrelevant. Die herrschende Lehre geht überzeugend davon aus, dass der Prätor die Klageformel auch in diesem Fall fiktizisch fasste,[146] was dem Richter grundsätzlich jede Möglichkeit zur Prüfung des Wahrheitsgehalts nahm. Eine Korrektur ließen die römischen Juristen nur in Fällen zu, in denen sich der Befragte in einem entschuldbaren Irrtum befunden hatte.[147] Ein solcher konnte gerade aufgrund der komplexen erbrechtlichen Bestimmungen leicht bestehen.[148] Die Beweisführung über die tatsächliche Erbenstellung und den Irrtum oblag in diesem Fall aber dem Befragten.

3. Einschränkungen im Interesse der Erben

Mit der *interrogatio in iure* kam das römische Recht den Erbschaftsgläubigern auf höchst effektive Weise zu Hilfe: Allein durch die Antwort wurde die erbrechtliche Vorfrage in der Regel verbindlich entschieden. Die natürliche Kehrseite dieser Wohltat bestand darin, dass der Befragte seine Antwort mit Bedacht wählen musste; seine Antwort war nicht mehr nur als Indiz im Hinblick auf die Tatfrage zu werten, sondern hatte weitreichende und unmittelbare rechtliche Konsequenzen. Diese Auswirkungen der *interrogatio in iure* schwächte der Prätor dadurch ab, dass er auch dem Befragten Privilegien gewährte. Mit zwei Maßnahmen stellte er sicher, dass

---

145 Vgl. dazu Spengler, 55 ff.; für die Möglichkeit einer wahrheitswidrigen Bejahung der *interrogatio in iure* ferner Demelius, bes. 319; Medicus, St. Volterra I, 450.

146 Nachweise zu dieser umstrittenen Frage in Fn. 130.

147 D. 11.1.11.8, 11–12 Ulp. 22 ed.; Spengler, 63 ff.

148 D. 11.1.11.8 Ulp. 22 ed. nennt exemplarisch folgende Fälle: Nach der Befragung wird ein Testament aufgefunden, das den Befragten enterbt; das Testament, auf das der Befragte seine Antwort stützt, erweist sich als gefälscht; das Testament wird infolge einer *querela inofficiosi testamenti* für unwirksam erklärt (zu den Folgen der *querela* zuletzt Gagliardi, 11 ff.); das Testament ist aufgrund anderweitiger Mängel unwirksam (*irritum*). Hinzu kommen die Fälle, in denen das prätorische Recht Korrekturen an der zivilen Erbfolge vornahm (insb. *bonorum possessio contra tabulas*) (Spengler, 63).

sich dieser nicht zu einer voreiligen Entscheidung über Antritt oder Ausschlagung der Erbschaft gezwungen sah.

a) Schutz der Deliberationsfrist

Einerseits beeinträchtigte die *interrogatio in iure an heres sit* nicht das Recht des potentiellen Erben auf eine Bedenkzeit hinsichtlich des Erbschaftsantritts. So hatte der Befragte, der seine Entscheidung über den Erbschaftsantritt noch nicht gefällt hatte, das Recht, sich einer Antwort zu enthalten und vom Prätor das *tempus ad deliberandum* zu erbitten:[149]

> D. 11.1.5–6 pr. Gai. 3 ed. prov./Ulp. 22 ed.
> *5. Qui interrogatur, an heres vel quota ex parte sit vel an in potestate habeat eum, cuius nomine noxali iudicio agitur, ad deliberandum tempus impetrare debet, quia, si perperam confessus fuerit, incommodo adficitur:*
> *6 pr. Et quia hoc defunctorum interest, ut habeant successores, interest et viventium, ne praecipitentur, quamdiu iuste deliberant.*
> 5. Wer befragt wird, ob oder zu welchem Anteil er Erbe sei oder ob er denjenigen, wegen dem eine Noxalklage erhoben wird, in seiner Gewalt habe, muss eine Bedenkzeit erhalten, weil er, wenn er sich fälschlicherweise dazu bekannt hat, einen Nachteil erleidet;
> 6 pr. und weil dies sowohl im Interesse der Verstorbenen ist, Nachfolger zu haben, als auch im Interesse der Lebenden, dass sie nicht bedrängt werden, solange sie rechtmäßig überlegen.

Die *interrogatio in iure* war somit nicht geeignet, die Entscheidung des potentiellen Erben zu beschleunigen; sie konnte lediglich bewirken, dass der Befragte die Entscheidung – wenn er sie einmal getroffen hatte – mitteilte. Abermals suchte der Prätor damit einen Kompromiss zwischen den Interessen des potentiellen Erben und jenen der Gläubiger. Diesen Umstand macht Ulpian sehr deutlich in einer Stelle, die das Verhältnis des Fragerechts der Gläubiger zu den Fristen der *bonorum possessio* behandelt:

> D. 38.9.1.12 Ulp. 49 ed.
> *Largius tempus parentibus liberisque petendae bonorum possessionis tribuitur, in honorem sanguinis videlicet, quia artandi non erant, qui paene ad propria bona veniunt. Ideoque placuit eis praestitui annum, scilicet ita moderate, ut neque ipsi urguerentur ad bonorum*

---

149 Dedekind, 20; Solazzi, Scr. I, 361; Solazzi, Concorso I, 92; Spengler, 35 f. – Zum *tempus ad deliberandum* siehe bereits oben S. 58 f.

> *possessionis petitionem neque bona diu iacerent. Sane nonnumquam urguentibus creditoribus interrogandi sunt in iure, an sibi bonorum possessionem admittant, ut, si repudiare se dicant, sciant creditores, quid sibi agendum esset: si deliberare se adhuc dicant, praecipitandi non sunt.*
> Eine großzügigere Zeitspanne wurde den Eltern und Kindern zur Beantragung des Nachlassbesitzes gewährt, offensichtlich zur Würdigung der Blutsverwandtschaft, weil diejenigen nicht beschränkt werden sollten, die so gut wie ihr eigenes Vermögen erhielten. Und daher beschloss man, ihnen ein Jahr zu gewähren, nämlich derart Maß haltend, dass weder sie selbst zur Beantragung des Nachlassbesitzes gedrängt wurden noch der Nachlass lange ruhte. Freilich müssen sie bei drängenden Gläubigern manchmal vor dem Prätor (*in iure*) gefragt werden, ob sie den Nachlassbesitz annehmen, damit, wenn sie antworten, sie würden ihn ausschlagen, die Gläubiger wissen, wie sie vorzugehen haben. Wenn sie sagen, sie würden noch überlegen, dürfen sie nicht bedrängt werden.

Das Fragment ist Teil der Ausführungen zum *successorium edictum*[150] und rechtfertigt die einjährige Antragsfrist[151] für die *bonorum possessio* von Kindern und Eltern. Sie sei länger als die Antragsfrist übriger Berechtigter, weil Kinder und Eltern Blutsverwandte des Erblassers seien und sie deshalb gewissermaßen über eigenes Vermögen entscheiden müssten. Die Jahresfrist ist dabei erklärtermaßen das Ergebnis einer Interessenabwägung, die sicherstellen sollte, dass die Antragsberechtigten nicht zu einer übereilten Entscheidung gezwungen wurden, ohne gleichzeitig die Gläubiger allzu lange warten zu lassen.

Wie beim *tempus ad deliberandum* des zivilen Erben schützte der Prätor auch den möglichen *bonorum possessor* in der ihm gesetzten Frist. Während dieser Zeit konnte er nicht zu einer Antwort auf die Frage gezwungen werden, ob er die *bonorum possessio* beantragen werde. Ganz im Sinne der Interessenabwägung galt der Schutz dieser Antragsfrist aber nicht absolut: Auch während der noch laufenden Frist konnte der Berufene bereits auf die *bonorum possessio* verzichten, was zum sofortigen Verlust des Antragsrechts und zum Beginn der Antragsfrist des nachfolgend Berechtigten führte.[152] Da diese Verfahrensbeschleunigung im Interesse

---

150 Lenel, Pal. II, 729, Ulp. 1216; zum *successorium edictum* siehe oben S. 46 ff.

151 Spengler, 35, spricht von einer „Ausschlagungsfrist". Das ist insofern missverständlich, als die *bonorum possessio* immer nur auf Antrag zugesprochen wurde und niemals automatisch anfiel (siehe oben S. 43 ff.). Die Möglichkeit des „*repudiare*" diskutiert Ulpian zwar kurz zuvor (D. 38.9.1.1–7, 11 Ulp. 49 ed.), es ist aber nur dazu geeignet, die angesetzte Frist vorzeitig abzubrechen. Verwirkt wird damit weiterhin der Erhalt der *bonorum possessio* und nicht deren Ausschlagung.

152 Vgl. D. 38.9.1.6 Ulp. 49 ed.: „*Qui semel noluit bonorum possessionem petere, perdidit ius eius, etsi tempora largiantur: ubi enim noluit, iam coepit ad alios pertinere bonorum possessio aut fiscum invitare.*" Ferner D. 38.9.1.10 Ulp. 49 ed.

der Gläubiger lag, konnte es Ulpian zufolge vorkommen, dass ein Gläubiger *in iure* erfragte, ob der Berufene die *bonorum possessio* beantragen wolle oder nicht. Verneinte der Berufene dies, war die Ausschlagung ohne weiteres wirksam, und der Gläubiger wusste „*quid sibi agendum esset*", das heißt, er konnte sich entweder an den nachfolgend Berufenen wenden oder die *missio in possessionem* zum Zweck des Nachlassverkaufs beantragen.[153]

Nicht abschließend geklärt ist, welche Art von Frage *in iure* Ulpian in seinem Beispiel vor Augen hatte. Naheliegend scheint die *interrogatio an heres bonorumve possessor sit et quota ex parte*. Es ist jedoch auffällig, dass die von Ulpian wiedergegebene Frage eine andere Formulierung aufweist: Gefragt wird ausdrücklich danach, ob der Befragte die *bonorum possessio* anzunehmen gedenke (*an sibi bonorum possessionem admittant*); das Ziel der Frage scheint darauf gerichtet zu sein, eine bereits beschlossene Ausschlagung frühzeitig mitgeteilt zu erhalten (*ut, si repudiare se dicant, sciant creditores, quid sibi agendum esset*). Spengler schlägt deshalb vor, D. 38.9.1.12 Ulp. 49 ed. als Zeugnis einer weiteren *interrogatio in iure* zu lesen, namentlich der *interrogatio in iure an sibi bonorum possessionem admittant*.[154] Eine solche ist zwar nicht anderweitig überliefert, das muss aber – wie er zutreffend ausführt – aufgrund des Mangels an Quellenmaterial nicht zwingend gegen ihre Existenz sprechen. Die These überzeugt insoweit, als eine gezielte Frage nach dem geplanten Verzicht auf die *bonorum possessio* dem Bedürfnis des Gläubigers nach rascher Entscheidung diente, da der erklärte Verzicht auf die *bonorum possessio* wie gesehen unmittelbare Auswirkungen auf den Lauf der Antragsfrist hatte. So ist es denn gut vorstellbar, dass der Prätor eine entsprechende Frage zuließ.

Ganz unabhängig von der Frageart macht D. 38.9.1.12 Ulp. 49 ed. deutlich, dass die *interrogatio in iure* jedenfalls im Sonderfall der *bonorum possessio* durchaus auch zur Beschleunigung der Nachfolgerbeschaffung beitragen konnte. Zwar wurde der Berufene an erster Stelle in seinem Deliberationsrecht geschützt. Hatte er seine Entscheidung aber einmal getroffen, bedurfte er dieses Schutzes nicht mehr. Ab diesem Zeitpunkt galt die Sorge des Prätors den Gläubigern, die möglichst frühzeitig von der Entscheidung erfahren sollten.

b) Enthaltungsrecht bei *controversia hereditatis*

Die zweite Maßnahme zum Schutz des potentiellen Erben bestand darin, dass ein Befragter sich dann der Antwort enthalten konnte, wenn über die Erbenfrage Streit bestand:

---

153 Zum Zweck des *successorium edictum*, den Gläubigern zeitnah Klarheit über die Nachfolgerfrage zu verschaffen, siehe D. 38.9.1 pr. Ulp. 49 ed. sowie oben S. 46 ff. Vgl. auch Spengler, 36.

154 Spengler, 36; ähnlich auch bereits Demelius, 259 f. Fn. 2.

D. 11.1.6.1 Ulp. 22 ed.
Interdum interrogatus quis, an heres sit, non cogitur respondere, ut puta si controversiam hereditatis ab alio patiatur: et ita divus Hadrianus constituit, ne aut negando se heredem praeiudicet sibi aut dicendo heredem illigetur etiam ablata sibi hereditate.
Bisweilen wird jemand, der gefragt wurde, ob er Erbe sei, nicht zu einer Antwort gezwungen, wie zum Beispiel wenn er von einem anderen in einen Erbschaftsstreit verwickelt wird. Und so hat auch der vergöttlichte Kaiser Hadrian entschieden, damit er weder dadurch, dass er verneint, Erbe zu sein, der Entscheidung vorgreift, noch sich dadurch, dass er erklärt, Erbe zu sein, verbindlich macht, selbst wenn ihm die Erbschaft [anschließend] entzogen wurde.

Ein Gläubiger hat hier seine *interrogatio in iure* gestellt, während der Befragte bereits in eine *controversia hereditatis* verwickelt war. Zu denken ist zunächst an eine *hereditatis petitio*, die gegen den Befragten hängig war;[155] möglich wäre aber auch eine hängige *querela inofficiosi testamenti*, welche die Erbenstellung des Befragten gänzlich infrage stellte oder jedenfalls seinen Erbteil zu schmälern drohte.[156] Nach einer Konstitution Hadrians war es dem Befragten in diesem Fall gestattet, sich einer Antwort zu enthalten, ohne deshalb Konsequenzen fürchten zu müssen. Der Befragte entging damit dem Problem, seine Antwort noch vor der gerichtlichen Entscheidung der Erbenfrage – das heißt in Unwissenheit über den Ausgang des Streits über die Erbenstellung – geben zu müssen. Ansonsten wäre er entweder Gefahr gelaufen, sich fälschlicherweise als Erbe zu bekennen und sich dem Erbschaftsgläubiger so unabhängig vom Ausgang der Erbschaftsstreitigkeit verbindlich zu machen; oder aber er hätte mit einer verneinenden Antwort nicht nur die Nachteile einer unwahren Antwort bei der *interrogatio in iure* riskiert,[157] sondern sich auch mit Blick auf die Erbschaftsstreitigkeit in eine ungünstige Position gebracht. Auf diesen zweiten, bereits hängigen Prozess wird „*praeiudicet sibi*" zu beziehen sein.[158] Zwar ist nicht ersichtlich, dass die verneinende Antwort eine direkte Rechtswirkung auf die Erbschaftsstreitigkeit gehabt hätte. Es ist aber ohne weiteres vorstellbar, dass ein Prozessgegner die Verneinung der Erbenstellung als Beweis gegen ihn hätte

---

155 Hierauf beschränken den Sachverhalt Sanfilippo, Scr. Jovene, 671; Spengler, 38; offen formuliert Talamanca, Legittimazione passiva, 173 f.

156 Es ist umstritten, ob die klassische *querela inofficiosi testamenti* auch bereits einen Herausgabeanspruch umfasste oder ob eine separate *hereditatis petitio* erforderlich war (zur Frage zuletzt Gagliardi, 27 ff. m. w. N. in Fn. 68, 72). In beiden Fällen dürfte die *querela inofficiosi testamenti* aber ausgereicht haben, um die Antwortpflicht bei der erbrechtlichen Vorfrage in der *interrogatio in iure* auszusetzen.

157 In diesem Sinne bereits Spengler, 38; vgl. auch Medicus, St. Volterra I, 454, der hierauf aber auch das „*praeiudicet sibi*" bezieht; dagegen sogleich.

158 Anders Medicus, St. Volterra I, 454; dagegen bereits Spengler, 38 Fn. 12.

verwenden können.[159] Darüber hinaus entspricht das Vorgehen dem Grundsatz, dass eine Rechtsfrage nicht vorfrageweise entschieden werden durfte, wenn darüber gleichzeitig ein speziell auf diese Frage abzielendes Verfahren hängig war.[160] Für die Erbenfrage findet sich ein Pendant in der Einrede *Hereditati praeiudicium non fiat.*[161] Da die *interrogatio in iure* der Wahl der Klageformel aber vorging, ist einleuchtend, dass bereits zu diesem Zeitpunkt ein besonderer Schutz des potentiellen Erben greifen musste.

Diese Maßnahme schwächte die Stellung der Gläubiger insofern, als sie vorübergehend jede Möglichkeit verloren, ihren Anspruch gerichtlich geltend zu machen. Die dadurch verursachten Unannehmlichkeiten hielten sich aber in Grenzen, da die Aussetzung in jedem Fall auf das Ende des bereits hängigen Prozesses begrenzt war. Der Prozessausgang gab den Gläubigern sodann einen Anhaltspunkt dafür, wer ihr neuer Schuldner war.

VI. Zusammenfassung

Aus prozessualer Sicht ging mit dem Ableben des ursprünglichen Schuldners das Problem einher, dass die Gläubiger ihre Klage nicht mehr gegen diesen richten konnten, da eine Verurteilung des *defunctus* nichtig war. Auch hier mussten die Gläubiger somit grundsätzlich auf das Auftreten eines Gesamtrechtsnachfolgers warten, bis sie einen Forderungsprozess anhängig machen konnten (II).

Das Vorhandensein eines *heres*, also eines echten Gesamtrechtsnachfolgers des *ius civile*, führte dazu, dass die Verbindlichkeit *ipso iure* auf den Erben überging – mit der Folge, dass der Gläubiger unmittelbar aus dem ursprünglichen Rechtsverhältnis gegen den Erben klagen konnte. *Intentio* und *condemnatio* konnte der Gläubiger direkt auf die Person des Erben richten; lediglich in einer allfälligen *demonstratio* war der Erblasser als ursprünglicher Schuldner gegebenenfalls noch zu berücksichtigen (III.1). Diesen Mechanismus machte sich der Prätor sodann bei der prätorischen Gesamtrechtsnachfolge zunutze: War die Stellung als *bonorum possessor* oder *bonorum emptor* eindeutig bewiesen, wurde dessen Erbenstellung bei der Ausgestaltung der Klageformel in einer *formula ficticia* fingiert (III.2).

Am Erfordernis, das Auftreten eines Gesamtrechtsnachfolgers abzuwarten, änderte grundsätzlich auch nichts, dass das römische Recht die Möglichkeit

---

159 Zur Beweisfunktion sogenannter „*praeiudicia*" in nachfolgenden Prozessen vgl. insb. Quint. inst. orat. 5.2.1; für eine reine *confessio* als *praeiudicium* sodann D. 25.3.1.12 Ulp. 34 ed.; zur Frage allgemein Hackl, Praeiudicium, 18 ff., 65 ff. m. w. N.

160 Dazu ausführlich Hackl, Praeiudicium, 95 ff.

161 Vgl. Gai. 4.133; D. 5.3.25.17 Ulp. 15 ed.; D. 10.2.1.1 Gai. 7 ed. prov.; D. 44.1.13 Iul. 50 dig.; Hackl, Praeiudicium, 33 ff.

kannte, gegen einen Prozessvertreter zu klagen. Die *condemnatio* des Prozessvertreters eines Verstorbenen war genauso nichtig wie die Verurteilung des Verstorbenen selbst (IV.2), und da der *hereditas iacens* keine Rechtspersönlichkeit zukam, war sie selbst keine taugliche Prozesspartei, die hätte vertreten werden können (IV.3). Erst für den Gesamtrechtsnachfolger als neuen Schuldner konnte wieder ein Prozessvertreter auftreten. Angesichts der Tatsache, dass sich der potentielle Gesamtrechtsnachfolger formal bereits als solcher bekennen konnte, selbst wenn die Universalsukzession noch nicht erfolgt war, war eine Prozessvertretung im Zeitpunkt der *hereditas iacens* zumindest theoretisch möglich. Faktisch dürfte es dafür aber so gut wie keinen Anwendungsbereich gegeben haben, weil der potentielle Erbe nur ausnahmsweise davon profitieren konnte (IV.4).

Angesichts dessen, dass die Nachlassgläubiger zur Durchsetzung ihrer Forderungen auch aus zivilprozessualer Sicht darauf angewiesen waren, den Gesamtrechtsnachfolger ihres ursprünglichen Schuldners zu ermitteln, gewährte der Prätor den Gläubigern die Möglichkeit, den potentiellen neuen Schuldner *in iure* nach seiner Stellung als Gesamtrechtsnachfolger zu befragen. Die Frage konnte sich sowohl auf die Stellung als *heres* oder *bonorum possessor* richten wie auch auf den genauen Erbteil (V.1). Bejahte der Befragte die Stellung als Gesamtrechtsnachfolger, musste er sich hieran festhalten lassen – selbst dann, wenn seine Antwort nicht den Tatsachen entsprach. Verneinte er die Nachfolgerstellung wahrheitswidrig oder bekannte er sich zu einem zu kleinen Erbteil, drohte ihm ungeachtet des tatsächlichen Erbteils eine Verurteilung *in solidum*, ohne dass seine Mitwirkung zur Klageerteilung erforderlich gewesen wäre (V.2). Relativiert wurde die Möglichkeit der *interrogatio in iure* zugunsten des Befragten, indem er sich eine Deliberationsfrist auserbitten (V.3.a) oder um Aussetzung des Verfahrens ersuchen konnte, wenn er sich hinsichtlich der Erbenstellung selbst noch in einem Zivilprozess befand (V.3.b).

Zweiter Teil

§ 4 Forderungsdurchsetzung bei bedingter Erbeinsetzung – D. 28.5.23 Pomp. 1 Sab. und D. 42.7.1 Paul. 57 ed.

I. Einführung

Die bisherigen Ausführungen haben deutlich gemacht, dass die Gläubiger zur Beschaffung eines Gesamtrechtsnachfolgers als neuen Schuldner auf ein binäres System zurückgreifen konnten: Entweder die Regeln zur Erbfolge lieferten einen (zivilen oder prätorischen) Erben, oder die Gläubiger konnten – falls dem nicht so war – zum Nachlassverkauf schreiten.[1] Dieses System stieß aus Gläubigersicht aber an seine Grenzen, wenn die Frage der Erbfolge auf lange Zeit nicht beantwortet werden konnte – was *prima facie* auch einen Nachlassverkauf aufgrund Erbenlosigkeit verhinderte. Eine solche Situation konnte namentlich eintreten, wenn ein Testator einen Erben unter einer aufschiebenden Bedingung eingesetzt hatte. Zur Bestimmung des *heres* galt es dann den Zeitpunkt abzuwarten, in dem kein Zweifel mehr über die Erfüllung oder Nichterfüllung der Bedingung bestand.

Bei dieser Ausgangslage sahen sich die Gläubiger mit dem Problem konfrontiert, dass es nicht mehr nur herauszufingen galt, ob der Erbe die Erbschaft antreten wollte. Vielmehr war bereits fraglich, ob der bedingt eingesetzte Erbe überhaupt zur Gesamtrechtsnachfolge berufen war – mit der Folge, dass die üblichen Mechanismen, die der Prätor zur Beschleunigung der Universalsukzession zur Verfügung stellte,[2] nicht mehr ohne weiteres eingreifen konnten. Für diesen Spezialfall musste der Prätor somit einen individuellen Ausgleich zwischen dem Interesse des potentiellen Erben am Erhalt der Erbschaft und dem Interesse der Gläubiger an der Befriedigung ihrer Schulden finden.

Einblicke in die Lösung, die der Prätor für die geschilderte Problematik fand, liefern uns je eine Stelle aus Pomponius' Sabinuskommentar und aus Paulus' Ediktskommentar.[3] Umfassender sind die Ausführungen des Pomponius:

> D. 28.5.23 Pomp. 1 Sab.
> *pr. Si quis instituatur heres in diem certum vel incertum, is bonorum possessionem agnoscere potest et tamquam heres distrahere hereditatem.*

---

1 Siehe oben § 1.

2 Siehe oben S. 46 ff. (*successorium edictum*), S. 58 f. (Beschränkung der Antrittsfrist) und S. 135 ff. (*interrogatio in iure an heres sit et quota ex parte*).

3 D. 28.5.23 Pomp. 1 Sab.; D. 42.7.1 Paul. 57 ed.

1. Sed si bonorum possessionem non admittat, sed condicionem trahat, cui facile parere possit, veluti „si servum quem in potestate habeat manumiserit" nec manumittat, hic praetoris erunt partes, ut imitetur edictum suum illud, quo praefinit tempus, intra quod adeatur hereditas.
2. Item si condicioni heres parere non poterit, quam in sua potestate non habebit, veluti institutione collata in alterius factum aut quendam casum, „si ille" puta „consul factus fuerit", tunc postulantibus creditoribus constituet praetor, nisi intra certum tempus hereditas optigerit aditaque fuerit, se bona defuncti creditoribus possidere iussurum et interim quae urguebunt per procuratores distrahi iussurum.
3. Sed si sub condicione quis heres institutus sit et grave aes alienum sit, quod ex poena crescit, et maxime si publicum debitum imminet: per procuratorem solvendum aes alienum, sicuti cum venter in possessione sit aut pupillus heres tutorem non habeat.
4. Et ideo ait causae cognitionem adiectam propter eos, qui sine dilatione peregre essent vel aegritudine vel valetudine ita impedirentur, ut in ius produci non possint, nec tamen defenderentur.
pr. Wenn jemand auf einen bestimmten oder unbestimmten Tag zum Erben eingesetzt wird, kann er den Nachlassbesitz annehmen und die Erbschaft so wie ein Erbe veräußern.
1. Aber wenn er den Nachlassbesitz nicht annimmt, sondern eine Bedingung verschleppt, die er leicht erfüllen könnte, wie zum Beispiel: „wenn er einen Sklaven, den er in seiner Gewalt hat, freigelassen haben wird", und er ihn nicht freilässt, wird es hierbei die Aufgabe des Prätors sein, dass er jenes Edikt analog anwendet, in dem er eine Zeitspanne festsetzt, innerhalb deren die Erbschaft angetreten werden muss.
2. Ebenso wenn der Erbe eine Bedingung nicht erfüllen können wird, die nicht in seiner Macht stehen wird, wie zum Beispiel weil die Erbeinsetzung von der Handlung eines anderen oder von irgendeinem Zufall abhängig gemacht worden ist, wie zum Beispiel: „wenn jener zum Konsul ernannt worden ist", dann wird der Prätor auf Antrag der Gläubiger anordnen, er werde, wenn die Erbschaft [dem eingesetzten Erben] nicht innerhalb einer bestimmten Frist angefallen und [von ihm] angetreten worden sei, die Besitznahme des Vermögens durch die Gläubiger des Verstorbenen verfügen, und in der Zwischenzeit werde er anordnen, dass Sachen, bei denen Dringlichkeit bestehen wird, durch *procuratores* verkauft werden.
3. Aber wenn jemand unter einer Bedingung zum Erben eingesetzt worden ist und eine schwere Schuld besteht, die aufgrund einer Strafe anwächst, und ganz besonders wenn eine öffentliche Schuld drängt, muss die Schuld durch den *procurator* beglichen werden, so wie wenn eine Leibesfrucht in den Besitz eingewiesen ist oder ein Unmündiger als Erbe keinen Vormund hat.
4. Und daher sagt er, dass die Prüfung des Einzelfalles wegen derjenigen hinzugefügt worden ist, die ohne Verzögerung[sabsicht] in der Fremde sind oder durch Krankheit oder ihre körperlichen Befindlichkeiten derart gehindert werden, dass sie nicht vor dem Prätor erscheinen können, und die dennoch nicht [von einem Vertreter] verteidigt werden.

Für das Verständnis der Stelle ist es wichtig, sie in ihrem Gesamtzusammenhang zu lesen. An einem solchen könnten zwar zunächst Zweifel bestehen, da das *principium* von einer Erbeinsetzung „*in diem certum vel incertum*" spricht, die darauffolgenden Paragrafen aber von einer Erbeinsetzung „*sub condicione*".[4] Bereits der Wortlaut verdeutlicht jedoch, dass ein unmittelbarer Zusammenhang zwischen dem *principium* und dem Rest der Stelle besteht: Das *principium* handelt von einem „*quis*", der die *bonorum possessio* annehmen und danach „*tamquam heres*" über die Erbschaft verfügen könne. Ohne ein neues Subjekt einzuführen, fährt Pomponius in Paragraf 1 sogleich mit „*sed si bonorum possessionem non admittat*" fort. Er bespricht somit nicht den Fall, dass irgendjemand die *bonorum possessio* nicht erlangt, sondern dass eben jener *quis*, der die *bonorum possessio* beantragen könnte, dies nicht tut.[5] Anhand der Stelle sind somit grundsätzlich zwei Fälle zu unterscheiden – jener, in dem der potentielle Erbe die *bonorum possessio* beantragt hat, und jener, in dem er dies unterlassen hat oder schlicht nicht tun konnte. Anhand dieser Unterscheidung gliedern sich die nachfolgenden Ausführungen.

II. *Bonorum possessio* des potentiellen Erben, *principium*

1. *Institutio in diem certum vel incertum*

Das *principium* handelt dem Wortlaut nach von Konstellationen, in denen jemand „*in diem certum vel incertum*" zum Erben eingesetzt wurde. Die Echtheit dieser Formulierung wurde in der Vergangenheit allerdings mehrfach angezweifelt.[6] Hauptsächlichen Stein des Anstoßes bildete die *institutio in diem certum*, die nach Aussage Papinians nicht zulässig sein soll.[7] Naber schlug deshalb vor, die Stelle gänzlich auf „*si quis instituatur heres in diem incertum*" zu beschränken.[8] Schon Solazzi erkannte jedoch, dass zwischen den beiden Stellen kein eigentlicher Widerspruch bestehen muss.[9]

---

4 In diesem Sinne Levy, ZRG RA 24 (1903), 151 Fn. 1.

5 So bereits Bustelo, 174; Solazzi, Concorso III, 7 Fn. 1.

6 Bereits in der *editio maior* wirft Mommsen die Frage auf, ob anstelle von „*incertum*" nicht „*interim*" zu lesen sei (Mommsen, I, 838 Fn. 1).

7 D. 28.5.34 Pap. 1 def.; vgl. auch Inst. 2.14.9. Dies entspricht auch der ganzheitlich herrschenden Lehre; Voci, DER II, 617; Biondi, Successione, 563; Kaser, RP I, 688; ferner Babusiaux, Erbrecht, 151 f.

8 Naber, Mnemosyne 25 (1897), 295 mit Fn. 6. Die Tilgung steht im Kontext anderer weitreichender Streichungen.

9 Solazzi, Concorso III, 7 Fn. 1.

Papinian sagt im ersten Buch seiner Definitionen, es könne die Erlangung der Erbenstellung nicht wirksam auf ein zukünftiges Datum verschoben werden. Das bedeutet aber nicht, dass es grundsätzlich keine solchen Erbeinsetzungen *in diem certum* geben konnte. Sofern eine solche auftauchte, wurde lediglich die Bestimmung gestrichen, wonach der Bedachte erst ab einem zukünftigen Datum Erbe werden sollte:

> D. 28.5.34 Pap. 1 def.
> *Hereditas ex die vel ad diem non recte datur, sed vitio temporis sublato manet institutio.*
> Eine Erbschaft wird nicht rechtswirksam ab oder bis zu einem bestimmten Tag zugewendet, aber die Erbeinsetzung bleibt nach Streichung des Fehlers der zeitlichen Beschränkung erhalten.

Mithin bewirkte die fehlende Rechtswirksamkeit des Aufschubs lediglich, dass der Bedachte die Erbenstellung sofort erlangte. Wenn also Pomponius im *principium* sagt, der *in diem certum* Eingesetzte könne die *bonorum possessio* (*secundum tabulas*) erbitten, kann dies als logische Konsequenz der bereits erlangten Erbenstellung verstanden werden.[10]

Problematisch erscheint bei dieser Lesart lediglich die Formulierung, der Eingesetzte könne „*tamquam heres*" über die Erbschaft verfügen. Hätte der Bedachte die Erbenstellung in jedem Fall nämlich schon erlangt, würde er die Verfügungen „als Erbe" tätigen und nicht „wie ein Erbe". Da Pomponius aber im gleichen Atemzug vom *institutus in diem certum* und jenem *in diem incertum* spricht, ist die Ausdrucksweise nur dann problematisch, wenn auch der *institutus in diem incertum* die Erbenstellung bereits erlangt hat. Sofern dem nicht so ist, das heißt, sofern der *institutus in diem incertum* noch nicht als Erbe im eigentlichen Sinn anzusehen war, wäre die Formulierung „*tamquam heres*" insofern gerechtfertigt, als sie eine pauschale Aussage über die Bedachten machen würde, von denen zwar noch nicht alle die Erbenstellung erlangt haben, aber dennoch alle bereits als solche über den Nachlass verfügen können.

Die „*institutio in diem incertum*" handelt dem Wortlaut nach von einem „*dies*", weshalb die ältere Literatur vereinzelt auch hier von einem rein terminlichen Aufschub des Erbschaftsanfalls ausging.[11] Eine Untersuchung des allgemeinen Sprachgebrauchs der Juristen zeigt aber, dass sich der Ausdruck „*dies incertus*" in der Regel gerade nicht auf ein zu bestimmendes Datum bezog, sondern auf eine Bedingung. Für die Erbeinsetzung stellt D. 35.1.75 Pap. 34 quaest. diesen Zusammenhang

---

10 Vgl. Solazzi, Concorso III, 7 Fn. 1.

11 Vgl. Levy, ZRG RA 24 (1903), 151 Fn. 1, der sich entschieden gegen die Gleichsetzung mit „*condicio*" wendet; mit der gleichen Prämisse wohl auch Leist, in: Glück, Bücher 37/38 IV, 289 f.

ausdrücklich her.[12] Sodann konnte BUSTELO in einer umfassenden Prüfung der Quellen eine generelle und rechtsgebietsübergreifende Annäherung von „*dies incertus*" an das Konzept der *condicio* nachweisen.[13] Darüber hinaus verlangt auch die Systematik der hier interessierenden Stelle, dass sich Pomponius im *principium* zumindest auch mit der bedingten Erbeinsetzung befasst. Wie oben dargelegt, unterscheidet Pomponius systematisch danach, ob der Bedachte die *bonorum possessio* beantragt hat (*principium*) oder nicht (Paragrafen 1 und 2).[14] Es ist deshalb naheliegend, dass beide Sinnesabschnitte die gleichen Fallkonstellationen behandeln. Da die Paragrafen 1 und 2 ausdrücklich Fälle der bedingten Erbeinsetzung betreffen, ist folglich anzunehmen, dass auch das *principium* die bedingte Erbeinsetzung mitumfasst.[15]

Folglich verweist die „*institutio in diem incertum*" auf eine Erbeinsetzung, die unter einer aufschiebenden Bedingung ausgesprochen wurde.[16] Diese war im Unterschied zum rein zeitlichen Aufschieben des Erbschaftsanfalls ohne weiteres wirksam[17] – mit der Folge, dass der eingesetzte Erbe bis zur Erfüllung der Bedingung noch keine Erbenstellung nach *ius civile* innehatte.[18]

In seinen Ausführungen unterscheidet Pomponius in keiner Weise zwischen dem *institutus in diem certum* und dem *institutus in diem incertum*. Insbesondere die Unterscheidung in der Stellung als *heres* wird gänzlich unterschlagen. Dies braucht aber nicht zu erstaunen, wenn man sich den Zweck der Ausführungen vor Augen führt: Aus den Paragrafen 1 und 2 geht sehr deutlich hervor, dass Pomponius sich vornehmlich dem Problem widmet, wie die Gläubiger trotz Bedingung – das heißt trotz eines zeitlichen Aufschubs der Erbenfrage – Befriedigung ihrer Forderungen erlangen konnten. Das Fragment nimmt somit vollständig die Gläubigerperspektive ein. Gilt dies auch für das *principium*, braucht es keine Unterscheidung zwischen den verschiedenen erbrechtlichen Qualifizierungen, denn die für die Gläubiger relevante Rechtsfolge ist in beiden Fällen die gleiche: Der eingesetzte Erbe kann die *bonorum possessio secundum tabulas* erbitten.

Sofern ein zeitlicher Aufschub ohnehin als nicht geschrieben behandelt werden muss, ergibt sich die Erteilung der *bonorum possessio* ohne weiteres aus der

---

12 D. 35.1.75 Pap. 34. quaest.: „*Dies incertus condicionem in testamento facit.*" Ferner auch D. 30.30.4 Ulp. 19 Sab.: „*Sed et si sub condicione sit legatum relictum, potest dici cessare annuam adiectionem, quia dies incertus appellatur condicio.*" – Zur Terminologie im Zusammenhang der Erbeinsetzung vgl. auch VOCI, DER II, 618; NABER, Mnemosyne 25 (1897), 295 Fn. 6.

13 BUSTELO; dazu EISENRING, ZRG RA 117 (2000), 737 ff.

14 Siehe oben S. 155.

15 Vgl. BUSTELO, 174 ff.

16 Vgl. BUSTELO, 176 f.

17 VOCI, DER II, 590; BABUSIAUX, Erbrecht, 152; RÜFNER, HRP I § 53, Rn. 22.

18 D. 28.5.87.1 Maecian. 7 fideic.; RÜFNER, HRP I § 53, Rn. 23.

Erbeinsetzung in einem (gültigen) Testament.[19] Aber auch wenn die Erbenstellung aufgrund einer aufschiebenden Bedingung noch nicht gesichert war, konnte der eingesetzte Erbe vom Prätor grundsätzlich die *bonorum possessio secundum tabulas* erbitten.[20] Diese *bonorum possessio* wurde in der Literatur teilweise als „provisorisch" bezeichnet.[21] Dies macht eine vertiefte Auseinandersetzung mit den Rechtsfolgen dieser noch nicht definitiven *bonorum possessio* erforderlich, wobei aus Gläubigersicht natürlich vor allem relevant war, ob sich etwas an der unbeschränkten Haftung des *bonorum possessor* für die Erblasserschulden änderte.

2. Einschränkungen der *bonorum possessio* aufgrund der nicht definitiven Erbenstellung?

Die *bonorum possessio* des unter einer Bedingung eingesetzten Erben war insoweit nicht definitiv, als er die Erbschaft bei Nichteintreten der Bedingung an den im nächsten Grad Bedachten herausgeben musste. Im Hinblick auf eine derartige mögliche Herausgabe wurden bestimmte Vorkehrungen getroffen:

> D. 2.8.12 Ulp. 77 ed.
> *Inter omnes convenit heredem sub condicione, pendente condicione possidentem hereditatem, substituto cavere debere de hereditate, et, si defecerit condicio, adeuntem hereditatem substitutum et petere hereditatem posse et, si optinuerit, committi stipulationem. Et plerumque ipse praetor et ante condicionem existentem et ante diem petitionis venientem ex causa iubere solet stipulationem interponi.*
> Alle kommen darin überein, dass der unter einer Bedingung eingesetzte Erbe, der die Erbschaft besitzt, während die Bedingung schwebt, dem Ersatzerben Sicherheit für die Erbschaft leisten muss und dass, wenn die Bedingung ausgefallen ist, sowohl der die Erbschaft antretende Ersatzerbe die Erbschaft herausverlangen kann als auch, wenn er

---

19 Vgl. Gai. 2.119, 147; zur testamentarischen Erbfolge nach *ius honorarium* vgl. Biondi, Successione, 45 ff.; Voci, DER II, 73 ff.

20 D. 37.11.6 Ulp. 8 disp.; D. 37.11.10 Paul. 8 Plaut.; D. 37.11.12 Paul. 7 quaest.; D. 46.5.8 Paul. bei Pap. 5 quaest.; ferner D. 2.8.12 Ulp. 77 ed.; D. 37.11.5 Ulp. 4 disp.; D. 38.17.1.7 Ulp. 12 Sab.; Voci, DER II, 590; Babusiaux, HRP I § 57, Rn. 187; zur Stelle auch Dedekind, 26; Solazzi, Concorso III, 7 Fn. 1; widersprüchlich dagegen Bustelo, 169 mit Fn. 58, 174, welche die *bonorum possessio* wohl zumindest nicht generell als mit umfassender Verfügungsgewalt erteilt sehen will. – Eine Ausnahme vom Grundsatz, dass die *bonorum possessio* beantragt werden konnte, galt für die Erbeinsetzung unter einer Potestativbedingung. In diesem Fall erteilte der Prätor die *bonorum possessio* nur, wenn der designierte Erbe die Bedingung innerhalb der gesetzten Frist erfüllte; siehe unten S. 161.

21 Leist, in: Glück, Bücher 37/38 IV, 287, 289 f.; Bustelo, 169 Fn. 58; keine entsprechende Einschränkung dagegen bei Voci, DER II, 590, der in Fn. 6 lediglich auf die Ausgestaltung *sine re* bei Nichteintreten der Bedingung verweist.

obsiegt hat, die Stipulation verfällt. Und meistens pflegt der Prätor selbst sowohl vor dem Eintreten der Bedingung als auch vor dem Eintreten des Tages, von dem an geklagt werden kann, aufgrund der Umstände anzuordnen, dass eine Stipulation abgeschlossen wird.

Der unter einer Bedingung eingesetzte Erbe, dem die *bonorum possessio* erteilt wurde, musste dem Ersatzerben eine *cautio* (wohl *pro praede litis et vindiciarum*)[22] leisten.[23] Im Spezialfall des bedingt eingesetzten Erben war es Ulpian zufolge üblich, dass der Prätor sie von sich aus anordnete. Der Prätor wartete also nicht erst die Prozesssituation ab; vielmehr hatte der *bonorum possessor* die Sicherungsstipulation bereits vorsorglich zu leisten. Dieses Vorgehen spiegelt den besonderen Charakter der *bonorum possessio* des unter einer Bedingung eingesetzten Erben wider: Sofern die Bedingung ausfiel, erlangte der testamentarisch bestimmte Ersatzerbe oder aber der Intestaterbe Erbenstellung.[24] Der ursprüngliche *bonorum possessor* verlor damit seinen Besitzanspruch;[25] er unterlag, wenn der tatsächliche Erbe den Nachlass mittels *hereditatis petitio* herausverlangte.[26] Die *cautio* stellte dabei sicher, dass der nicht mehr berechtigte Besitzer seiner Restitutionspflicht auch tatsächlich nachkam.

Im Gegensatz zum *curator*, dessen primäre Aufgabe es war, die *hereditas iacens* zu erhalten,[27] ist aber nicht ersichtlich, dass der bedingt eingesetzte Erbe in seinen Verfügungsmöglichkeiten als *bonorum possessor* beschränkt gewesen wäre. Zwar sollte die *cautio* Wertminderungen am Nachlass verhindern. Sie verbot aber per se noch nicht, über die einzelnen Gegenstände zu verfügen. Die *hereditatis petitio* umfasste gerade auch Surrogate,[28] weshalb reine Vermögensverschiebungen keine Beeinträchtigung des Nachlasses darstellten.

Im *principium* von D. 28.5.23 sagt Pomponius denn auch, der *bonorum possessor* könne die Erbschaft wie ein Erbe veräußern (*tamquam heres distrahere hereditatem*). Trotzdem hält es Bustelo für ausgeschlossen, dass sich diese Verfügungsbefugnis

---

22 Dafür, dass es sich um diese spezifische *cautio* handelt, spricht die Entnahme der Stelle aus dem 77. Buch von Ulpians Ediktskommentar, das sich dieser Form der *cautio* widmet (Lenel, Pal. II, 869, Ulp. 1697); vgl. auch Lenel, EP, 520 f.; Lenel, ZRG RA 49 (1929), 11 ff.; Kaser, IVRA 13 (1962), 39; Voci, DER II, 591.

23 Vgl. auch Paul. sent. 5.9.1; D. 46.5.8 Paul. bei Pap. 5 quaest.; D. 2.8.13 Paul. 75 ed., die allerdings aus dem Kontext der *cautio legatorum servandorum causa* stammt (Lenel, Pal. I, 1093, Paul. 816; Voci, DER II, 591 Fn. 7).

24 Vgl. Voci, DER II, 591.

25 Voci, DER II, 590 f. Fn. 6, sagt, die Nichterfüllung der Bedingung bewirke, dass die *bonorum possessio sine re* werde.

26 Sofern die *hereditatis petitio* wegen einer rein prätorischen Berechtigung des Klägers nicht möglich wäre, würde immerhin das Interdikt *Quorum bonorum* eingreifen; vgl. Lenel, ZRG RA 49 (1929), 13.

27 Siehe oben S. 96 ff.

28 D. 5.3.16.1, 5 Ulp. 15 ed.; D. 5.3.18 pr. Ulp. 15 ed.

ganz allgemein auf jeden unter einer Bedingung zum Erben eingesetzten *bonorum possessor* erstreckte.[29] Sie geht stattdessen davon aus, dass sich das gesamte Fragment auf den Sonderfall einer überschuldeten Erbschaft bezieht.[30] Nur deshalb sei dem bedingt eingesetzten Erben die „definitive" *bonorum possessio* – gemeint ist wahrscheinlich „mit Veräußerungsbefugnis" – erteilt worden. Diese überschießende Befugnis sei in diesem Sonderfall deshalb unbedenklich gewesen, weil die Aufgabe des *bonorum possessor* allein darin bestanden habe, die gesamte Erbschaft zu liquidieren und mit dem Ertrag die Gläubiger zumindest teilweise zu befriedigen.[31] Bustelos These vermag aber in mehrfacher Hinsicht nicht zu überzeugen:

Bereits die Annahme, das Fragment müsse von einer überschuldeten Erbschaft handeln, ist alles andere als zwingend. Bustelo gelangt zu diesem Ergebnis mithilfe eines Rückschlusses aus den Paragrafen 1 und 2 der Stelle, in denen die Gläubiger bei Fehlen eines Erben in den Besitz eingewiesen werden, das heißt ein erster Schritt im Hinblick auf die *venditio bonorum* eingeleitet wird.[32] Hieraus einen Rückschluss auf das *principium* zu ziehen, ist aber unzulässig. Dieses behandelt gerade den Fall, dass der Bedachte die *bonorum possessio* beantragt hat, also grundsätzlich bereit ist, die Rechte und Pflichten eines Erben zu tragen.[33]

Darüber hinaus finden sich für das Konzept einer beschränkten *bonorum possessio* keinerlei Hinweise in den Quellen.[34] Im Gegenteil: Die Tatsache, dass der bedingt eingesetzte Erbe und *bonorum possessor* dem Ersatzerben eine *cautio* leisten musste, ist ein starkes Indiz dafür, dass die *bonorum possessio* mit allen für sie üblichen Rechten und Pflichten übertragen wurde.

Der Hauptgrund für die Ablehnung der grundsätzlichen Verfügungsbefugnis des bedingt eingesetzten Erben und *bonorum possessor* scheint denn auch in der Vorstellung zu liegen, dass die römischen Juristen unmöglich eine Situation zulassen konnten, in der ein noch nicht definitiv Berechtigter Vermögenseingriffe vornahm, womöglich gegen den Willen des später tatsächlich berechtigten Ersatzerben.[35]

29 Bustelo, 169 mit Fn. 58.

30 Bustelo, 172, 175 ff.

31 Bustelo, 175 ff.

32 Bustelo, 172 ff., 175 ff. – Zur Frage der Überschuldung in den Paragrafen 1 und 2 siehe unten S. 166 f.

33 Zu den Rechtsfolgen der *bonorum possessio* siehe D. 37.1.1, 3 pr. Ulp. 39 ed.

34 Vgl. auch Leist, in: Glück, Bücher 37/38 IV, 292: „Weiteres über die Einzelrechte hervorzuheben, bedurfte es auch nicht. Er [der bedingt eingesetzte Erbe] hat eben die Rechte eines *bonorum possessor*."

35 Vgl. Bustelo, 169: „En nuestra opinión, no puede admitirse, con carácter general, la idea de que el instituido *sub condicione* pueda solicitar la *bonorum possessio secundum tabulas* y que el pretor le permita disponer de la herencia antes de cumplirse la condición." Während hieraus eine generelle Skepsis gegenüber der Erlangung der *bonorum possessio* durch den bedingt eingesetzten Erben herausgelesen werden könnte, relativiert Bustelo ihre Aussage sogleich in Fn. 58: „En los textos

Dass eine derartige Befugnis möglich war, ist aber keineswegs so abwegig, wie von Bustelo impliziert.

Der Prätor bot die *bonorum possessio* nacheinander den berufenen Klassen an, wobei er jeweils eine Annahmefrist setzte, bei deren Verstreichenlassen das Angebot sogleich auf die nächstberufene Klasse überging.[36] Wenn also testamentarisch ein Erbe unter einer kasuellen Bedingung eingesetzt worden war, galt es, die Grundsatzentscheidung zu treffen, wie die Frist in Bezug auf den auf diesen Erben entfallenden Teil der Erbschaft verlaufen sollte. Natürlich hätte der Prätor entscheiden können, dass der Fristenlauf aufgrund der Bedingung auf unbestimmte Zeit unterbrochen wurde. Diese Lösung hätte dem wahren Erben insofern besonders Rechnung getragen, als sichergestellt worden wäre, dass der Nachlass so lange unangetastet blieb, bis der wahre Erbe zweifelsfrei ermittelt war. Das Ziel des *successorium edictum* war es ja aber gerade, dem Zustand der *hereditas iacens* möglichst schnell Abhilfe zu schaffen – nicht zuletzt, um den Gläubigern eine Hilfestellung zur Durchsetzung ihrer Forderungen zu geben.[37] Angesichts dieser Zielsetzung ist es durchaus konsequent, dass der Prätor auch dem lediglich bedingt eingesetzten Erben die *bonorum possessio* mit grundsätzlich umfassender Verfügungsbefugnis gewährte.[38]

Eine Einschränkung galt einzig für den Fall, dass jemand unter einer Potestativbedingung zum Erben eingesetzt worden war. Hier musste die Möglichkeit, die *bonorum possessio* zu erlangen, nicht durch besondere Schutzmaßnahmen gesichert werden. Vielmehr konnte der so eingesetzte Erbe die Bedingung jederzeit erfüllen und somit die Voraussetzungen für die Erteilung einer regulären *bonorum possessio secundum tabulas* selbst schaffen. Tat er dies nicht, wurde seine Untätigkeit als Ablehnung der Erbschaft gewertet.[39]

3. Die Schuldenhaftung bei *bonorum possessio* des bedingt eingesetzten Erben

Wie für den *heres* galt für den *bonorum possessor* der Grundsatz, dass mit der *hereditas* auch die Schulden des Erblassers auf ihn übergingen.[40] Insofern erhielten

---

parece admitirse que el instituido *sub condicione* puede solicitar la *bonorum possessio secundum tabulas.*“

36 Zum Fristenlauf gemäß *successorium edictum* siehe oben S. 46 ff.

37 D. 38.9.1 pr. Ulp. 49 ed.; siehe dazu oben S. 47 ff.

38 Für eine umfassende Berechtigung auch Leist, in: Glück, Bücher 37/38 IV, 292.

39 Vgl. D. 37.5.13 Tryph. 2 disp.: „[…] *nam si eam, quae in ipsius potestate fuit, non implevit, pro eo habendus est, qui noluit adire hereditatem, quando nihil habiturus emolumenti condicioni merito non paruerit.*“ Ferner auch die hier behandelte Stelle D. 28.5.23.1 Pomp. 1 Sab.; vgl. auch Babusiaux, HRP I § 57, Rn. 187; Leist, in: Glück, Bücher 37/38 IV, 285.

40 D. 37.1.3 pr. Ulp. 39 ed.; dazu oben S. 45 f.

die Gläubiger mit der Erteilung der *bonorum possessio* einen Schuldner, an den sie sich halten konnten. Dass dies auch für jenen *bonorum possessor* galt, der die Erbschaft lediglich aufgrund einer bedingten Erbeinsetzung erhalten hatte – bei dem also noch nicht feststand, dass er das Vermögen dauerhaft würde behalten können –, macht Pomponius im *principium* der vorliegenden Stelle deutlich:[41]

Wie bereits festgestellt, liegt der Fokus des gesamten Fragments auf der Frage, wie die Gläubiger Befriedigung ihrer Forderungen erlangen konnten. Während dies in den Paragrafen 1 und 2 ausdrücklich gesagt wird, verlangt die Systematik der Stelle, dass auch das *principium* eine Antwort auf diese Frage gibt. Dabei scheint der Fall, dass die *bonorum possessio* beantragt wurde, die unproblematische der beiden Konstellationen gewesen zu sein. Im Gegensatz zur sonst erforderlichen *missio in possessionem* mit allfälligem Nachlassverkauf hatte der *bonorum possessor* umfassende Möglichkeiten, einzelne Vermögenswerte aus der Erbschaft zu veräußern (*distrahere hereditatem*) und die Gläubiger aus dem Erlös zu befriedigen. Für den lediglich bedingt eingesetzten Erben (*institutus in diem incertum*) galt dies im gleichen Umfang wie für denjenigen, der die Erbenstellung bereits erlangt hatte (*institutus in diem certum*).

Dass es vorkommen konnte, dass der *bonorum possessor* die Erbschaft wegen Ausfalls der Bedingung an den tatsächlichen *heres* herausgeben musste, bereitet keine Schwierigkeiten hinsichtlich der beglichenen Forderungen.[42] Hierauf deutet ein Vergleich mit der verwandten Fallkonstellation, in der ein vermeintlicher Erbe und Erbschaftsbesitzer Erblasserschulden beglichen hat.[43] Es handelte sich in diesem Fall um die Leistung auf eine fremde Schuld, die grundsätzlich nicht befreiend wirkte und eine *condictio* des Putativerben gegen den Gläubiger begründete.[44] Allerdings bestand auch hier die Möglichkeit, das Geleistete im Rahmen der

---

41 Vgl. auch Leist, Bonorum possessio II.1, 323 Fn. 9.

42 Eine Besonderheit galt im Übrigen im Zusammenhang mit Haussöhnen: Für sie ließ das *ius civile* eine bedingte Erbeinsetzung nur zu, wenn die Bedingungserfüllung in der Macht des designierten Erben und Haussohns stand – kasuelle Bedingungen waren unzulässig, weshalb der Haussohn die *bonorum possessio* selbst dann behalten konnte, wenn die Bedingung ausfiel. Die Regelung wurde sodann auf den *emancipatus* erstreckt; vgl. D. 28.5.4 Ulp. 4 Sab. Zur Thematik ausführlich Meinhart, FS Kaser (1973), 111 ff.; zustimmend zuletzt Babusiaux, HRP I § 57, Rn. 186.

43 D. 5.3.31 pr. Ulp. 15 ed.; D. 12.6.19.1 Pomp. 22 Sab.; D. 46.3.38.2 Afr. 7 quaest.; C. 3.31.5 Ant. (a. 213); C. 4.5.5 Diocl./Maxim. (a. 293); ferner D. 3.5.44.2 Ulp. 4 opin.; zu dieser Thematik und allen Stellen ausführlich Müller-Ehlen, 53 ff.

44 D. 12.6.19.1 Pomp. 22 Sab.; D. 46.3.38.2 Afr. 7 quaest.; ferner D. 5.3.31 pr. Ulp. 15 ed.; Müller-Ehlen, 56 ff.; widersprüchlich dagegen C. 3.31.5 Ant. (a. 213) mit dem Nachsatz „*nam repeti a creditoribus, qui suum reciperint, non potest*". Der Widerspruch wurde von der Glosse und im Anschluss auch von der Pandektistik durch eine Unterscheidung zwischen der Leistung *suo nomine* und der Leistung *hereditatis nomine* aufgelöst. Gegen diese Erklärung aber zuletzt Müller-Ehlen, 145 ff. m. w. N. zur älteren Literatur, zur Leistung *hereditatis nomine* ferner 113 ff., 163 ff., 181 f.,

hereditatis petitio in Abzug zu bringen.[45] Im Gegensatz dazu ist davon auszugehen, dass die Leistung des aufgrund einer bedingten Erbeinsetzung berufenen *bonorum possessor* volle Wirksamkeit entfaltete – denn auch wenn sich im Nachhinein herausstellen sollte, dass seine *bonorum possessio* im Verhältnis zum tatsächlichen Erben *sine re* war,[46] änderte dies nichts daran, dass er im Zeitpunkt der Zahlung vollwertiger *bonorum possessor* war. Wenn aber bereits die nicht befreiende Zahlung des Putativerben bei der *hereditatis petitio* abgezogen werden konnte, so muss dies erst recht für die rechtmäßige Zahlung des *bonorum possessor* gelten.[47]

Beantragte also der bedingt eingesetzte Erbe die *bonorum possessio*, so löste dies die Situation ohne Probleme auf. Die Gläubiger waren dann in exakt der gleichen Lage, wie wenn die Erbeinsetzung unbedingt ausgesprochen worden wäre, und auch für den *bonorum possessor* ergaben sich nur unwesentliche Unterschiede. Pomponius konzentrierte sich in der Folge deshalb auf den weitaus problematischeren Fall – jenen, in dem die *bonorum possessio* nicht beantragt worden war.

Bevor sich die Untersuchung diesem zweiten Fall zuwenden kann, ist aber noch zu klären, ob die beiden von Pomponius gebildeten Sinnabschnitte auch tatsächlich alle denkbaren Fallkonstellationen abdecken. Insbesondere stellt sich die Frage, ob nicht auch ein in einem späteren Grad Berufener die *bonorum possessio* hätte beantragen können, wenn der bedingt eingesetzte Erbe dies unterließ.

---

215 f. Sie hält den Schlusssatz von C. 3.31.5 Ant. (a. 213) mit MAIER, ZRG RA 50 (1930), 497 f., für einen „unkundige[n] Zusatz" (MÜLLER-EHLEN, 148 ff.).

45 D. 5.3.31 pr. Ulp. 15 ed.; C. 3.31.5 Ant. (a. 213); dazu MÜLLER-EHLEN, 110 ff., 134 ff.

46 Vgl. VOCI, DER II, 590 f. Fn. 6. Gemeint ist, dass der *bonorum possessor* in einer vom *heres* erhobenen *hereditatis petitio* unterliegen würde. Zur *bonorum possessio cum* und *sine re* siehe unten S. 164 f.

47 Ebenfalls von Interesse ist in diesem Zusammenhang der in D. 35.3.4.1, 3 Paul. 75 ed. beschriebene Fall, dass zwei Personen die alleinige Erbenstellung für sich beanspruchen und während des hängigen Rechtsstreits Nachlassverbindlichkeiten begleichen: „*1. Si duo ex testamento hereditatem in solidum sibi vindicent, forte quod eiusdem nominis sint, tam in possessorem quam in petitorem competunt actiones et creditoribus et legatariis.* […] *3. Sed cum de nomine inter duos quaestio est, numquid non sit cavendum ei, qui hereditariam rem tradat, quia omnimodo unus liberatur: quemadmodum si aes alienum hereditarium solvatur? Sed si petitor suam pecuniam solvet aut rem suam tradat, non habet unde retineat et ideo necessaria est ei cautio.*" Die Stelle ist mit Vorsicht zu betrachten, da ihr Fokus auf der *cautio evicta hereditate legata reddi* liegt (vgl. LENEL, EP 537 f.; MÜLLER-EHLEN, 153 m. w. N.). Allerdings könnte die Formulierung „*non habet unde retineat*" darauf hindeuten, dass auch in diesem Fall ein Abzug im Rahmen der *hereditatis petitio* nicht nur bei Leistung aus Nachlassmitteln, sondern bei Leistung aus eigenen Mitteln zulässig war (vgl. MÜLLER-EHLEN, 163 ff., allerdings nur mit Blick auf die Ausrichtung von Legaten, da der Einbezug der Gläubiger im Quellentext verdächtigt wurde; so DE FRANCISCI, BIDR 23 (1911), 248 ff.; SCHINDLER, 302; die Frage offenlassend MÜLLER-EHLEN, 164).

III. Exkurs: *Bonorum possessio* eines in einem weiteren Grad Berechtigten?

Das Verfahren der *bonorum possessio* zeichnete sich dadurch aus, dass der Prätor den Nachlassbesitz nicht nur einer einzelnen, vorrangig berechtigten Person anbot, sondern einer ganzen Kaskade von nacheinander berufenen Klassen. Kinder und Eltern mussten den Antrag innerhalb eines Jahres stellen, sonstige Berechtigte innerhalb von 100 Tagen.[48] Ließ jemand diese Frist verstreichen, war automatisch der in der nachfolgenden Klasse Berufene berechtigt, die *bonorum possessio* zu beantragen.[49]

Im Falle des testamentarisch eingesetzten Erben war dieser an erster Stelle zur Beantragung der *bonorum possessio* berufen.[50] Entschied er sich aber dazu, die *bonorum possessio* nicht zu beantragen, so ging die Berechtigung auf die nachfolgenden Klassen über. Dies veranschaulicht ein Beispiel, das Gaius in seinen Institutionen anführt:

> Gai. 3.36
> *Nam si verbi gratia iure facto testamento heres institutus creverit hereditatem, sed bonorum possessionem secundum tabulas testamenti petere noluerit, contentus eo, quod iure civili heres sit, nihilo minus ii, qui nullo facto testamento ad intestati bona vocantur, possunt petere bonorum possessionem; sed sine re ad eos hereditas pertinet, cum testamento scriptus heres evincere hereditatem possit.*
> Wenn nämlich zum Beispiel ein Erbe, der in einem wirksam errichteten Testament eingesetzt worden war, die Erbschaft förmlich angenommen hat, aber den Nachlassbesitz aus der Testamentsurkunde nicht beantragen wollte, weil er damit zufrieden war, Erbe nach *ius civile* zu sein, können jene nicht weniger den Nachlassbesitz beantragen, die zum Nachlass des Erbenlosen berufen wären, wenn kein Testament erstellt worden wäre. Aber ihnen kommt die Erbschaft *sine re* zu, da der testamentarisch eingesetzte Erbe die Erbschaft von ihnen herausverlangen kann.

Selbst wenn eine Erbschaft bereits einen vollwertigen zivilen Erben hatte, hinderte das nicht den Lauf des *successorum edictum*, dem zufolge den nacheinander Berechtigten sukzessive die *bonorum possessio* angeboten wurde. Wenn also ein testamentarischer Erbe die *bonorum possessio* nicht beantragte, ging das Antrags-

---

48 D. 38.9.1.8–9, 12–16 Ulp. 49 ed.

49 Siehe zum Ganzen oben S. 46 ff. sowie Cic. Verr. 2.1.114: „[…] *si tabulae testamenti non proferrentur, tum ut, uti quemque potissimum heredem esse oporteret, si is intestatus mortuus esset, ita secundum eum possessio daretur.* […]."

50 Zur *bonorum possessio secundum tabulas* vgl. zuletzt Babusiaux, HRP I § 57, Rn. 174 ff.

recht dennoch auf etwaige Ersatzerben[51] und schließlich die Intestaterben über. Ihre *bonorum possessio* blieb aber zumindest im Verhältnis zum besser berechtigten testamentarischen Erben inhaltsleer (*sine re*), da dieser den Nachlass jederzeit evinzieren konnte.[52]

Wenn nun Pomponius in D. 28.5.23 vom *institutus in diem certum* spricht, ist die Ausgangslage für die Erbfolge fast deckungsgleich mit der von Gaius beschriebenen: Der zeitliche Aufschub der Erbeinsetzung wird als nicht geschrieben betrachtet,[53] womit eine vollwertige Erbeinsetzung vorliegt, aufgrund deren der Erbe die Erbschaft jederzeit antreten konnte.[54] Wenn er die *bonorum possessio* aber nicht beantragte, musste das Antragsrecht auch hier auf die nachfolgend Berechtigten übergehen. Ob deren *bonorum possessio* im Verhältnis zum *institutus* als *cum* oder *sine re* anzusehen war, hing davon ab, ob der *institutus* als vorrangig Berechtigter die Erbschaft antrat oder nicht.

Dasselbe muss auch für den *institutus in diem incertum*, das heißt den bedingt eingesetzten Erben, gelten. Auch in diesem Fall begannen die Fristen für die Beantragung der *bonorum possessio* zu laufen,[55] und es ist nicht ersichtlich, dass die bedingte Erbeinsetzung irgendetwas an diesem Lauf geändert hätte. Ließ der bedingt eingesetzte Erbe die Frist für die Beantragung der *bonorum possessio* verstreichen, konnte also ein Ersatz- oder Intestaterbe diese beantragen. Im Unterschied zum von Gaius gebildeten Fall wird diese *bonorum possessio* aber zumindest bis zur Erfüllung der Bedingung *cum re* gewesen sein, da der *institutus* die Erbenstellung

---

51 Dieser Schritt geht aus dem Text nicht ausdrücklich hervor. Der Vorrang der testamentarischen Erbfolge vor dem Intestaterbrecht verlangt aber, dass der Prätor die *bonorum possessio* zuerst allen potentiellen testamentarischen Erben anbot. Zur *bonorum possessio secundum tabulas* des Ersatzerben Babusiaux, HRP I § 57, Rn. 189.

52 Zur *bonorum possessio sine re* vgl. Gai. 2.148; Gai. 3.35–38; UE 28.13; Leist, Bonorum possessio I, 224 ff.; Biondi, DER, 129 ff.; Babusiaux, HRP I § 57, Rn. 202; Voci, DER I, 185 f., ferner 182 f., allerdings hinsichtlich einer „zweiten Bedeutung" von *bonorum possessio sine re*, die auf die historische Entwicklung der *bonorum possessio* im Verhältnis zum *heres* Bezug nimmt (ebd., 183 Fn. 21); ausschließlich mit Blick auf diese Bedeutung Bonfante, Corso VI, 517.

53 Siehe oben S. 156.

54 Hierin besteht der einzige Unterschied zu dem von Gaius gebildeten Beispiel. Während der Berechtigte in Gai. 3.36 die Erbschaft bereits förmlich angetreten hat, kann dies für D. 28.5.23 Pomp. 1 Sab. nicht vorausgesetzt werden. Dies hat aber keinen Einfluss auf den Verlauf der *bonorum possessio*, sondern ausschließlich auf die Frage, ob die *bonorum possessio* im Verhältnis zum eingesetzten Erben als *cum* oder *sine re* anzusehen ist.

55 Dies zeigen bereits Pomponius' Ausführungen in D. 28.5.23 pr.–1 Pomp. 1 Sab.; vgl. auch D. 37.11.6 Ulp. 8 disp.; D. 37.11.10 Paul. 8 Plaut.; D. 37.11.12 Paul. 7 quaest.; D. 46.5.8 Paul. bei Pap. 5 quaest.; ferner D. 2.8.12 Ulp. 77 ed.; D. 37.11.5 Ulp. 4 disp.; D. 38.17.1.7 Ulp. 12 Sab.

nach *ius civile* bis dahin noch nicht erlangen konnte und somit auch keinen Titel für eine *hereditatis petitio* hatte.[56]

Sofern also der *institutus in diem certum vel incertum* die *bonorum possessio* nicht beantragte, bestand aus Gläubigersicht immer noch die Möglichkeit, dass ein als Ersatz- oder Intestaterbe Berufener dies tat. War das der Fall, erhielt der Nachlass in jedem Fall einen neuen Gesamtrechtsnachfolger, gegen den die Gläubiger ihre Forderungen anhängig machen konnten.[57] Hieran änderte auch eine allfällige Diskussion darüber nichts, ob die *bonorum possessio* ab einem gewissen Zeitpunkt lediglich *sine re* ausgestaltet sei, da diese Frage in erster Linie das Verhältnis zwischen *bonorum possessor* und zivilem Erben betraf.[58]

Es bleibt die Frage, wie sich diese Erkenntnis mit Pomponius' weiteren Ausführungen in den Paragrafen 1 bis 4 verträgt. Unter der Voraussetzung, dass der *institutus in diem certum vel incertum* die *bonorum possessio* nicht beantragte, wird den Gläubigern darin die Möglichkeit eröffnet, Maßnahmen entsprechend dem Edikt *Cui heres non extabit* zu ergreifen.[59] Das Vorliegen eines *bonorum possessor* schloss die Anwendung dieses Edikts, das auf den Nachlassverkauf hinwirkte, aber von vornherein aus.[60]

Bustelo erklärt das Übergehen anderer möglicher *bonorum possessores* dadurch, dass sich das gesamte Fragment auf eine überschuldete Erbschaft beziehen müsse.[61] Für diesen Fall unterstellt sie, dass der Fristenlauf der *bonorum possessio* zugunsten der *venditio bonorum* ausgeschaltet worden sei.[62] An den Tatbestand der Überschuldung Rechtsfolgen anzuknüpfen, ist aber von vornherein systemwidrig. Denn auch wenn die *venditio bonorum* in der Praxis fast ausschließlich in Überschuldungssituationen vorgekommen sein dürfte,[63] knüpfte sie doch in keinem Moment

---

56 Missverständlich ist die Aussage Bustelos, 173, 175, wonach im Falle eines solventen Nachlasses die Intestaterbfolge eintreten müsse. Mit seinen Fristen konnte der Prätor in keiner Weise die zivile Erbenstellung beeinflussen, sondern lediglich Einfluss auf die Erteilung der *bonorum possessio* nehmen.

57 Leist, Bonorum possessio I, 227; in diesem Punkt unergiebig hingegen Voci, DER I, 183, 186. Sollte es im Nachhinein zu einer *hereditatis petitio* durch den *heres* gekommen sein, dürften die erfolgten Zahlungen wie beim *bonorum possessor* aufgrund bedingter Erbeinsetzung abgezogen worden sein; vgl. hierzu oben S. 163. – Zur Haftung des *bonorum possessor* siehe auch oben S. 43 ff., zur Klage mittels *formula ficticia* oben S. 119 ff.

58 Dies leitet sich aus Gai. 3.35–37 ab; vgl. auch Leist, Bonorum possessio I, 228; Biondi, DER, 130; Voci, DER I, 183, 186; Bonfante, Corso VI, 517. Unklar ist in diesem Punkt hingegen UE 28.13.

59 Siehe dazu oben S. 50 ff.

60 Siehe oben 51 f.; in diesem Sinne auch Solazzi, Concorso I, 91.

61 Bustelo, 172, 175.

62 Bustelo, 176.

63 In allen anderen Fällen dürfte ein Rechtsnachfolger für das Vermögen gefunden worden sein, zumal auch das Gemeinwesen einen erbenlosen Nachlass für sich beanspruchen konnte; vgl. dazu zuletzt Babusiaux, ZRG RA 135 (2018), 131 ff.; Finkenauer, Symp. Wieling, 37 ff.

an das Kriterium der Überschuldung an, sondern ausschließlich an das Fehlen eines Gesamtrechtsnachfolgers.[64] Der Fristenlauf zur Erteilung der *bonorum possessio* diente exakt dieser Ermittlung eines Gesamtrechtsnachfolgers. Es ist deshalb nicht einzusehen, warum dieser Prozess aufgrund Überschuldung – die noch dazu vom Prätor in einmaliger Art und Weise hätte festgestellt werden müssen – abgebrochen hätte werden sollen.

Weitaus wahrscheinlicher ist, dass Pomponius in den Paragrafen 1 bis 4 stillschweigend voraussetzt, dass die *bonorum possessio* auch von keinem anderen beantragt worden ist. Dies ist insofern gerechtfertigt, als der eigentliche Schwerpunkt der Stelle gerade nicht auf diesem unproblematischen Fall liegt, sondern auf der Frage, wie bei Fehlen eines *bonorum possessor* vorzugehen sei.[65] Diese Ausrichtung des Fragments zeigt sich bereits an der knappen Abhandlung des ersten Falles im *principium*. Die These wird zusätzlich dadurch gestützt, dass sich in D. 42.7.1 Paul. 57 ed. eine Parallelstelle zur hier erörterten findet, welche die Möglichkeit der *bonorum possessio* sogar auch für den bedingt eingesetzten Erben unterschlägt.[66]

Zusammenfassend kann somit gesagt werden, dass auch bei einer bedingten Erbeinsetzung in der Regel jemand die *bonorum possessio* beantragt haben wird, womit die Gläubiger einen Gesamtrechtsnachfolger erhielten, an den sie sich halten konnten. Der Sonderfall der bedingten Erbeinsetzung verursachte nur dann Schwierigkeiten, wenn niemand die *bonorum possessio* beantragte. Ein solcher Verzicht auf die *bonorum possessio* wird vor allem dann vorgekommen sein, wenn die Erbschaft der Überschuldung zumindest verdächtigt wurde.[67] Diesem Problemfall, dass die *bonorum possessio* bei bedingter Erbeinsetzung von niemandem beantragt wurde, widmet sich Pomponius im Fortgang des Fragments.

IV. Vorgehen bei fehlendem *bonorum possessor*, Paragrafen 1–4

Die Möglichkeiten der Gläubiger bei unterlassener Beantragung der *bonorum possessio* erläutert Pomponius anhand zweier Beispiele. Er unterscheidet danach, ob die Erbeinsetzung unter eine Potestativbedingung gestellt wurde (Paragraf 1)

---

64 Siehe oben S. 50 ff., bes. 51 f.

65 Keinen weiteren Hinweis bietet die Palingenesie der Stelle im 1. Buch von Pomponius' Sabinuskommentar. Lenel, Pal. II, 88, Pomp. 390, fasst das Fragment unter den nach dem Vorbild von Ulpians Sabinuskommentar gebildeten Titel *De institutione condicionali* (ebd., Fn. 1). Eine Verbindung zu anderen Texten ist aber nicht auszumachen.

66 Siehe hierzu unten S. 169 ff.

67 Insofern ist Bustelo, 172 f., entgegenzukommen. Falsch ist es aber, die Überschuldung als zwingend vorauszusetzen oder an sie Rechtsfolgen zu knüpfen (ebd., 175, 177).

oder unter eine Bedingung, auf deren Erfüllung der Berufene keinen Einfluss hat (Paragraf 2).

1. Ausgangslage bei potestativer und kasueller Bedingung

Das Vorgehen bei einer potestativ bedingten Erbeinsetzung schildert Pomponius in Paragraf 1 anhand der Bedingung, dass der Berufene einen in seiner Gewalt stehenden Sklaven freilassen müsse. Diese Bedingung könnte der eingesetzte Erbe leicht selbst erfüllen und dadurch Klarheit hinsichtlich seiner Berufung zum Erben schaffen. Für den Fall, dass er die Bedingung dennoch nicht erfüllt, werde der Prätor, so Pomponius, sein Edikt analog anwenden, mit dem er dem Erben eine Frist zum Erbschaftsantritt setzt.

Analog war diese Anwendung des Edikts *De iure deliberandi*[68] deshalb, weil der Prätor dem bedingt eingesetzten Erben strenggenommen eine Frist für eine Entscheidung setzte, die Letzterer dem Recht nach noch gar nicht treffen konnte. Solange sich die Bedingung noch nicht erfüllt hatte, war der eingesetzte Erbe überhaupt nicht in der Lage, die Erbschaft anzutreten – mehr noch, er konnte nicht einmal eine wirksame Aussage darüber treffen, ob er die Erbschaft nach Bedingungseintritt antreten würde.[69] Insofern gehörte er noch nicht zum Kreis der Antragsberechtigten, an die sich das Edikt seinem Wortlaut nach wandte.[70]

Dasselbe gilt auch für den zweiten von Pomponius erörterten Fall, in dem die Erfüllung der Bedingung nicht in der Macht des Bedachten liegt. In Paragraf 2 wird dieser Fall anhand des Beispiels erörtert, dass der Erblasser die Erbeinsetzung von der Wahl einer bestimmten Person zum Konsul abhängig machte. Wie bereits in Paragraf 1 spricht sich Pomponius auch hier dafür aus, dass der Prätor dem bedingt eingesetzten Erben auf Antrag der Gläubiger eine Antrittsfrist setzt, nach deren ungenutztem Verstreichen er den Gläubigern die *missio in possessionem* gewährt. Auch hier kommt es somit zu einer analogen Anwendung des Edikts *De iure deliberandi*.

---

68 Solazzi, Scr. I, 365; Solazzi, Concorso III, 9; Leist, Bonorum possessio II.1, 323 Fn. 9; anders noch die Glossa ordinaria, Gl. *Edictum* ad D. 28.5.23.1 Pomp. 1 Sab., die anmerkt: „*Edictum*] *quod non habemus*". Für eine Analogie zum *tempus ad deliberandum* selbst Dedekind, 30, der die Fristsetzung durch den Prätor außerhalb der *interrogatio in iure* grundsätzlich ablehnt; dagegen bereits Solazzi, Scr. I, 361 ff., bes. 365 f. – Zum Edikt *De iure deliberandi* siehe oben S. 58 f.

69 D. 29.2.13 pr. Ulp. 7 Sab.: „*Is qui heres institutus est vel is cui legitima hereditas delata est repudiatione hereditatem amittit. Hoc ita verum est, si in ea causa erat hereditas, ut et adiri posset: ceterum heres institutus sub condicione si ante condicionem existentem repudiavit, nihil egit, qualisqualis fuit condicio, etsi in arbitrium collata est.*"

70 Anderer Ansicht Solazzi, Scr. I, 365 f., der die analoge Anwendung deshalb für erforderlich hält, weil sie nicht wie üblich auf die Erbenstellung nach *ius civile*, sondern auf die *bonorum*

Trotz der Anwendung des gleichen Verfahrens besteht zwischen den zwei Konstellationen aber ein wesentlicher Unterschied: Während der potestativ bedingt Eingesetzte die Frist tatsächlich dazu nutzen kann, über seine Erbenstellung zu entscheiden, gilt dies für den kasuell bedingt Eingesetzten nicht zwingend. Dies macht bereits Pomponius deutlich, wenn er in Paragraf 2 sagt, die Erbschaft müsse dem Erben während der Frist angefallen und von ihm angetreten worden sein (*hereditas optigerit aditaque fuerit*). Da der Anfall der Erbschaft aber von einer nicht beeinflussbaren Bedingung abhing, konnte durchaus der Fall eintreten, dass die gesetzte Frist allein deshalb ungenutzt verstrich, weil die Bedingung weiterhin hängig blieb. Die Entscheidung, doch noch Erbe zu werden, blieb dem Bedachten dann verwehrt.

Wohl auch beeinflusst von der persönlichen Gerechtigkeitsintuition bewog dieser Unterschied namentlich Solazzi dazu, den beiden Konstellationen unterschiedliche Rechtsfolgen zuzusprechen.[71] Sie sollen in der Folge genauer untersucht werden.

2. Rechtsfolgen bei fehlendem Erben nach *ius civile*

Die Frage, welche Konsequenzen die Gläubiger aus dem Verstreichenlassen der Antrittsfrist des bedingt eingesetzten Erben ziehen können, beantwortet Pomponius in D. 28.5.23 nur mittelbar. Explizitere Ausführungen hierzu finden sich in D. 42.7.1 Paul. 57 ed., einer Parallelstelle zu der hier untersuchten:

D. 42.7.1 Paul. 57 ed.
pr. Si quis sub condicione heres institutus est, cogendus est condicioni parere, si potest, aut, si responderit se non aditurum, etiamsi condicio extiterit, vendenda erunt bona defuncti.
1. Quod si nihil facere potest, curator bonis constituendus erit aut bona vendenda.

---

possessio abziele: „Ma il giuresconsulto si occupa della *bonorum possessio* e a quest'istituto l'editto sul *ius deliberandi* non può essere applicato che per analogia" (ebd., 365). Dass das Edikt *De iure deliberandi* analog auf den *bonorum possessor* angewendet wurde, ist insofern nicht abwegig, als auch die *interrogatio in iure* auf den zur *bonorum possessio* Berufenen erstreckt wurde; siehe dazu oben S. 137 f. Allerdings ist fragwürdig, ob auch insofern eine Erstreckung erfolgte, als dem zur *bonorum possessio* Berufenen eine Deliberationsfrist angesetzt worden wäre. Angesichts dessen, dass die Möglichkeit, die *bonorum possessio* anzutreten von vornherein befristet war, wäre das Setzen einer weiteren Frist systemwidrig. Dass sich Pomponius spätestens hinsichtlich der Fristsetzung nicht mehr in erster Linie auf die *bonorum possessio* bezieht, zeigt sich ausdrücklich in D. 28.5.23.2 Pomp. 1 Sab., wo er die *missio in possessionem* der Gläubiger davon abhängig macht, dass die Erbschaft nicht innerhalb der gesetzten Frist angefallen und angetreten worden sei: „[...] *nisi intra certum tempus hereditas optigerit aditaque fuerit* [...]".

71 Solazzi, Concorso III, 8 f.; irritiert auch Naber, Mnemosyne 25 (1897), 295 Fn. 10; anders Leist, Bonorum possessio II.1, 323 Fn. 9.

2. Sed si grave aes alienum sit, quod ex poena crescat, per curatorem solvendum aes alienum, sicuti cum venter in possessione sit aut pupillus heres tutorem non habeat, decerni solet.

pr. Wenn jemand unter einer Bedingung zum Erben eingesetzt worden ist, muss er gezwungen werden, die Bedingung zu erfüllen, wenn er kann, oder, wenn er geantwortet hat, dass er nicht antreten werde, selbst wenn die Bedingung sich erfüllt haben wird, muss der Nachlass des Verstorbenen verkauft werden.

1. Wenn er nun nichts tun kann, wird dem Vermögen ein *curator* bestellt werden müssen oder das Vermögen wird verkauft werden müssen.

2. Aber wenn eine schwere Schuld besteht, die aufgrund einer Strafe anwächst, wird gewöhnlich angeordnet, dass die Schuld durch den *curator* beglichen werden soll, so wie wenn eine Leibesfrucht in den Besitz eingewiesen ist oder ein unmündiger Erbe keinen Vormund hat.

Die Nähe der beiden Stellen wird besonders durch jene Paragrafen deutlich, die ausnahmsweise Veräußerungsbefugnisse des *curator* über den ruhenden Nachlass vorsehen.[72] Ihr Wortlaut ist über weite Strecken identisch.[73]

D. 28.5.23.3 Pomp. 1 Sab.	D. 42.7.1.2 Paul. 57 ed.
Sed si sub condicione quis heres institutus sit et grave aes alienum sit, quod ex poena crescit, *et maxime si publicum debitum imminet:* per *pro*curatorem solvendum aes alienum, sicuti cum venter in possessione sit aut pupillus heres tutorem non habeat.	*Sed si* grave aes alienum sit, quod ex poena crescat, per curatorem solvendum aes alienum, sicuti cum venter in possessione sit aut pupillus heres tutorem non habeat, *decerni solet.*

Aber auch die vorangehenden Paragrafen der beiden Passagen entsprechen sich insoweit, als jeweils die Frage besprochen wird, wie Gläubiger ihre Interessen wahren konnten, wenn für einen Nachlass eine bedingte Erbeinsetzung bestand. Als Unterschied ist lediglich zu vermerken, dass Paulus anders als Pomponius nicht auf die Möglichkeit eingeht, die *bonorum possessio* zu beantragen. Der Kontext des Fragments in Paulus' Ediktskommentar macht aber deutlich, dass das Fehlen eines *bonorum possessor* auch in D. 42.7.1 vorausgesetzt wurde. Das Fragment ist Teil

---

72 Siehe dazu oben S. 96 ff.

73 Vgl. dazu Verrey, 129 ff., der sie als „*capita geminata*" qualifiziert und die Parallelen dadurch erklärt, dass sich Paulus von Pomponius habe „inspirieren" lassen (ebd., 131). Genauso gut ist aber der Rückgriff auf eine gemeinsame Vorlage denkbar. Allgemein kritisch zu den Thesen Verreys die Rezension Krampes, ZRG RA 93 (1976), 369.

der Kommentierung des Ediktstitels *Quibus ex causis in possessionem eatur*,[74] also jenes Titels, der die Anwendungsfälle der *missio in possessionem* regelte.[75] Bestand in der Person eines *bonorum possessor* bereits ein Gesamtrechtsnachfolger, war eine *missio in possessionem* von vornherein ausgeschlossen, weshalb eine Erörterung unter dem fraglichen Titel obsolet gewesen wäre.[76]

Für den Fall, dass der bedingt eingesetzte Erbe nach der Antragsfrist der *bonorum possessio* auch die Frist für den Erbschaftsantritt (oder den Verzicht auf das *beneficium abstinendi*) ungenutzt verstreichen ließ, sieht Paulus die Möglichkeit vor, zur *venditio bonorum* zu schreiten. Bei einer potestativ bedingten Erbeinsetzung gilt dies ohne Einschränkung, während Paulus für den Fall der kasuellen Bedingung neben der *venditio bonorum* die Möglichkeit bestehen lässt, der Erbschaft einen *curator* zu bestellen (*curator bonis constituendus erit aut bona vendenda*).

Den Inhalt dieser Aussage gilt es genauer zu untersuchen, insbesondere ist er zu der von Pomponius postulierten *missio in possessionem* der Gläubiger[77] in Beziehung zu setzen. Jedoch wurde die Authentizität des Paulus zugeschriebenen Fragments D. 42.7.1 in der Vergangenheit aus diversen Gründen massiv angezweifelt. Bevor deshalb sinnvollerweise eine inhaltliche Auseinandersetzung mit den postulierten Rechtsfolgen erfolgen kann, müssen die vorgebrachten Zweifel an der Authentizität des Textes entkräftet werden.

a) Kritische Auseinandersetzung mit D. 42.7.1

Die Verdächtigungen der Stelle reichen von rein sprachlichen Monita bis zur Verwerfung des gesamten Inhalts aufgrund vermeintlicher Widersprüche zum klassischen Rechtssystem. So begnügt sich Lenel beispielsweise mit der Aussage, die Worte „*quod si nihil facere potest*“ seien kaum Paulus zuzuschreiben.[78] In Mommsens *editio maior* findet sich hingegen ein Konjekturvorschlag, der weitreichende inhaltliche Konsequenzen hat: Ohne dass dies die einzelnen Handschriften indizieren würden, schlägt er für den Fall der kasuell bedingten Erbeinsetzung vor, statt

74 Lenel, Pal. I, 1075, Paul. 705/707.

75 Zum Edikt Lenel, EP, 413 ff.

76 Dies gilt sowohl für die *missio in possessionem* auf der Grundlage des Edikts *Cui heres non extabit*, die als Vorstufe für den Vermögensverkauf diente (siehe oben S. 50 ff.), wie auch für die erhaltende *missio in possessionem* bei langer Unsicherheit über die Nachfolgerfrage (*Si diu incertum sit*; dazu oben S. 91 ff.). Letztere Art der *missio in possessionem* wurde aber ohnehin unter dem Ediktstitel *De iure deliberandi* abgehandelt.

77 D. 28.5.23.2 Pomp. 1 Sab.: „[…] *se bona defuncti creditoribus possidere iussurum et interim quae urguebunt per procuratores distrahi iussurum.*“

78 Lenel, Pal. I, 1075 Fn. 1 zu Paul. 705; zustimmend Solazzi, Concorso III, 3; dagegen Naber, Mnemosyne 25 (1897), 296 Fn. 4.

„aut *bona vendenda*" „nec *bona vendenda*" zu lesen.[79] Noch weiter geht Solazzi, der nicht nur Paragraf 1, sondern das gesamte Fragment für vollständig interpoliert hält und deshalb jegliche Rekonstruktion der Stelle ablehnt.[80]

aa) Unmöglichkeit einer Ausschlagung ante condicionem existentem?

In Bezug auf das *principium*, das heißt die Variante des potestativ bedingt eingesetzten Erben, bemängelt Solazzi neben einzelnen Formulierungen[81] vor allem einen Widerspruch zu D. 29.2.13 pr. Ulp. 7 Sab. Das Abstellen auf die Antwort *„se non aditurum, etiamsi condicio extiterit"* widerspreche dem darin enthaltenen Grundsatz, wonach das klassische Recht einen Verzicht auf die Erbschaft *ante condicionem existentem* nicht anerkannt habe.[82]

> D. 29.2.13 pr. Ulp. 7 Sab.
> *Is qui heres institutus est vel is cui legitima hereditas delata est repudiatione hereditatem amittit. Hoc ita verum est, si in ea causa erat hereditas, ut et adiri posset: ceterum heres institutus sub condicione si ante condicionem existentem repudiavit, nihil egit, qualisqualis fuit condicio, etsi in arbitrium collata est.*
> Derjenige, der zum Erben eingesetzt worden ist, oder derjenige, dem die Erbschaft nach gesetzlicher Erbfolge zugekommen ist, verliert die Erbschaft durch Ausschlagung. Dies ist insoweit zutreffend, als die Erbschaft in einem Zustand war, in dem sie auch hätte angetreten werden können. Wenn dagegen ein unter einer Bedingung eingesetzter Erbe noch vor Eintritt der Bedingung ausgeschlagen hat, hat er damit nichts bewirkt, wie auch immer die Bedingung ausgestaltet gewesen sein mag, selbst wenn sie in sein Ermessen gestellt worden ist.

In der Tat finden sich in den Digesten mehrere Texte, die darauf hinweisen, dass eine Erbschaft erst dann ausgeschlagen werden konnte, wenn der Bedachte auch tatsächlich zum Erbschaftsantritt berechtigt war.[83] In diesem Sinne als antrittsberechtigt galt der bedingt eingesetzte Erbe zweifellos nicht, was Ulpian auch

---

79 Mommsen, II, 558 Fn. 2; zustimmend Ramadier, 114 Fn. 1; in der Sache auch Solazzi, Concorso III, 3, 8 f.; anders dagegen Leist, in: Glück, Bücher 37/38 IV, 296 mit Fn. 68; kritisch auch Lenel, Pal. I, 1075 Fn. 2 zu Paul. 705. Noch weiter geht Naber, Mnemosyne 25 (1897), 296, der *„curator bonis constituendus est, aut bona vendenda. sed"* eliminiert und damit die Rechtsfolgen auf den Fall der drängenden Schulden in Paragraf 2 reduziert.

80 Solazzi, Concorso III, 3, 8 f.: „il frammento è interpolato e conviene astenersi da ogni correzione" (ebd., 3).

81 Solazzi, Concorso III, 2 f.

82 Solazzi, Concorso III, 4.

83 Nebst der hier wiedergegebenen auch D. 29.2.17.1 Ulp. 7 Sab.; D. 29.2.70 pr.–1 Paul. 57 ed.; anders dagegen D. 29.2.77 Pomp. 8 Q. Muc.

ausdrücklich betont. Allerdings betreffen die genannten Texte, welche die Ausschlagung der Erbschaft vor deren Anfall für unmöglich erklären, allesamt die Erlangung der Erbenstellung nach *ius civile*. Mithin darf daraus einzig abgeleitet werden, dass der bedingt eingesetzte Erbe auch im vorliegenden Fall keine offizielle Ausschlagung nach *ius civile* vornehmen konnte. Im Hinblick auf die honorarrechtlichen Interventionen lässt sich daraus hingegen nichts ableiten, konnte der Prätor an der zivilen Erbenstellung doch ohnehin nichts ändern. Wenn der Prätor demnach für die Einleitung der honorarrechtlichen *venditio bonorum* auf eine Prognose über den zukünftigen Erbschaftsantritt abstellt, muss dies an sich kein Widerspruch zu dem Prinzip des *ius civile* darstellen. Im Gegenteil: Der Fall der bedingten Erbeinsetzung wird gerade deshalb als Sonderfall behandelt, weil ein Verkauf nach *ius honorarium* in einem Spannungsverhältnis zu einer möglichen Erbenstellung nach *ius civile* steht. Dieses Spannungsverhältnis macht ein Werturteil erforderlich. Fällt dieses Werturteil zuungunsten des *ius civile* aus, liegt der Bruch mit dem zivilrechtlichen Prinzip in der Natur der Sache – darauf lässt sich aber keinerlei Kritik gegen die Authentizität des Textes gründen.

Endgültig deutlich wird dieses Nebeneinander von *ius civile* und *ius honorarium* in einer Stelle aus Paulus' Ediktskommentar:

D. 29.2.70.1–2 Paul. 57 ed.

1. Si vero ei, ad quem legitima hereditas potest pertinere, condicio data sit, nihil constituere potest de legitima, antequam dies condicionis transeat, et ideo dicendum est et in eo casu.[84]

2. Si respondit neutram hereditatem ad se velle pertinere, bona defuncti a creditoribus possidenda sunt.

1. Wenn aber demjenigen, dem die Erbschaft nach gesetzlicher Erbfolge zukommen kann, eine Bedingung auferlegt worden ist, kann er hinsichtlich der gesetzlich zustehenden

84 Mommsen, I, 884 Fn. 4, schlägt vor, statt „*ideo*" „*idem*" zu lesen und „*in eo casu*" auf den Fall der im *principium* ebenfalls thematisierten *bonorum possessio* zu beziehen; ihm folgend Kupisch, in: Knütel/Kupisch/Rüfner/Seiler, V, 191; für einen Eingriff der Kompilatoren dagegen Solazzi, Concorso III, 5. – Obwohl zuzugestehen ist, dass dem Nachsatz in unverändertem Zustand kein rechter Sinn abzugewinnen ist, muss der Bezug der Aussage auf die *bonorum possessio* entschieden zurückgewiesen werden. Wie oben S. 158 ff. dargelegt, hinderte die bedingte Erbeinsetzung weder die Möglichkeit, die *bonorum possessio* zu beantragen, noch den damit verbundenen Fristenlauf. Es ist vollkommen schlüssig, dass laut D. 29.2.70 pr. Paul. 57 ed. die *bonorum possessio secundum tabulas* und jene *ab intestato* einzeln und nacheinander abzulehnen sind – dies entspricht dem Fristenlauf der *bonorum possessio*. Die Behauptung, eine Entscheidung sei so lange nicht möglich, bis Klarheit über die Bedingungserfüllung bestehe, stünde hingegen in eklatantem Widerspruch zum bedingungsunabhängigen Fristenlauf und darf deshalb nicht in die Stelle hineingelesen werden.

> Erbschaft keine Entscheidung treffen, bevor der Tag der Bedingungserfüllung verstrichen ist, […].[85]
> 2. Wenn er antwortet, er wolle, dass keine der beiden Erbschaften ihm zukomme, muss die Besitznahme der Güter des Verstorbenen durch die Gläubiger erfolgen.

Paulus beschreibt ebenfalls den Fall einer bedingten Erbeinsetzung, allerdings mit der Besonderheit, dass der bedingt eingesetzte Erbe zugleich auch Intestaterbe ist. Grundsätzlich bedeutet dies, dass dem bedingt eingesetzten Erben die Erbschaft auch dann zukommt, wenn die Bedingung ausfällt. Selbst unter diesen Umständen kann er die Erbenstellung nach *ius civile* aber weder erlangen noch endgültig aufgeben, bevor nicht Klarheit über den Eintritt der Bedingung besteht. Dieses formalistische Vorgehen mit Blick auf die Erbenstellung nach *ius civile* hindert Paulus aber nicht, darauf hinzuweisen, dass aus der Erklärung, auf die Erbschaft nachhaltig verzichten zu wollen, durchaus Rechtsfolgen abgeleitet werden könnten:[86] Sie erlaubt die *missio in possessionem* der Gläubiger, das heißt eine erste Maßnahme zur Vorbereitung der *venditio bonorum*.[87] Die Tatsache, dass die Erbenfrage zumindest formell noch nicht beantwortet war, scheint der Prätor als nicht erheblich erachtet zu haben. Ein Widerspruch lässt sich aus den unterschiedlichen Wertungen von *ius civile* und *ius honorarium* genauso wenig ableiten wie in der kritisierten Stelle D. 42.7.1 pr.

bb) *Unmöglichkeit der* venditio bonorum *bei vorhandenem Erben?*

Mit Blick auf die kasuell bedingte Erbeinsetzung (Paragraf 1) wurde bereits die von Paulus beschriebene Rechtsfolge an sich angezweifelt. Indem Mommsen die Lesart „n e c *bona vendenda*" anstelle von „a u t *bona vendenda*" vorschlug,[88] schloss er die *venditio bonorum* für den Fall einer kasuellen Bedingung kategorisch aus. Sowohl Mommsen als auch der ihm folgende Ramadier[89] lassen eine Begründung für diese Annahme vermissen. Diese formuliert erst Solazzi.[90] Es kann jedoch kein Zweifel daran bestehen, dass die Bedenken der drei Autoren die gleichen waren: In einem System, in dem die *venditio bonorum* des Nachlasses auf Fälle der

---

85 Aufgrund des problematischen Zustands des Nachsatzes (siehe Fn. 84) wird auf einen Rekonstruktionsversuch verzichtet.

86 In dieser Aussage sieht Solazzi, Concorso III, 5, einen Widerspruch zu Paulus' Aussage in Paragraf 1. Auch hier verkennt er damit, dass die Grundsätze, die für die Erlangung der Erbenstellung nach *ius civile* gelten, nicht unbesehen auf die Gewährung der *venditio bonorum* übertragen werden können.

87 Zum Zusammenhang von *missio in possessionem* und *venditio bonorum* siehe unten S. 177 ff.

88 Mommsen, II, 558 Fn. 2; siehe dazu auch oben S. 171 f. mit Fn. 79.

89 Ramadier, 114 Fn. 1.

90 Solazzi, Concorso III, 8.

Erbenlosigkeit beschränkt ist, scheint es unmöglich, dem potentiellen Erben sein Antrittsrecht ohne sein Zutun zu nehmen und direkt zum Verkauf zu schreiten.[91] Bei genauer Betrachtung wird aber deutlich, dass auch diese Schlussfolgerung der Dynamik von prätorischem Erbrecht und *venditio bonorum* nicht gerecht wird:

Das prätorische Edikt legte die Fälle fest, in denen die *missio in possessionem* der Gläubiger und damit ein erster Schritt im Hinblick auf eine *venditio bonorum* gewährt wurde. Den Wortlaut des Edikts zitiert Cicero in seiner Rede *Pro P. Quinctio*, wobei er mit Blick auf Nachlassvermögen den Fall eines Erblassers „*cui heres non exstabit*" nennt.[92] Für die *venditio bonorum* des Nachlasses war somit dem Grundsatz nach tatsächlich die Erbenlosigkeit vorausgesetzt. Bereits diese Erbenlosigkeit muss aber weit verstanden werden, da der Prätor nicht allein auf das Fehlen eines *heres* nach *ius civile* abstellte, sondern auch sonstige Rechtsnachfolger, insbesondere einen *bonorum possessor*, ausreichen ließ, um die *venditio bonorum* auszuschließen.[93] Dies macht Gaius in seiner Aufzählung der Anwendungsfälle der *venditio bonorum* deutlich:[94]

Gai. 3.78
[...] *Mortuorum bona veneunt velut eorum, quibus certum est neque heredes neque bonorum possessores neque ullum alium iustum successorem existere.*
[...] Von Verstorbenen wird zum Beispiel das Vermögen derer verkauft, bei denen es gewiss ist, dass es weder Erben noch Nachlassbesitzer noch sonst einen anderen rechtmäßigen Nachfolger gibt.

---

91 Vgl. Solazzi, Concorso III, 8: „Se non è in potere dell'erede di adempiere la condizione, allora, fin quando è possibile che si verifichi la condizione casuale o che il terzo compia il fatto dedotto in condizione, non è escluso che il defunto abbia un erede, e perciò non è lecito procedere alla vendita."

92 Cic. Quinct. 60; dazu Platschek, Quinctius, 157 ff.; Pérez Alvarez, Bonorum venditio, 90 f.; zum Edikt Lenel, EP, 416 f.

93 Lenel, EP, 416 Fn. 10, geht davon aus, dass das Edikt in nachciceronischer Zeit entsprechende Zusätze erhielt, welche die nicht dem *ius civile* entstammenden Gesamtrechtsnachfolger erfassten; vgl. auch Solazzi, Concorso I, 90 f., dessen auf Gai. 3.78 und D. 49.14.1.1 Callistr. 1 iur. fisci beruhende Ediktsrekonstruktion auch den *bonorum possessor* und den Fiskus (*populus*) beinhaltet. Dass die Voraussetzungen des Edikts in diesem Sinne weit gefasst werden müssen und funktional auf das Fehlen eines beliebigen Gesamtrechtsnachfolgers abgestellt wurde, ist unbestreitbar. Neben Cic. Quinct. 60, der wörtlich aus dem Edikt zitiert, bezieht sich allerdings auch TPSulp. 86 lediglich auf das Kriterium „*cuius heres non extat*". Denkbar, aber nicht zwingend ist, dass eine spätere Anpassung des Ediktswortlauts zur Berücksichtigung der prätorischen Gesamtrechtsnachfolger erfolgte. Hierfür spricht ganz besonders die Formulierung in D. 49.14.1.1 Callistr. 1 iur. fisci. In der Tendenz für eine entsprechende Ergänzung des Edikts Häusler, 608.

94 Zum Ganzen siehe oben S. 50 ff.

Der Prätor weitete den *heres*-Begriff aber nicht nur aus, sondern schränkte ihn in gewissen Situationen auch ein. Dies galt namentlich für den *suus heres*, dem der Prätor das *beneficium abstinendi* gewährte.[95] Der *suus* erlangte die Erbenstellung nach *ius civile* ohne sein Zutun und hatte somit keine Möglichkeit, die Erbschaft auszuschlagen.[96] Auch wenn der Prätor ihm dennoch das Recht gewährte, sich der Erbschaft zu enthalten, hatte dies keine unmittelbaren Auswirkungen auf die Stellung als *heres* nach *ius civile*.[97] Als Institut des *ius honorarium* verhinderte das *beneficium abstinendi* lediglich, dass diese Erbenstellung ihre Rechtswirkungen entfaltete. Dazu gehörte auch, dass der sich enthaltende *suus* nicht für die Schulden des Erblassers haftete.[98] Mit Blick auf die *venditio bonorum* macht dieses Beispiel deutlich, dass auch Situationen denkbar waren, in denen ein Nachlass verkauft wurde, obwohl formal ein *heres* nach *ius civile* bestand.[99] Mehr noch: Unter dem Ediktstitel *Quibus ex causis in possessionem eatur*, der die Anwendungsfälle der *venditio bonorum* umschreibt, findet sich gar ein eigener Abschnitt „*Si suus heres erit*", der eben diesem Fall des sich enthaltenden Erben Rechnung trägt.[100]

Sodann ist festzuhalten, dass diese Möglichkeit des Vermögensverkaufs bei vorhandenem *heres* in keinem Widerspruch zu Gaius' Aussage in Gai. 3.78 steht. Zwar verlangt er darin unter anderem, dass Sicherheit über das Fehlen eines *heres* bestehe, allerdings darf die Aussage nicht als allgemeingültige Regel verstanden werden. Das einführende *velut* macht deutlich, dass Gaius lediglich einen Beispielfall zitiert.[101]

---

95 Siehe oben S. 59 f.

96 Gai. 2.157; siehe oben S. 30 ff.

97 Voci, DER I, 579; Wimmer, HRP I § 54, Rn. 7; vgl. D. 29.2.57 pr. Gai. 23 ed. prov.; D. 38.2.6.2 Ulp. 43 ed.; D. 38.17.2.8 Ulp. 13 Sab.; D. 40.5.30.10 Ulp. 5 fideic.

98 Zum *beneficium abstinendi* siehe oben S. 59 ff.

99 In diesem Sinne auch Solazzi, Concorso I, 94.

100 Lenel, EP, 418, der die Erweiterung des Edikts ausdrücklich damit begründet, dass die Klausel *cui heres non extabit* auf den *suus heres* keine Anwendung finden konnte; ihm folgend Betancourt, AHDE 52 (1982), 394 Fn. 53.

101 Es ist umstritten, inwieweit das in Gaius' Institutionen häufig verwendete *velut(i)* zwingend exemplifizierenden Charakter hat. Nelson/Manthe, Gai Inst. III 182–225, 258 f., weisen darauf hin, dass auch eine rein „präzisierende Bedeutung" im Sinne von „und zwar, besonders, zumal" möglich sei. Entsprechend könne aus einem *velut(i)* im Institutionentext nicht sicher abgeleitet werden, dass neben dem genannten noch weitere Anwendungsfälle bestanden; in diesem Sinne zuletzt Wegmann Stockebrand, 131 ff. m. w. N. in Fn. 86. Für einen einheitlichen Gebrauch von *velut(i)* dagegen überzeugend Platschek, ZRG RA 127 (2010), 483 f.; Platschek, in: Babusiaux/Mantovani, 285 mit Fn. 42, der zeigt, dass die Verwendung von *velut(i)* in den Institutionen des Gaius geradezu programmatisch erfolgt und Ausfluss des isagogischen Charakters des Werks ist: Gaius hatte in seinem Lehrbuch nicht den Anspruch, alle denkbaren Fälle abzudecken, sondern wählte zur Illustration seiner Ausführungen sehr gezielt einzelne Beispiele, die er mit *velut(i)* einführte. Mit Blick auf die fragliche Stelle Gai. 3.78 spricht sich auch d'Amati, Inattività, 84 mit Fn. 102, für ein nicht taxatives *velut* aus („assai verosimilmente non esaustivo"). Ihre Ausführungen

Dass er den Paradefall der gänzlichen Nachfolgerlosigkeit wählt, entspricht dem didaktischen Charakter seines Lehrwerks.

Mit Blick auf den Fall der kasuell bedingten Erbeinsetzung lässt sich aus den obigen Ausführungen nun Folgendes entnehmen: Die Tatsache allein, dass ein Nachlass nach den Bestimmungen des *ius civile* über einen *heres* verfügte, hinderte den Prätor noch nicht daran, die *venditio bonorum* zu gewähren. Dass diese Erbenstellung bei bedingter Erbeinsetzung noch nicht gesichert war, kann daran nichts geändert haben.[102] Entsprechend kann nur ein Grundsatzentscheid des *ius honorarium* dafür ausschlaggebend gewesen sein, ob die *venditio bonorum* bei kasuell bedingter Erbeinsetzung möglich sein sollte oder nicht. Das *ius honorarium* scheint insofern ganz grundsätzlich nicht einem formalen, sondern einem funktionalen Begriff der Erbenlosigkeit gefolgt zu sein, der allein darauf abstellte, ob sich jemand bereitfand, das Vermögen und damit die Schuldenhaftung zu übernehmen. Die gegen die Stelle erhobene Kritik könnte sich demnach nur noch darauf richten, dass ein Nachlass, für den theoretisch noch ein Erbe auftreten konnte, diesem funktionalen Begriff der Erbenlosigkeit niemals entsprechen konnte – selbst dann, wenn der potentielle Erbe zuvor bereits die *bonorum possessio* abgelehnt hatte. Dass jedoch auch diese Annahme jeglicher Grundlage entbehrt, machen die nachfolgenden Ausführungen deutlich.

b) Zum Verhältnis von *missio in possessionem* und *venditio bonorum*

Hält man D. 42.7.1 wie hier vertreten für inhaltlich verlässlich,[103] stellt sich die Frage, wie die darin postulierten Rechtsfolgen mit jenen aus D. 28.5.23.1–2 vereinbar sind. Während nämlich Paulus sowohl bei postestativ bedingter als auch bei kasuell bedingter Erbeinsetzung die *venditio bonorum* ausdrücklich für möglich

---

beziehen sich zwar auf das erste *velut*, das die Tatbestände der *venditio bonorum vivorum* einführt, doch dienen sie zumindest als Indiz für das *velut* der *venditio bonorum mortuorum*; denn Gaius ist grundsätzlich – zumal in ein und derselben Stelle – ein einheitlicher Wortgebrauch zu unterstellen.

102 Dies belegt zweifelsfrei die Möglichkeit einer *venditio bonorum* bei potestativ bedingter Erbeinsetzung (D. 42.7.1 pr. Paul. 57 ed.), die von niemandem bezweifelt wird (vgl. Solazzi, Concorso III, 9). Genauso wie das *beneficium abstinendi* die *heres*-Stellung des *suus* nach *ius civile* nicht aufheben kann, kann dies auch eine angesetzte Frist zur Bedingungserfüllung nicht tun. Sofern der eingesetzte Erbe die Bedingung nach Fristablauf erfüllen sollte, würde ihm dies die Erbenstellung nach *ius civile* verschaffen, wenn auch das *ius honorarium* dergestalt korrigierend eingreifen würde, dass ihm die Erbschaft dennoch nicht mehr zukommen würde. Insofern ist Solazzis Argumentation widersprüchlich, wenn er die *venditio bonorum* bei kasuell bedingter Erbeinsetzung deshalb ablehnt, weil nicht ausgeschlossen werden könne, dass es zukünftig einen Erben geben werde (Solazzi, Concorso III, 8).

103 Keine Probleme sahen in dieser Hinsicht auch Dernburg, 23; Tambour, I, 208; Leist, in: Glück, Bücher 37/38 IV, 296 Fn. 68.

hält, spricht Pomponius lediglich von einer analogen Anwendung des Edikts *De iure deliberandi* und der *missio in possessionem* der Gläubiger. Es soll jedoch sogleich dargelegt werden, dass beide trotz unterschiedlicher Begrifflichkeiten grundsätzlich den gleichen Prozess beschreiben.

Die *missio in possessionem* oder auch *missio in bona*[104] war der erste Schritt im Hinblick auf eine Vollstreckung gegen das Vermögen und stellte somit eine zwingende Voraussetzung der *venditio bonorum* dar.[105] Es handelte sich um eine Besitzeinweisung der Gläubiger *rei servandae causa*, die es ihnen ermöglichte, den Erhalt des Vermögens sicherzustellen, aus dem sie sich schließlich befriedigen wollten.[106] In seiner Beschreibung der *venditio bonorum* begrenzt Gaius die Zeit der *missio in possessionem* auf 30 Tage (bei Nachlassvermögen auf 15 Tage), an die sich der eigentliche Vermögensverkauf anschließe.[107] Diese kurze Frist lässt die Zeit der *missio in possessionem* beinahe vernachlässigbar erscheinen, und auch der Ediktstext scheint einen gewissen Automatismus zwischen *missio in possessionem* und anschließendem Verkauf vorausgesetzt zu haben. So zitiert Paulus das Edikt wie folgt:[108]

> D. 42.4.6.1 Paul. 57 ed.
> *Cum dicitur: „et eius, cuius bona possessa sunt a creditoribus, veneant, praeterquam pupilli et eius, qui rei publicae causa sine dolo malo afuit", intellegimus eius, qui dolo malo afuerit, posse venire.*
> Jedes Mal, wenn gesagt wird: „und das Vermögen desjenigen, dessen Güter von den Gläubigern in Besitz genommen worden sind, soll verkauft werden, außer das eines Unmündigen und desjenigen, der in öffentlicher Angelegenheit ohne bösen Glauben abwesend gewesen ist", versteht man [darunter], dass das Vermögen dessen, der bösgläubig abwesend gewesen ist, verkauft werden kann.

Dem Grundsatz nach bewirkte die *missio in possessionem* somit, dass das Vermögen, in das die Gläubiger eingewiesen worden waren, verkauft werden konnte.[109]

---

104 Zur Gleichwertigkeit der Begriffe vgl. Solazzi, Concorso I, 15 mit Fn. 1, der sich in seinen Ausführungen nur deshalb für „*missio in bona*" entscheidet, um den Unterschied zum Institut der *bonorum possessio* auch terminologisch zu verdeutlichen; Pérez Álvarez, Bonorum venditio, 112 ff.; differenzierend Häusler, 46 f.; ohne weitere Präzisierungen ferner auch Kaser/Hackl, 390.

105 Siehe oben S. 50 ff. Vgl. auch den Ediktstitel zur *venditio bonorum*, den Lenel, EP, 423, als „*De bonis possidendis proscribendis vendundis*" rekonstruiert.

106 Zur *missio in possessionem rei servandae causa* zuletzt Häusler, 48 ff.

107 Gai. 3.79; dazu oben S. 51 ff.; ohne konkrete Fristangabe dagegen Theoph. 3.12 pr. – Solazzi, Concorso II, 61, versteht die 30 bzw. 15 Tage als Minimalfrist.

108 Vgl. auch d'Amati, Inattività, 79; Lepri, Missiones, 52 f.; Lenel, EP, 416.

109 Vgl. Pérez Álvarez, Bonorum venditio, 182 f.; Lepri, Missiones, 52; Solazzi, Concorso II, 61 ff.

Die Stelle macht aber gleichzeitig deutlich, dass es Ausnahmen von diesem Automatismus gab, bei denen die Gläubiger zwar die *missio in possessionem* erhielten, nicht aber zur *venditio bonorum* schreiten konnten. In diesen Sonderfällen dauerte der Zustand der *missio in possessionem* bedeutend länger als die von Gaius beschriebenen 30 (oder 15) Tage.[110]

Ausdrücklich von der *venditio bonorum* aus nahm das Edikt der hier betrachteten Stelle zufolge das Vermögen Minderjähriger und das Vermögen des *rei publicae causa sine dolo malo absens*.[111] Eine weitere Ausnahme formuliert Paulus gleich im Anschluss für den *captus ab hostibus*, dessen Gläubiger derart in den Besitz eingewiesen wurden „*ut tamen non statim bonorum venditio permittatur, sed interim bonis curator detur*".[112] Eine weitere Ausnahme vom Grundsatz der unmittelbar folgenden *venditio bonorum* wird sodann auf der Grundlage von D. 42.4.8 Ulp. 60 ed.[113] auch für den ruhenden Nachlass angenommen.[114]

Dass der Prätor den Gläubigern im Rahmen des Edikts *Si diu incertum sit* eine *missio in possessionem* erteilen konnte, auf die nicht unmittelbar der Nachlassverkauf folgte, wurde bereits ausgeführt. Diese Möglichkeit ergibt sich einerseits aus der Betonung des Charakters „*rei servandae causa*" der *missio* in D. 42.4.8 Ulp. 60 ed.; andererseits lässt sie sich auch aus der Tatsache ableiten, dass eine *missio in possessionem* – wenn auch nur ausnahmsweise – bereits während des *tempus ad deliberandum* möglich war. Nähere Informationen dazu, in welchen Situationen diese Art der lange andauernden *missio in possessionem* im Zustand der *hereditas iacens* erfolgte, lassen sich dem vorhandenen Quellenmaterial jedoch nicht entnehmen – mit Ausnahme der Tatsache, dass der Prätor die Besitzeinweisung *causae cognita*, also im Rahmen einer Beurteilung des Einzelfalls, vornahm.[115]

Auf die *missio in possessionem* selbst hatte die Frage, ob diese auf lange Dauer ausgelegt war oder lediglich als Zwischenschritt auf dem Weg zum Nachlassverkauf dienen sollte, keine Auswirkung: In beiden Fällen handelte es sich um eine *missio in possessionem rei servandae causa*, die es den Gläubigern ermöglichte, den Erhalt des Nachlassvermögens zu sichern, ihnen jedoch keine zusätzlichen Verfügungsbe-

---

110 Vgl. Kaser/Hackl, 393 mit Fn. 58; Solazzi, Concorso II, 2 ff., 9 ff.

111 Vgl. auch Tab. Heracl. 116–117; C. 2.50.4 Gord. (a. 239); d'Amati, Inattività, 78 ff.; ferner Solazzi, Concorso II, 2.

112 D. 42.4.6.2 Paul. 57 ed.; ferner D. 42.5.39.1 Paul. 5 sent.; zum Thema ausführlich d'Amati, BIDR 103/104 (2000/01), 223 ff.; ferner d'Amati, BIDR 94/95 (1991/92), 446, mit Schwerpunkt auf den Formulierungen *son statim* und *interim*; Solazzi, Concorso II, 2.

113 Siehe oben S. 92.

114 Solazzi, Concorso II, 3 ff., mit Ausführungen zur Stelle; Pérez Álvarez, Bonorum venditio, 82 Fn. 320; Kaser/Hackl, 393 Fn. 58.; d'Amati, Inattività, 78 Fn. 92; Solazzi, IVRA 6 (1955), 89; siehe auch oben S. 91 ff.

115 Siehe zum Ganzen oben S. 91 ff.

fugnisse gewährte.[116] Wenn also Pomponius in D. 28.5.23 ausführt, die Gläubiger würden in den Besitz eingewiesen, lässt sich daraus allein noch nichts für die Frage ableiten, ob auf diese *missio in possessionem* auch unmittelbar ein Nachlassverkauf folgen konnte.

Diese grundsätzliche Unabhängigkeit der *missio in possessionem* von einer späteren *venditio bonorum* schlägt sich im Übrigen auch in der Terminologie der römischen Juristen nieder, welche die Rechtsfolge der „*missio in possessionem*" sowohl für die Einweisung in den fortdauernden Sicherungsbesitz[117] wie auch für die Initiierung des Nachlassverkaufsverfahrens verwendeten. Letzteres macht die bereits thematisierte Stelle D. 29.2.70.2 Paul. 57 ed.[118] deutlich, in der die Worte „*bona defuncti a creditoribus possidenda sunt*" für den Fall verwendet werden, dass der designierte Erbe erklärt, die infrage stehenden Erbschaften nicht annehmen zu wollen:

> D. 29.2.70.2 Paul. 57 ed.
> *Si respondit neutram hereditatem ad se velle pertinere, bona defuncti a creditoribus possidenda sunt.*
> Wenn er antwortet, er wolle, dass keine der beiden Erbschaften ihm zukomme, muss die Besitznahme der Güter des Verstorbenen durch die Gläubiger erfolgen.

Dass mit dieser Antwort ein Fall der „sicheren Nachfolgerlosigkeit" bestand, der die Gläubiger zum Verkauf des Nachlasses berechtigen musste,[119] hat bereits Solazzi erkannt.[120]

c) Nachlassverkauf bei bedingter Erbeinsetzung?

Die obigen Ausführungen[121] machen deutlich, dass der Prätor die Frage danach, ob sich an die Einweisung der Gläubiger in das Nachlassvermögen ein Nachlassverkauf anschließen konnte, unterschiedlich beantwortete – je nachdem, wie er die Situation bewertete. Das Spektrum der möglichen Konstellationen reichte dabei von der

---

116 Zum Charakter *rei servandae causa* siehe für die *missio in possessionem* im Zusammenhang mit dem Nachlassverkauf oben S. 52; für die auf Dauer ausgelegte *missio in possessionem* während schwebender Erbenfrage siehe D. 42.4.8 Ulp. 60 ed.

117 Vgl. D. 42.4.8 Ulp. 60 ed.: „[…] *permitti bona rei servandae causa possidere* […]."

118 Siehe auch oben S. 95, 173 f.

119 Siehe dazu oben S. 50 ff.

120 Solazzi, Concorso III, 9, der jedoch von einer terminologischen Unterscheidung in der Rechtssprache der klassischen römischen Juristen ausgeht und die Stelle deshalb für interpoliert hält. Zu seiner Textkritik siehe sogleich S. 181 f.

121 Siehe oben S. 177 ff.

sicheren Nachfolgerlosigkeit, die zur direkten *venditio bonorum* führte,[122] bis hin zur Besitzeinweisung während des *tempus ad deliberandum*, welche die Entscheidung des designierten Erben nicht präkludieren durfte und somit – vorerst – nicht zum Nachlassverkauf führte.[123] Wie die Wertung des Prätors ausfiel, wenn Klarheit über die Nachfolgerfrage erst in weiter Zukunft zu erwarten war, namentlich weil die Erbeinsetzung unter einer kasuellen Bedingung ausgesprochen worden war, lässt sich nicht ohne weiteres rekonstruieren. Anhand der in diesem Paragrafen besprochenen Quellentexte ist aber zumindest eine Annäherung möglich.

aa) Ablehnung einer Zweiteilung auf Grundlage der Bedingungsart

Namentlich Solazzi postulierte auf der Grundlage von D. 28.5.23 und D. 42.7.1 eine Zweiteilung der Rechtsfolgen, je nachdem, ob die Erbeinsetzung potestativ oder kasuell bedingt ausgesprochen worden war. Zwar habe der Prätor dem bedingt eingesetzten Erben in beiden Fällen eine Frist setzen können. Diese habe jedoch nur im Fall der Potestativbedingung auch dazu geführt, dass die Gläubiger zur *venditio bonorum* schreiten konnten. Sofern der bedingt eingesetzte Erbe keinen Einfluss auf den Bedingungseintritt hatte, hätten die Gläubiger lediglich die *missio in possessionem* erwirken können, ohne dass sich hieran ein Verkauf anschloss.[124]

Problematisch an dieser These ist, dass sie sich offen gegen die Aussage in D. 42.7.1.1 stellt, der zufolge im Fall der kasuell bedingten Erbeinsetzung „*curator bonis constituendus erit aut bona vendenda*". Solazzis Rekonstruktion bedarf deshalb auch zwingend der Streichung von „*aut bona vendenda*"[125] sowie einer weiteren Interpolationsannahme in D. 29.2.70.2.[126] Dabei scheint der einzige Grund für die Verdächtigung darin zu bestehen, dass das von D. 42.7.1.1 postulierte Ergebnis – ein möglicher Nachlassverkauf bei ausstehender kasuell bedingter Erbeinsetzung – nicht dem klassischen Recht entsprochen haben könne. Dass diese Prämisse jedoch keineswegs zwingend ist, wurde bereits dargelegt.[127] Zusätzlich ist

---

122 Vgl. Gai. 3.78; dazu oben S. 51 ff.

123 Vgl. D. 42.4.9.1 Paul. 57 ed.; dazu oben S. 95 f.

124 Solazzi, Concorso II, 7; Solazzi, Concorso III, 3, 8 f. mit Fn. 1 auf S. 8; vgl. auch den Konjekturvorschlag bei Mommsen, II, 558 Fn. 2, und ihm folgend Ramadier, 114 Fn. 1.

125 Solazzi, Concorso III, 9: „Come ormai è evidente, sono interpolate le parole ‚aut bona vendenda' nel fr. 1 § 1 D. 42.7."

126 Solazzi, Concorso III, 9: „Anche in D. 29.2.70.2 hanno scritto ‚bona defuncti a creditoribus possidenda sunt', probabilmente perchè si sono serviti di locuzioni del testo originale, senza badare che, rifiutate dal chiamato entrambe le delazioni, poichè ‚in legitimis hereditatibus non fit successio', si cade sotto la disposizione dell'editto ‚cui heres non extabit', onde i creditori sono autorizzati a vendere i beni e non semplicemente a possederli." Die Annahme eines Texteingriffs drängt sich für Solazzi auf, weil die Stelle seiner These entgegensteht, wonach „*mittere in possessionem*" auf eine Einweisung ohne direkt anschließenden Vermögensverkauf verweise.

127 Siehe oben S. 174 ff.

aber darauf hinzuweisen, dass sich bereits der von SOLAZZI nicht beanstandete[128] Pomponiustext (D. 28.5.23.1–2) nur schwer mit der Vorstellung einer Zweiteilung der Rechtsfolgen vereinbaren lässt. Zwar unterscheidet sich die Wortwahl zwischen den beiden Fallkonstellationen (Paragrafen 1 und 2) insoweit, als Pomponius für die potestativ bedingte Erbeinsetzung lediglich von einer analogen Anwendung des Edikts *De iure deliberandi* spricht,[129] während er für die kasuell bedingte Erbeinsetzung ausdrücklich die *missio in possessionem* der Gläubiger als Rechtsfolge nennt.[130] Allerdings impliziert bereits das „*item*", mit dem die zwei Paragrafen und Fallkonstellationen verbunden sind, dass grundsätzlich die gleichen Rechtsfolgen einschlägig sind.[131]

Für den Fall der potestativ bedingten Erbeinsetzung folgert SOLAZZI völlig zu Recht, dass die analoge Anwendung des Edikts *De iure deliberandi* – wenn es denn zum Äußersten kommt – auf die *venditio bonorum* hinauslaufen müsse.[132] So formuliert es ausdrücklich auch Paulus in D. 42.7.1 pr.[133] Da der potestativ bedingt Eingesetzte vorher jede Möglichkeit hatte, die Bedingung zu erfüllen und damit die *venditio bonorum* zu verhindern, scheint niemand diese Konsequenz als besondere Härte anzusehen.[134] Wenn die Gläubiger aber auch bei einer nicht-postestativ bedingten Erbeinsetzung eine analoge Anwendung des Edikts verlangen können, wie es das einführende „*item*" und die beschriebene Fristsetzung nahelegen, muss grundsätzlich auch von denselben Rechtsfolgen ausgegangen werden. Dass der Text für diesen Fall lediglich von der *missio in possessionem* spricht, sagt, wie oben

---

128 Er hält lediglich „*quam in sua potestate non habebit*" für ein Glossem, was aber keine inhaltliche Veränderung der Stelle nach sich zieht (SOLAZZI, Concorso III, 7 Fn. 2; SOLAZZI, DER II, 161 Fn. 4).

129 Zur analogen Anwendung des Edikts siehe oben S. 168.

130 D. 28.5.23.1 Pomp. 1 Sab.: „[…] *hic praetoris erunt partes, ut imitetur edictum suum illud, quo praefinit tempus, intra quod adeatur hereditas*"; D. 28.5.23.2 Pomp. 1 Sab.: „[…] *se bona defuncti creditoribus possidere iussurum et interim quae urguebunt per procuratores distrahi iussurum.*"

131 Für grundsätzlich gleichgeschaltete Rechtsfolgen spricht auch D. 29.2.70.1–2 Paul. 57 ed. (siehe oben S. 173 f.), wo Paulus die *missio in possessionem* ohne Unterscheidung zwischen potestativ und kasuell bedingter Erbeinsetzung erörtert.

132 SOLAZZI, Concorso III, 9.

133 D. 42.7.1 pr. Paul. 57 ed.: „*Si quis sub condicione heres institutus est, cogendus est condicioni parere, si potest, aut, si responderit se non aditurum, etiamsi condicio extiterit, vendenda erunt bona defuncti.*"

134 Sie ist auch mit Blick auf die Regelung zur *bonorum possessio* konsequent, wo die Nichterfüllung einer Potestativbedingung als Ablehnung gewertet wird und eine provisorische Erteilung der *bonorum possessio* ausgeschlossen ist (vgl. D. 37.5.13 Tryph. 2 disp.; LEIST, in: Glück, Bücher 37/38 IV, 285; oben S. 161).

dargelegt, noch nichts über die Möglichkeit einer anschließenden *venditio bonorum* aus.[135]

Insofern kann auch die in D. 42.7.1.1 genannte Rechtsfolge „*curator bonis constituendus erit aut bona vendenda*" nicht auf der Grundlage von D. 28.5.23.2 angezweifelt werden. Erst D. 42.7.1.1 macht nämlich überhaupt eine Aussage darüber, ob auf die *missio in possessionem* auch die *venditio bonorum* folgte oder ob der Prätor diese bei kasuell bedingter Erbeinsetzung zwingend aussetzte. Offenbar konnte beides vorkommen: eine langandauernde *missio in possessionem*, die gegebenenfalls das Tätigwerden eines *curator bonorum* erforderlich machte, oder aber der Verkauf des Nachlasses, obwohl die zivilrechtliche Erbenfrage noch nicht abschließend geklärt war.

Eine Auskunft darüber, wann die eine und wann die andere Variante zur Anwendung kam, lässt sich der Stelle nicht entnehmen. Da der kasuell bedingt Eingesetzte keinen Einfluss auf den Bedingungseintritt während laufender Frist hatte, ist leicht einzusehen, dass ein Verkauf unter Umständen eine besondere Härte bedeutet hätte. Wie sogleich zu zeigen sein wird, gilt dies aber keineswegs für alle Fälle der kasuell bedingten Erbeinsetzung. Es ist deshalb gut denkbar, dass der Prätor bei seiner Entscheidung über Zulassung oder Aussetzen der *venditio bonorum* die konkreten Umstände des Falles berücksichtigte und einen Verkauf nur dann verhinderte, wenn dieser dem eingesetzten Erben nicht zumutbar war. Eine solche Unzumutbarkeit für den Erben dürfte nicht so oft vorgelegen haben, wie es auf den ersten Blick scheinen mag.

bb) *Zumutbarkeit eines Verkaufs bei offener Erbenfrage nach* ius civile

Die *venditio bonorum* des Nachlasses ist idealtypisch dem Fall vorbehalten, in dem das Erbrecht es nicht vermochte, einen Gesamtrechtsnachfolger für das Vermögen zu bestellen. So heißt denn auch das einschlägige Edikt für die *missio in possessionem* der Gläubiger „*Cui heres non extabit*",[136] und die gänzliche Nachfolgerlosigkeit ist auch der Paradefall, den Gaius für seine Ausführungen zur *venditio bonorum mortuorum* wählt.[137] Der Gedanke, die *venditio bonorum* dürfe dem Erbrecht nicht vorgreifen, ist deshalb grundsätzlich berechtigt. Wenn der kasuell bedingt eingesetzte Erbe keine Möglichkeit hatte, die Erbschaft aus eigener Kraft anzutreten, erscheint es auf den ersten Blick denn auch unbillig, ihm eine Antrittsfrist zu setzen und aus deren „Verstreichenlassen" Konsequenzen abzuleiten. Im Kontext der

---

135 Siehe oben S. 177 ff. Da er die Frage der bedingten Erbeinsetzung gesamthaft abhandelt, das heißt ohne Unterscheidung zwischen potestativer und kasueller Bedingung, könnte Paulus die Frage nach einer sich anschließenden Verkaufsmöglichkeit mit dieser Formulierung auch bewusst offengelassen haben.

136 Lenel, EP, 416 f.

137 Gai. 3.78; dazu oben S. 51 ff.

gesamten Möglichkeiten, die sich dem potentiellen Erben eröffneten, relativieren sich diese Bedenken jedoch beträchtlich:

Wie oben dargelegt, hatte auch der kasuell bedingt eingesetzte Erbe die Möglichkeit, die *bonorum possessio secundum tabulas* zu beantragen.[138] Tat er dies, haftete er persönlich und unbeschränkt für die Schulden des Erblassers,[139] womit ein Nachlassverkauf infolge Nachfolgerlosigkeit vom Tisch war. Sofern Vollstreckungshandlungen erforderlich wurden, mussten die Gläubiger diese gegen das Privatvermögen des *bonorum possessor* richten. Der Prätor hatte sich somit von vornherein nur mit jenen Fällen der *hereditas iacens* infolge bedingter Erbeinsetzung zu befassen, in denen es der bedingt eingesetzte Erbe unterlassen hatte, die *bonorum possessio* zu beantragen. Dabei ist zu unterstreichen, dass die fehlende Beantragung der *bonorum possessio* in aller Regel eine bewusste Entscheidung gewesen sein wird; namentlich ein Fristablauf ohne Kenntnis des Berechtigten war nach Maßgabe des *successorium edictum* ausgeschlossen.[140] Entsprechend stellt sich die Frage, inwiefern ein besonderer prätorischer Schutz überhaupt noch gerechtfertigt war, nachdem der Betroffene bewusst auf die *bonorum possessio* verzichtet hatte.

Hierzu ist grundsätzlich festzustellen, dass der Erbe nicht verpflichtet war, die *bonorum possessio* zu beantragen. War der kasuell bedingt eingesetzte Erbe aber gewillt, die zukünftig anfallende Erbschaft anzutreten, so erwuchsen ihm aus der vorgezogenen Beantragung der *bonorum possessio* bedeutende Vorteile.[141] Nur dadurch konnte der bedingt eingesetzte Erbe verhindern, dass ein nachrangig berechtigter *bonorum possessor* bis zum Bedingungseintritt die Verfügungsgewalt über den Nachlass erhielt, da dem bedingt eingesetzten Erben die zivile Erbenstellung bis dahin ja gerade noch nicht zukam.[142]

Verzichtete der bedingt eingesetzte Erbe auf die Beantragung der *bonorum possessio*, dürfte der Grund in aller Regel darin bestanden haben, dass die Erbschaft derart überschuldet war, dass der Bedachte sie ohnehin nicht antreten wollte; in dem Fall aber gab es keinen Anlass dazu, dem bedingt eingesetzten Erben seine Anwartschaft länger zu erhalten.[143] Darüber hinaus sind lediglich atypische

---

138 Siehe oben S. 158.

139 Siehe oben S. 161 ff.

140 D. 38.15.2 pr. Ulp. 49 ed.; siehe auch oben S. 46 f.

141 Zu den Vorteilen der *bonorum possessio* selbst für den (unbedingt eingesetzten) Erben des *ius civile* siehe oben S. 44 f.

142 Während sich ein herkömmlicher Erbe auch gegen einen nachrangig berechtigten *bonorum possessor* durchsetzte – die *bonorum possessio* fiel in diesem Fall *sine re* aus –, hatte der bedingt eingesetzte Erbe lediglich die Aussicht darauf, vielleicht irgendwann Erbenstellung zu erlangen. Bis dahin musste die *bonorum possessio* eines nachrangig Berufenen auch gegen ihn als *cum re* anzusehen sein. Zur *bonorum possessio cum* und *sine re* siehe oben S. 164 f.

143 Wie oben S. 172 ff. gezeigt wurde, stand die fehlende Entscheidungsmöglichkeit mit Blick auf die Erbenstellung nach *ius civile* dem Nachlassverkauf nach *ius honorarium* nicht im Weg.

Konstellationen denkbar, in denen der potentielle Erbe auf die *bonorum possessio* verzichtete: Zu denken ist etwa an die Möglichkeit, dass er sich während der Antragsfrist der *bonorum possessio* nicht festlegen, sondern sich die Optionen, anzutreten oder auszuschlagen, länger erhalten wollte. Da der Prätor aber auch dem zur *bonorum possessio* Berufenen eine ausreichende Frist setzte, während deren er sich mit den Verhältnissen des Nachlasses vertraut machen konnte, wird der Berufene nur in Ausnahmefällen überhaupt ein Interesse daran gehabt haben, die Entscheidung zu vertagen.[144] Denkbar ist darüber hinaus, dass der Berufene die Antragsfrist für die *bonorum possessio* aus eigenem Verschulden verpasst hatte.[145]

Sofern auch kein in einem späteren Grad Berufener die *bonorum possessio* beantragte, bedurfte es in diesen Fällen tatsächlich einer Abwägung des Prätors, ob das Interesse des potentiellen Erben am Erhalt der Erbschaft oder jenes der Gläubiger an der Befriedigung ihrer Forderungen überwiegen sollte. Dabei ist gut möglich, dass der Prätor diese Abwägung nicht abstrakt, sondern mit Blick auf die konkreten Umstände des Falles traf. Das Verfahrensrecht ließ ein solches Vorgehen jedenfalls zu, und es ist für den Fall der *missio in possessionem* auf Grundlage des Edikts *Si diu incertum sit* ausdrücklich belegt.[146] In D. 28.5.23.4 findet die Einzelfallbeurteilung sodann eine ausdrückliche Nennung im Zusammenhang mit Personengruppen, deren Nichterscheinen entschuldbar war.[147] Darüber, welche Kriterien Einfluss in eine solche Einzelfallabwägung gefunden haben könnten, machen die Quellen keine Aussage. Als mögliche Faktoren kommen aber beispielsweise das bisherige Verhalten des potentiell Berufenen – namentlich der Grund für das Nichtbeantragen der *bonorum possessio* –, die im Nachlass vorhandenen Vermögenswerte und auch die Wahrscheinlichkeit eines zeitnahen Bedingungseintritts oder -ausfalls infrage.[148] Der Möglichkeit, dass der Prätor dem potentiellen Erben noch weiterge-

144 Die Antragsfrist betrug grundsätzlich 100 Tage, für Kinder und Eltern wurde sie allerdings auf ein Jahr erweitert (D. 38.9.1.8–9, 12–16 Ulp. 49 ed.).

145 Als weiterer Sonderfall ist die bedingte Erbeinsetzung eines Sklaven zu nennen. Da die Freilassung ebenfalls erst mit Bedingungseintritt erfolgte, war es ihm nicht möglich, bereits vorgängig die *bonorum possessio* zu beantragen. Hierzu ausführlich in § 5.

146 D. 42.4.8 Ulp. 60 ed.; vgl. dazu auch oben S. 92. Ob die *causae cognitio* auch in den anderen Anwendungsfällen der *missio in possessionem* einschlägig war, ist umstritten. Eine ausführliche Aufstellung der einzelnen Meinungen findet sich bei Pérez Álvarez, Bonorum venditio, 144 f.

147 D. 28.5.23.4 Pomp. 1 Sab.: „*Et ideo ait causae cognitionem adiectam propter eos, qui sine dilatione peregre essent vel aegritudine vel valetudine ita impedirentur, ut in ius produci non possint, nec tamen defenderentur.*"

148 Für letzteres Kriterium Leist, in: Glück, Bücher 37/38 IV, 296 Fn. 68, dem zufolge entscheidend war, ob nach Ablauf der gesetzten Frist „doch Aussicht auf baldigen Bedingungseintritt" bestanden habe oder nicht. Die Entscheidung des Prätors einzig an dieses Kriterium zu knüpfen, dürfte aber zu kurz greifen.

hend entgegenkam, indem er im Falle eines solventen Nachlasses den Einzelverkauf von Vermögenswerten (*distractio bonorum*) gestattete, ist § 6 dieser Abhandlung gewidmet.

V. Ergebnisse

Auch bei einer bedingt ausgesprochenen Erbeinsetzung griff grundsätzlich der Mechanismus des *successorum edictum*, das darauf abzielte, dem Nachlass möglichst schnell einen neuen Berechtigten zu verschaffen. Der kasuell bedingt eingesetzte Erbe konnte schon vor Bedingungseintritt die *bonorum possessio secundum tabulas* beantragen, mit der er Verfügungsmacht über den Nachlass erlangte und gleichzeitig neuer Schuldner der Gläubiger des Erblassers wurde. Mit Blick auf die Möglichkeit eines Bedingungsausfalls hatte er lediglich eine *cautio* abzugeben, die den tatsächlich Berechtigten zumindest wertmäßig absicherte. Der unter einer Potestativbedingung eingesetzte Erbe konnte diese Bedingung jederzeit erfüllen und so aus eigener Kraft die Voraussetzung dafür schaffen, die *bonorum possessio* zu beantragen. Unterließ es der bedingt eingesetzte Erbe, die *bonorum possessio* zu beantragen, ging das Antragsrecht auf die nachfolgend Berufenen über.

Nur wenn niemand die *bonorum possessio* beantragt hatte, mussten die Gläubiger sich selbst um die Bestellung eines Gesamtrechtsnachfolgers kümmern. Hierzu hatten sie grundsätzlich die Möglichkeit, auch dem lediglich bedingt eingesetzten Erben eine Deliberationsfrist im Sinne des Edikts *De iure deliberandi* zu setzen. Die sich hieran anschließenden Rechtsfolgen unterschieden sich danach, ob die Erbeinsetzung potestativ oder kasuell bedingt ausgesprochen worden war: Im Falle einer potestativ bedingten Erbeinsetzung wurde der potentielle Erbe gezwungen, die Bedingung zu erfüllen. Tat er dies nicht, gewährte der Prätor den Gläubigern nicht nur die *missio in possessionem*, sondern ließ auf diese auch unmittelbar den Nachlassverkauf folgen. War der potentielle Erbe hingegen unter einer kasuellen Bedingung eingesetzt, konnte es sein, dass die Deliberationsfrist ungenutzt verstrich, ohne dass er auch nur die Möglichkeit des Erbschaftsantritts hatte, da die Bedingung weiterhin pendent blieb. In diesem Fall musste der Prätor im Einzelfall abwägen, ob der Nachlassverkauf dennoch angezeigt war oder ob er dem eingesetzten Erben nicht zumutbar war. In letzterem Fall erhielten die Gläubiger lediglich eine fortgesetzte *missio in possessionem*, die ihnen zwar erlaubte, den Nachlass zu sichern, jedoch grundsätzlich keine Tilgung der Gläubigerforderungen zuließ.

Da der bedingt eingesetzte Erbe in jedem Fall die Möglichkeit hatte, die *bonorum possessio* zu beantragen, dürfte es meistens nur dann zur *missio in possessionem* der Gläubiger gekommen sein, wenn der Eingesetzte ohnehin kein Interesse am Erbschaftsantritt hatte. Die Unzumutbarkeit der *venditio bonorum*, und damit verbunden ein langes Warten der Gläubiger auf die Befriedigung ihrer Forderungen, dürfte somit nur ausnahmsweise vorgekommen sein. Im ganz überwiegenden Teil der Fälle stellte das prätorische Recht mit der Kaskade aus *bonorum possessio* und *venditio bonorum* ein wirksames Mittel dar, das den Gläubigern eine effiziente Durchsetzung ihrer Forderungen ermöglichte.

§ 5 Zur Möglichkeit der Vollstreckungsabwendung durch *defensio defuncti* – D. 42.5.4 Paul. 57 ed.

I. Einführung

Eine weitere Fallkonstellation der bedingten Erbeinsetzung nennt Paulus gleich im Anschluss an das soeben besprochene Fragment D. 42.7.1 pr.–1 Paul. 57 ed. – und somit gemäß der Rekonstruktion Lenels noch vor dem Fortgang von D. 42.7.1 Paul. 57 ed., wie die Stelle in den Digesten wiedergegeben ist.[1] Im Zentrum steht die bedingte Erbeinsetzung eines Sklaven, wobei ein Schwerpunkt der Ausführungen auf der Frage liegt, wie mit der ebenfalls bedingten Freilassung des Sklaven zu verfahren sei, wenn im Interesse der Gläubiger bereits vor Bedingungseintritt oder -ausfall vollstreckt wurde. Im Rahmen dieser Ausführungen weist Paulus aber auch auf eine Möglichkeit hin, wie der bedingt eingesetzte Erbe den drohenden Nachlassverkauf abwenden konnte: im Rahmen eines *defunctum defendere.*

D. 42.5.4 Paul. 57 ed.
Si servus sub condicione heres institutus sit aut dubium sit, an is heres liberque futurus sit, non est iniquum postulantibus creditoribus ita decerni, ut, si ante certum tempus is heres non extiterit, perinde omnia observentur, ac si is heres ita institutus non esset: quod plerumque accideret, si sub condicione dandae alicui pecuniae heres institutus sit nec dies adpositus sit. sed hoc quantum ad bona ita observandum: ceterum libertas ei quandoque competet et a praetore conservanda est, etiamsi certum sit neque heredem neque bonorum possessorem futurum. Si quis tamen heredem se spondendo vel actiones patiendo defunctum defendat, bona defuncti venire non poterunt.
Wenn ein Sklave unter einer Bedingung zum Erben eingesetzt worden ist oder unklar ist, ob dieser künftig Erbe und frei sein wird, ist es nicht unbillig, nachdem die Gläubiger dies beantragt haben, so zu entscheiden, dass, wenn er vor Ablauf einer bestimmten Frist nicht Erbenstellung erlangt hat, danach in allem so verfahren wird, wie wenn er nicht zum Erben eingesetzt wäre. Dies kommt häufig vor, wenn jemand unter der Bedingung, jemandem Geld zu geben, zum Erben eingesetzt und ihm [dazu] keine Frist gesetzt ist. Aber es gilt nur hinsichtlich des Nachlasses so zu verfahren; im Übrigen wird ihm die Freiheit irgendeinmal zukommen, und sie muss vom Prätor bewahrt werden, obgleich feststeht, dass er künftig weder Erbe noch Nachlassbesitzer sein wird. Wenn aber jemand den Verstorbenen verteidigt, indem er dennoch antwortet, Erbe zu sein, oder sich auf Klagen einlässt, kann der Nachlass des Verstorbenen nicht verkauft werden.

---

1 Lenel, Pal. I, 1075, Paul. 706; zu D. 42.7.1 pr.–1 Paul. 57 ed. siehe oben § 4, bes. S. 169 ff.

II. Behandelte Fallkonstellationen

Genau wie in der vorangehenden Stelle D. 42.7.1 pr. Paul. 57 ed. spricht sich Paulus dafür aus, dass der Prätor nach Ablauf der gesetzten Deliberationsfrist den Nachlassverkauf selbst dann gestatten konnte, wenn die Erbenfrage noch ungeklärt war. Abermals unterscheidet Paulus – anders als Pomponius in D. 28.5.23 Pomp. 1 Sab.[2] – nicht zwischen dem Fall der potestativ bedingten und der kasuell bedingten Erbeinsetzung. Zwar streicht er eine bestimmte Potestativbedingung als besonders häufig hervor: die Bedingung, dass der bedingt eingesetzte Erbe seine Erbenstellung nur dann erlangte, wenn er einem Dritten einen bestimmten Geldbetrag zahlte.[3] Da es sich lediglich um ein illustrierendes Beispiel handelt, lässt sich daraus aber keine Unterscheidung in den Rechtsfolgen ableiten. Die Ausführungen des Paulus bestätigen somit ohne weiteres, was bereits in § 4 dargelegt wurde.[4] Die Stelle weicht allerdings insoweit von den davor besprochenen Konstellationen ab, als sie zwei Varianten der Ungewissheit über die Erbenstellung nennt – neben der bedingten Erbeinsetzung ausdrücklich den Fall der „Ungewissheit über die zukünftige Erbenstellung“: „*Si servus sub condicione heres institutus sit aut dubium sit, an is heres liberque futurus sit.*“

Die Formulierung ist deshalb rätselhaft, weil nicht ohne weiteres ein Fall erkennbar ist, in dem ein Sklave zwar unbedingt zum Erben eingesetzt wurde, seine

---

2 Siehe oben S. 153 ff.

3 Die Qualifizierung als Potestativbedingung könnte man deshalb infrage stellen, weil der zum Erben eingesetzte Sklave vor Bedingungseintritt noch unfrei und vermögensunfähig war. Wahrscheinlich ist eine Qualifizierung als *statuliber* nach D. 40.7.1 pr. Paul. 5 Sab. (zum Begriff Starace, 159 ff., allerdings ohne Bezug zu D. 42.5.4 Paul. 57 ed.), was auf die genannten Probleme aber keine Auswirkungen hat. Angesichts seiner fehlenden Vermögensfähigkeit ist fraglich, wie – und aus welchen Mitteln – der Sklave eine Geldleistung hätte vornehmen sollen. Strenggenommen befand er sich in einem Teufelskreis, in dem die Geldleistung die Erlangung der Erbenstellung und die Erlangung der Erbenstellung die Geldleistung voraussetzte. Solche Zirkel waren aber im Umfeld der Freiheitserteilung nicht unbekannt. Ein Blick auf verwandte Fälle legt nahe, dass das römische Recht einen pragmatischen Umgang mit dem Problem praktizierte und die formalen Schwierigkeiten nicht hinderlich waren. So war beispielsweise die Möglichkeit einer *redemptio suis nummis* anerkannt (vgl. Heinemeyer, bes. 281), und der Sklave konnte seine Freiheit im Rahmen der *addictio bonorum* des Nachlasses erreichen, obwohl diese eine Sicherheitsleistung des Noch-Sklaven gegenüber den Nachlassgläubigern voraussetzte (vgl. Finkenauer, Symp. Wieling, 28 f., der sich dafür ausspricht, dass der Sklave sein Versprechen unter dem Druck des Prätors nach Erlangung der Freiheit wiederholen musste – in Anlehnung an den Fall, in dem ein Sklave vor seiner Freilassung *operae* versprach; dazu Waldstein, 242). Ein Zugriff des Sklaven auf die *hereditas iacens* dürfte weiterhin ausgeschlossen gewesen sein. Allerdings ist anzunehmen, dass eine Leistung aus Mitteln des *peculium* oder die Beauftragung eines Dritten zur Leistung akzeptiert wurden (zu den vergleichbaren Fällen der *redemptio suis nummis* vgl. Heinemeyer, 149 ff., 238 ff.).

4 Siehe besonders oben S. 169 ff.

zukünftige Erbenstellung aber dennoch ungewiss ist. Als *heres suus et necessarius* erlangte der Sklave die Erbenstellung grundsätzlich ohne sein Zutun im Todeszeitpunkt.[5] Vom *beneficium abstinendi*, das der Prätor den übrigen *sui* gewährte, konnte der Sklave nicht profitieren, weshalb sich die Frage der Erbschaftsannahme bei ihm nicht stellte.[6] Bereits Cujas schlug deshalb vor, die Stelle zu „*si servus sub condicione heres institutus sit <ita ut> dubium sit* [...]“ zu korrigieren.[7] Den Vorschlag aufgreifend, ging Mommsen gar noch einen Schritt weiter und fügte der Korrektur zusätzlich das in D. 42.4.8 Ulp. 60 ed. enthaltene „*diu*“ hinzu („*sit ita, ut diu*“).[8] Mommsens Emendation ist nicht zwingend erforderlich – die lange Ungewissheit ergibt sich bereits implizit daraus, dass der Verkauf nur zugelassen wurde, nachdem eine gesetzte Deliberationsfrist ungenutzt verstrichen war. Cujas’ Ergänzung ist hingegen unter paläografischen Gesichtspunkten nicht unwahrscheinlich und findet eine – wenngleich nicht übermäßig aussagekräftige – Stütze in Bas. 9.7.4. Die darin enthaltene Schilderung beschränkt sich auf den Fall des Sklaven, der unter der Bedingung zum Erben eingesetzt wurde, eine Geldleistung zu erbringen. Die Verbindung zur Ungewissheit über die zukünftige Erbenstellung erfolgt durch „καὶ ἀμφιβάλλεται“.

In der Tat ist nicht ersichtlich, in welcher Fallkonstellation die Erbenstellung eines unbedingt eingesetzten *servus cum libertate institutus* über lange Zeit ungewiss bleiben konnte. In Betracht kommen nur Situationen, in denen die Erbeinsetzung an sich angezweifelt wurde – etwa, weil die Gültigkeit des einschlägigen Testaments bestritten wurde. Unter normalen Umständen wurden die Gläubiger im Falle eines solchen Streits über die Erbenstellung aber darauf verwiesen, den Ausgang des Rechtsstreits abzuwarten – die Pflicht, auf eine *interrogatio in iure an heres sit* zu antworten, war während dieser Zeit ausgesetzt.[9] Dass der Prätor im Falle eines Sklaven partiell zugunsten der Gläubiger von diesem Grundsatz abwich, ist nicht ausgeschlossen, es erscheint jedoch unwahrscheinlich. Nicht nur fehlt es in den Quellen an entsprechenden Hinweisen, es erscheint auch systemfremd, vorzeitig eine Deliberationsfrist anzusetzen, obgleich absehbar ist, dass der hängige Rechtsstreit mit dem Ergebnis enden wird, dass ein Erbe als solcher feststeht. Wenngleich

---

5 Siehe oben S. 32.

6 Siehe oben S. 60 f.

7 Cujas, Paul. lib. ed., ad h. l.; Cujas, Observat., lib. 24 cap. 17. – Im Codex Florentinus weist die Digestenstelle bereits an anderer Stelle vergleichbare Korrekturen auf. Während im Haupttext „ACCIDERESUB“ steht, hat ein Korrektor eine Ergänzung zu „ACCIDERE<TSI>SUB“ vorgenommen, „SPONDENDO“ wurde zu „<RE>SPONDENDO“ ergänzt. (Mommsen, II, 550, weist beide Korrekturen dem Korrektor „F[2]“ zu; Kaiser, ZRG RA 118 (2001), 173, identifiziert den „Korrektor [2]“ als Urheber.) Zur Emendation von „<RE>SPONDENDO“ siehe unten S. 198.

8 Mommsen, II, 549 Fn. 1.

9 Siehe oben S. 146 ff.

somit nicht ausgeschlossen werden kann, dass Paulus mit der Formulierung „*aut dubium sit, an is heres liberque futurus sit*“ eine Auffangklausel schuf, die andere, eher seltene Konstellationen der vorzeitigen Vollstreckung erfassen sollte, konzentrieren sich die nachfolgenden Ausführungen – im Einklang mit der bisherigen Literatur[10] – somit auf den Fall der bedingten Erbeinsetzung.

III. Zum Sonderfall des Sklaven als bedingt eingesetzter Erbe

Die für den bedingt zum Erben eingesetzten Sklaven beschriebene Rechtslage entspricht im Wesentlichen jener, die auch auf den bedingt eingesetzten Freien Anwendung fand:[11] Die Gläubiger konnten den Prätor bitten, eine Frist zur Bedingungserfüllung anzusetzen, nach deren Ablauf in allem so verfahren werden konnte, *ac si is heres ita institutus non esset*. Der bedingt eingesetzte Sklave wurde also so behandelt, als ob er niemals zum Erben eingesetzt worden wäre,[12] was den Gläubigern den Nachlassverkauf eröffnete.

Die Besonderheit der Sklavenkonstellation betrifft denn auch nicht primär deren erb- oder vollstreckungsrechtlichen Aspekt, sondern vielmehr die Frage, wie mit der Freilassung des Sklaven umzugehen war. Sie stellt sich deshalb, weil eine testamentarisch angeordnete Freilassung grundsätzlich nur Wirkung entfaltete, wenn mindestens ein eingesetzter Erbe die Erbschaft antrat.[13] Ein solcher Antritt war bei einer bedingten Erbeinsetzung aber ja gerade erst möglich, nachdem die Bedin-

---

10 Tambour, I, 154 f. Fn. 3; Solazzi, Scr. II, 196 f. (allerdings unsicher, ob das problematische „*aut*“ nicht auf weitergehende Texteingriffe zurückgeht); Solazzi, Concorso II, 63 Fn. 1; Lepri, Missiones, 79; ebenfalls beschränkt auf den bedingt eingesetzten Sklaven, allerdings ohne Anpassung des Quellentextes Gómez-Iglesias Casal, 170 f.; Biondi, Legittimazione processuale, 377 ff.

11 Siehe dazu oben § 4.

12 Unrichtig ist die ursprüngliche Ansicht Solazzis, Scr. II, 196 f., wonach der Sklave behandelt wurde, als ob er nicht „*ita*“, sprich nicht unter einer Bedingung zum Erben eingesetzt worden wäre. Die Gläubiger hätten gleichwohl das Recht behalten, zum Nachlassverkauf zu schreiten, dieser sei aber nicht mehr unter dem Namen des Verstorbenen, sondern unter dem Namen des Sklaven erfolgt (ebd., 197). Dass Solazzi von dieser Ansicht in seinem Concorso, II, 63 Fn. 1, abwich, indem er Beselers Konjektur von „*omnia observentur*“ zu „*bona veneant*“ akzeptierte (Beseler, ZRG RA 52 [1932], 293), ist möglich, aber nicht zwingend (für eine Meinungsänderung Lepri, Missiones, 80; ähnlich auch Gomez-Iglesias Casal, 170).

13 D. 40.4.23 pr. Marcian. 1 inst.; D. 40.4.25 Ulp. 4 reg. mit der Ausnahme, dass die Freilassungen auch dann Wirkung entfalteten, wenn der eingesetzte Erbe die Erbschaft als Intestaterbe erlangt hatte; Voci, DER II, 409. – Das ergibt sich im Übrigen auch aus der Schaffung der Möglichkeit einer *addictio bonorum* (dazu oben S. 65 ff.), ausdrücklich zum Zweck, die Freilassungen zu erhalten, die ansonsten bei Nichtantritt der Erbschaft wirkungslos blieben (vgl. Inst. 3.11 pr.; C. 7.2.6 Gord. [o. A.]; dazu Finkenauer, Symp. Wieling, 19 ff., bes. 21).

gung eingetreten war. Damit stellte die bedingte Erbeinsetzung die testamentarisch Freigelassenen vor ähnliche Probleme wie die Gläubiger.

Zur geschilderten Problematik äußern sich Pomponius und Julian – von den Kompilatoren durch Aneinanderreihung in direkten Bezug zueinander gesetzt – wie folgt:

D. 28.5.21.1 Pomp. 1 Sab.
Servo libertatem pure, hereditatem sub condicione dari posse verissimum puto, ut tamen utrumque ex condicione pendeat:
Dass einem Sklaven die Freiheit unbedingt, die Erbschaft hingegen unter einer Bedingung zugesprochen werden kann, halte ich für überaus richtig. Dennoch gilt, dass beide [Verfügungen] von der Bedingung abhängen.

D. 28.5.22 Iul. 30 dig.
Et expleta quidem condicione liber heresque erit, quocumque loco libertas data fuerit: deficiente autem condicione perinde habetur, ac si libertas sine hereditate data fuerit.
Und zwar wird er, wenn die Bedingung eingetreten ist, frei und Erbe, unabhängig davon, an welcher Stelle [des Testaments] ihm die Freiheit erteilt worden ist; wenn die Bedingung aber ausgefallen ist, wird in gleicher Weise verfahren, wie wenn die Freiheit ohne die Erbschaft erteilt worden wäre.

Pomponius' Formulierung „*verissimum puto*" legt nahe, dass bereits die Frage umstritten war, ob eine bedingte Erbeinsetzung bei gleichzeitig unbedingter Freilassung überhaupt möglich war.[14] Pomponius selbst bejaht dies, und auch bei Ulpian findet sich eine Fallschilderung, die diese Möglichkeit für den Fall des *servus cum libertate institutus* ausdrücklich voraussetzt:

D. 40.4.14 Ulp. 7 disp.
Cum servus pure liber scribitur et heres sub condicione, placet deficiente condicione habere eum libertatem.
Wenn ein Sklave unbedingt für frei und unter einer Bedingung zum Erben erklärt worden ist, erscheint es angemessen, dass ihm, wenn die Bedingung ausgefallen ist, die Freiheit zukommt.

Auch unter diesen Umständen griff in einem ersten Schritt der Grundsatz, dass es der Wirksamkeit des Testaments durch Erbschaftsantritt bedurfte, damit die Freilassung Wirkung entfalten konnte – insofern hing auch die Freilassung vom

14 Schirmer, ZRG RA 15 (1894), 354.

Eintritt der Bedingung, unter welche die Erbeinsetzung gestellt worden war, ab.[15] Im Unterschied zur bedingt ausgesprochenen *manumissio*, die den Sklaven zwar zum *statuliber* machte, bei der die Freilassung aber zwingend vom Bedingungseintritt abhing,[16] scheinen die römischen Juristen den Umstand berücksichtigt zu haben, dass sich die Bedingung gerade nur auf die Erbenstellung bezog. Entsprechend sprachen sie dem Sklaven die Freiheit selbst dann zu, wenn die Bedingung ausgefallen war.

Überaus konsequent ist diese Regelung dann, wenn das fragliche Testament neben dem bedingt eingesetzten Erben noch einen anderen testamentarischen Erben enthielt, der in einem weiteren Grad berufen war und dem Testament durch die Annahme der Erbschaft Gültigkeit verlieh.[17] Eine entsprechende Beschränkung der Freiheitserteilungen machen die Quellen aber gerade nicht. Zwar dürfte auf eine bedingte Erbeinsetzung in der Regel noch eine unbedingte gefolgt sein, um den Ausfall der testamentarischen Erbfolge zu vermeiden,[18] dennoch dürfte es zu weit gehen, die Regelung einzig auf diese Fälle zu beziehen. Insofern steht die Lösung der römischen Juristen an dieser Stelle in einem gewissen Widerspruch zum Erfordernis des gültigen Erbschaftsantritts. Dieser Widerspruch lässt sich aber wohl aus dem Grundsatz des *favor libertatis* rechtfertigen.[19]

Vor diesem Hintergrund befasst sich D. 42.5.4 nun mit der Frage, wie mit der Freilassung zu verfahren sei, wenn die Gläubiger vorzeitig zum Nachlassverkauf schritten und dem bedingt eingesetzten Sklaven somit jede Möglichkeit entzogen,

---

15 D. 28.5.21.1 Pomp. 1 Sab.

16 Vgl. D. 40.7.3 pr. Ulp. 27 Sab.: „*Statuliberos condicioni parere oportet, si nemo eos impediat et sit condicio possibilis.*" Zur Figur des *statuliber* STARACE, 159 ff.; zu der Ausnahme, dass der Bedingungseintritt fingiert wurde, STARACE, bes. 175 ff.

17 Zur Aufrechterhaltung von Freilassungen bei Erbschaftsantritt eines in einem anderen Grad Berufenen vgl. D. 40.4.2 Ulp. 5 Sab., wobei die Formulierung der Verfügungen deutlich macht, dass abermals der Fall einer unbedingten Freilassung bei bedingter Erbeinsetzung thematisiert wird („TITIUS HERES ESTO. SI TITIUS HERES NON ERIT, STICHUS HERES ESTO. STICHUS LIBER ESTO"), im Gegensatz zu den Musterformulierungen bei Gai. 2.186 („STICHUS SERVUS MEUS LIBER HERESQUE ESTO" und „HERES LIBERQUE ESTO").

18 Zum Interesse des Erblassers, zumindest bei Überschuldungsverdacht einen Zwangserben einsetzen zu können, um einen Nachlassverkauf in eigenem Namen zu verhindern, siehe oben S. 60 f.

19 Zum *favor libertatis* siehe zuletzt WACKE, HAS I, 923 ff. – Vor diesem Hintergrund verständlich, aber dennoch nicht überzeugend ist die Verdächtigung der Regelung durch BIONDI, Legittimazione processuale, 12 mit Fn. 2, dessen Beanstandungen allerdings allein auf sprachlichen Erwägungen beruhen sowie auf der Überlegung, dass „difficilmente si può attribuire ad un classico la decisione che se lo schiavo è manomesso sub condicione ed istituito erede, la deficienza della condizione non impedisca per nulla che lo schiavo possa diventare libero". Die Kritik verkennt, dass die Stelle nicht primär die *manumissio*, sondern die Erbeinsetzung unter eine Bedingung stellt. Zur Frage, inwiefern auch der Fall erfasst ist, in dem sowohl Erbeinsetzung als auch *manumissio* bedingt ausgesprochen wurden, siehe sogleich Fn. 20.

die Nachfolge in das Nachlassvermögen anzutreten. Sie stellt sich deshalb akzentuiert, weil die Freiheitserteilung – solange sie selbst nicht bedingt ausgesprochen war[20] – nur mittelbar am Bedingungseintritt hing, nämlich insofern, als sie erst wirksam wurde, wenn Sicherheit über die Erbenstellung des bedingt eingesetzten Erben bestand. Dieser Zeitpunkt trat nun faktisch bereits mit der *venditio bonorum* des Nachlasses ein, denn obgleich sie als Institut des *ius honorarium* nicht unmittelbar in die Erbfolge nach *ius civile* eingreifen konnte,[21] nahm sie dem bedingt eingesetzten Erben doch jede Möglichkeit, in das Nachlassvermögen nachzufolgen.

Die von Paulus geschilderte Lösung steht insofern im Einklang mit den verwandten Fallkonstellationen, in denen kein Nachlassverkauf durch die Gläubiger drohte:[22] Aufgrund der Verknüpfung mit der Erbeinsetzung war ausgeschlossen, dass dem bedingt eingesetzten Sklaven die Freiheit schon mit dem Tod des Erblassers oder der Testamentseröffnung zukam. Hierzu passt, dass ihm die Freiheit nach Paulus' Aussage „*quandoque*" zustand, was auf einen zukünftigen Moment hinweist.[23] Wenn die Gläubiger aber zur *venditio bonorum* schritten, reichte dies aus, um die *manumissio* wirksam werden zu lassen, obgleich feststand, dass der Sklave weder Erbe noch *bonorum possessor* sein würde. Der Nachlassverkauf, der das Erlangen der Erbenstellung faktisch unmöglich machte, ersetzte insofern den Bedingungseintritt oder -ausfall. Dies hatte zur Folge, dass der Sklave bereits bei der Bestimmung des zu verkaufenden Nachlasses und der Ausarbeitung der *lex bonorum vendundorum* nicht mehr als Teil des Vermögens geführt werden durf-

---

20 Sofern auch die *manumissio* selbst unter die Bedingung gestellt wurde, ist denkbar, dass die Frage anders beurteilt und der Sklave lediglich *statuliber* wurde, bis die Bedingung tatsächlich eintrat; für eine solche Unterscheidung Solazzi, Scr. II, 197 Fn. 5; zum *statuliber* und dem Erfordernis des Bedingungseintritts, um die Freiheit zu erlangen, vgl. Gamauf, HRP I § 36, Rn. 70 f. Die Schlussfolgerung ist allerdings insofern nicht zwingend, als auch die bedingte *manumissio* zusätzlich voraussetzte, dass das Testament durch Erbschaftsantritt wirksam wurde (vgl. D. 40.7.2 pr. Ulp. 5 Sab.). Der Fall der vorzeitigen Vollstreckung durch die Gläubiger stellt insofern auch unter diesen Umständen einen Spezialfall dar, der einer Wertung bedurfte, ob und wann der *statuliber* die Freiheit erlangen sollte. Aufgrund der Formulierung „*Si servus sub condicione heres institutus sit*" kann mit Sicherheit lediglich gesagt werden, dass D. 42.5.4 Paul. 57 ed. die Fallkonstellation der bedingten Erbeinsetzung bei unbedingter Freilassung erfasst. Eine Erstreckung auch auf den Fall der bedingt ausgesprochenen Freilassung könnte die Formulierung „*dubium sit, an is heres liberque futurus sit*" mitumfassen – dies ist allerdings nicht zwingend.

21 Gemäß Gai. 3.80–81 erwarb der *bonorum emptor* lediglich bonitarisches Eigentum. Er konnte das quiritische Eigentum allerdings durch Ersitzung erlangen.

22 D. 28.5.21.1 Pomp. 1 Sab.; D. 28.5.22 Iul. 30 dig.; D. 40.4.14 Ulp. 7 disp.

23 Heumann/Seckl, s. v. *quandoque*, übersetzen: „wann einmal" bzw. „wann immer, irgend einmal"; anders hingegen Treitschke, in: Otto/Schilling/Sintenis IV, ad h. l., der wie folgt übersetzt: „hingegen die Freiheit kommt ihm jederzeit zu" (Hervorhebung hinzugefügt). Wenig aufschlussreich im Übrigen Watson, Digest IV, ad h. l., der übersetzt: „whenever liberty comes to him".

te;[24] der Prätor hatte dies beim Erlassen seines Dekrets sicherzustellen (*a praetore conservanda*).

IV. *Defensio defuncti*

Für die Frage der Prozessführungsmöglichkeiten bei ruhendem Nachlass ist vor allem der letzte Satz von Interesse: „*Si quis tamen heredem se spondendo vel actiones patiendo defunctum defendat, bona defuncti venire non poterunt.*" Demnach bestand eine Möglichkeit, die *venditio bonorum* abzuwenden, wenn sich jemand entweder als Erbe bekannte (*heredem se spondendo*) oder sich auf die Klagen einließ (*actiones patiendo*).

In der Literatur ist dieser Nachsatz zum Teil der Interpolationenkritik zum Opfer gefallen. Beanstandet wurde neben der Sprache[25] vor allem die Vorstellung einer *defensio defuncti*.[26] Beide Argumente reichen aber bei weitem nicht aus, um den Satz von vornherein als unklassisch abzutun. Dass eine „Verteidigung" im Zusammenhang mit den Schulden des Erblassers durchaus möglich war, wird Gegenstand der nachfolgenden Ausführungen sein. Die gewählte Terminologie ist insofern lediglich als untechnisch zu bezeichnen. Mindestens inhaltlich ist die Aussage mit den Grundsätzen des klassischen Rechts und namentlich jenen des Formularverfahrens vereinbar. In der jüngeren Literatur haben denn auch Lepri und Gomez-Iglesias Casal zu Recht die Authentizität des Satzes bejaht.[27] Beide halten das Auftreten eines freiwilligen *defensor defuncti* für durchaus plausibel.

Ungeklärt bleibt allerdings die Frage, wie diese *defensio* praktisch im Prozess umgesetzt wurde. Die bisherigen Ausführungen haben gezeigt, dass grundsätzlich keine echte Vertretung des Verstorbenen im Prozess möglich war:[28] Nicht nur fehlte es an einem gültigen Vertretungsverhältnis, auch gingen die Erblasserschulden mit dem Tod direkt auf die Hauserben über oder warteten darauf, auf den antretenden Außenerben im Umfang des jeweiligen Erbteils überzugehen. Damit ist nur schwer vereinbar, dass eine Klage vor Gericht durchdringen sollte, die in der *intentio* ein

---

24 Zu den Verfahrensschritten der *venditio bonorum* siehe oben S. 50 ff.

25 Beseler, ZRG RA 52 (1932), 293, der ausgehend von „*actionem pati*" den gesamten Satz streicht.

26 Solazzi, Scr. II, 193 ff., bes. 197 ff. Mit Sicherheit unzutreffend ist aber die Behauptung, dass die klassische Terminologie („locuzione genuina ed esatta") „*defendere hereditatem*" war (ebd., 198). Die zur Stützung dieser Aussage zitierten Digestenstellen D. 5.3.7.1 Ulp. 14 ed. und D. 5.4.8 Iul. 48 dig. beziehen sich auf die dingliche Beanspruchung der Erbschaft durch *hereditatis petitio* bzw. ihre Verteidigung gegen eine solche Klage. Mit einer *defensio* der *hereditas* gegen Gläubigeransprüche hat dies nichts zu tun. Für eine solche gibt es auch keinerlei Anzeichen (siehe oben S. 128 ff.).

27 Lepri, Missiones, 81 ff.; Gomez-Iglesias Casal, 170 ff. Ohne Textbeanstandungen beriefen sich auf den Schlusssatz zuletzt auch Spengler, 57, 129, sowie Erxleben, 129 Fn. 77, 141, 187 Fn. 369.

28 Siehe oben S. 125 ff.

dare oportere eines Verstorbenen oder auch nur eine „Erbschaftsschuld" aufführte. Dieser letzte Punkt wiegt derart schwer, dass er namentlich LENEL von seiner ursprünglichen Konzeption der Klageformel nach erfolgter *interrogatio in iure* abgebracht hat: Gestützt auf die Vorarbeit DEMELIUS'[29] sowie ganz besonders auf den Schlusssatz von D. 42.5.4 war LENEL ursprünglich von einer echten Erklärung des Befragten ausgegangen, die *defensio* des Verstorbenen übernehmen zu wollen. Entsprechend glaubte er, die *intentio* der auf die Befragung folgenden Klage „in irgend einer Form auf den Namen des Verstorbenen stellen zu müssen".[30] Noch vor der zweiten Auflage seines *Edictum Perpetuum* verwarf er aber die Vorstellung einer echten *defensio* des Verstorbenen und schloss sich der zuvor noch abgelehnten fiktizischen Formulierung KRÜGERS an.[31] Grund für den Meinungsumschwung war „die Erwägung, dass es vom Moment des Erwerbs der Erbschaft ab keine Erbschaftsschulden, sondern nur noch Schulden der Erben gibt".[32]

Vor diesem Hintergrund, dass bisher keine prozessuale Möglichkeit für eine echte *defensio defuncti* ersichtlich wurde, ist Paulus' Aussage zu untersuchen. Zu ergründen ist in einem ersten Schritt, was hinter den beiden Varianten einer Abwendung der *venditio bonorum* steht. Hieraus kann dann ein Rückschluss auf die Terminologie des *defunctum defendere* gezogen werden.

1. Vollstreckungsabwendung durch Bejahen der *interrogatio in iure an heres sit*

Als Instrument, um den Nachlassverkauf auch ohne offizielle Erbenstellung abzuwenden, stand in erster Linie die *interrogatio in iure an heres sit* zur Verfügung.[33] Sie diente dazu, den Gläubigern einen Überblick über die erbrechtliche Situation zu verschaffen und die Frage zu beantworten, ob eine Person Erbe und damit neuer Schuldner war.[34] Bekannte sich jemand als Erbe, war das in diesem Fall verbindlich, unabhängig vom Wahrheitsgehalt der gegebenen Antwort.[35] Ausdrücklich deutlich macht dies Ulpian in der oben erörterten Stelle D. 11.1.11.1–2 Ulp. 22 ed.[36] Danach kann auch der Nichterbe wie ein Erbe beklagt werden, wenn er bei der

29 DEMELIUS, 253 ff.

30 LENEL, ZRG RA 20 (1899), 1 f.; LENEL, EP^3, 147. – Dies führte zu der Formulierung: „*S. p. L. Titii hereditatis nomine A° A° decem dari oportere, iudex N^m N^m A° A° decem c. s. n. p. a.*" (LENEL, EP^1, § 53).

31 LENEL, ZRG RA 20 (1899), 1 ff. – Zur auf KRÜGER zurückgehenden fiktizischen Formulierung der Klage siehe oben S. 139 f.

32 LENEL, ZRG RA 20 (1899), 2.

33 Vgl. auch DEMELIUS, 254 ff.; LEPRI, Missiones, 81.

34 Siehe dazu ausführlich oben S. 135 ff.

35 Siehe oben S. 143; ferner DEMELIUS, 319; MEDICUS, St. Volterra I, 450; SPENGLER, 57.

36 Siehe oben S. 142 f.

interrogatio seine Erbenstellung bejaht hat. Sofern also – wie in D. 42.5.4 oder auch D. 42.7.1 pr.–1 Paul. 57 ed.[37] – der vorzeitige Nachlassverkauf durch die Gläubiger drohte, konnte ihn jedermann (*aliquis*) dadurch abwenden, dass er sich bei der *interrogatio in iure* (wahrheitswidrig) als Erbe bekannte.[38] Diesen Schritt dürfte niemand leichtfertig unternommen haben, da er dem Antwortenden zumindest auf kurze Sicht nur Nachteile brachte: Er machte sich den Erbschaftsgläubigern verbindlich, während die fälschlich bejahende Antwort keinen Einfluss auf das Erbrecht – und damit auf die Verfügungsgewalt über den Nachlass – haben konnte. Dennoch ist nicht ausgeschlossen, dass gerade ein bedingt eingesetzter Erbe diesen vorübergehenden Nachteil in Kauf nahm, um sich dadurch seine Anwartschaft auf den Nachlass zu erhalten.

Mit Blick auf den Schlusssatz von D. 42.5.4 wird die *interrogatio in iure* gemeinhin der erstgenannten Variante *heredem se spondendo* zugeordnet, wobei *spondendo* zu *<re>spondendo* ergänzt wird.[39] Der Vorschlag geht bereits auf einen Korrektor des Codex Florentinus zurück;[40] im Gegensatz dazu findet sich aber in den Basiliken die unkorrigierte Fassung.[41] In der Tat ergibt der Hinweis auf die *interrogatio in iure* Sinn, während das Konzept einer *sponsio* über die Erbenstellung in den Quellen so nicht vorkommt. Der fehlende Quellennachweis muss angesichts der fragmentarischen Überlieferung nicht zwingend gegen die Existenz einer entsprechenden *sponsio* sprechen. Allerdings ist nur schwer vorstellbar, wie eine solche ausgestaltet gewesen sein sollte. Der *sponsor* bürgte traditionell für eine Stipulation als Hauptschuld.[42] Im Fall des (noch) Nichterben fehlte es aber nicht nur an einer Stipulation, sondern ganz grundsätzlich am Hauptschuldner. Zwar konnte die *sponsio* in späterer Zeit auch in Abwesenheit des Hauptschuldners geleistet werden.[43] Sie hätte dann aber auf die Leistung der (noch vom Erblasser) stipulationsweise versprochenen Hauptschuld lauten müssen; die Zusicherung der eigenen Erbenstellung – die der Wortlaut der Stelle impliziert – passt hingegen nicht. Die Ergänzung der Stelle im Sinne der *interrogatio in iure* ist deshalb vorzuziehen.

---

37 Da die Stellen palingenetisch unmittelbar aufeinanderfolgen (Lenel, Pal. I, 1075, Paul. 705 f.), liegt es nahe, dass sich der Nachsatz von D. 42.5.4 Paul. 57 ed. auf alle drei Beispielfälle der bedingten Erbeinsetzung bezieht.

38 Unbegründet ist mit D. 11.1.11.1–2 Ulp. 22 ed. die Aussage Lepris, Missiones, 81, wonach nur der „*heres legitimus*“ auf die *interrogatio in iure* antworten konnte.

39 Mommsen, II, 550 Fn. 1; Demelius, 256 Fn. 2; Lepri, Missiones, 81; Spengler, 57 Fn. 8.

40 Mommsen, II, 550, der die Korrektur „F^{2}“ zuweist; Kaiser, ZRG RA 118 [2001], 173, zufolge war für die Passage der „Korrektor 2“ zuständig.

41 Bas. 9.7.4: „ὁ ἐπαγγειλάμενος κληρονομεῖν“; vgl. auch Mommsen, II, 550.

42 Kaser, RP I, 661.

43 Kaser, RP I, 661.

2. *Actiones pati* als eigenständige Möglichkeiten zur Vollstreckungsabwendung?

Neben dieser wenig problematischen Variante des *defunctum defendere* nennt Paulus noch eine weitere: „*actiones patiendo*". Auf die Frage, was genau sich hinter diesem Ausdruck verbirgt und in welchem Verhältnis er zum *heredem se <re> spondendo* steht, konnte bisher noch keine zufriedenstellende Antwort gegeben werden: Bereits die oben besprochene Ulpianstelle[44] entkräftet die These, dass die *interrogatio in iure* dem „*heres legitimus*" vorbehalten gewesen sei und das *pati actionem* deshalb dem interessierten Dritten zur Verfügung gestanden habe:[45] Charakteristisch für die *interrogatio in iure* war gerade ihre Unabhängigkeit vom Wahrheitsgehalt der gegebenen Antwort. Sie stand damit auch dem Nichterben offen.

Die These, dass beide von Paulus genannten Formulierungen gleichbedeutend seien,[46] ist demgegenüber nicht von vornherein ausgeschlossen. Die Verbindung durch „*vel*" lässt diese Art der Umschreibung ein und desselben Sachverhalts grundsätzlich zu.[47] Auch die Terminologie „*actionem pati*" steht dieser Auffassung nicht per se entgegen, denn sie lässt keinen Rückschluss auf ein konkretes rechtliches Vorgehen oder ein Rechtsinstitut zu. Sie taucht in den Juristenschriften zwar durchaus auch an anderer Stelle auf, bezeichnet aber in einem sehr breiten Sinn das (unumgängliche) Anfallen der Beklagtenrolle im Zivilprozess aufgrund eines materiellrechtlichen Anspruchs.[48] Dem „*actiones patiendo*" lässt sich somit nur entnehmen, dass ein Abwenden der *venditio bonorum* dadurch erfolgen konnte, dass jemand die Beklagtenrolle in Prozessen über die ehemaligen Erblasserschulden einnahm.

Das Bejahen der *interrogatio in iure an heres sit* stellt einen Anwendungsfall dieses Einnehmens der Beklagtenrolle dar. Daneben ist jedoch gut möglich, dass die Doppelung auf ein zweites (denkbar wären sogar mehrere weitere) Vorgehen abzielt. Mangels anderer Anhaltspunkte soll an dieser Stelle deshalb allgemein untersucht werden, ob alternative Vorgehensweisen denkbar sind, durch die einem Außenstehenden das Einnehmen der Beklagtenrolle möglich wurde. Entscheidend ist dabei weiterhin, dass es eine Möglichkeit geben musste, einen Beklagten aus

---

44 D. 11.1.11.1–2 Ulp. 22 ed.; dazu oben S. 142 f.

45 So Lepri, Missiones, 81.

46 So Demelius, 256 ff.

47 Vgl. auch Spengler, 57 Fn. 11, der diese Deutung für „möglich, aber nicht unbedingt zwingend" hält.

48 Die einschlägigen Quellenstellen zu „*actionem pati*" sind: D. 3.5.36 pr. Paul. 1 sent. = Paul. sent. 1.4.2a; D. 4.4.9.2 Ulp. 11 ed.; D. 4.9.7.6 Ulp. 18 ed.; D. 6.1.80 Fur. 1 ed.; D. 15.1.3.11 Ulp. 29 ed.; D. 15.1.30.3 Ulp. 29 ed.; D. 27.4.4 Iul. 21 dig.; D. 29.4.10.2 Ulp. 50 ed.; D. 36.1.68.3 Paul. 2 fideic.; D. 49.17.18.4–5 Maec. 1 fideic.; Gai. 4.155.

eigenem Recht zu konstituieren. Die Klageformel musste sich in allen Punkten vom Verstorbenen lösen und – in irgendeiner Form – auf den Übernehmenden richten.

a) *Cautio omnium creditorum nomine* im Rahmen der *addictio bonorum libertatis causa*

aa) *Der Nachlassübernehmer als* defuncti defensor

Sucht man im *Corpus iuris civilis* nach sonstigen Erwähnungen einer *defensio defuncti*, so führt einen die einzige weitere Nennung zu einer Institutionenstelle Justinians, welche die Einführung der *addictio bonorum* durch Marc Aurel rechtfertigt – also die Möglichkeit, den ansonsten nachfolgerlosen Nachlass zu übernehmen, um die testamentarischen Freilassungen aufrechtzuerhalten.[49] Die *venditio bonorum* sei unter den gegebenen Umständen nicht mehr erforderlich, da die Gläubiger im *defuncti defensor* jemanden erhalten würden, der ihnen Sicherheit leisten und damit für die vollumfängliche Befriedigung ihrer Forderungen sorgen müsse:

> Inst. 3.11.2
> *Hoc rescripto subventum est et libertatibus et defunctis, ne bona eorum a creditoribus possideantur et veneant. Certe si fuerint ex hac causa bona addicta, cessat bonorum venditio; extitit enim defuncti defensor, et quidem idoneus, qui de solido creditoribus cavet.*
> Durch dieses Reskript ist sowohl den Freiheitserteilungen wie auch den Verstorbenen zu Hilfe geeilt worden, damit ihr Nachlass nicht von den Gläubigern besessen und verkauft werde. Wenn der Nachlass in der Tat aus diesem Grund zugesprochen worden sein wird, entfällt der Nachlassverkauf; denn es ist ein Vertreter des Verstorbenen aufgetreten, und zwar ein geeigneter, der den Gläubigern hinsichtlich des Ganzen Sicherheit leistet.

Rückschlüsse auf die klassische Terminologie und ihren Sinngehalt dürfen auf der Grundlage dieser Institutionenstelle nur mit einer gewissen Vorsicht gezogen werden – wurde der Text doch gerade nicht zu klassischer Zeit, sondern unter Justinian verfasst. Dennoch muss die übereinstimmende Wortwahl als erster Hinweis für eine mögliche Parallele dienen. Die Formulierung von vornherein als „unklassisch" abzutun und deshalb gar auch den Nachsatz von D. 42.5.4 zu verdächtigen, ginge jedenfalls zu weit.[50] Die Institutionenstelle begründet die Einführung der *addictio*

---

49 Zur *addictio bonorum libertatis causa* siehe oben S. 65 ff. – Die Verbindung zwischen den beiden Fragmenten stellen bereits Lepri, Missiones, 82 f., und ihr folgend Gomez-Iglesias Casal, 171 f., her. Vgl. ferner Solazzi, Scr. II, 198 f., der die Terminologie aufgrund fehlender klassischer Entsprechungen für unklassisch hält. Zu seiner These, die klassische Terminologie habe auf „*defendere hereditatem*" gelautet, siehe oben Fn. 26.

50 So bereits Lepri, Missiones, 82 f.; zustimmend Gomez-Iglesias Casal, 171 f.

bonorum aus den Bedürfnissen der klassischen Zeit und argumentiert insbesondere mit dem Abwenden der *venditio bonorum*, die zur Zeit Justinians nicht mehr existierte.[51] LEPRI geht gar so weit, die Stelle einem klassischen Juristen – genauer gesagt Ulpian – zuzuschreiben, dessen Ausführungen die Verfasser der Institutionen wörtlich übernommen oder zumindest als Grundlage herangezogen hätten.[52] Die Idee eines klassischen Vorbilds erscheint gerade aufgrund der Bezugnahme auf die nunmehr veraltete *venditio bonorum* naheliegend, zumal bekannt ist, dass Justinians Institutionen in weiten Teilen auf jenen des Gaius wie auch auf dessen *res cottidianae* aufbauen.[53] Einen eigentlichen Beleg für die These gibt es allerdings nicht, und es erscheint zu spekulativ, die Stelle gar einem bestimmten Juristen zuschreiben zu wollen. Dies ist aber auch gar nicht erforderlich. Es reicht aus, dass davon auszugehen ist, dass die Stelle den klassischen Rechtszustand zumindest inhaltlich korrekt wiedergibt.

Genauere Betrachtung verdient vor diesem Hintergrund die Frage, in welcher Form der Nachlassübernehmer als sogenannter *defuncti defensor* auftrat und ob es sich dabei um einen der von Paulus als *actiones pati* bezeichneten Fälle einer Einlassung als neuer Schuldner handelte.

bb) Zur „Übernahme" der Erblasserschulden durch den Nachlassübernehmer

Mit der *addictio bonorum* schuf Marc Aurel eine gänzlich neue Art der Nachfolge in das Nachlassvermögen. Daran ist nicht zuletzt bemerkenswert, dass er vom sonst üblichen System der Schuldnernachfolge durch Universalsukzession abkehrte,[54] wie Ulpian in seiner Kommentierung der Konstitution verdeutlicht:

> D. 40.5.4.22 Ulp. 60 ed.
> *Item videamus, an conveniri a creditoribus possit hereditariis actionibus an vero non nisi ex cautione quam interposuit? Magisque est, ut non aliter conveniatur quam ex ea cautione quam interposuit.*

---

51 Vgl. Inst. 3.12 pr.; dazu unten S. 236.

52 LEPRI, Missiones, 82.

53 NELSON, 185 ff.

54 Insofern ist Inst. 3.11 pr. zu relativieren, wo von einem *„novus casus successionis"* die Rede ist. Technisch handelt es sich nicht um einen echten Eintritt in die Schuldnerstellung des Erblassers, sondern um eine rechtsgeschäftliche Schuldübernahme. Insofern ist *„successio"* in diesem Fall auch besser als „Nachfolge" und nicht als „Gesamtrechtsnachfolge" zu übersetzen; so aber KNÜTEL/KUPISCH/LOHSSE/RÜFNER, ad h. l., übernommen von FINKENAUER, Symp. Wieling, 20.

Ebenso wollen wir betrachten, ob er von den Gläubigern mit Klagen aus der Erbfolge[55] belangt werden kann oder aber nur aus der bestellten Sicherheitsleistung. Und es spricht mehr dafür, dass er nicht anders belangt werden kann als aus dieser Sicherheitsleistung, die er bestellt hat.

Die Gläubiger hatten gegen den Nachlassübernehmer keine *actiones hereditariae.* Das bedeutet, sie konnten die Beklagtenrolle des Übernehmers nicht allein aus dessen Nachfolge in das Nachlassvermögen herleiten. Stattdessen fand die Beklagtenrolle ihre Grundlage in einer Kautionsstipulation (*cautio omnium creditorum nomine*),[56] deren Abgabe der Prätor zur Bedingung der *addictio bonorum* machte.[57] Darin hatte der Antragsteller den Gläubigern Sicherheit dafür zu leisten, sie umfassend (Hauptschuld plus Zinsen)[58] zu befriedigen, wobei die Sicherheitsleistung durch die Bestellung von Bürgen oder Pfändern erfolgen konnte.[59]

Mit Blick auf die Konzeption der Klageformel beseitigte dieses Vorgehen alle Probleme, die sich bei der Übertragung der Schuldnerstellung vom Verstorbenen auf den lebenden Gesamtrechtsnachfolger ergeben konnten.[60] Einer solchen Übertragung bedurfte es gar nicht erst, da die Verpflichtung von vornherein erst zwischen dem Nachlassübernehmer und dem jeweiligen Gläubiger entstanden war. Zwar musste die Prüfung der Frage, ob eine ursprüngliche Verpflichtung des Verstorbenen in der behaupteten Höhe bestand, weiterhin dem Richter auferlegt sein. Dieser Auftrag des Richters ergab sich aber bereits aus der Formulierung der Kautionsstipulation: Indem sich der Nachlassübernehmer ausdrücklich dazu verpflichtete, den Gläubigern das zu leisten, was ihnen (vom Erblasser) geschuldet wurde (*quod cuique debetur*), stellte sich die Ermittlung von Inhalt und Umfang der Ursprungsschuld als reine Unterfrage der Bestimmung der Kautionsstipulation dar.

Die rechtsgeschäftliche Konstruktion des „Schuldnerwechsels" brachte hingegen eine andere Schwierigkeit mit sich: die Erstreckung der „Schuldübernahme" auf sämtliche Gläubiger des Erblassers. Zur Begründung einer verbindlichen

---

55 Gemeint sind die Klagen, die den Gläubigern gegen den Erben zustehen; vgl. D. 4.16: *De hereditariis actionibus* (in anderen Fällen auch die Klage, die dem Erben gegen einen Gläubiger zusteht; vgl. D. 5.3.20.4 Ulp. 15 ed.; D. 28.7.8.6 Ulp 50 ed.; D. 36.1.73 Maec. 10 fideic.; D. 38.5.1.26 Ulp. 44 ed.).

56 Zur Form der *cautio* sowie ausführlich zu den einzelnen Prozesskautionen Finkenauer, Vererblichkeit, 211 ff.; ferner allgemein Kaser/Hackl, 279 ff.; zur Stipulationsform dieser *cautio* im Besonderen Finkenauer, Symp. Wieling, 29 f.; Finkenauer, ZRG RA 125 (2008), 469 ff.

57 Die Bedingung, unter die das Dekret des Prätors gestellt wurde, findet sich in D. 40.5.4.10 Ulp. 60 ed.: *„si omnia ex constitutione divi Marci facta sint"*.

58 D. 40.5.4.11 Ulp. 60 ed.

59 D. 40.5.4.8 Ulp. 60 ed. mit dem Zusatz: *„Sed si ei fides habita fuerit promittenti sine satisdatione, idonee cautum videbitur."*

60 Siehe dazu oben S. 117 ff., bes. 119 ff.

Stipulationsschuld bedurfte es noch in der Spätklassik in der Regel der Anwesenheit beider Parteien, die das Frage-Antwort-Ritual vollzogen.[61] Um die Bedingung der Sicherstellung aller Gläubiger erfüllen zu können, wurde das Erfordernis der persönlichen Mitwirkung im Fall der *addictio bonorum* aufgeweicht:

> D. 40.5.4.9 Ulp. 60 ed.
> *Creditoribus caveri quemadmodum debet, utrum singulis an vero omnium nomine uni ab ipsis creato? Et oportet officio iudicis constitui convenire creditores unumque creare, cui caveatur omnium nomine.*
> Auf welche Weise muss den Gläubigern Sicherheit geleistet werden; jedem Einzelnen oder aber einem einzigen, von ihnen selbst Gewählten im Namen aller? Und es ist nötig, dass durch die Amtspflicht des Richters angeordnet werde, dass die Gläubiger sich versammeln und einen wählen, dem im Namen aller Sicherheit geleistet werde.

Der Prätor wies die Gläubiger an, einen Vertreter aus den eigenen Reihen zu wählen, dem die Sicherheit im Namen aller wirksam versprochen wurde. Demnach entstand dem einzelnen Gläubiger ein direkter Anspruch aus einer Stipulation, die an einen anderen abgegebenen worden war.[62] Es erfolgte also eine gewisse Durchbrechung des Grundsatzes „*alteri stipulari nemo potest*".[63] Im Sonderfall der Sicherstellung zum Abwenden des Nachlassverkaufs braucht dieses Konzept des Handelns für die Gesamtheit aller Gläubiger dennoch nicht übermäßig zu überraschen.[64] Es findet Entsprechungen im Vollstreckungsverfahren: Sowohl der *magister bonorum* als auch der *curator bonorum* wurden von den Gläubigern in der Regel aus den eigenen Reihen gewählt[65] und nahmen anschließend Aufgaben im Namen aller Gläubiger wahr. So verhandelte der *magister bonorum* alleine mit den Kaufinteressenten, und er war es auch, der die *venditio bonorum* zum Abschluss brachte.[66] Die Eigentumsübertragung, zu welcher der *magister* unter rein privatrechtlichen

---

61 Zu Ablauf und Voraussetzungen des Stipulationsrituals vgl. zuletzt Finkenauer, HRP I § 21, Rn. 6 ff., 9 zu Unmittelbarkeit und Anwesenheit.

62 Vgl. Finkenauer, Symp. Wieling, 31.

63 Zum Grundsatz D. 45.1.38.17 Ulp. 49 Sab.; für eine Durchbrechung Finkenauer, Symp. Wieling, 31.

64 Vgl. auch die Beispiele für weitere Durchbrechungen des Verbots der direkten Stellvertretung bei Finkenauer, Symp. Wieling, 31 f.; ferner auch bereits bei Savigny, System III, 95 f. – Ausführlich zu den einzelnen Anwendungsfällen einer „Stellvertretung bei Stipulationen" Finkenauer, ZRG RA 125 (2008), 448 ff.

65 Zum *magister bonorum* vgl. Theoph. 3.12 pr.; Gai. 3.79; dazu oben S. 51 ff.; zum *curator bonorum* vgl. D. 42.7.2.4 Ulp. 65 ed. e contrario, wonach die Wahl aus den Reihen der Gläubiger aber gerade nicht zwingend sei.

66 Gai. 3.79 ausdrücklich mit der Bezeichnung des „*magister bonorum*" als „*eum, per quem bona veneant*"; Theoph. 3.12 pr.

Gesichtspunkten offensichtlich nicht berechtigt war, erfolgte kraft *iussum* des Prätors.[67] Die umfassende Sicherstellung der Gläubiger im Fall der *addictio bonorum* an einen Sklaven oder Außenstehenden verfolgte gerade den Zweck, die *venditio bonorum* zu verhindern. Sie trat somit an die Stelle einer Maßnahme zur kollektiven Gläubigerbefriedigung, womit auch die Alternative der *cautio* zwingend eine alle Gläubiger umfassende Gesamtlösung bieten musste.

Wie zuletzt FINKENAUER[68] nachgewiesen hat, wirkte sich diese Drittwirkung auf die Klage aus, die den Gläubigern aus der *cautio* erwuchs: Den vertretenen Gläubigern gewährte der Prätor nicht unmittelbar die *actio ex stipulatu*, sondern lediglich eine *actio* u t i l i s *ex stipulatu*.[69] In diesem Sinn sei auch die umstrittene Stelle D. 40.5.3 Ulp. 65 ed. zu verstehen, der zufolge gegen den Nachlassübernehmer „*etiam utiles actiones plerumque creditoribus competunt*". Entgegen den früheren Ansichten, wonach die Stelle nicht mit der Verwehrung der *actiones hereditariae* in D. 40.5.4.22 Ulp. 60 ed. vereinbar sei,[70] ergebe sich damit überhaupt kein Widerspruch mehr: Gemeint seien nicht *actiones utiles hereditariae*, sondern die *actiones utiles ex stipulatu*, die den vertretenen Gläubigern gegen den Promissor zustünden.

FINKENAUERS These überzeugt. Die Gewährung von *actiones utiles ex stipulatu* steht nicht nur im Einklang mit anderen Fällen, in denen der Prätor einer Stipulation eine Art Drittwirkung zugestand.[71] Sie passt auch zu der Unterscheidung von direkt Handelndem und *missus in possessionem*, die im Bereich der Vermögensvollstreckung andernorts begegnet: So gewährte der Prätor zwar statt der *actio negotiorum gestorum* gegen den in den Besitz Miteingewiesenen nur eine *actio in factum*, da ein „gemeinsames Geschäft", nicht ein fremdes geführt werde.[72] Andererseits zeigt D. 17.1.22.10 Paul. 32 ed.,[73] dass in der Gemeinschaft der Gläubiger durchaus nicht alle Gläubiger einheitlich behandelt wurden. In ihren Ansprüchen

---

67 Gai. 3.79: „[…] *Diebus itaque vivi bona* XXX, *mortui vero* XX *emptori addici iubet.* […]."

68 FINKENAUER, Symp. Wieling, 30 ff., bes. 32.; FINKENAUER, ZRG RA 125 (2008), 470 ff. (Abschnitt weitgehend textidentisch).

69 Dies zeigt der Vergleich mit dem *procurator*, aus dessen Prozesskaution den Prozessherrn in bestimmten Fällen unmittelbar eine *actio utilis ex stipulatu* erwachsen konnte; vgl. FINKENAUER, Symp. Wieling, 31 f.; FINKENAUER, ZRG RA 125 (2008), 448 ff.; ausführlich zu den einzelnen Prozesskautionen auch FINKENAUER, Vererblichkeit, 211 ff.

70 Aufgelöst wurde der vermeintliche Widerspruch entweder durch die Unterstellung, D. 40.5.3 Ulp. 65 ed. beziehe sich angesichts seines palingenetischen Zusammenhangs überhaupt nicht auf den Nachlassübernehmer, oder durch die Argumentation, dass die *actiones utiles* nur bei Fehlen einer *cautio* einschlägig gewesen seien. Gegen beide Argumentationsweisen überzeugend FINKENAUER, Symp. Wieling, 30 f. m. w. N. zur Diskussion in Fn. 47–49, sowie FINKENAUER, ZRG RA 125 (2008), 470 f. m. w. N. in Fn. 132–134.

71 Siehe die Belege in Fn. 69.

72 D. 42.5.9.4 Ulp. 62 ed.; ferner D. 42.5.14.1 Paul. 59 ed.; siehe dazu unten S. 217 ff.

73 Siehe unten S. 231 ff.

gegen den säumigen „*curator*"[74] unterscheidet Paulus zwischen den an- und den abwesenden Gläubigern, denen er je nachdem die *actio mandati*, die *actio negotiorum gestorum* oder eine *actio in factum* gegen die beauftragenden Anwesenden zuspricht.

Dass die *actiones utiles* den Gläubigern Ulpian zufolge lediglich *plerumque* zustanden,[75] rechtfertigt FINKENAUER damit, dass ausnahmsweise auch die Situation auftreten konnte, dass bereits der Stipulator die gesamte versprochene Summe mittels *actio ex stipulatu* herausverlangt habe. In diesem Fall seien die *actiones utiles* der übrigen Gläubiger entfallen, die sich nun an den Stipulator hätten halten können.[76] Es ist durchaus plausibel, dass der Stipulator die Möglichkeit hatte, die gesamte versprochene Summe einzuklagen.[77] Das *plerumque* könnte sich aber auch ganz einfach damit erklären lassen, dass dem Stipulator selbst die *actio utilis* nicht zustand. Da die Gläubiger den Stipulator aus den eigenen Reihen wählten,[78] bestand mit ihm wenigstens ein Gläubiger, dem direkt die (nicht analoge) *actio ex stipulatu* zustehen musste.

cc) *Anwendbarkeit auf D. 42.5.4*

Mit der Abgabe der *cautio omnium creditorum nomine* stellte sich der Nachlassübernehmer den Gläubigern auf eine Art und Weise als neuer Schuldner zur Verfügung, die als Einlassen auf die Beklagtenrolle in Rechtsstreiten, die vormals gegen den Erblasser zu führen gewesen wären, bezeichnet werden kann – und damit als „*actionem pati*".[79] Gerade im Hinblick auf D. 42.5.4 ist jedoch nicht leicht zu beurteilen, ob eine *addictio bonorum* im von Paulus beschriebenen Beispielfall überhaupt möglich gewesen wäre.

Zunächst einmal fand die Konstitution Marc Aurels nur Anwendung, wenn ein Testament Freilassungen von Todes wegen enthielt.[80] In D. 42.5.4 ist dies ausdrücklich vorausgesetzt, nicht jedoch in den weiteren Fallbeispielen, die Paulus im palingenetischen Kontext erörtert und auf die sich der Nachsatz ebenfalls beziehen könnte.[81] Noch grundlegender stellt sich darüber hinaus die Frage, ob nicht

74 Zur Kontroverse über die exakte Bestimmung des bezeichneten Magistraten siehe unten S. 232 ff.

75 D. 40.5.3 Ulp. 65 ed.

76 FINKENAUER, Symp. Wieling, 32; FINKENAUER, ZRG RA 125 (2008), 472, mit dem Zusatz, dass die Situation „[v]or Erteilung der analogen Klage [...] in der *causae cognitio* überprüft" wurde.

77 Vgl. – zwar wohl aus dem eigentlichen Vollstreckungsverfahren, aber dennoch mit augenfälligen Parallelen – D. 17.1.22.10 Paul. 32 ed., dazu unten S. 231 ff.

78 D. 40.5.4.9 Ulp. 60 ed.

79 Zum generell sehr breiten Sinngehalt der Formulierung siehe oben S. 199.

80 Inst. 3.11.6: „*Haec constitutio libertatum tuendarum causa introducta est: ergo si libertates nullae sint datae, cessat constitutio.* [...]."

81 Paulus behandelt die Stelle in einem Atemzug mit den Fallkonstellationen von D. 42.7.1 pr.–1 Paul. 57 ed. (LENEL, Pal. I, 1075, Paul. 706).

gerade die Grundkonstellation der bedingten Erbeinsetzung, welche die Prämisse sämtlicher Ausführungen des Paulus bildet, die Anwendung der Konstitution ausschloss. Die *addictio bonorum* setzte nämlich grundsätzlich Sicherheit über die Nachfolgerlosigkeit voraus:

> Inst. 3.11.4
> *Tunc constitutioni locum esse verba ostendunt, cum nemo successor ab intestato existat. Ergo quamdiu incertum sit, utrum existat an non, cessabit constitutio: si certum esse coeperit neminem extare, tunc erit constitutioni locus.*
> Die Worte zeigen, dass die Konstitution dann Anwendung findet, wenn bei Testamentslosigkeit niemand als Nachfolger auftritt. Solange es folglich unsicher ist, ob einer auftritt oder nicht, wird die Konstitution wegfallen: Sobald sicher ist, dass niemand auftritt, dann wird die Konstitution Anwendung finden.

Ähnlich wie die Maßnahmen der Gläubiger im Hinblick auf den Nachlassverkauf[82] setzt auch die Konstitution Marc Aurels grundsätzlich das Fehlen eines Gesamtrechtsnachfolgers voraus. Entsprechend blieb ihre Anwendung verwehrt, *quamdiu incertum sit, utrum existat an non*. Die Ratio dahinter ist leicht ersichtlich: Die Wohltat, die Marc Aurel den Sklaven zuteilwerden ließ, sollte in keiner Weise einen allfälligen Erben beeinträchtigen und ihm den Zugang zum Nachlass verwehren. Wie die Fälle zur kasuell bedingten Erbeinsetzung gezeigt haben, ließ der Prätor hinsichtlich des Nachlassverkaufs jedoch durchaus Ausnahmen vom Grundsatz der zwingenden Nachfolgerlosigkeit zu[83] – mit der Folge, dass bisweilen eine vorzeitige *venditio bonorum* dem potentiellen Erben den Zugang zum Nachlass abschnitt. Wenn aber bereits der unmittelbar bevorstehende Nachlassverkauf die Aussicht des potentiellen Erben auf den Nachlass zerschlug, so bestand kein Grund mehr, die *addictio bonorum* aufgrund ungeklärter Erbfolge zu verbieten. Im Gegenteil: Sofern es sich bei dem bedingt eingesetzten Erben auch um den Nachlassübernehmer handelte, konnte dieser den Verlust der Erbschaft durch die Abgabe der *cautio omnium creditorum nomine* gerade verhindern. Und auch die Gläubiger konnten hiervon nur profitieren, da ihnen der Nachlassübernehmer die Übernahme ihrer gesamten Forderungen sicherstellen musste – ganz im Gegensatz zum *bonorum emptor*, von dem in aller Regel nur eine anteilige Schuldentilgung erwartet werden konnte.[84] Vor diesem Hintergrund ist durchaus wahrscheinlich, dass der Prätor die für den Nachlassverkauf herausgebildeten Ausnahmen vom Erfordernis der

---

82 Zum Erfordernis der Nachfolgerlosigkeit siehe oben S. 50 ff.

83 Siehe oben S. 169 ff., bes. 174 ff.

84 Zum Interesse der Gläubiger an der *addictio bonorum libertatis causa* FINKENAUER, Symp. Wieling, 22, sowie oben S. 65 ff.; zur nur anteiligen Befriedigung durch den *bonorum emptor* siehe oben S. 53 ff.

Nachfolgerlosigkeit auch auf die *addictio bonorum* erstreckte, selbst wenn diese in den Beschreibungen der Konstitution Marc Aurels nicht ausdrücklich erwähnt sind.

In der Abgabe der *cautio omnium creditorum nomine* im Kontext der *addictio bonorum* kann insofern eine Form der *defensio defuncti* erblickt werden, die sich außerhalb eines Prozesses und ohne die förmliche Befragung *in iure* abspielte. Dem in D. 42.5.4 beschriebenen *actiones pati* kann somit eine eigenständige Bedeutung zugesprochen werden.

b) Zur Möglichkeit einer *cautio omnium creditorum nomine* unabhängig von der *addictio bonorum*

Durch sein Reskript schuf Marc Aurel die Möglichkeit, ein Testament (oder auch Kodizill) im Interesse der darin enthaltenen Freilassungen aufrechtzuerhalten. Die Pflicht zur Schuldübernahme und Sicherstellung der Gläubiger erwähnte er zwar ebenfalls ausdrücklich, allerdings nur im Sinne einer zwingenden Voraussetzung seiner neu geschaffenen Art der Nachlassübernahme.[85] Ob auch die beschriebene Form der *cautio omnium creditorum nomine* eine Neuschöpfung Marc Aurels ist, lässt sich den Berichten über die Konstitution nicht entnehmen. Es ist deshalb zumindest die Möglichkeit zu bedenken, dass eine entsprechende Kautionsleistung an alle Gläubiger unabhängig von der *addictio bonorum*, und vielleicht auch schon vor dem Reskript Marc Aurels, möglich war.

Auf den ersten Blick scheint die Frage eher theoretischer Natur zu sein: Da die „Schuldübernahme" vor der Neuerung durch Marc Aurel noch nicht mit einem Zugriff auf den Nachlass verbunden war, hätte sie für den Übernehmer in erster Linie eine Vermögensminderung ohne direkte Gegenleistung bedeutet. Das Beispiel von D. 42.5.4 und die Fälle der kasuell bedingten Erbeinsetzung im Allgemeinen zeigen aber, dass am Abwenden der *venditio bonorum* durchaus ein Interesse bestehen konnte, für das jemand auch bereit sein konnte, ein finanzielles Risiko auf sich zu nehmen.[86] Zwar dürfte für den bedingt eingesetzten Erben in der Regel die

85 D. 40.5.4.8–11 Ulp. 60 ed.

86 In eine ähnliche Richtung geht die Argumentation von Lepri, Missiones, 81 f. (zustimmend Gomez-Iglesias Casal, 171), die das Motiv allerdings in einer möglichen *usucapio pro herede* sieht. Wie oben dargelegt, erstreckte sich die *usucapio pro herede* zu klassischer Zeit nicht mehr auf die Erbschaft als Ganzes, sondern auf einzelne Erbschaftssachen (siehe oben S. 38 ff.). Insofern reichte es aus, die Erbschaftssache, die Gegenstand der Ersitzung sein sollte, während der Ersitzungsfrist in Besitz zu haben – ein „Anmaßen" der Erbenstellung (*usus*) war nicht mehr erforderlich (vgl. zuletzt Klinck, HRP I § 44, Rn. 10 ff., bes. 12). Die Ersitzung selbst kann somit nur dann ein eigenständiges Motiv für das Abwenden der *venditio bonorum* gewesen sein, wenn der Ersitzungswillige noch nicht im Besitz der Erbschaftssachen war oder er diesen Besitz vor Fristablauf zu verlieren drohte und der Wert der Erbschaftssachen die Höhe der übernommenen Schulden deutlich überstieg.

Beantragung der *bonorum possessio* das Mittel der Wahl gewesen sein.[87] Wurde diese aber aus irgendeinem Grund nicht beantragt, konnte der potentielle Erbe die *venditio bonorum* nur noch durch eine unabhängige Gläubigerbefriedigung abwenden.

Ein eindeutiger Beleg für eine umfassende Sicherstellung der Gläubiger unabhängig von der *addictio bonorum* findet sich in den Quellen nicht – jedenfalls nicht, wenn der Prätor, wie soeben vorgeschlagen, die *addictio bonorum libertatis causa* auch bei ungeklärter Erbfolge zuließ, kurz bevor zum Nachlassverkauf geschritten wurde. Andernfalls ließe sich eine *cautio omnium creditorum nomine* in D. 42.5.4 tatsächlich nur unabhängig von einer Nachlassübernahme erklären. Unabhängig davon ist der Hinweis auf die Möglichkeit eines „*actiones pati*" in D. 42.5.4 aber jedenfalls derart allgemein formuliert, dass auch eine unabhängige Gläubigerbefriedigung vom Wortlaut gedeckt wäre.

Die Möglichkeit einer *cautio omnium creditorum nomine* unabhängig von der *addictio bonorum* gewinnt an Plausibilität, wenn man sich die faktischen Gegebenheiten und die Interessenlage der Betroffenen vor Augen führt: Grundsätzlich stand es jedermann frei, fremde Schulden mit befreiender Wirkung zu begleichen.[88] Wollte also jemand verhindern, dass die *missio in possessionem* mit anschließender *venditio bonorum* beantragt wurde, musste er in der Theorie lediglich jeden einzelnen der Gläubiger befriedigen. Da das Edikt ausdrücklich auch die Führung von Geschäften eines Verstorbenen schützte, war der Leistende dabei sogar insoweit abgesichert, als er sich seine getätigten Vorleistungen später – als gemeiner Erbschaftsgläubiger – erstatten lassen konnte.[89] Für die Gläubiger wiederum brachte eine solche vorzeitige Befriedigung ausschließlich Vorteile.[90] Das gilt umso mehr, wenn die Alternative zur direkten Befriedigung oder Sicherheitsleistung die *venditio bonorum* war: Der Gesamtverkauf des Nachlasses war für die Gläubiger nicht nur aufwendig, sondern führte in aller Regel nur zu einer anteiligen Befriedigung der Gläubiger und damit zu einem teilweisen Ausfall ihrer Forderungen.[91] Zum Abwenden der *venditio bonorum* war hingegen grundsätzlich die vollumfängliche

---

Nur in diesem Fall drohte nämlich die Übernahme des Nachlasses durch den Fiskus. War dies nicht zu befürchten, war es für den Ersitzungswilligen günstiger, den Nachlass als *bonorum emptor* zu ersteigern und die Erbschaftssachen im Anschluss daran zu ersitzen.

87 Siehe oben § 4.

88 Siehe oben S. 105 mit Nachweisen in Fn 136.

89 Siehe oben S. 75 f.

90 Vgl. auch die Formulierung in Inst. 3.11.2, wonach der vollumfänglich Sicherheitsleistende *quidem idoneus* sei.

91 Zur Diskussion um die Gegenleistung, die der *bonorum emptor* zu leisten hatte, sowie zur in der Regel lediglich teilweisen Befriedigung der Gläubigerforderungen siehe oben S. 53 ff.

Sicherstellung oder Befriedigung der Gläubiger erforderlich.[92] Für die Gläubiger war diese Variante somit bei weitem vorteilhafter.[93]

Von dieser Sicherstellung oder Befriedigung jedes einzelnen Gläubigers ist es nur noch ein kleiner Schritt zu einer gesamthaften Regelung der „Schuldübernahme“ – einem Vorgehen, das dem römischen Recht spätestens seit Marc Aurel nicht nur von der *addictio bonorum* her bekannt war, sondern auch im Rahmen der Gesamtvergleiche zwischen Gläubigern und potentiellem Erben praktiziert wurde. Ursprünglich als reine Mandatsverhältnisse mit Nebenabrede zwischen den beteiligten Parteien entstanden, wurde diese Art von Vergleich institutionalisiert: Neu erging er durch prätorisches Dekret, das sodann für alle Gläubiger in gleicher Weise Wirkung entfaltete.[94]

Nach dem Gesagten ist es deshalb zumindest möglich, dass unter das von Paulus genannte *„actiones pati“* auch eine Intervention außerhalb der *addictio bonorum* fallen könnte, bei der sich ein Außenstehender – oder eben ein lediglich kasuell bedingt eingesetzter Erbe – als neuer Schuldner zur Verfügung stellte, um dadurch die *venditio bonorum* abzuwenden. Diese Intervention stünde spiegelbildlich zur wahrheitswidrigen Bejahung der *interrogatio in iure* und deckte insofern jene Fälle ab, in denen es gar nicht erst zu einer förmlichen Befragung des Nichterben *in iure* kam.

V. Ergebnisse

In D. 42.5.4 beschreibt Paulus einen weiteren Fall einer bedingten Erbeinsetzung und ihre Folgen. Dabei wird in einem ersten Schritt der Grundsatz wiederholt, dass die Gläubiger nach Ablauf einer gewissen Frist dazu berechtigt sind, zum Nachlassverkauf zu schreiten – genau so, als ob der bedingt Eingesetzte überhaupt nie zum Erben eingesetzt worden wäre. Die Besonderheit der Stelle liegt nun darin, dass dieses Mal kein Freier, sondern ein Sklave – unter gleichzeitiger Freilassung – bedingt zum Erben eingesetzt wurde. Das Hinweggehen über die Erbeinsetzung erfordert

92 Angesichts der Praxis, dass die Gläubiger einen vom Prätor homologierten Gesamtvergleich mit dem potentiellen Erben schließen konnten, um ihn zum Antritt zu bewegen (dazu Finkenauer, TR 85 [2017], 115 ff., sowie oben S. 62 ff.), ist es wahrscheinlich, dass die Gläubiger auch mit dem Nachlassübernehmer eine solche Vereinbarung treffen konnten; in diesem Sinne Impallomeni, 203; Finkenauer, Symp. Wieling, 33 mit Fn. 63; zumindest für möglich hält dies Schindler, 166 f. mit Fn. 103. Ein Anspruch auf *addictio bonorum* bestand jedoch grundsätzlich nur bei Sicherheitsleistung *de solido*; vgl. Inst. 3.11.1, 2; D. 40.5.2 Ulp. 60 ed.; D. 40.5.4.8, 11 Ulp. 60 ed.

93 Vgl. auch Inst. 3.11.2. Auf den positiven Effekt der *addictio bonorum libertatis causa* weist richtigerweise Finkenauer, Symp. Wieling, 22, hin; dazu ebenfalls oben S. 65 ff.

94 Siehe dazu oben S. 62 ff.

deshalb eine Entscheidung darüber, wie mit der testamentarischen Freilassung des Sklaven zu verfahren sei.

Die Antwort, die Paulus auf diese Frage gibt, steht grundsätzlich im Einklang mit den weiteren Erörterungen der Konstellation „testamentarische Freilassung bei bedingter Erbeinsetzung“, die wir in den Digesten finden: Sofern die Freiheit selbst nicht unter eine Bedingung gestellt wurde, gilt sie grundsätzlich als unbedingt zustehend – sie kann allerdings erst erteilt werden, wenn die Erbenfrage geklärt ist, das heißt die Bedingung, unter welche die Erbeinsetzung gestellt wurde, entweder eingetreten oder ausgefallen ist. Sofern diese Sicherheit aber erreicht wurde, stand die Freiheit unabhängig davon zu, ob die Bedingung eingetreten oder ausgefallen war. Im vorliegenden Sonderfall, in dem die Gläubiger noch vor Bedingungseintritt zum Nachlassverkauf schritten, spricht sich Paulus entsprechend dafür aus, dass die Freiheit bereits bei der *venditio bonorum* zustehen solle. Der Nachlassverkauf ersetzte insofern faktisch den Bedingungseintritt oder -ausfall.

Für die vorliegende Arbeit besonders bemerkenswert ist sodann der Schlusssatz, den Paulus an die Fallschilderung anschließen lässt: Ganz generell könne der Nachlassverkauf dadurch abgewendet werden, dass jemand den Verstorbenen verteidige („*defunctum defendat*“), entweder indem er antworte, selbst Erbe zu sein („*heredem se <re>spondendo*“), oder indem er sich auf Klagen einlasse („*actiones patiendo*“). Die erste Variante weist dabei eindeutig auf das Bejahen der *interrogatio in iure an heres sit*, das auch ohne tatsächliche Erbenstellung möglich und verbindlich war. Daneben ist die Variante des „*actiones pati*“ weiter gefasst. Sie könnte die Sicherstellung der Gläubiger im Rahmen der *addictio bonorum libertatis causa* umfassen. Darüber hinaus ist denkbar, dass auch eine irgend geartete Sicherheitsleistung unabhängig von einer allfälligen *addictio bonorum* möglich war.

§ 6 Hinweise auf eine *distractio bonorum* von Erbschaftssachen? – D. 3.5.12 Paul. 9 ed.

Die bisherigen Ausführungen haben gezeigt, dass das klassische Recht die Schuldnernachfolge grundsätzlich dadurch löste, dass es den Gläubigern des Erblassers auf die eine oder andere Weise einen neuen Schuldner beschaffte. Dieser neue Schuldner erlangte das Vermögen des Erblassers in der Regel durch Gesamtrechtsnachfolge[1] und haftete den Gläubigern entweder unbeschränkt (im Rahmen der Erbfolge) oder anteilmäßig beschränkt (im Rahmen der *bonorum emptio*) für dessen Schulden. Selbst wenn die Gläubiger zu einer Vollstreckung des Nachlasses schritten, erfolgte diese durch Generalexekution, indem der Nachlass als Ganzes einem neuen Berechtigten übertragen wurde.[2] Eine Möglichkeit, sich direkt aus einzelnen Nachlasssachen zu befriedigen, bestand grundsätzlich nicht.

Gerade im Spannungsfeld zwischen dem Prinzip, den Nachlass dem künftigen Erben möglichst unangetastet zu erhalten, und dem Interesse der Gläubiger daran, zeitnahe Befriedigung ihrer Forderungen zu erlangen, scheint dieses System der Generalexekution aber nicht immer eine optimale Lösung ermöglicht zu haben: Wie bereits der Siegeszug zeigt, den die Spezialexekution schon zu Zeiten Justinians angetreten hatte,[3] konnte der Zugriff auf einzelne Vermögensgegenstände für alle Beteiligten vorteilhaft sein. Sofern die Erbschaft nicht überschuldet war, ermöglichte er es in Bezug auf die *hereditas iacens*, zumindest einen Teil der Erbschaftssachen für den künftigen Erben zu erhalten.

Dass der Zugriff auf einzelne Erbschaftssachen zum Zweck der Gläubigerbefriedigung dem klassischen Recht grundsätzlich bekannt war, wurde bereits dargelegt: Er war immer dann zulässig, wenn andernfalls durch den Verfall einer Vertragsstrafe oder wertvoller Pfänder eine Verminderung des Nachlassvermögens drohte.[4] Eine darüber hinausgehende systematische Gläubigerbefriedigung aus einzelnen Nachlasssachen war hingegen bisher nicht ersichtlich. Im neunten Buch seines Ediktskommentars (D. 3.5.12) deutet Paulus aber zumindest an, dass es eine Pflicht zur systematischen Schuldentilgung aus dem Einzelverkauf von Nachlasssachen

---

1 Eine Ausnahme bildet die Schuldübernahme im Rahmen der *addictio bonorum libertatis causa*, die nicht durch Universalsukzession, sondern durch umfassende Sicherheitsleistung an die Gläubiger erfolgte (siehe oben S. 65 ff. sowie 201 ff.). Im Ergebnis war der Mechanismus aber der Gleiche wie bei der Universalsukzession.

2 Zum Verfahren der *venditio bonorum* siehe oben S. 50 ff.

3 Zum Wandel des Vollstreckungsrechts hin zur Spezialexekution (*distractio bonorum*) und der Rechtslage zu Zeiten Justinians siehe unten S. 235 ff.

4 Siehe oben S. 98 ff.

geben konnte. Aus diesem Grund, und angesichts der soeben genannten Vorteile, welche die Spezialexekution im Spannungsverhältnis zwischen Gläubiger- und Erbeninteresse haben konnte, stellt sich die Frage, inwiefern auch bereits zu klassischer Zeit ausnahmsweise eine Spezialexekution (*distractio bonorum*) in das Nachlassvermögen denkbar war.

D. 3.5.12 Paul. 9 ed.
Debitor meus, qui mihi quinquaginta debebat, decessit: huius hereditatis curationem suscepi et impendi decem: deinde redacta ex venditione rei hereditariae centum in arca reposui: haec sine culpa mea perierunt. Quaesitum est, an ab herede, qui quandoque extitisset, vel creditam pecuniam quinquaginta petere possim vel decem quae impendi. Iulianus scribit in eo verti quaestionem, ut animadvertamus, an iustam causam habuerim seponendorum centum: nam si debuerim et mihi et ceteris hereditariis creditoribus solvere, periculum non solum sexaginta, sed et reliquorum quadraginta me praestaturum, decem tamen quae impenderim retenturum, id est sola nonaginta restituenda. Si vero iusta causa fuerit, propter quam integra centum custodirentur, veluti si periculum erat, ne praedia in publicum committerentur, ne poena traiecticiae pecuniae augeretur aut ex compromisso committeretur: non solum decem, quae in hereditaria negotia impenderim, sed etiam quinquaginta quae mihi debita sunt ab herede me consequi posse.
Mein Schuldner, der mir fünfzig schuldete, ist verstorben. Ich habe die Geschäftsführung über dessen Nachlass übernommen und zehn aufgewandt. Sodann habe ich hundert, die aus dem Verkauf einer Erbschaftssache eingenommen worden waren, in die Kasse gelegt. Diese sind ohne mein Verschulden untergegangen. Es wurde gefragt, ob ich vom Erben, der irgendwann aufgetreten war, entweder die als Darlehen gewährten fünfzig oder die zehn, die ich aufgewandt habe, fordern könne. Julian schreibt, die Frage sei darauf gerichtet, dass wir erkennen, ob ich einen berechtigten Grund hatte, die hundert aufzubewahren. Denn wenn ich sowohl mir als auch den übrigen Erbschaftsgläubigern hätte leisten müssen, werde ich die Gefahr nicht nur für sechzig, sondern auch die übrigen vierzig tragen; die zehn jedoch, die ich aufgewandt habe, werde ich zurückbehalten, das heißt, es müssen nur neunzig erstattet werden. Wenn es aber einen berechtigten Grund gab, aufgrund dessen die gesamten hundert aufbewahrt wurden, zum Beispiel wenn die Gefahr bestand, dass Grundstücke an den Staat fielen, dass sich Strafzahlungen aus einem Seedarlehen erhöhten oder die Strafe aus einem Schiedsvertrag verfiel, dann könne ich nicht nur die zehn, die ich im Rahmen der Nachlassgeschäfte aufgewandt habe, sondern auch die fünfzig, die mir geschuldet wurden, vom Erben erlangen.

Ausgangslage bildet ein Gläubiger, der eine Forderung von 50 gegen den Erblasser hatte und im Nachgang zu dessen Ableben die Geschäftsführung über dessen Nachlass übernahm. Dabei tätigte er Aufwendungen in Höhe von 10. Des Weiteren verkaufte er eine Erbschaftssache für 100 und legte die eingenommenen Münzen in die Kasse. Diese 100 gingen ohne ein Verschulden des Geschäftsführers unter. Hinsichtlich der Frage, ob der Geschäftsführer seine Forderungen gegen den Erben dennoch geltend machen könne, zitiert Paulus Julian, dem zufolge darauf abzustellen sei, ob das Aufbewahren der Münzen *ex iusta causa* geschehen sei. Sei dies nicht der Fall, trage der Geschäftsführer die Gefahr für die gesamten 100, nicht nur für die angesprochenen 60, wobei die für Aufwendungen ausgegebenen 10 abgezogen werden könnten. Sofern aber eine *iusta causa* bestanden habe, könne er sowohl die aufgewandten 10 wie auch die ursprünglich geschuldeten 50 vom Erben fordern. Dies sei beispielsweise der Fall, wenn die Gefahr bestanden habe, dass Grundstücke eingezogen würden, ein Erhöhen der *poena traiecticiae pecuniae* gedroht habe oder der Verfall einer *poena compromissi*.

I. Grundlage der Geschäftsführung: *curatio hereditatis*

In einem ersten Schritt stellt sich die Frage, um was für eine Art der Geschäftsführung es sich handelt, das heißt, auf welcher Grundlage sie erfolgte. Der Text selbst spricht von einer *curatio hereditatis*. Den genauen Inhalt dieses Begriffs gilt es aber erst noch zu klären.

Der Begriff der *curatio hereditatis* ist insofern untechnisch, als er in den juristischen Quellen kein zweites Mal in dieser Form auftaucht.[5] Die Nähe der Formulierung zum *curator bonorum* über die Erbschaft ist aber augenfällig,[6] und auch die vorgenommenen Geschäftsführungshandlungen erinnern stark an jene, die in den Texten zum *curator* beschrieben wurden.[7] Die bisherige Literatur behandelte die Stelle allerdings mehrheitlich ausschließlich unter dem Gesichtspunkt der *negotiorum gestio* – die genaue Stellung des Geschäftsführers wurde in der Regel gar nicht erst hinterfragt, und vielen der Ausführungen ist anzumerken, dass die Autoren eine gänzlich spontane Geschäftsführung – den Idealtypus der *negotiorum gestio* – vor Augen hatten.[8] Zuletzt hat aber zu Recht BISCOTTI den beschriebe-

---

5 Vgl. CENDERELLI, Ric. Gallo I, 99 f.

6 Eine entsprechende Andeutung auch bei FRESE, St. Bonfante IV, 407 f.; anders CENDERELLI, Ric. Gallo I, 99 f., der die Besonderheit der Formulierung zwar anerkennt, eine mögliche Verbindung zum *curator bonorum* allerdings vollends übergeht.

7 Siehe oben S. 96 ff. Ebenfalls für einen *curator bonorum* im technischen Sinn BISCOTTI, St. Nicosia II, 32 ff.; weitestgehend textidentisch auch BISCOTTI, Curare bona, 66 ff. In der Folge wird nach der 2008 erschienenen Monografie „Curare bona" zitiert, sofern nicht kleinere Abweichungen in den Manuskripten einen Verweis auf den Aufsatz von 2007 gebieten.

8 Vgl. FINAZZI, II.1, 540 ff.; CENDERELLI, Ric. Gallo I, 99 f., der sogar ausdrücklich von „funzioni gestorie liberamente assunte" spricht (ebd., 100); KLINGENBERG, ZRG RA 109 (1992), 369, der von einer Funktion als *negotiorum gestor* spricht; KNÜTEL, 230 ff.; SEILER, Studien Kaser, 205; SEILER, Tatbestand, 56 f.; SACHERS, SDHI 4 (1938), 332 ff., der die „Liquidierung des Nachlasses

nen „*curator hereditatis*" mit der Funktion des *curator bonorum* in Verbindung gebracht.[9]

Dass die Art der Geschäftsführung häufig nicht thematisiert oder von einer ausschließlich spontanen Geschäftsführung ausgegangen wurde, dürfte in erster Linie an der Verortung des Fragments in den Digesten und in Paulus' Ediktskommentar liegen: In beiden Werken findet es sich unter dem Titel *De negotiis gestis.*[10] Dennoch macht eine genaue Lektüre des Sachverhalts deutlich, dass der beschriebene Geschäftsführer höchstwahrscheinlich nicht gänzlich eigenständig, sondern mit Genehmigung des Prätors handelte. Dafür spricht bereits die Formulierung „*suscipere*", die einen eigentlichen Akt der Geschäftsführungsübernahme zumindest nahelegt. Zwar wird das Verb vereinzelt auch im Zusammenhang mit der auftraglosen *negotiorum gestio* verwendet,[11] doch tritt es im Kontext einer Geschäftsführung in den weit überwiegenden Fällen in Konstellationen auf, in denen die Geschäftsführung durch Auftrag oder zumindest auf Anregung übernommen wurde.[12] In der einzigen anderen Stelle, die von *curationem suscipere* spricht, ist die förmliche Übernahme vor dem Prätor unzweifelhaft.[13]

Noch weitaus gewichtiger ist sodann die Tatsache, dass der beschriebene Geschäftsführer in seiner Tätigkeit offenbar in das Nachlassvermögen eingreifen konnte und daraus Gegenstände veräußerte. Wie bereits dargelegt, ging die reguläre *negotiorum gestio* mit keinerlei Vermögenszugriff einher.[14] Zwar konnte

---

im Zustande der *hereditas iacens*" durch einen reinen *negotiorum gestor* ausdrücklich für zulässig erklärt.

9 Biscotti, Curare bona, 66 ff., bes. 91 f. – Im Ergebnis unterscheidet Biscotti zwischen dem *curator bonorum* und dem *curator hereditatis*, wobei sie aber selbst keine klare Trennung zwischen den beiden Funktionen ziehen kann: „Credo, quindi, che *cura bonorum* e *cura hereditatis*, pur non coincidendo sempre e necessariamente, come è ovvio, possano, in molti casi, rappresentare in un certo senso le due facce della stessa medaglia [...], e ritengo, conseguentemente, che il problema di distinguere le due e di individuare, all'interno dei frammenti giurisprudenziali, quali di essi facciano riferimento all'una situazione, ad esclusione dell'altra, possa rappresentare, ancora una volta, più un cruccio dell'interprete moderno che una reale prospettiva del giurista romano, aprendo la via a possibili fraintendimenti del reale portato giuridico dei testi" (ebd., 137 f.).

10 Zur Stellung innerhalb des Ediktskommentars Lenel, Pal. I, 981, Paul. 188; dazu auch Biscotti, Curare bona, 81; Cenderelli, Ric. Gallo I, 99.

11 D. 44.7.5 Gai. 3 aur.: „[...] *sine mandatu suscipere negotiorum administrationem* [...]"; ferner D. 13.6.17.3 Paul. 29 ed., allerdings nur in einer abstrakten Erörterung der Möglichkeit zur Übernahme der Geschäftsführung durch einen Dritten; nicht einschlägig ist D. 3.5.41 Paul. 32 ed., da die „Übernahme" gerade auf Anregung des Sklaven erfolgt.

12 Vgl. etwa D. 3.5.45 Afr. 7 quaest.; D. 11.6.4 Paul. 25 ed.; D. 17.1.6.1 Ulp. 31 ed.; D. 17.1.31 Iul. 14 dig.; D. 17.1.36.2 Iav. 7 ex Cass.; D. 47.2.54.3 Paul. 39 ed.; Inst. 3.26.13; ferner D. 3.5.41 Paul. 32 ed.

13 D. 27.1.30.2 Pap. 5 resp.

14 Siehe oben S. 76 ff.

der spontan handelnde *negotiorum gestor* auf eine spätere *ratihabitio* hoffen.[15] Diese führte aber lediglich zu einer nachträglichen Legitimierung des Eingriffs – bis zu diesem Zeitpunkt war sie rechtlich grundsätzlich nicht abgesichert.[16] Aus diesem Grund ist nicht leicht zu erklären, weshalb aus einem solchen „Eingriff eines Unberechtigten" rechtliche Pflichten entstehen sollten, von denen Paulus im vorliegenden Fragment spricht. Sie passen besser zum Vorgehen eines offiziell eingesetzten *curator bonorum*, von dem bereits bekannt ist, dass er ausnahmsweise – wenn auch eng begrenzt – Nachlasssachen veräußern durfte.[17]

Schließlich spricht auch die Tatsache für einen *curator bonorum* im technischen Sinn, dass die Geschäftsführung durch einen Erbschaftsgläubiger vorgenommen wurde. Wie oben dargelegt, hatten gerade die Gläubiger die Möglichkeit, der *hereditas iacens* einen *curator* bestellen zu lassen, wobei der Prätor diesen in der Regel aus den Reihen der Gläubiger auswählte.[18] Natürlich spricht nichts dagegen, dass Gläubiger zusätzlich auch als reine *negotiorum gestores* im Interesse der Erbschaft tätig wurden. Wenn aber, wie im vorliegenden Fall, Vermögenseingriffe in den Nachlass nötig wurden, liegt es nahe, dass ein Gläubiger jenen Weg beschritt, der ihn rechtlich absicherte, ohne auf eine spätere *ratihabitio* angewiesen zu sein. All dies spricht dafür, dass der geschäftsführerisch tätige Gläubiger hierzu offiziell vom Prätor ermächtigt wurde, mithin als *curator bonorum* handelte.

---

15 In diesem Sinne geht Talamanca, Labeo 17 (1971), 230 (242) Fn. 34, mit Blick auf die vorliegende Stelle von der Wirksamkeit der Veräußerungshandlung durch *ratihabitio* aus. Im Anschluss daran Finazzi, II.1, 540 Fn. 129, mit den sogleich in Fn. 16 besprochenen Erwägungen.

16 Finazzi, II.1, 540 Fn. 129, erwägt in diesem Zusammenhang immerhin, dass die *ratihabitio* dann nicht erforderlich gewesen sei, wenn der Verkauf dazu diente, die Sache vor dem sicheren Verderben zu bewahren. Der Gedanke ist insofern nicht abwegig, als im beschriebenen Fall unstreitig sein muss, dass die *ratihabitio* erteilt werden wird. Die These findet allerdings keine echte Stütze in den Quellen, und gerade in der vorliegenden Stelle D. 3.5.12 Paul. 9 ed. lässt sich das fehlende Erfordernis einer *ratihabitio* leicht über das Handeln eines offiziellen *curator bonorum* erklären.

17 Siehe oben S. 96 ff.; in diesem Sinne auch Biscotti, Curare bona, 66 ff., bes. 85 ff., die das Fragment im Konkursstadium verortet, in dem der *curator* die Veräusserung zum Zweck einer systematischen Gläubigerbefriedigung vornimmt.

18 Vgl. D. 42.7.2.4 Ulp. 45 ed.

II. Zum Verhältnis von *curator bonorum* und *actio negotiorum gestorum*

1. Im Allgemeinen

Ein Vergleich zu anderen Formen der Kuratel zeigt, dass auch zwischen dem *curator* und seinem Schutzbefohlenen ein Verhältnis der *negotiorum gestio* bestand.[19] Für den *curator* über die *hereditas iacens* ist dies – soweit ersichtlich – nicht ausdrücklich überliefert. Auf eine Verwandtschaft besonders zu den *curatores furiosi* und *prodigi* weist aber bereits die Tatsache hin, dass alle drei Anwendungsfälle in den Digesten unter demselben Titel D. 27.10 *De curatoribus furioso et aliis extra minores dandi* behandelt werden.[20] Die Stellung des Textes im Kontext der *negotiorum gestio* ist somit auch für den *curator* ohne weiteres gerechtfertigt.

Fraglich ist höchstens, ob die *actio negotiorum gestorum* auch auf jenen *curator* Anwendung fand, der zusätzlich mit den übrigen Gläubigern in den Besitz eingewiesen worden war. In diesem Fall könnte eine andere Klage einschlägig sein, da zumindest fraglich ist, ob der *missus in possessionem* in diesem Fall noch ein „fremdes" Geschäft führte.[21] In seiner Beschreibung des Falles macht Paulus keinerlei Hinweise auf eine bereits erfolgte *missio in possessionem*. Da der *curator* aber

19 Zur *cura furiosi* vgl. D. 3.5.3.5 Ulp. 10 ed.; D. 27.3.4.3 Paul. 8 Sab.; Finazzi, I, 279 ff.; Seiler, Tatbestand, 263 ff.; Babusiaux, HRP II § 84, Rn. 139; zur *cura minoris* D. 26.7.5.6 Ulp. 35 ed.; D. 27.3.13 Ulp. 35 ed.; C. 2.30.1 Sev./Ant. (a. 197); C. 4.26.1 Sev./Ant. (a. 196); Finazzi, I, 306 ff.; Seiler, Tatbestand, 276; zur *cura prodigi* Seiler, Tatbestand, 275 f.; Babusiaux, HRP II § 84, Rn. 146; allgemein auch Alibrandi, BIDR 2 (1889), 151; Lenel, EP, 319 f.; Mayer-Maly, ZRG RA 86 (1969), 433 ff.; Meissel, FS Bürge, 273; Meissel, HRP II § 88, Rn. 13; Babusiaux, HRP II § 84, Rn. 17. – Justinian gewährt – wahrscheinlich aufgrund der mangelnden Freiwilligkeit der Geschäftsführung – lediglich eine *actio negotiorum gestorum utilis* (C. 5.37.26.1 Iust. [a. 531]; dazu Finazzi, I, 330 f.). Diese Entwicklung hin zu einer analogen Klage vollzog sich aber nach herrschender Meinung frühestens in der Spät-, wahrscheinlich sogar erst in der Nachklassik (vgl. Finazzi, I, 277, mit Nachweisen zu den einzelnen Lehrmeinungen in 278 f. mit Fn. 227–231; ferner Meissel, FS Bürge, 273; Meissel, HRP II § 88, Rn. 52).

20 Der Titel beschäftigt sich großmehrheitlich mit den *curatores furiosi* und *prodigi*, doch findet sich unter dem Titel mit D. 27.10.3 Ulp. 31 Sab. auch eine Stelle zum *curator* über die *hereditas iacens*. Das zahlenmäßige Ungleichgewicht zwischen den Anwendungsfällen der *curatio* muss nicht gegen eine solche Verwandtschaft sprechen, da in den Digesten – soweit ersichtlich – ohnehin nur vier Fälle dieser Art der *curatio* ausdrücklich überliefert sind (D. 27.10.3 Ulp. 31 Sab.; D. 28.5.23.2–3 Pomp. 1 Sab.; D. 42.4.8 Ulp. 60 ed.; D. 42.5.22.1 Ulp. 63 ed.; die vorliegende Stelle D. 3.5.12 Paul. 9 ed. nicht mitgezählt). Aus dem palingenetischen Kontext der Stellen lässt sich eine Verbindung zu anderen Formen der *curatio* weder bestätigen noch verneinen. Insbesondere D. 27.10.3 Ulp. 31 Sab. findet sich im Kontext des Dotalrechts (Lenel, Pal. II, 1132, Ulp. 2751), ohne dass ein klarer Bezug zu den übrigen Stellen hergestellt werden könnte.

21 Zur Problematik siehe sogleich S. 218 f.

erklärtermaßen auch Gläubiger war, muss diese Möglichkeit zumindest in Betracht gezogen werden.

2. Der *missus in possessionem* als *curator bonorum*

Für Geschäftsführungshandlungen, die ein Gläubiger während der Zeit der *missio in possessionem* vornahm, enthalten die Digesten gesonderte Ausführungen. So finden sich in den Ediktskommentaren einige Passagen, die auf das Verhältnis unter den *missi in possessionem* sowie deren Verhältnis zum Eigentümer[22] eingehen.[23] Dem Ediktstitel *De curatore bonis dando*[24] lassen sich hingegen keine spezifischen Informationen dazu entnehmen, mit welchen Klagen der *curator* seine Aufwendungen geltend machen oder inwiefern gegen ihn geklagt werden konnte. Angesichts dieser Quellenlage sollen in einem ersten Schritt die Verhältnisse unter den *missi in possessionem* näher beleuchtet werden. Ausgehend davon kann danach versucht werden, die Rechtslage für den zum *curator* eingesetzten *missus in possessionem* zu rekonstruieren.

a) Rechtsverhältnis unter den *missi in possessionem*

Ulpian überliefert einen Auszug aus dem Edikt *De administratione et periculo creditorum*,[25] das den Klageschutz der in den Besitz eingewiesenen Gläubiger verhieß:

> D. 42.5.9 pr. Ulp. 62 ed.
> *Praetor ait: „Si quis, cum in possessione bonorum esset, quod eo nomine fructus ceperit, ei, ad quem ea res pertinet, non restituat: sive, quod impensae sine dolo malo fecerit, ei non praestabitur: sive dolo malo eius deterior causa possessionis facta esse dicetur, de ea re iudicium in factum dabo".*
> Der Prätor sagt: „Wenn jemand, als er im Besitz der Güter war, deswegen irgendeine Frucht gezogen hat und sie ihm, dem diese Sache gebührt, nicht erstattet; oder wenn ihm nicht ersetzt werden wird, was er ohne bösen Glauben an Aufwendungen getätigt hat,

---

22 Die Texte behandeln die Situation der *missio in possessionem rei servandae causa* ganz allgemein. Im Gegensatz zum Sonderfall der Besitzeinweisung in die *hereditas iacens* wies der Prätor im Regelfall in das Vermögen eines Lebenden ein. Dieser blieb weiterhin Eigentümer, wurde durch die Gläubiger aber in der Ausübung seiner Eigentumsrechte beeinträchtigt. Eine Aufstellung der einzelnen *missiones in possessionem rei servandae causa* bei Betancourt, AHDE 52 (1982), 392 ff.

23 Siehe sogleich S. 217 ff. bzw. 221 ff.

24 Vgl. Lenel, EP, 418 ff.

25 Lenel, EP, 424. In den Digesten steht das Fragment unter dem Titel *De rebus auctoritate iudicis possidendis seu vendundis.*

oder wenn vorgebracht werden wird, dass durch seine Bösgläubigkeit das Besitzverhältnis verschlechtert worden ist; so werde ich deswegen ein *iudicium in factum* geben."

Die in den Besitz eingewiesenen Gläubiger hafteten einander für Früchte, die sie aus einer im gemeinschaftlichen Besitz stehenden Sache gezogen hatten, für darauf getätigte Aufwendungen und für Verschlechterungen an der Sache.[26] Sie mussten also exakt für jene Posten einstehen, für die auch Miteigentümer in einer Gemeinschaft (*communio*, inkl. Erbengemeinschaft) hafteten.[27] Bei Miteigentumsgemeinschaften wurden diese Ansprüche auf dem Weg der Teilungsklagen geltend gemacht.[28] Im Verhältnis der in den Besitz eingewiesenen Gläubiger war es hingegen offenbar erforderlich, dass der Prätor ein gesondertes *iudicium in factum* schuf. Der Grund, warum in beiden Fällen nicht auf die *actio negotiorum gestorum* zurückgegriffen wurde, war identisch:

D. 42.5.9.4 Ulp. 62 ed.
Generaliter etiam dicendum est, quidquid impendit in rem, si modo sine dolo malo impendit, repetere eum posse: nam negotiorum gestorum agere non magis potest quam si socius commune aedificium fulsit, quia hic quoque creditor commune, non alienum negotium gessisse videtur.
Allgemein muss auch gesagt werden, dass er, was auch immer er auf die Sache aufgewandt hat, zurückfordern kann, wenn er es nur ohne bösen Glauben aufgewandt hat. Denn mit der *actio negotiorum gestorum* kann er genauso wenig klagen, wie wenn ein Gesellschafter ein gemeinsames Bauwerk abstützt, weil auch dieser Gläubiger ein gemeinsames, nicht ein fremdes Geschäft geführt zu haben scheint.

Ulpian zufolge konnten in den Besitz eingewiesene Gläubiger Aufwendungen deshalb nicht mit der *actio negotiorum gestorum* geltend machen, weil sie kein fremdes, sondern ein gemeinsames Geschäft führten, wobei Ulpian einen Vergleich zum *socius* zieht, der ein in Miteigentum der *socii* stehendes Gebäude abstützt.

In der Tat ist der Ausschluss der *actio negotiorum gestorum* bei Vorliegen einer *communio* den römischen Juristen wohl bekannt.[29] Das Bestehen der *communio*

---

26 Vgl. zur Frage auch Pérez Álvarez, Bonorum venditio, 193 f.; Solazzi, Concorso I, 198, der die Stelle zumindest inhaltlich unangetastet lässt.

27 D. 10.3.3 pr. Ulp. 30 Sab.: „*In communi dividundo iudicio nihil pervenit ultra divisionem rerum ipsarum quae communes sint et si quid in his damni datum factumve est sive quid eo nomine aut abest alicui sociorum aut ad eum pervenit ex re communi.*" Vgl. auch D. 17.2.34 Gai. 10 ed. prov.; C. 3.37.4.2 Diocl./Maxim. (a. 294). Zu den *praestationes* unter Miteigentümern siehe oben S. 110.

28 Siehe oben S. 108 ff.

29 Meissel, HRP II § 83, Rn. 46.

reichte aber alleine noch nicht für einen Ausschluss,[30] genauso wenig wie das Führen eines nur teilweise fremden Geschäfts.[31] Entscheidend war vielmehr, dass der Gemeinschafter, der im Interesse seines Anteils tätig wurde, seine Handlung unmöglich auf eben diesen Anteil beschränken konnte. Die Auswirkungen auf die übrigen Gemeinschafter mussten also geradezu unausweichlich sein.[32] Dies war etwa gegeben, wenn ein Gemeinschafter – wie in Ulpians Beispiel – ein in ungeteiltem Bruchteilseigentum stehendes Haus abstützte;[33] nicht ausreichend war es dagegen, wenn ein Gemeinschafter die gesamte Sicherheit für ein solches Haus leistete, da es ihm möglich gewesen wäre, diese nur im Verhältnis seines Bruchteils zu leisten.[34]

In eben diesem Sinne ist Ulpians Beschreibung als „*negotium commune*" zu verstehen.[35] Dabei ist ohne weiteres einleuchtend, dass Aufwendungen auf eine im Rahmen der *missio in possessionem* gemeinsam besessene Sache zwingend ein solches gemeinschaftliches Geschäft darstellten. Die *missio in possessionem* schuf eine Gemeinschaft, in der die besessenen Gegenstände unmöglich einem Einzelnen zugewiesen werden konnten. Von jeder erhaltenden oder wertsteigernden Maßnahme profitierten somit auch die übrigen Gläubiger[36] sowie – wenn vorhanden – der Eigentümer.

Entsprechend der traditionellen Unterscheidung schloss diese Qualifizierung als *negotium commune* die *actio negotiorum gestorum* aus.[37] Gleichzeitig stellte die

30 Vgl. D. 3.5.39 Paul. 10 Sab.; D. 10.3.6.2, 7 Ulp. 19 ed.

31 Vgl. D. 3.5.5.6 Ulp. 10 ed.: „[…] *Quod si et suum et meum quasi meum gesserit, in meum tenebitur* […]." Dazu Seiler, Tatbestand, 19.

32 Zum Ganzen Finazzi, II.1, 457 ff.; Rabel, St. Bonfante IV, 287; Ferrini, BIDR 7 (1894), 100; Meissel, HRP II § 83, Rn. 46; unzutreffend dagegen Seiler, Tatbestand, 301, dem zufolge für notwendige Aufwendungen im Teilungsverfahren, für nicht notwendige Aufwendungen mit der *actio negotiorum gestorum* Ersatz verlangt werden konnte.

33 Vgl. Finazzi, I, 361 f., der allerdings die Unmöglichkeit der *actio negotiorum gestorum* nicht per se aus dem gemeinschaftlichen Charakter des Geschäfts ableitet, sondern aus der Tatsache, dass mit der *actio in factum* bereits eine speziellere Klage bestehe, zu der die *actio negotiorum gestorum* subsidiär sei.

34 D. 10.3.6.7 Ulp. 19 ed.; dazu Finazzi, II.1, 457 f.

35 Vgl. auch Rabel, St. Bonfante IV, 287, zur Unterscheidung von *negotium commune* und *negotium alienum*. Die Zweifel, die Seiler, Tatbestand, 19 f., 301 mit Fn. 11, an der Beweiskraft der Stelle äußert, verlieren mit diesem Verständnis ihre Grundlage.

36 Die Einweisung in den Besitz auf Antrag eines Gläubigers führte automatisch zur Partizipation aller Gläubiger. Die „gemeinsame" Einweisung erfolgte somit automatisch und von Anfang an (D. 42.5.12 pr. Paul. 59 ed.).

37 Vgl. auch D. 42.5.14.1 Paul. 59 ed.; mit Blick auf beide Stellen Solazzi, Concorso I, 207. Unbegründet ist die These Freses, Mél. Cornil I, 356 f., wonach die *actio negotiorum gestorum* in D. 42.5.9.4 Ulp. 62 ed. und D. 42.5.14.1 Paul. 59 ed. nach klassischem Recht deshalb nicht habe gewährt werden können, weil der handelnde Gläubiger kein „autorisierte[r] Geschäftsführer"

mit der *missio in possessionem* begründete Gemeinschaft aber lediglich eine lose Einheit dar, die nur deshalb bestand, weil die ihr angehörenden Gläubiger dasselbe Haftungssubstrat sichern wollten. Insbesondere handelte es sich nicht wie bei der *communio* um eine Eigentumsgemeinschaft, bei der eine Teilung möglich gewesen wäre. Entsprechend bestand auch keine Möglichkeit, Aufwendungen, zugefügte Wertminderungen oder gezogenen Nutzen im Rahmen einer Teilungsklage auszugleichen. Um den Gläubiger in dieser Hinsicht dennoch schützen zu können, schuf der Prätor eine *actio in factum*.[38] Dass sich diese stark am Vorbild der *actio negotiorum gestorum* orientierte, legt D. 42.5.14.1 nahe:[39]

> D. 42.5.14.1 Paul. 59 ed.[40]
> *Datur in creditorem actio, qui in possessionem missus est, de eo quod ex bonis debitoris ad eum pervenit: si nondum sit aliquid consecutus, actiones suas praestabit. Datur autem in factum actio adversus eum et omne, quod in actionem negotiorum gestorum veniret, si posset agi, restituendum a creditore.*
> Gegen den Gläubiger, der in den Besitz eingewiesen worden ist, wird wegen dessen, was er aus dem Vermögen des Schuldners erlangt hat, eine Klage gegeben. Wenn er noch nichts erhalten hat, wird er seine Klagen abtreten. Es wird aber eine *actio in factum* gegen ihn gegeben, und alles, was Gegenstand der *actio negotiorum gestorum* wäre, wenn damit geklagt werden könnte, muss vom Gläubiger erstattet werden.

Auch Paulus geht ohne weiteres davon aus, dass die *actio negotiorum gestorum* gegen den in den Besitz eingewiesenen Gläubiger keine Anwendung findet, wenn es darum geht, aus dem Besitz Erlangtes herauszuverlangen. Den Umfang der *actio in factum* beschreibt er aber als deckungsgleich mit jenem der *actio negotiorum gestorum*. Die Rechtsverhältnisse, denen der nichtbesitzende *curator bonorum* und der *missus in possessionem* unterstanden, waren somit zwar nicht identisch, aber doch sehr ähnlich.

---

gewesen sei. In der Argumentation leicht anders Finazzi, I, 361 f., dem zufolge die *actio in factum* als speziell konzipierte Klage der *actio negotiorum gestorum* vorging.

38 Vgl. Ramadier, 102; Windscheid-Kipp, Pandekten II, § 431, n. 14, S. 869.

39 Ansonsten fehlen jegliche Anhaltspunkte für eine Rekonstruktion der Formel (Lenel, EP, 408).

40 Für nachklassisch bearbeitet halten die Stelle De Francisci, Synallagma II, 128 f.; Solazzi, Concorso I, 199 mit Fn. 2. Die zum Ausdruck gebrachte exzessive Quellenkritik entbehrt allerdings einer sachlichen Grundlage und kann als überwunden angesehen werden.

b) Rechtsgrundlage zwischen *curator* und übrigen *missi in possessionem* respektive *curator* und Erben

Zum Personenkreis, der dem Edikt *De administratione et periculo creditorum* unterstand, zählen die Digesten auch den *curator bonis distrahendis datus* sowie den Schuldner, in dessen Vermögen eingewiesen worden ist:

> D. 42.5.9.3 Ulp. 62 ed.
> *His verbis „ad quem ea res pertinet" etiam curator bonis distrahendis datus continebitur et ipse debitor, si contigerit, ne bona eius veneant.* [...]
> Mit den folgenden Worten „dem diese Sache gebührt" wird auch der *curator*, der zum Verkauf der Güter bestellt worden ist, umfasst werden und der Schuldner selbst, wenn er erreicht haben wird, dass sein Vermögen nicht verkauft wird. [...]

Ulpian kommentiert in diesem Abschnitt die Ediktsworte *„ad quem ea res pertinet"* und erweitert den Anwendungsbereich des Edikts eindeutig auf Personen außerhalb der in den Besitz eingewiesenen Gläubiger. Umstritten ist allerdings, auf welche Art von *curator* Ulpian sich ursprünglich bezog. Der Wortlaut legt einen Verweis auf jenen *curator* nahe, der den Verkauf einzelner Vermögenswerte im Verfahren der *distractio bonorum* vornahm.[41] Diese Form der Einzelzwangsvollstreckung muss Ulpian bereits bekannt gewesen sein, denn sie kam in Ausnahmefällen bereits zu klassischer Zeit vor.[42] Allerdings ist bekannt, dass die Kompilatoren die Texte zur *venditio bonorum* teilweise verändert haben, um der fast vollständigen Umstellung des Vollstreckungsverfahrens von Generalexekution auf Einzelzwangsvollstreckung Rechnung zu tragen.[43] Aus diesem Grund ist die heute wohl herrschende Meinung, dass Ulpian ursprünglich nicht vom *curator bonis distrahendis* sprach, sondern vom *curator bonorum*, der (auch) im Rahmen der klassischen Generalexekution (*venditio bonorum*) zum Einsatz kam.[44] Die Annahme einer Interpolation erscheint hier nicht abwegig, zumal wenigstens bei der *distractio bonorum* aufgrund Senatsbeschluss keine *missio in possessionem* erfolgte.[45] Die ausdrückliche Nennung des *curator bonis distrahendis* durch Ulpian ist dennoch nicht ausgeschlossen. Als sicheren

---

41 So auch Dernburg, 121 mit Fn. 18.

42 Siehe dazu unten S. 239 ff.

43 Vgl. den entsprechenden Auftrag der Kompilatoren in Const. Deo Auctore, 10, ferner 7.

44 Solazzi, Concorso II, 40; Pérez Álvarez, Bonorum venditio, 192, 217, die ganz selbstverständlich vom *curator bonorum* ausgeht, ohne eine andere Variante auch nur anzusprechen. – Unwahrscheinlich scheint die These, dass die Stelle ursprünglich auf *magister* gelautet habe, so Rudorff, Vormundschaft I, 161 mit Fn. 30; Rudorff, EP, § 211 Fn. 2; Zimmern, III, 254 mit Fn. 2; dagegen bereits zutreffend Dernburg, 121 Fn. 18.

45 Kaser/Hackl, 405.

Beweis für die Anwendung des Edikts auch auf den *curator bonorum* kann die Stelle jedenfalls nicht dienen.

Für die Frage, welches Regime auf den *curator bonorum* Anwendung fand, muss deshalb behelfsweise auf das Kriterium zurückgegriffen werden, ob der *curator* ein fremdes oder ein gemeinsames Geschäft führte. Der *curator bonorum* war – zumindest im hier behandelten Fall – zugleich auch *missus in possessionem*. Nach D. 42.5.9.4 Ulp 62 ed. führte er damit grundsätzlich ein teilweise eigenes Geschäft. Es ist unwahrscheinlich, dass daran die Tatsache etwas ändert, dass er offiziell zum *curator bonorum* eingesetzt worden war. Zwar ließe sich argumentieren, dass er die Geschäftsführung vornehmlich aufgrund seiner besonderen Funktion ausgeübt habe. Das besondere Eigeninteresse, das er an der Geschäftsführung behielt, dürfte die *actio negotiorum gestorum* dennoch ausgeschlossen haben.

Mit Blick auf D. 3.5.12 bleibt zudem die Frage, ob es sich um ein gemeinsames Geschäft des *curator bonorum* und des später auftauchenden Erben handelte. Ulpian unterstellt den Schuldner in D. 42.5.9.3 Ulp. 62 ed. ausdrücklich dem Edikt *De administratione et periculo creditorum*. Im Fall von D. 3.5.12 ließe sich allerdings argumentieren, dass ein erst später antretender Erbe im Zeitpunkt der Geschäftsführung noch überhaupt nicht Schuldner war. Für diese Ansicht spricht, dass es offenbar erforderlich war, die Geschäftsführung über den Nachlass gesondert ins Edikt *De negotiis gestis* aufzunehmen,[46] sie also nicht ohne weiteres unter die *negotia alterius*[47] gefasst werden konnte.[48] Von einem gemeinsamen Geschäft von *curator* und späterem Erben kann deshalb eher nicht gesprochen werden – zumindest in den Fällen, in denen der Erbe die Erbschaft im Zeitpunkt der Geschäftsführung noch nicht angetreten hatte.

Es ist unklar, ob die römischen Juristen die *actio negotiorum gestorum* in diesem Fall auch im Verhältnis zum Erben ausschlossen und durch eine *actio in factum* ersetzten. Da die Quellen einen entsprechenden Fall nicht thematisieren, lassen sich lediglich Mutmaßungen anstellen. Da die *actio in factum* der *actio negotiorum gestorum* nachgebildet war, dürften sie im Ergebnis ohnehin deckungsgleich gewesen sein. Die Stellung des Fragments unter dem Titel *De negotiis gestis*[49] wäre

46 Lenel, EP, 101, 105.

47 Es wurde angenommen, dass statt „*alterius*" „*absentis*" im Ediktstext stand; vgl. Partsch, 10 ff.; Lenel, EP, 101; Kreller, FS Koschaker II, 207; Frese, St. Bonfante IV, 403; weitere Literatur bei Deppenkemper, I, 258 Fn. 1295. Spätestens der von Julian redigierte Ediktstext dürfte aber „*alterius*" enthalten haben; vgl. Mayer-Maly, ZRG RA 86 (1969), 420, 424; Cenderelli, IVRA 50 (1999), 240; Finazzi, I, 80 ff.; Deppenkemper, I, 259 f.; Meissel, HRP II § 83, Rn. 5.

48 Vgl. die Erklärung in D. 3.5.3.6 Ulp. 10 ed.; zum Ganzen oben S. 72 ff.

49 Unter diesem Titel findet sich die Stelle sowohl in den Digesten als auch in Paulus' Ediktskommentar; dazu Lenel, Pal. I, 981, Paul. 188; ferner Biscotti, Curare bona, 81; Cenderelli, Ric. Gallo I, 99.

jedenfalls auch bei Gewährung lediglich einer *actio in factum* gerechtfertigt. Für die Zwecke dieser Untersuchung ist diese Erkenntnis ausreichend.

3. Zwischenergebnis

D. 3.5.12 lässt sich nicht entnehmen, in welchem Verfahrensstadium der Gläubiger die Geschäftsführung vornahm. Da er aber einen Eingriff in das Nachlassvermögen tätigte, ist davon auszugehen, dass er die Geschäftsführungshandlung als offizieller *curator bonorum* tätigte. Dabei stand dem *curator bonorum* gegen den Erben wie auch umgekehrt dem Erben gegen den *curator bonorum* grundsätzlich die *actio negotiorum gestorum* offen. Da im vorliegenden Sachverhalt der *curator bonorum* zugleich auch Gläubiger war, ist jedoch höchst wahrscheinlich, dass er gleichzeitig auch *missus in possessionem* war. Unter diesen Umständen ist denkbar, dass die *actio negotiorum gestorum* aufgrund fehlender Fremdgeschäftsführung durch eine *actio in factum* ersetzt wurde. Auch diese wäre aber stark an der *actio negotiorum gestorum* ausgerichtet gewesen und hätte insgesamt zu den gleichen Ergebnissen geführt.

III. Textkritik

Das Fragment D. 3.5.12 stellt den Leser gleich vor mehrere Probleme, was in der Vergangenheit dazu geführt hat, dass die Echtheit des Textes an verschiedenen Stellen angezweifelt wurde. Im Zentrum der Kritik steht die Berechnung, die Paulus für den Fall anstellt, dass das Aufbewahren des Kaufpreises nicht von einer *iusta causa* gedeckt war. Hierzu heißt es in der Digestenstelle:

> [...] *nam si debuerim et mihi et ceteris hereditariis creditoribus solvere, periculum non solum sexaginta, sed et reliquorum quadraginta me praestaturum, decem tamen quae impenderim retenturum, id est sola nonaginta restituenda.*

Der Rechtsgedanke, welcher der Berechnung zugrunde liegt und den Paulus Julian zuschreibt, ist leicht zu verstehen: Der *curator* handelte pflichtwidrig, indem er die 100 aus dem Verkauf aufbewahrte und nicht auszahlte. Deshalb soll er auch die Gefahr für den Untergang der Münzen tragen. Die konkrete Ausformulierung der Berechnung gibt allerdings Rätsel auf:

Sie beginnt mit der Feststellung, dass der *curator* bei fehlender *iusta causa seponendi* nicht nur für 60, sondern auch für die restlichen 40 die Gefahr trage. Hiervon könne er immerhin die aufgewandten 10 abziehen. Bereits zwischen diesen beiden Aussagen sieht ein Großteil der Literatur einen Widerspruch: Die 10 für

Aufwendungen seien Teil der 60, die der Jurist dem *periculum praestare* ausdrücklich unterstelle. Damit sei nicht vereinbar, dass er die gleichen 10 anschließend sofort wieder von der Erstattungspflicht ausnehme.[50] Noch problematischer ist der Nachsatz „*id est sola nonaginta restituenda*", der eine Leistungspflicht des *curator* in Höhe von 90 festsetzt. Es stellt sich die Frage, warum Paulus nur die Aufwendungen, das heißt 10, in Abzug bringt, während er eine mögliche Aufrechnung mit der ursprünglichen Darlehensforderung in Höhe von 50 an keiner Stelle thematisiert.[51] Damit nicht genug, fällt zusätzlich auf, dass sich in der Passage ein Perspektivenwechsel vollzieht.[52] Grundsätzlich fragt die *quaestio* danach, in welcher Höhe der *curator* gegen den Erben klagen könne. Mit der Formulierung „*nonaginta restituenda*" setzt der Text aber plötzlich eine Klage des Erben gegen den *curator* voraus – auf die untergegangenen 100 (nach Abzug der aufgewendeten 10 noch 90).

Diese Unstimmigkeiten haben dazu geführt, dass die Authentizität des überlieferten Textes immer wieder angezweifelt wurde. So besteht die Tendenz, das im Text enthaltene „*sexaginta*" durch „*quinquaginta*" zu ersetzen – und dadurch einen Fehler auszumerzen, der sich durch ein „Abschreibeversehen" eingeschlichen habe.[53] Die Konjektur wird sodann häufig damit kombiniert, den Nachsatz „*id est sola nonaginta restituenda*" als Glosse zu streichen.[54] Die beiden Texteingriffe finden Rückhalt in Bas. 17.1.12. Die thematisierte Passage wird dort wie folgt wiedergegeben:

Bas. 17.1.12
[...] ἐὰν ἀπόθωμαι αὐτά, καὶ χωρὶς ῥᾳθυμίας μου ἀπόλωνται, εἰ μὲν μὴ ὑπῆν εὔλογος αἰτία τοῦ ἀποθέσθαι με, οὐ μόνον τὰ πεντήκοντα νομίσματα ἀπόλλω, ἀλλ' ἐπειδὴ ἐχρῆν με καταβαλεῖν καὶ ἐμαυτῷ καὶ τοῖς δανεισταῖς, καὶ επὶ τοῖς λοιποῖς ἐγκινδυνεύω· τὰ δὲ δέκα, ἅπερ ἐδαπάνησα, παρακρατῶ. [...]

---

50 Vgl. die Schilderungen bei Finazzi, II.1, 542; Biscotti, Curare bona, 78 f.; ohne Darlegung des Problems auch Knütel, 230 Fn. 20, dem zufolge die beiden Aussagen ohne Texteingriff „kaum passen" würden.

51 Vgl. Biscardi, Actio pecuniae traiecticiae, 64 f.; Cenderelli, Ric. Gallo I, 103; Finazzi, II.1, 542 f.; Biscotti, Curare bona, 77 ff.

52 Vgl. Cenderelli, Ric. Gallo I, 103; Finazzi, II.1, 542; Biscotti, Curare bona, 80.

53 Köhler, lib. II, cap. X, § 5, S. 117 f.; Mommsen, I, 102 Fn. 2; Ind. itp., ad h. l.; Sachers, SDHI 4 (1983), 332; Seiler, Tatbestand, 56 mit Fn. 25 (nicht allerdings in Seiler, Studien Kaser, 205, wo er aber zumindest von „Unklarheiten im Duktus der Stelle" spricht); Knütel, 230 mit Fn. 20; Finazzi, II.1, 540, 542.

54 Köhler, lib. II, cap. X, § 5, S. 117 f.; Mommsen, I, 102 Fn. 2; Eisele, ZRG RA 11 (1890), 4; Lenel, Pal. I, 981, Paul. 188; Ind. itp., ad h. l.; Sachers, SDHI 4 (1983), 332 mit Fn. 72; Biscardi, Actio pecuniae traiecticiae, 62, 65, der zusätzlich auch „*decem tamen quae impenderim retenturum*" streicht; Finazzi, II.1, 540, 544; unentschlossen Seiler, Tatbestand, 56 Fn. 26.

> […] Wenn ich sie [die Goldmünzen] aufbewahrt hätte und sie ohne meine Schuld untergegangen wären, verliere ich, sofern zwar kein berechtigter Grund bestanden hätte, dass ich sie aufbewahrt hätte, nicht nur die fünfzig Goldmünzen, sondern, weil es ja nötig war, dass ich sowohl an mich selbst als auch an die Gläubiger bezahle, trage ich die Gefahr auch für die übrigen [Goldmünzen]; die zehn aber, die ich aufgewendet habe, behalte ich zurück. […]

Im Basilikentext heißt es somit tatsächlich, dass der *curator* nicht nur für 50 die Gefahr trage. Die Zahl 60 kommt in der gesamten Stelle nicht vor, genauso wenig wie die Aussage, dass eine Leistungspflicht in Höhe von 90 bestehe. Letztere Feststellung ist zwar nur bedingt aussagekräftig, da die Basiliken die Digestenstelle nur in summarischer Form wiedergeben.[55] Dass aber die Passage „*non solum sexaginta*" fast wörtlich als „nicht nur fünfzig" wiedergegeben wird, stützt die entsprechende Konjektur der Digestenstelle.

Nichtsdestoweniger ist darauf hinzuweisen, dass auch die „*sexaginta*" in der Digestenstelle durchaus stimmig sein können. Die Kritik, wonach der Text die 10 zuerst ausdrücklich der Haftung unterstelle und anschließend sogleich wieder ausnehme, verfängt nämlich nicht: Paulus sagt nicht ausdrücklich, der *curator* trage die Gefahr für die „aufgewendeten 10" – diese Aussage würde auch keinerlei Sinn ergeben. Er sagt lediglich, dass der Anfragende die Gefahr für „*non solum sexaginta*" trage. Rechnerisch ergeben sich diese *sexaginta* zweifellos aus den beiden offenen Forderungen in Höhe von 50 (Darlehen) und 10 (Aufwendungen). Von Paulus werden sie aber wohl deshalb genannt, weil die *quaestio* sich auf diese Summe bezog. Insofern sagt die Passage lediglich aus, dass der *curator* rechnerisch nicht nur kein Positivsaldo von 60 erreichen könne, sondern die Gefahr für die gesamten 100 trage. Damit ist aber noch nichts darüber ausgesagt, ob und wie die Forderungen des *curator* weiterbestehen. Mit Blick auf die Gefahrtragung passt „*sexaginta*" sogar besser als die vorgeschlagenen „*quinquaginta*". Die Gefahr trägt man grundsätzlich entweder für eine gesamte Sache oder überhaupt nicht. In der Rechnung mit „*et reliquorum quadraginta*" ist diese vollumfängliche Gefahrtragung bei „*sexaginta*" gegeben. Mit „*quinquaginta*" würde die Gefahrtragung hingegen auf 90 beschränkt.[56]

Auch für das Fehlen einer automatischen Verrechnung der ursprünglichen Darlehensforderung lassen sich Gründe finden. Das römische Recht ließ die *compensatio* traditionell bei den *bonae fidei iudicia* zu,[57] zu denen die *actio negotiorum gestorum*

---

55 Vgl. Seiler, Tatbestand 56 Fn. 26, mit Blick auf den gesamten Titel D. 3.5.

56 Vgl. auch Deppenkemper, II, 118 f. mit Fn. 4506.

57 Meissel/Novitskaya, HRP II § 78, Rn. 5.

zählte.[58] Aus der Digestenstelle geht allerdings nicht hervor, mit welcher Klage der Erbe gegen den *curator* klagt oder klagen würde. Aus der Geschäftsführung stünde ihm die *actio negotiorum gestorum directa* auf Schadenersatz zu. Es wäre aber auch denkbar, dass er die Ersatzleistung für die untergegangenen 100 im Rahmen einer *hereditatis petitio* geltend machte. Diese Klage wäre besonders dann angezeigt, wenn der *curator* im Klagezeitpunkt noch im Besitz weiterer Erbschaftssachen war. Aber auch unabhängig davon ließen spätestens die Spätklassiker die *hereditatis petitio* gegen den ehemaligen Besitzer zu, der aufgrund von *dolus* oder *culpa* nicht mehr zur Herausgabe imstande war.[59] Im vorliegenden Fall ist von der *culpa* des *curator* auszugehen, da er seiner Auszahlungspflicht nicht ordentlich nachgekommen ist. Diese Qualifizierung deckt sich im Übrigen auch mit dem Haftungsmaßstab der *actio negotiorum gestorum*, der grundsätzlich auf *dolus* und *culpa* beschränkt war.[60] Auch im Rahmen der *hereditatis petitio* war es dem Beklagten gestattet, Aufwendungen mittels *exceptio doli* in Abzug zu bringen.[61] Zu den *bonae fidei iudicia* zählte die Klage hingegen nicht. Eine Verrechnung mit sachfremden Forderungen war deshalb traditionell nicht zulässig. Vor diesem Hintergrund wäre der Abzug lediglich der 10, nicht aber der 50 durch Paulus mithin gerechtfertigt. Der *curator* müsste seine ursprüngliche Darlehensforderung in einem gesonderten Prozess durchsetzen.

Sofern dennoch unterstellt werden will, dass sich Paulus in seinen Ausführungen auf eine Geltendmachung mittels *actio negotiorum gestorum directa* bezieht, ist allenfalls denkbar, dass sich eine Zahlenverwechslung in die Schlussrechnung einschlich. Hätte Paulus eine allfällige Verrechnungsmöglichkeit nämlich berücksichtigt, wäre zu erwarten, dass sein Fazit auf „*id est sola* quadraginta *restituenda*" lautete.

---

58 Cic. top. 17.66; Gai. 4.62; für die *bona-fides*-Formel bei Geschäftsführung für einen Verstorbenen vgl. Lenel, EP, 105.

59 Kaser, ZRG RA 72 (1955), 108 ff.; Kaser, RP I, 738; Müller-Ehlen, 323 ff., welche die *culpa*-Haftung nur für den Fall der „unsorgfältigen Nachlaßverwaltung" für gesichert ansieht. Um einen solchen handelt es sich vorliegend aber.

60 Meissel, HRP II § 83, Rn. 32; Seiler, Studien Kaser, 195 ff. – Die Haftung des Geschäftsführers in D. 3.5.12 Paul. 9 ed. wurde bisweilen deshalb als problematisch erachtet, weil die Münzen „*sine culpa mea*", das heißt zufällig, untergingen (vgl. Sturm, ZRG 93 [1976], 479 Fn. 60). Auch hier muss die *culpa* aber an der Geschäftsführungspflicht des *curator* gemessen werden. Abzulehnen ist die Ansicht Seilers, Studien Kaser, 205, der die Haftungsvarianten an die „Notgeschäftsführung" anknüpft. Maßgeblich ist in der betrachteten Stelle nicht die Notwendigkeit des Tätigwerdens – diese wird vielmehr vorausgesetzt (siehe unten S. 228 f.) –, sondern die Frage, ob das Aufbewahren pflichtgemäß war.

61 Vgl. D. 5.3.38 Paul. 20 ed.; D. 5.3.39.1 Gai. 6 ed. prov.; D. 5.3.50.1 Pap. 6 quaest.; dazu ausführlich Müller-Ehlen, 177 ff., 428 ff.; zuletzt auch Andrés Santos, HRP II § 64, Rn. 31.

Solche Zahlenverwechslungen sind in den Digesten geradezu notorisch,[62] und gerade, wenn die Zahlen ursprünglich nicht ausgeschrieben, sondern als Zeichen ausgedrückt waren,[63] wäre ein Kopistenfehler von 40 zu 90 leicht zu erklären.[64]

Insgesamt lässt sich festhalten, dass die Stelle in ihrer überlieferten Form weitaus weniger problematisch ist, als dies bisweilen vermittelt wird, und jedenfalls die Erwähnung von „*sexaginta*“ gänzlich unproblematisch ist. Kleinere Unstimmigkeiten wie die Tatsache, dass Paulus in seiner Berechnung nicht gesondert auf die Darlehensforderung eingeht, lassen sich ohne weiteres durch Kürzungen des Originaltextes erklären.[65] Inhaltlich ist die Aussage des Textes sodann klar: Der *curator* war zwar haftbar für die untergegangenen 100, behielt aber gleichzeitig seine Forderungen in Höhe von 50 und 10. Der Verlust der Darlehensforderung (50) bei gleichzeitiger Restitutionspflicht von 90 kann nicht ernsthaft vertreten werden. In diesem Fall hätte der *curator* für den Verlust der 100 mit 150 bezahlt; der Erbe wäre spiegelbildlich um 50 bereichert. Weitere Beanstandungen am Text sind inhaltlich unbegründet und deshalb abzulehnen.[66]

Einzugehen ist allerdings noch auf eine gänzlich neue Interpretation der Stelle durch Biscotti, die ohne Texteingriffe auskommen will.[67] Sie versetzt den Sachverhalt ins Stadium des Nachlasskonkurses, wobei der anfragende Gläubiger das Amt des *curator bonorum* übernommen habe – entweder im Verfahren der *venditio bonorum* oder der *distractio bonorum*, wobei sie das Verfahren der *distractio bonorum* für wahrscheinlicher hält.[68] Das Problem der fehlenden Verrechnungsmöglichkeit der 50 löst Biscotti mit der Annahme, dass sich in Julians Ursprungsbeispiel zumindest der erste Teil der Entscheidung nicht auf das Verhältnis zwischen *curator* und Erben bezogen habe, sondern auf das Verhältnis des *curator* zu den übrigen Gläubigern. Bereits die *quaestio*, die „*ab herede, qui quandoque extitisset*“ enthält,

---

62 Anschaulich belegt dies in Bezug auf die Buchzahlen in den Digesteninskriptionen Kaiser, FS Bürge, 323 ff.; Kaiser, ZRG RA 134 (2017), 495 ff.

63 Entsprechende Zahl-Abkürzungen mussten bei der Kompilation der Digesten aufgelöst, das heißt ausgeschrieben werden (Const. Deo Auctore 13).

64 Zu denken ist an folgende Abschreibeversehen: „xl“ → „xc“ oder „xxxx“ → „lxxxx“.

65 Dafür Knütel, 230 Fn. 20.

66 Mit Blick auf die zweite Variante einer bestehenden *iusta causa seponendi* glaubt Sachers, SDHI 4 (1938), 332, alle Beispiele (*veluti – committeretur*) streichen zu müssen; dies hält auch Seiler, Tatbestand, 56 Fn. 26, für möglich. Nur gegen die tägliche Erhöhung der *poena traiecticiae pecuniae* (*augeretur*) Biscardi, Actio pecuniae traiecticiae, 62, 67 f.; Biscardi, Labeo 24 (1978), 289 mit Fn. 79; Cenderelli, Negotiorum gestio, 224; Cenderelli, Ric. Gallo I, 101; für Authentizität hingegen die neuere Literatur, insb. Knütel, 230 Fn. 20, 232 Fn. 23; eine ausführliche Bibliografie bei Finazzi, II.1, 545 Fn. 143, ergänzt von Biscotti, Curare bona, 126 Fn. 168.

67 Erstmals veröffentlicht in Biscotti, St. Nicosia II, 15 ff.; weitgehend textidentisch sodann in Biscotti, Curare bona, 66 ff.

68 Biscotti, Curare bona, 93 ff., 96 ff.

sei „in tono dubitativo“ formuliert. Mithin sei im Sachverhalt noch keineswegs sicher, dass ein Erbe aufgetreten sei, oder auch nur, dass überhaupt je einer auftreten werde.[69] Stattdessen hafte der *curator* den übrigen Gläubigern für den Untergang der 100 aus *mandatum*, weil er seiner Pflicht nicht nachgekommen sei, die Münzen sofort der Vollstreckung zu überführen.[70] Die aufgewendeten 10 habe er in diesem Rechtsverhältnis abziehen können, da die Forderung aus dem Betreiben der Vollstreckung entstanden sei. Eine Verrechnung mit den 50 habe Julian aber nicht zugelassen, da es sich lediglich um eine Forderung gegen den Erblasser gehandelt habe. Sie habe gegenüber den Forderungen der übrigen Gläubiger nicht prioritär befriedigt werden dürfen.[71]

Die These Biscottis entfernt sich relativ stark vom überlieferten Text und erscheint deshalb zweifelhaft. Bereits die Aussage, die Formulierung „*heres, qui quandoque extitisset*“ spreche von einem hypothetischen Erben, überzeugt nicht. Zwar steht „*extitisset*“ im Konjunktiv, dieser ist aber dem Relativsatz geschuldet. Das zeigt auch die Zeitenfolge: „*Extitisset*“ steht im Plusquamperfekt und drückt somit eine Vorzeitigkeit zu „*quaesitum est*“ aus. Demnach trat der Erbe auf, noch bevor die Anfrage gestellt wurde. Sodann ist auch die These der Zweiteilung der Antwort Julians zweifelhaft. Bei der Variante, in der eine *iusta causa seponendi* bestand, sprechen sich Julian und Paulus ausdrücklich dafür aus, dass gegen den Erben geklagt werden könne. Es ist nur schwer einzusehen, warum beim ersten Teil der Antwort die übrigen Gläubiger als Parteien auftreten sollten, zumal sie im Text nirgends als solche erwähnt werden.[72] Es ist deshalb wahrscheinlicher, dass sich die Rechtsauskunft auch für den Fall der fehlenden *iusta causa seponendi* auf das Verhältnis zwischen dem *curator* und dem Erben bezog. Inhaltlich muss sie – wie bereits dargelegt – darin bestanden haben, dass der *curator* die Gefahr für die untergegangenen 100 trug, seine Forderungen aber grundsätzlich behielt. Die 10 für Aufwendungen konnte er bereits in einem Schadenersatzprozess abziehen, die übrigen 50 spätestens mit einer gesonderten Klage aus Darlehensvertrag.

IV. Geschäftsführung des *curator bonorum*

D. 3.5.12 beschreibt den Fall, dass der *curator* eine Erbschaftssache verkaufte und aus dem Verkauf 100 erlangte, die er zur Aufbewahrung in eine Truhe legte. Bei

---

69 Biscotti, Curare bona, 113 ff.

70 Biscotti, Curare bona, 116.

71 Biscotti, Curare bona, 116 f.

72 Die übrigen Gläubiger tauchen zwar in „*si debuerim et mihi et ceteris hereditariis creditoribus solvere*“ auf. Damit wird aber erklärt, weshalb keine *iusta causa seponendi* bestand. Als Partei werden die *ceteri creditores* aber nirgends konstituiert.

der Frage, ob der *curator* die Gefahr für den Untergang der Münzen trage, zitiert Paulus Julian. Ihm zufolge sei darauf abzustellen, ob das Aufbewahren der Münzen von einer *iusta causa* gedeckt war. Bereits dieser gedankliche Schritt ist bemerkenswert: Wie oben dargelegt, unterlagen die Verfügungsmöglichkeiten des *curator* über die *hereditas iacens* grundsätzlich strengen Vorschriften.[73] Julian knüpft die Gefahrtragung aber gerade nicht an die Frage, ob der *curator* die Erbschaftssache rechtmäßig verkaufen durfte.[74] Die Rechtmäßigkeit des Verkaufs setzt er vielmehr voraus, indem er darauf abstellt, ob dem Verkauf nachgelagerte Pflichten erfüllt wurden. Julian setzt damit voraus, dass der Verkauf einen bestimmten Zweck hatte. Dieser Zweck entschied darüber, ob eine *iusta causa seponendi* bestand.

1. Verkauf zur Beschaffung liquider Mittel – der Fall der *iusta causa seponendi*

Die Stelle nennt drei Beispiele, in denen das Aufbewahren der Münzen von einer *iusta causa* gedeckt war: wenn das Risiko bestand, dass Grundstücke konfisziert würden, wenn eine Strafzahlung aus einem Seedarlehen anzuwachsen drohte oder wenn die Gefahr bestand, dass die Strafe aus einem Schiedsvertrag verfallen würde. Alle drei Fälle entsprechen typischen Situationen, in denen der Prätor Eingriffe in die *hereditas iacens* gestattete, weil eine nachhaltige Schädigung der Erbmasse drohte;[75] bei den letzten beiden Beispielen durch ein *grave aes alienum, quod ex poena crescit,*[76] im ersten Beispiel durch ein *publicum debitum.*[77] Der Verkauf einer Erbschaftssache war dann erlaubt, wenn das Barvermögen in der Erbmasse nicht ausreichte, um die gesicherten Forderungen zu begleichen.[78] Der Zweck des

73 Siehe oben S. 96 ff.

74 Dagegen Seiler, Tatbestand, 57; Seiler, Studien Kaser, 205, wonach die Frage der „Notwendigkeit" der Geschäftsführung darüber entscheide, ob der *negotiorum gestor* für Verluste einzustehen habe; ihm folgend auch Knütel, 231.

75 Zur ausnahmsweisen Veräußerungsbefugnis des *curator bonorum* zum Abwenden einer Schädigung des Nachlassvermögens siehe oben S. 98 ff. – Zum Zusammenhang der Stelle mit den Veräußerungsgründen des *curator* (*grave aes alienum, quod ex poena crescit* und *publicum debitum*) auch bereits Biscotti, Curare bona, 128 ff. m. w. N.

76 Vgl. D. 28.5.23.3 Pomp. 1 Sab.; D. 42.7.1.2 Paul. 57 ed.; ferner D. 28.8.5.1 Ulp. 60 (70) ed.; D. 28.8.7.3 Ulp. 60 ed., jeweils ohne Betonung auf *„grave"*.

77 Vgl. D. 28.5.23.3 Pomp. 1 Sab.; zum Zusammenhang der Konfiskation mit dem Zahlungsverzug einer öffentlichen Abgabe siehe Klingenberg, ZRG RA 109 (1992), 369 f., dem zufolge sich die Art der Abgabe nicht weiter bestimmen lässt; kritisch dazu Cerami, Labeo 41 (1995), 117, der die Formulierung auf den Jahreszins für eine Konzession betreffend einen *ager vectigalis* bezieht, die bei Zahlungsausfall widerrufen wird.

78 D. 28.8.6 Gai. 23 ed. prov.; dazu oben S. 100 f. Neben Bargeld wurden zuerst die Reserven an Wein, Öl und Getreide zur Schuldentilgung verwendet. Weiteres Bargeld wurde durch das Eintreiben offener Erblasserforderungen beschafft.

Verkaufs bestand demnach darin, das eingenommene Geld an die Gläubiger der gesicherten Forderung auszubezahlen und so die schädigenden Konsequenzen abzuwenden.

Der vorliegende Fall ist insoweit atypisch,[79] als die genannten Beispiele gerade nicht die sofortige Auszahlung an den Gläubiger verlangen. Ganz im Gegenteil: Sie begründen die *iusta causa* für das Aufbewahren der Münzen. Das Aufbewahren ist aber ganz einfach als Zwischenstadium zu verstehen, das deshalb entstand, weil der *curator* vorausschauend handelte.[80] Sofern nämlich der *curator* erkannte, dass eine gesicherte Forderung in der Zukunft fällig würde und die Erbmasse nicht ausreichend liquide Mittel zur Begleichung aufwies, war es durchaus angezeigt, diese liquiden Mittel bereits frühzeitig zu beschaffen.[81] Gingen die Münzen vor der Auszahlung ohne Verschulden unter, hatte der *curator* dennoch pflichtgemäß gehandelt, weshalb Julian ihm die Gefahrtragung nicht auferlegt.

2. Verkauf zur Auszahlung an die Gläubiger – der Fall fehlender *iusta causa seponendi*

Nicht nur aus sprachlicher, sondern auch aus inhaltlicher Sicht ist die Variante der fehlenden *iusta causa seponendi* die weitaus problematischere. Hier trägt der *curator* die Gefahr für die untergegangenen Münzen, weil er mit dem Aufbewahren gegen seine Pflichten als *curator* verstoßen hat. Das pflichtgemäße Handeln formuliert Paulus demgegenüber wie folgt:

> […] *et mihi et ceteris hereditariis creditoribus solvere* […].

Demnach konnte sich der *curator* in der Situation befinden, dass er die Einnahmen aus dem Verkauf einer Erbschaftssache an die Gläubiger des Erblassers ausbezahlen musste, wie bereits der Blick auf die soeben erörterten Beispiele zeigt. Wenn Erbschaftssachen verkauft wurden, um Vertragsstrafen oder die Konfiskation durch den Staat abzuwenden, bestand der eigentliche Zweck des Verkaufs darin, den fraglichen Gläubiger zu befriedigen. Die konkrete Formulierung „*et mihi et ceteris hereditariis creditoribus*" passt aber gerade nicht auf den Fall einer solch punktuellen Tilgung einer ausgewählten prioritären Schuld. Sie legt vielmehr eine generelle Auszahlungspflicht an alle Gläubiger nahe – eine Auszahlungspflicht also, die im

---

79 In diesem Sinne bereits Biscotti, Curare bona, 73 ff., 125.

80 Vgl. auch Klingenberg, ZRG RA 109 (1992), 370.

81 Zum Umgang mit strukturellen Liquiditätsengpässen und den Auswirkungen auf die Geldwirtschaft vgl. Bürge, ZRG RA 99 (1982), bes. 135 ff. (allerdings aufbauend auf Entwicklungen und Berichten aus der späten Republik).

Widerspruch zu dem Grundsatz steht, wonach die systematische Gläubigerbefriedigung zu klassischer Zeit im Rahmen der Gesamtrechtsnachfolge erfolgte und gerade nicht aus dem Verkauf einzelner Erbschaftssachen.[82] Mit anderen Worten setzen Paulus' Ausführungen eine zumindest punktuelle Durchbrechung des Prinzips der Generalexekution zugunsten der Spezialexekution voraus – eine Durchbrechung, die aus Sicht dieser Untersuchung höchst bemerkenswert ist.[83] Gegenstand der nachfolgenden Ausführungen muss deshalb die Frage sein, unter welchen Umständen es zulässig oder gar geboten war, dass der *curator bonorum* Erbschaftssachen veräußerte, um anschließend eine systematische Gläubigerbefriedigung vorzunehmen.

a) Auszahlung nach Verkauf im Rahmen der Notgeschäftsführung?

In der jüngeren Literatur implizierte Pérez Álvarez, dass den *curator bonorum* dann eine Pflicht zur Auszahlung an die Gläubiger getroffen habe, wenn er die zu verwaltende Sache im Rahmen seiner Notgeschäftsführung verkauft habe, um eine Verschlechterung der Sache durch Zeitablauf zu verhindern.[84] Grundlage dieser These ist dabei nicht D. 3.5.12, sondern eine andere Digestenstelle, die ebenfalls von der Herausgabe des Kaufpreises durch den *curator* spricht:

> D. 17.1.22.10 Paul. 32 ed.
> *Si curator bonorum venditionem quidem fecerit, pecuniam autem creditoribus non solverit, Trebatius Ofilius Labeo responderunt his qui praesentes fuerunt competere adversus eum mandati actionem, his autem qui absentes fuerunt negotiorum gestorum actionem esse. Atquin si praesentium mandatum exsecutus id egit, negotiorum gestorum actio absentibus non est nisi forte adversus eos qui mandaverunt curatori, tamquam si negotia absentium gesserint: quod si, cum soli creditores se esse existimarent, id mandaverint, in factum actio absentibus danda est in eos qui mandaverint.*
> Für den Fall, dass der *curator* zwar die Veräußerung des Vermögens[85] vorgenommen hat, das Geld aber nicht an die Gläubiger ausbezahlt hat, haben Trebatius, Ofilius und Labeo

---

82 Zu den einzelnen Mechanismen zur Beschaffung eines Gesamtrechtsnachfolgers siehe oben § 1.

83 Insofern ist der älteren Literatur zur *negotiorum gestio* zu widersprechen, die bisweilen die Möglichkeit, dass der *negotiorum gestor* oder der *curator bonorum* die Gläubigerbefriedigung aus dem Verkauf einzelner Nachlasssachen vornehmen konnte, als selbstverständlich voraussetzte. Zu D. 3.5.12 Paul. 9 ed. vgl. bes. Sachers, 335; zu D. 17.1.22.10 Paul. 32 ed. vgl. Pacchioni, BIDR 9 (1896), 72 f.; Pacchioni, Gestione, 313; Bossowski, BIDR 37 (1929), 200; Armuzzi, AG 72 (1904), 495 ff.; ferner Partsch, 12 mit Fn. 2.

84 Pérez Álvarez, RIDA 45 (1998), 355 ff.; Pérez Álvarez, Bonorum venditio, 219 ff.; vgl. auch Biscotti, Curare bona, 61 ff.

85 Oder vielleicht: „Für den Fall, dass der *curator bonorum* zwar die Veräußerung vorgenommen hat …"? Siehe dazu sogleich S. 232 f. mit Fn. 90.

geantwortet, dass denjenigen, die anwesend waren, gegen ihn die Auftragsklage zustehe, denjenigen aber, die abwesend waren, die Klage aus der Geschäftsführung. Wenn er dies nun aber gemacht hat, weil er den Auftrag der Anwesenden ausgeführt hatte, steht den Abwesenden die Geschäftsführungsklage nicht zu, außer etwa gegen jene, die den *curator* beauftragt haben, als ob sie die Geschäfte der Abwesenden geführt hätten. Wenn sie dies aber in Auftrag gegeben haben, weil sie glaubten, dass sie die einzigen Gläubiger seien, muss den Abwesenden eine *actio in factum* gegen jene, die beauftragten, gegeben werden.

Die Stelle handelt von einem „*curator*", der einen Verkauf tätigte und den Erlös danach offenbar unberechtigterweise nicht an die Gläubiger auszahlte. Diese können ihr Geld je nach Sachlage über die *actio mandati*, die *actio negotiorum gestorum* oder eine *actio in factum* vom *curator* oder von den Gläubigern, die ihn beauftragt haben, zurückfordern.[86]

Problematisch ist die Interpretation der Stelle vor allem, weil nicht ohne weiteres feststellbar ist, in welcher Funktion der sogenannte „*curator*" handelte. Sowohl in Paulus' Ediktskommentar als auch in den Digesten Justinians steht das Fragment unter dem Titel *Mandati vel contra*,[87] was keine direkten Rückschlüsse auf das zugrundeliegende Verfahren erlaubt. Die Literatur ist in ihrer Verortung denn auch gespalten: Der eine Teil hält die Bezeichnung „*curator*" für authentisch, sieht in ihm aber den *curator bonis distrahendis* der *distractio bonorum*, das heißt den Vollstreckungsbeamten der Spezialexekution.[88] Ein anderer Teil der Literatur hält das Wort „*curator*" für einen Eingriff der Kompilatoren, durch den sie den „*magister*" des klassischen Vollstreckungsverfahrens (Generalexekution durch *venditio bonorum*) aus den Quellen getilgt hätten.[89]

Pérez Álvarez legt ihrer These eine dritte Ansicht zugrunde, die bisher vor allem von der Literatur zur *negotiorum gestio* vertreten wurde: Sie geht von einem *curator bonorum* aus, das heißt dem Organ, das für die Notgeschäftsführung unter

86 Zur aufgeworfenen Streitfrage, ob der *curator* der Mandats- oder der Geschäftsführungsklage unterstehe, siehe zuletzt Scheibelreiter, ZRG RA 134 (2017), 218 f.

87 Zur Rekonstruktion des Ediktskommentars Lenel, Pal. I, 1029 f., Paul. 487.

88 So Degenkolb, 25 ff.; Ramadier, 151 ff.; Solazzi, Concorso III, 68 ff. – Zur Möglichkeit einer Spezialexekution (*distractio bonorum*) bereits zu klassischer Zeit siehe sogleich S. 239 ff.

89 So Ferrini, BIDR 7 (1894), 98. Die systematische Tilgung des *magister bonorum* aus den Quellen wird dadurch nahegelegt, dass er zwar nicht in den Digesten, aber in anderen Quellen auftaucht (Gai. 3.79; Cic. Att. 1.1.3, 6.1.15; Cic. Quinct. 50; Cic. fam. 12.30.5; Quint. inst. orat. 6.3.51; nicht namentlich ferner in Theoph. 3.12 pr.). Da die *venditio bonorum* zur Zeit Justinians nicht mehr aktuell war (Inst. 3.12 pr.), entsprach die Tilgung dem Arbeitsauftrag der Const. Deo Auctore 7. Zur Thematik vgl. Degenkolb, 1 ff.; Pérez Álvarez, Bonorum venditio, 240 f.; zur Rekonstruktion eines zugehörigen Ediktstitels Lenel, EP, 425 ff., ihm folgend Ramadier, 112; Solazzi, Concorso II, 74 ff.

dem Regime der klassischen *venditio bonorum* zuständig war.[90] Dieser *curator bonorum* habe die Veräußerung einzelner Erbschaftssachen in D. 17.1.22.10 Paul. 32 ed. vornehmen müssen, weil diese verderblicher Natur gewesen seien, und so eine Schädigung des Nachlasses verhindert werden sollte.[91] Damit unterstellt sie – wenngleich sie dies nicht ausdrücklich sagt –, dass mit der Veräußerung von Einzelsachen aus dem unter Kuratel stehenden Vermögen automatisch ein Anspruch der Gläubiger auf Auszahlung des Entgelts zur Schuldentilgung einherging. Anders wären die Klagen, die den Gläubigern bei fehlender Auszahlung gemäß Trebatius, Ofilius und Labeo zustanden, nicht zu erklären. Aus vollstreckungsrechtlicher Sicht müsste also der folgende Mechanismus gegriffen haben: Zwar lag es nicht in der Kompetenz des *curator bonorum*, Vermögenswerte einzig zum Zweck der Gläubigerbefriedigung zu veräußern. War ein Vermögenswert aber erst einmal aus anderem Grund verkauft worden, war die Begleichung der offenen Schulden aus dem Erlös nicht nur möglich, sondern gar geboten.

Dass unter dem klassischen Regime der Vollstreckung durch Generalexekution (*venditio bonorum*) ein solcher Mechanismus griff, ist nicht ausgeschlossen, es erscheint allerdings nicht sonderlich wahrscheinlich. Der Grundsatz, dass die Befriedigung der einzelnen Gläubiger aus dem Nachlass nur ganz ausnahmsweise Aufgabe des *curator bonorum* war, scheint unabhängig davon gewesen zu sein, ob ausreichend liquide Mittel für eine solche Befriedigung zur Verfügung standen oder nicht.[92] Die Annahme, dass die reine Substitution einzelner Sachwerte durch liquide Mittel etwas hieran geändert haben sollte, ist deshalb grundsätzlich systemfremd. Sie ließe sich allenfalls unter der Annahme rechtfertigen, dass eine echte Substitution deshalb von vornherein nicht möglich war, weil – im Falle der Kuratel aufgrund Nachfolgerlosigkeit – einzig der *curator* und nicht die *hereditas iacens* den Verkaufserlös erlangen konnte. Ob dem so war, ist nur schwer einzuschätzen. Dass die *hereditas iacens* grundsätzlich fähig war, Eigentum zu erwerben, war unter den römischen Juristen unstreitig – die entsprechenden Ausführungen beziehen sich jedoch auf den *servus hereditarius*, der sowohl obligatorische als

---

90 Pérez Álvarez, RIDA 45 (1998), 369; Pérez Álvarez, Bonorum venditio, 220 f.; aufbauend auf Ubbelohde, 20 f. Fn. 57, der „*bonorum*" ausdrücklich auf „*curator*" und nicht auf „*venditionem*" bezieht; Armuzzi, AG 72 (1904), 495 ff.; Pacchioni, BIDR 9 (1896), 72 f.; Pacchioni, Gestione, 313; Bossowski, BIDR 37 (1929), 200; Finazzi, I, 353 f. mit Fn. 440; ebenfalls von einem „*curator bonorum*" spricht Biscotti, Curare bona, 99 ff., die es im Kontext von ebd., 96 ff., allerdings offenlässt, ob dieser im Rahmen der Notgeschäftsführung im Verfahren der *venditio bonorum* oder im Rahmen einer „gewöhnlichen" *distractio bonorum* tätig wird.

91 Pérez Álvarez, RIDA 45 (1998), 369; Pérez Álvarez, Bonorum venditio, 220 f.; in diesem Sinne ausdrücklich auch Ubbelohde, 20 f. Fn. 57.

92 Zu Aufgabenbereich und lediglich ausnahmsweiser Verfügungsbefugnis des *curator bonorum* siehe oben S. 91 ff.

auch dingliche Rechte begründen konnte.[93] Ein außenstehender *negotiorum gestor* konnte hingegen nicht ohne weiteres für den Geschäftsherrn erwerben. Ob daran die Tatsache etwas änderte, dass der *curator bonorum* vom Prätor ernannt worden war und somit in offiziellem Auftrag handelte, ist zweifelhaft. Eine Verwendung des erlangten Erlöses zugunsten der Erbschaft war seitens des *curator bonorum* jedoch ohne weiteres möglich, gehörte es doch gerade zu seinen Aufgaben, die nötigen liquiden Mittel, die es zum Erhalt des Nachlassvermögens brauchte, zur Verfügung zu stellen.[94] Entsprechend ist nicht ersichtlich, weshalb ein rein technisches Ausscheiden von Vermögen aus der Nachlassmasse eine Aufteilung dieses Vermögens auf sämtliche Gläubiger nach sich gezogen haben sollte – war doch der *curator bonorum* gerade kein gewöhnlicher Gläubiger.

Es kommt hinzu, dass die technischen Herausforderungen, welche die systematische Auszahlung von Verkaufserlösen an die Gläubiger mit sich gebracht hätte, viel zu hoch waren, um sie punktuell ins System der Vollstreckung durch Generalexekution (*venditio bonorum*) einzubauen: Anders als bei der Tilgung einzelner privilegierter Forderungen[95] galt es bei der systematischen Gläubigerbefriedigung die Gleichbehandlung der Gläubiger zu beachten; dazu aber musste sichergestellt werden, dass sich weitere Gläubiger rechtzeitig anschließen und ihre Forderungen anhängig machen konnten.[96] Im Verfahren der *venditio bonorum* stellte der Prätor diese Gleichbehandlung durch öffentliche Ausschreibung sicher, die allerdings erst kurz vor dem Gesamtverkauf erfolgte;[97] für den nachklassischen Nachlasskonkurs ist zwar keine öffentliche Ausschreibung überliefert,[98] auch hier erhielten die Gläubiger aber keinen Freibrief, sich aus einzelnen Vermögenswerten zu befriedigen. Vielmehr erfolgte die Befriedigung im Rahmen eines Konkursverfahrens, das für die Gläubiger lange Anschlussfristen vorsah.[99] Die Annahme, der *curator bono-*

93 Siehe die ausführliche Erörterung der einschlägigen Stellen bei Voci, DER I, 518 ff.

94 Vgl. D. 28.8.7.3 Ulp. 60 ed. (dazu oben S. 97 f.) in Verbindung mit D. 28.8.6 Gai. 23 ed. prov. (dazu oben S. 100 f.).

95 Siehe dazu oben S. 98 ff.

96 Forster, 116 ff., hat sich zuletzt klar gegen die Auffassung gestellt, das römische Recht habe die Gleichbehandlung der Gläubiger garantiert. Vielmehr sei das römische Vollstreckungsrecht aufgrund zahlreicher privilegierter Forderungen vom Prinzip der Ungleichheit geprägt gewesen. Dem ist mit Blick auf die Privilegierung gewisser Forderungen bei der Erlösverteilung sicher zuzustimmen. Auf Ebene des Verfahrens stellten aber sowohl der klassische Nachlassverkauf als auch der nachklassische Nachlasskonkurs sicher, dass die Forderungen mehrerer Gläubiger nicht primär nach dem Prioritätsprinzip behandelt wurden; vgl. die Nachweise in Fn. 97 und 99.

97 Gai. 3.79; siehe auch oben S. 50 ff.

98 Kaser/Hackl, 627 mit Fn. 47.

99 Zur Anschlussmöglichkeit vgl. C. 7.72.10.1 Iust. (a. 532); zum justinianischen Nachlasskonkurs siehe unten S. 235 ff.

rum hätte einen entsprechenden Aufwand bereits vorab leisten sollen, nur weil er verderbliches Vermögen veräußert hatte, ist schlicht nicht realistisch.

Damit soll nicht gesagt sein, dass kein System denkbar ist, in dem der *curator* eine systematische Gläubigerbefriedigung vornahm. Im Gegenteil: Das Vollstreckungsrecht durchlief bis zur Zeit Justinians einen kompletten Systemwechsel – weg von der Generalexekution hin zur Spezialexekution und zur Vollstreckung durch Einzelverkauf.[100] Dabei sah das Verfahren der *distractio bonorum* gerade einen *curator* vor, der für den Einzelverkauf und die anschließende Befriedigung der Gläubiger zuständig war. Nur sein Aufgabenbereich unterschied sich entscheidend von jenem des *curator bonorum* unter dem Regime der *venditio bonorum*: Er war nicht mehr primär dem Erhalt des Vermögens verpflichtet, der nur ausnahmsweise Veräußerungshandlungen zuließ,[101] sondern die von ihm vorgenommenen Einzelverkäufe erfolgten mit dem eigentlichen Zweck der Gläubigerbefriedigung.[102] Nachdem der Versuch, D. 3.5.12 einzig über die Möglichkeit der Notgeschäftsführung zu erklären, gescheitert ist, liegt die Vermutung nahe, dass D. 3.5.12 einen Anwendungsfall eben dieser Art der Spezialexekution durch *distractio bonorum* erkennen lässt – ausnahmsweise nicht erst für das justinianische Recht, sondern bereits für die Spätklassik.

b) Zu möglichen Hinweisen auf eine *distractio bonorum* in D. 3.5.12

aa) Ausgangslage: Der Systemwandel hin zur Spezialexekution im nachklassischen Recht

Die Entwicklungen, die das Vollstreckungsrecht zwischen der Schaffenszeit des Gaius und der Kompilation durch Justinian durchlaufen hat, sind im Detail nur schwer nachzuzeichnen. Sicher ist lediglich, dass in der Zwischenzeit ein kompletter Systemwandel vonstattenging: weg von der Generalexekution durch *venditio bonorum* hin zur Spezialexekution durch Einzelverkauf, der gemeinhin als *distractio bonorum* bezeichnet wird.[103] Die Generalexekution war unter Justinian nur noch in Fällen einschlägig, in denen ein überschuldeter Gläubiger mehreren Schuldnern

---

100 Siehe sogleich S. 235 ff.; ausführlich auch Kaser/Hackl, 510 ff., 623 ff.

101 Siehe oben S. 96 ff.

102 Zum sogenannten *curator bonis distrahendis* (hier *curator bonorum*) der klassischen *distractio bonorum* vgl. Kaser/Hackl, 404 f.; Willems, HRP I § 14, Rn. 22. Ob der Verkauf nach justinianischem Recht immer noch durch einen *curator* vorgenommen wurde, ist unklar. Bethmann-Hollweg, III, 321, leitet dies aus C. 7.72.10.2 Iust. (a. 532) ab, Solazzi, Concorso IV, 207 f., und im Anschluss daran Kaser/Hackl, 628 Fn. 55, weisen aber richtigerweise darauf hin, dass die Stelle einzig vom Verkauf durch die Gläubiger spricht. Dies allein ist aber auch noch kein Beweis für das Verschwinden des *curator bonis distrahendis*.

103 Kaser/Hackl, 510 ff., 623 ff.; Willems, HRP I § 15, Rn. 36.

gegenüberstand – oder wenn ein nachfolgerloser Nachlass als Vollstreckungsmasse dienen sollte.[104]

Auch die nachklassische Generalexekution unterschied sich jedoch grundlegend von der klassischen *venditio bonorum*, denn auch hier erfolgte die Veräußerung neu im Rahmen des Einzelverkaufs.[105] Justinian selbst erwähnt den Gesamtverkauf durch *venditio bonorum* daher auch nur noch als Kuriosität der Vergangenheit:[106]

> Inst. 3.12 pr.
> *Erant ante praedictam successionem olim et aliae per universitatem successiones. Qualis fuerat bonorum emptio quae de bonis debitoris vendendis per multas ambages fuerat introducta, et tunc locum habebat quando iudicia ordinaria in usu fuerunt: sed cum extraordinariis iudiciis posteritas usa est, ideo cum ipsis ordinariis iudiciis etiam bonorum venditiones exspiraverunt et tantummodo creditoribus datur officio iudicis bona possidere et, prout eis utile visum fuerit, ea disponere, quod ex latioribus digestorum libris perfectius apparebit.*
> Vor der vorgenannten Nachfolge gab es einst noch weitere Arten der Gesamtrechtsnachfolge, wie etwa den Vermögenskauf (*bonorum emptio*), der mit vielen Umschweifen beim Vermögensverkauf des Schuldners eingeführt worden war und der stattfand, als die ordentliche Gerichtsbarkeit Anwendung fand. Aber als die Nachwelt die außerordentlichen Gerichtsverfahren angewendet hat, sind daher zusammen mit den ordentlichen Gerichtsverfahren selbst auch die Vermögensverkäufe erloschen, und den Gläubigern wird durch die Amtsgewalt des Richters nur erlaubt, das Vermögen zu besitzen und so darüber zu verfügen, wie es ihnen nützlich erschienen sein wird, was aus den ausführlicheren Büchern der Digesten umfassender hervorgehen wird.

In Bezug auf den Nachlassverkauf wird der Paradigmenwechsel besonders augenfällig durch eine Gegenüberstellung der Ausführungen zur (Ersatz-)Erbeinsetzung des *heres necessarius* in den Institutionen des Gaius mit jenen Justinians:[107]

---

104 Kaser/Hackl, 626; Bethmann-Hollweg, III, 315 f.; Willems, HRP I § 15, Rn. 37, jeweils ohne Nennung des Nachlassverkaufs. Dass auch dieser Gegenstand eines geordneten Konkursverfahrens war, ergibt sich jedoch aus Inst. 2.19.1; dazu sogleich S. 237 f.

105 Kaser/Hackl, 626; Willems, HRP I § 15, Rn. 37.

106 Ebenso Theoph. 3.12 pr.

107 Zur Praxis, bei drohender Überschuldung des Nachlasses einen Sklaven als Zwangserben einzusetzen, sowie zu Gai. 2.153–154 siehe oben S. 61 f.

Gai. 2.154	Inst. 2.19.1
Unde qui facultates suas suspectas habet, solet servum suum primo aut secundo vel etiam ulteriore gradu liberum et heredem instituere, ut, si creditoribus satis non fiat, potius huius heredis quam ipsius testatoris bona veneant, *id est, ut ignominia, quae accidit ex venditione bonorum, hunc potius heredem quam ipsum testatorem contingat* [...]	[...] *Unde qui facultates suas suspectas habent, solent servum suum primo aut secundo vel etiam ulteriore gradu heredem instituere*, ut, si creditoribus satis non fiat, potius eius heredis bona quam ipsius testatoris a creditoribus possideantur vel distrahantur vel inter eos dividantur. [...]
Daher lässt jemand, der sein Vermögen der Überschuldung verdächtigt, gewöhnlich seinen Sklaven frei und setzt ihn im ersten oder zweiten oder auch in einem späteren Grad zum Erben ein, so dass dann, wenn er seine Gläubiger nicht befriedigt, eher das Vermögen eines solchen Erben als das [Vermögen] des Testators selbst verkauft wird, das heißt, dass der Ehrverlust, der aufgrund des Verkaufs des Vermögens eintritt, eher diesen Erben als den Testator selbst trifft [...].	[...] Daher setzt, wer seinen Vermögensverhältnissen misstraut, gewöhnlich seinen Sklaven im ersten, zweiten oder auch einem späteren Grad zum Erben ein, damit, wenn die Gläubiger nicht befriedigt werden, eher das Vermögen dieses Erben als das des Testators selbst von den Gläubigern in Besitz genommen oder verkauft oder unter ihnen aufgeteilt wird. [...]

Die Institutionenstelle Justinians orientiert sich eng am Text der gaianischen Vorlage, den sie über weite Strecken wörtlich übernimmt. Bei der Beschreibung der Vermögensvollstreckung wurde der justinianische Text aber bewusst an das Vollstreckungsrecht der Zeit angepasst: Statt von „*bona veneant*" spricht Inst. 2.19.1 von „*bona possideantur vel distrahantur vel inter eos dividantur*". Kam es nach justinianischem Recht zu einem Nachlasskonkurs, fand die Gläubigerbefriedigung somit nicht mehr mittels Gesamtrechtsnachfolge statt, sondern die Gläubiger konnten unmittelbar auf die einzelnen Vermögenswerte zugreifen und sie entweder einzeln veräußern oder untereinander aufteilen.

Zur Frage, wann und wie der beschriebene Systemwechsel vom Gesamtverkauf hin zur *distractio bonorum* erfolgte, fehlen nähere Ausführungen in den Quellen. Als Anhaltspunkt dient immerhin die Tatsache, dass sowohl Justinian als auch Theophilus die *venditio bonorum* den „*iudicia ordinaria*" und die *distractio bo-*

norum den „*iudicia extraordinaria*" zuschreiben.[108] Insofern ist nicht von einem harten Bruch auszugehen, sondern von einer sukzessiven Entwicklung, die parallel zur Ablösung des Formularverfahrens durch die *cognitiones extra ordinem* erfolgt sein dürfte.[109] Dass bereits zu klassischer Zeit ein gewisses Nebeneinander von Elementen des Formularverfahrens und der *cognitio extra ordinem* bestand, hat zuletzt Babusiaux für das Fideikommissrecht erneut deutlich gemacht.[110] Die besondere Bedeutung der *cognitio* lag dabei in der Möglichkeit der Spezialexekution, das heißt darin, direkt in einzelne Erbschaftssachen vollstrecken zu können – insofern zeigen die Entwicklungen im Fideikommissrecht Ähnlichkeit mit jenen im Bereich der Vollstreckung in den Nachlass durch die Gläubiger. Charakteristisch war in beiden Fällen, dass die Position des Prätors gestärkt und der Grundsatz der *condemnatio pecuniaria* aufgeweicht wurde, um den unmittelbaren Zugriff auf einzelne Vermögenswerte zu ermöglichen.[111]

Vor diesem Hintergrund ist es durchaus denkbar, dass bereits zu Paulus' Schaffenszeit ausnahmsweise ein solcher Direktzugriff auf Nachlassvermögen möglich war – zumal die Voraussetzungen hierfür günstig waren: Mit dem Prätor war ebenjene Instanz für die Anordnung einzelner Vollstreckungshandlungen zuständig, die im Rahmen der *missio in possessionem* und einer allfälligen Vollstreckung durch *venditio bonorum* ohnehin mit dem Fall beschäftigt war.[112] Zumindest die *missio in possessionem* aufgrund des Edikts *Si diu incertum sit* setzte sodann gemäß D. 42.4.8 Ulp. 60 ed. ohnehin eine Einzelfallprüfung des Prätors voraus.[113] Die damit verbundene Ermessensentscheidung wäre geradezu charakteristisch für die *cognitio extra ordinem*.[114]

---

108 Inst. 3.12 pr.; Theoph. 3.12 pr.; dazu Solazzi, Concorso IV, 180 ff.; ferner auch Giunti, 45 f., der zufolge die *venditio bonorum* mindestens bis zur Zeit Diokletians das reguläre Verfahren blieb.

109 Vgl. die Zusammenfassung der Entwicklung bei Giunti, 45 ff.; Giuffrè, Labeo 39 (1993), 317 ff., bes. 324 ff.; vgl. zum Ganzen auch Koch, in: Babusiaux/Mantovani, 745 ff. – Zur Bezeichnung „*cognitiones extra ordinem*", die darauf hinweist, dass es nicht ein einheitliches Verfahren der *cognitio extra ordinem* gab, sondern vielmehr eine Vielzahl verschiedener Verfahrensarten, die unter diesem Begriff zusammengefasst werden können, vgl. Kaser/Hackl, 437; Babusiaux, ZRG RA 136 (2019), 141 mit Fn. 4.

110 Babusiaux, ZRG RA 136 (2019), 140 ff.

111 Kaser/Hackl, 435 ff., 512 ff.; Bethmann-Hollweg, III, 311; Dernburg, 158 ff.; ferner auch Koch, in: Babusiaux/Mantovani, 746 f.

112 Zum Verfahrensablauf des Vollstreckungsverfahrens durch Gesamtverkauf siehe oben S. 50 ff.

113 Siehe oben S. 96, 185 f.

114 Zur Tatsache, dass eine *cognitio* des Prätors aber keinesfalls zwingend auf ein Verfahren *extra ordinem* hindeuten muss, allerdings zu Recht Lemosse, Cognitio, 142 ff.

bb) *Bekannte Anwendungsfälle der* distractio bonorum *zur Zeit des Formularverfahrens*

Auch zur Zeit des Formularverfahrens gab es Situationen, in denen die Vollstreckung ausnahmsweise nicht durch Gesamtverkauf an einen Gesamtrechtsnachfolger, sondern durch *distractio bonorum* erfolgte. Sicher belegt ist dies für das Vermögen von Personen senatorischen Ranges (*clarae personae*), denen der Senat das Privileg der *distractio* wohl ausnahmsweise verlieh, um den mit der *venditio bonorum* verbundenen Ehrverlust zu vermeiden.[115] In seinem richtungsweisenden Werk zum römischen Vollstreckungsrecht hat SOLAZZI zudem zwei weitere Anwendungsfälle der *distractio bonorum* im Rahmen des Formularverfahrens ausführlich beschrieben: eine *distractio bonorum ex edicto* und eine *distractio bonorum ex privato consilio*.[116] Beide Formen sind in den Quellen nicht ausdrücklich erwähnt – es kann höchstens mittelbar auf sie geschlossen werden.

Das Konzept einer von den Gläubigern privatautonom beschlossenen *distractio bonorum* (*distractio bonorum ex privato consilio*) erscheint – ohne dass eine vertiefte Untersuchung an dieser Stelle möglich wäre – keineswegs zwingend. Die hierfür als Hauptbelege ins Feld geführten Digestenstellen D. 17.1.22.10 Paul. 32 ed.[117] und D. 42.7.5 Iul. 47 dig.[118] setzen in erster Linie voraus, dass die *distractio bonorum* ganz grundsätzlich bereits zu klassischer Zeit als Form der Zwangsvollstreckung bestand. Wie der vorliegende Abschnitt deutlich macht, kann hieran aber ohnehin kein Zweifel bestehen. Dass der Grund für die Durchführung der *distractio bonorum* in der Privatautonomie der Gläubiger gesucht werden darf, geht hingegen nicht deutlich aus den Stellen hervor. Die darin enthaltene Zusammenkunft

---

115 D. 27.10.5 Gai. 9 ed prov.; D. 27.10.9 Ner. 1 membr.; von geringer Bedeutung ferner D. 42.7.4 Papir. Iust. 1 const.; für Einzelfallentscheidungen des Senats SCARANO USSANI, Labeo 22 (1976), 178 ff.; SCARANO USSANI, Privilegio, 105 ff.; MAIFELD, 65 ff., bes. 69 ff.; KASER/HACKL, 404 f.; sowie wohl auch WILLEMS, HRP I § 14, Rn. 22; für eine einmalige Einführung der *distractio ex senatus consulto* durch Senatsbeschluss dagegen vor allem die ältere Literatur: SOLAZZI, Concorso II, 198 ff.; GREINER, 29 ff.; zudem auch GIUNTI, 54; unschlüssig GIUFFRÈ, Labeo 39 (1993), 327. – Zur *ignominia*, welche die Gesamtvollstreckung mit sich brachte, siehe auch oben S. 61.

116 SOLAZZI, Concorso III, 1 ff. zur *distractio bonorum ex edicto*, 68 ff. zur *distractio bonorum ex privato consilio*. Die These zur *distractio bonorum ex edicto* veröffentlichte er bereits in SOLAZZI, BIDR 16 (1904), 89 ff. – Ohne weitere Ausführungen BETHMANN-HOLLWEG, II, 690 Fn. 125.

117 Siehe oben S. 231 f.

118 D. 42.7.5 Iul. 47 dig.: „*Si debitor foro cesserit et creditores privato consilio coierint et elegerint unum, per quem bona distrahantur et portio ipsis, quae ex redacto fieret, solveretur, mox exstiterit alius, qui se creditorem dicat: nullam quidem actionem adversus curatorem habebit, sed bona debitoris una cum curatore vendere poterit, ita ut, quae á curatore et a creditore ex bonis contrahantur, omnibus pro portione praestarentur.*“

der Gläubiger könnte auch Teil des Verfahrens einer *distractio bonorum* anderen Ursprungs sein.[119]

Die Existenz der sogenannten *distractio bonorum ex edicto* ist allerdings nicht leicht in Abrede zu stellen – jedenfalls dann nicht, wenn man mit der herrschenden Meinung davon ausgeht, dass die *venditio bonorum* nicht als Barkauf, sondern gegen anteilige Schuldübernahme erfolgte.[120] Wohl die Mehrheit der Autoren erkennt denn auch die Existenz einer solchen *distractio bonorum ex edicto* an.[121] Im Edikt sei sie für den Spezialfall vorgesehen gewesen, dass die Erbschaft eines *pupillus* ohne *tutor* verkauft wurde.[122] Die Rechtsprechung habe das Privileg sodann auf weitere Fälle erstreckt, namentlich den Verkauf der elterlichen Erbschaft eines unter Vormundschaft stehenden *pupillus* und den Verkauf des Vermögens eines *furiosus* oder einer anderen unfähigen Person.[123]

Ausgangspunkt für die These einer *distractio bonorum ex edicto* bilden zwei Stellen aus den Ediktskommentaren Ulpians und Paulus':

> D. 42.5.6 pr. Paul. 58 ed.
> *Si non expedierit pupillo hereditatem parentis retinere, praetor bona defuncti venire permittit, ut quod superaverit pupillo restituatur.*
> Wenn es einem Unmündigen nicht dienlich war, die Erbschaft des Vaters zu behalten, gestattet der Prätor, dass das Vermögen des Verstorbenen verkauft werde, so dass, was übrig geblieben sein wird, dem Unmündigen zurückerstattet wird.

> D. 42.4.7.11 Ulp. 59 ed.
> *Plane interdum bona eius causa cognita vendenda erunt, si urgueat aes alienum et dilatio damnum sit allatura creditoribus, ita autem vendenda, ut quod supersit, furioso detur, quia*

---

119 Gegen die Existenz einer *distractio bonorum ex privato consilio* bereits Giunti, 54 ff.; Giuffrè, Labeo 39 (1993), 327; Maifeld, 73 f.; Scarano Ussani, Labeo 22 (1976), 178 ff.; Kaser/Hackl, 405; für die Existenz hingegen zuletzt Willems, HRP I § 14, Rn. 22 m. w. N., der den Anwendungsbereich allerdings offenlässt.

120 Siehe dazu oben S. 53 ff.

121 Für die Existenz einer *distractio bonorum ex edicto* Solazzi, Concorso III, 1 ff.; Ramadier, 145 ff.; Giuffrè, Labeo 39 (1993), 324, 327; Kaser/Hackl, 404; Giunti, 53 f.; Wiechmann, 7 f.; Häusler, 619 ff.; einschränkend Cosentini, SDHI 11 (1945), 1 ff.; dagegen Lepri, Scr. Ferrini II, 99 ff.; zurückhaltend auch Willems, HRP I § 14, Rn. 22 mit Fn. 148.

122 Solazzi, Concorso III, 18 ff.; entsprechend auch Giuffrè, Labeo 39 (1993), 324; Kaser/Hackl, 404; für *distractio bonorum*, aber gegen einen ediktalen Ursprung Ramadier, 148 Fn. 1.

123 Solazzi, Concorso III, 23, 24 ff., 37 ff., 43 ff.; vgl. auch Kaser/Hackl, 404; einschränkend dagegen Cosentini, SDHI 11 (1945), 1 ff. Als weitere Anwendungsfälle nennt Solazzi, Concorso III, 23, die „eredità di un estraneo a cui il pupillo, 'tutore auctore', rinuncia" sowie „magari anche l'eredità da cui si astiene o a cui rinuncia il minore", gegen den *minor viginti quinque annis* aber ebd., 44 ff.

hominis eius status et habitus a pupilli condicione non multum abhorret: quod quidem non est sine ratione.
Allerdings wird das Vermögen [eines Geisteskranken] nach Prüfung des Einzelfalles bisweilen verkauft werden müssen, wenn eine Schuld drängt und eine Verzögerung den Gläubigern einen Schaden verursachen wird. Es wird aber so verkauft werden müssen, dass, was übrig bleibt, dem Geisteskranken herausgegeben wird, weil sich Status und Lage dieses Menschen vom Zustand eines Unmündigen nicht stark unterscheiden; dies gilt nämlich nicht ohne Grund.

Beide Stellen beschreiben eine Situation, in welcher der Vermögensverkauf auf eine Weise durchzuführen ist, dass ein Überschuss an den ursprünglichen Vermögensherrn herausgegeben werden kann. Das Privileg gilt zuallererst für den *pupillus*, der sich der elterlichen Erbschaft enthalten muss.[124] Auf diesem Fall baut sodann auch Ulpian auf, wenn er das beschriebene Privileg auf den *furiosus* überträgt, da sich dieser in einer ähnlichen Lage wie der *pupillus* befinde.

Bemerkenswert ist die Erstattung des Überschusses deshalb, weil sie nur schwer mit der gängigen Vorstellung vom Verfahren der *venditio bonorum* vereinbar ist, der zufolge der *bonorum emptor* keinen eigentlichen Kaufpreis in bar leistete, sondern lediglich versprach, als Gesamtrechtsnachfolger für die bestehenden Forderungen in Höhe der vereinbarten Quote einzustehen.[125] Bestand der „Kaufpreis" aber lediglich in einer solchen „Schuldübernahme", ist fraglich, wie daraus ein Vermögensüberschuss resultieren sollte. Zwar ist ein solcher nicht undenkbar, wie ein Teil der Literatur immer wieder hervorgehoben hat.[126] Er passt aber nicht recht in das herrschende Bild von der *venditio bonorum*. Solazzi und ihm folgend der überwiegende Teil der Literatur vertreten deshalb die Auffassung, das „Entgelt" könne maximal in einer hundertprozentigen Schuldenübernahme

---

124 Vgl. auch D. 36.1.81 Scaev. l. s. quaest. publ. tract.; dazu Solazzi, Concorso III, 24 ff., der einen Verkauf durch *distractio bonorum* auch in den Stellen D. 42.5.6.2 Paul. 58 ed. (ebd., 30 ff.), D. 42.8.24 Scaev. l. s. quaest. publ. tract. (ebd., 32 f.) sowie D. 27.3.18 Pap. 25 quaest. (ebd., 33 ff.) vermutet. Die Richtigkeit der Ausführungen muss hier offenbleiben. Die *distractio* ergibt sich aus den Quellen jedenfalls nicht ausdrücklich.

125 Rotondi, in: Ciapessoni, 114; Armuzzi, AG 72 (1904), 493; Giunti, 49 f.; Kaser/Hackl, 397 f.; Pérez Álvarez, RIDA 45 (1998), 358 ff.; Pérez Álvarez, Bonorum venditio, 270; für einen Barkauf dagegen X. d'Ors, 92 f. mit Fn. 40; Behrends, 185 f.; A. d'Ors, SDHI 59 (1993), 177 mit Fn. 9; Forster, 110 ff., 114; siehe zum Ganzen oben S. 53 ff.

126 Tambour, I, 218; Dernburg, 151 mit Fn. 7; Orso, SDHI 60 (1994), 261 ff.; vgl. dazu zuletzt Pérez Álvarez, Bonorum venditio, 270 ff.; zu den prozessualen Schwierigkeiten, welche die Annahme eines möglichen Überschusses generiert, auch Rotondi, in: Ciapessoni, 114 f.

bestanden haben.[127] Aus dieser Unmöglichkeit, aus der *venditio bonorum* einen Vermögensüberschuss zu erhalten, folgte der Schluss, dass in den Situationen, in denen ein solcher Überschuss zu erstatten war, die *distractio bonorum* Anwendung fand.[128]

cc) *Der lange nachfolgerlose Nachlass als (weiterer) Anwendungsfall der* distractio bonorum

Folgt man der These von der *distractio bonorum ex edicto*, ergibt sich bereits ein erster Fall, in dem der Nachlass durch Einzelverkauf veräußert wurde: jener des *pupillus*, der die elterliche Erbschaft nicht für sich beanspruchte. Mit Blick auf D. 3.5.12 würde schon diese Ausnahme ein Eingehen Julians auf eine mögliche *distractio bonorum* durch den *curator* rechtfertigen. Dennoch passt die Beschreibung des Sachverhalts in D. 3.5.12 nicht optimal auf den *pupillus* als Erben. Dieser wäre *suus et necessarius heres* des Vaters und hätte die Erbenstellung somit bereits mit dessen Tod erlangt. Er hätte lediglich die Möglichkeit, von seinem *beneficium abstinendi* Gebrauch zu machen und sich der Erbschaft nach prätorischem Recht zu enthalten.[129] Auf diese Art des *heres* passt die Formulierung „*ab herede, qui quandoque extitisset*" nur bedingt. Sie ist zwar so allgemein gehalten, dass auch der *suus heres* darunterfallen könnte, prima facie lässt sie aber eher an eine Situation denken, in der die eigentliche Erbenfrage über längere Zeit unklar blieb. Es drängt sich deshalb die Frage auf, ob der klassische Nachlassverkauf nicht auch noch in anderen Situationen eine *distractio bonorum* zuließ. Dafür, dass die lange Nachfolgerlosigkeit im Zusammenhang mit einem Nachlass ganz generell eine *distractio bonorum* gerechtfertigt haben könnte, lassen sich in den Quellen zumindest einige Argumente finden.

aaa) *Schol. 12 Schelt. B II 743 zu Bas. 14.1.22.10*

Ein bemerkenswertes Indiz dafür, dass der Verkauf aus dem nachfolgerlosen Nachlassvermögen ausnahmsweise als *distractio bonorum* erfolgen konnte, liefert ein Scholion des Stephanus zu Bas. 14.1.22.10:

> Schol. 12 Schelt. B II 743 zu Bas. 14.1.22.10 (= Schol. 15 Heimb. II 103)
> Στεφάνου. Εἶπόν σοι προθεωρῶν τὸ παρὸν θέμα, ὅτι, ἐάν τις ὑπὸ αἵρεσιν γέφραπται κλη-

---

127 Ramadier, 146 f.; Rotondi, Filang. 36 (1911), 165 f.; Rotondi, in: Ciapessoni, 114 f. mit Fn. 62; Solazzi, Concorso II, 118 ff.; Solazzi, Concorso III, 17; Giunti, 50 ff.; Wiechmann, 5; Pérez Álvarez, Bonorum venditio, 275.

128 Solazzi, BIDR 16 (1904), 91 ff.; Solazzi, Concorso III, 16 ff., 18 ff.; für die zustimmende Rezeption der These vgl. die Literatur in Fn. 121.

129 Zur Erbfolge des *suus et necessarius heres* siehe oben S. 30 ff., zum *beneficium abstinendi* oben S. 59 ff.

ρονόμος καὶ μὴ δύναται ἠρτημένης ἔτι τῆς αἱρέσεως ἀδιτεύειν, δύναται τὸ πολὺ τῶν νερεδιταρίων δανειστῶν μέρος προςελθεῖν τῷ ἄρχοντι καὶ αἰτῆσαι κουράτωρα τῆς οὐσίας δοθῆναι, ὡς ὁ Παῦλος καὶ ὁ Οὐλπιανὸς ἐν τῷ [μζ΄.] <μβ΄.> βιβ. τῶν Διγ. τιτ. ζ΄. διγ. α΄. καὶ β΄. φασίν.
Von Stephanus. Bei der vorhergehenden Betrachtung dieses Themas habe ich dir dargelegt, dass, wenn einer unter einer Bedingung als Erbe eingesetzt worden ist und er, während die Bedingung immer noch schwebt, nicht antreten kann, sich der größere Teil der Erbschaftsgläubiger an den Statthalter wendet und ihn bittet, dass ein *curator* für die Güter bestellt werde, wie Paulus und Ulpian im 47. <42.> Buch der Digesten, Titel 7, Abschnitt 1 und 2, sagen.

Stephanus kommentiert die Basilikenstelle, die dem oben erörterten Fragment D. 17.1.22.10 Paul. 32 ed.[130] entspricht. Der Inhalt dieser Paulusstelle ist deshalb besonders umstritten, weil sie einen Sachverhalt beschreibt, in dem ein *curator* zum Verkauf schreitet (*venditionem fecerit*), den erhaltenen Kaufpreis aber unberechtigterweise nicht an die Gläubiger ausbezahlt. Die Probleme, welche die klassische Lehre vom Vollstreckungsrecht mit dieser Konstellation hat, wurden bereits erörtert.[131] Wie oben dargelegt wurde, erscheint es am plausibelsten, dass die Stelle einen Fall behandelt, in dem bereits das klassische Recht eine *distractio bonorum* durch den genannten *curator* vorsah.[132] Aus welchem Grund der Einzel- statt des Gesamtverkaufs zum Zug gekommen sein soll, lässt die Stelle nicht erahnen.

In seinem Scholion scheint Stephanus nun aber einen Hinweis auf den Ursprung der klassischen *distractio bonorum* zu geben: Er stellt ausdrücklich die Verbindung zum kasuell bedingt eingesetzten Erben her und damit zum *curator* über die *hereditas iacens*. Der anschließende Verweis auf die Digestenstellen bei Paulus und Ulpian muss entsprechend auch auf das 42. statt auf das 47. Buch lauten[133] – insbesondere auf die Stelle D. 42.7.1 Paul. 57 ed., in der Paulus den Gläubigern zugesteht, dass sie bei allzu langer Ungewissheit über die Erbenfrage infolge bedingter Erbeinsetzung zum Verkauf schreiten dürfen.[134]

Wenn es nun zu beurteilen gilt, welche Rückschlüsse aus dem Scholion für die Rekonstruktion des klassischen Rechtszustands gezogen werden dürfen, dann ist völlig klar, dass Stephanus' Aussage nur mit einiger Vorsicht beigezogen werden darf. Als byzantinischer Jurist wirkte Stephanus unter dem Regime eines vollkommen gewandelten Vollstreckungsrechts, das den Einzelverkauf durch einen *curator*

---

130 Siehe oben S. 231 ff.
131 Zum Ganzen siehe oben S. 230 ff.
132 Siehe oben S. 231 ff.
133 So auch Schelt. B II 743.
134 Siehe oben S. 169 ff.

bonis distrahendis gerade als Normalfall verstand.[135] Und eben dieser Rechtszustand war es auch, den er in den Basiliken kommentierte. Bereits die Ausführungen, die Theophilus in seiner Paraphrase zur *venditio bonorum* macht, haben jedoch gezeigt, dass die *antecessores* durchaus ein grundsätzliches Verständnis des klassischen Rechtszustands hatten.[136] Sie wirkten in einer gewissen zeitlichen Nähe zum alten Verfahren und hatten die einschlägige Literatur der klassischen Juristen noch unmittelbar zur Verfügung. Entsprechend kann das Scholion durchaus als Anzeichen dafür gewertet werden, dass die Veräußerung des Nachlasses bei schwebender Erbenfrage infolge bedingter Erbeinsetzung einen klassischen Fall der *distractio bonorum* durch einen *curator* darstellte. Dies wäre insofern naheliegend, als der Prätor mit der Gestattung des Verkaufs des Nachlasses die Gläubigerinteressen auf Kosten der Interessen des potentiellen Erben schützte. Dass er dabei das mildeste Mittel wählte und einen Einzelverkauf erlaubte, der den Erhalt eines allfälligen Überschusses zugunsten des späteren Erben ermöglichte, wäre nur stimmig.

bbb) Vergleich mit D. 42.4.7.9–12 Ulp. 59 ed.

Für die These von einer möglichen *distractio bonorum* bei lange andauerndem Zustand der *hereditas iacens* spricht sodann auch ein Vergleich mit D. 42.4.7.9–12 Ulp. 59 ed. – jener Passage, die das Recht auf den Überschuss für den *furiosus* statuiert.

> D. 42.4.7.9–12 Ulp. 59 ed.
> *9. Adeo autem latitatio animum et affectum occultantis se desiderat, ut recte dictum sit furiosum hinc venditionem pati non posse, quia non se occultat, qui suus non est.*
> *10. Plane si non defendatur furiosus, curatorem ei dandum, aut bona eius ut possideantur, nominatim permittendum est. Labeo autem scribit, si non inveniatur curator vel defensor furiosi, sed et si curator datus eum non defendat, tunc removendum eum et oportere praetorem dare curatorem aliquem ex creditoribus, ut non amplius, quam necesse est, ex bonis furiosi veneat: eaque servanda Labeo ait, quae solent servari, cum venter in possessionem mittitur.*
> *11. Plane interdum bona eius causa cognita vendenda erunt, si urgueat aes alienum et dilatio damnum sit allatura creditoribus, ita autem vendenda, ut quod supersit, furioso detur, quia dominis eius status et habitus a pupilli condicione non multum abhorret: quod quidem non est sine ratione.*

---

135 Siehe oben S. 235 ff.

136 Vgl. oben S. 53 ff. zu Theoph. 3.12 pr.; zur Bedeutung der Paraphrase des Theophilus für das Verständnis von der *venditio bonorum* ferner Koch, in: Babusiaux/Mantovani, 743 ff.; zu Stephanus ausführlich de Jong; dazu Brandsma, ZRG RA 132 (2014), 520 ff.

12. Idemque et in prodigo dicendum est ceterisque, qui curatorem ope iuvantur: nec enim quisquam proprie latitare eos dixerit.

9. Das Sichversteckthalten (*latitatio*) verlangt aber so sehr die Gesinnung und die Willenskraft des sich Verbergenden, dass richtigerweise gesagt worden ist, dass der Geisteskranke daher den Verkauf nicht erdulden kann, weil sich nicht versteckt, wer nicht bei sich ist.

10. Allerdings muss dem Geisteskranken, wenn er nicht verteidigt wird, ein *curator* gegeben werden, oder es muss ausdrücklich gestattet werden, dass sein Vermögen in Besitz genommen wird. Labeo jedoch schreibt, wenn sich kein *curator* oder Verteidiger des Geisteskranken findet, aber auch wenn der eingesetzte *curator* ihn nicht verteidigt, müsse er sodann abgesetzt werden, und der Prätor müsse ihm einen der Gläubiger zum *curator* bestellen, so dass nicht mehr aus dem Vermögen des Geisteskranken verkauft werde, als erforderlich ist. Und Labeo sagt, dass dasjenige [Vermögen] verwahrt werden müsse, was gewöhnlich verwahrt wird, wenn eine Leibesfrucht in den Besitz eingewiesen wird.

11. Allerdings wird das Vermögen [eines Geisteskranken] nach Prüfung des Einzelfalles bisweilen verkauft werden müssen, wenn eine Schuld drängt und eine Verzögerung den Gläubigern einen Schaden verursachen wird. Es wird aber so verkauft werden müssen, dass, was übrig bleibt, dem Geisteskranken herausgegeben wird, weil sich Status und Lage dieses Menschen vom Zustand eines Unmündigen nicht stark unterscheiden; dies gilt nämlich nicht ohne Grund.

12. Und dasselbe muss auch vom Verschwender gesagt werden und von den übrigen, denen durch den Beistand von *curatores* geholfen wird: Denn keiner könnte sagen, dass sie sich eigentlich versteckt halten.

Ulpian führt an dieser Stelle seines Ediktskommentars die Bedeutung des Begriffs „*latitare*" aus,[137] eines weiteren Tatbestands, für den das Edikt die *missio in possessionem* der Gläubiger vorsah.[138] Die *missio in possessionem* beruht damit nicht auf derselben Grundlage wie beim (zumindest für längere Zeit) nachfolgerlosen Nachlass, wo die *missio* an den Zustand „*cui heres non extabit*" anknüpft. Dennoch weist das von Ulpian beschriebene Vorgehen auffällige Ähnlichkeit auf mit jenem, das in D. 28.5.23.2 Pomp. 1 Sab. und D. 42.7.1.1 Paul. 57 ed. für den Fall der lange Zeit ungeklärten Erbenfrage erörtert wird.[139]

Auch beim nicht vertretenen Geisteskranken bestand das Grundproblem, dass die Vollstreckung in sein Vermögen nicht ohne weiteres erfolgen konnte. Während beim kasuell bedingt eingesetzten Erben noch unklar war, ob in Zukunft nicht

137 Vgl. die Einführung im vorangehenden Paragraf 8: „*Latitare autem est cum tractu aliquo latere, quemadmodum factitare frequenter facere.*"

138 Vgl. Gai. 3.78; Cic. Quinct. 60; Lenel, EP, 415; vgl. dazu zuletzt Häusler, 570 ff.

139 Siehe oben § 4, bes. S. 167 ff.

doch noch ein Erbe auftreten werde, konnte das Vermögen des Geisteskranken deshalb nicht veräußert werden, weil er die Anforderungen des „*latitare*" nicht erfüllte. Grundsätzlich wirkte der Prätor diesem Zustand entgegen, indem er dem Geisteskranken einen *curator furiosi* bestellte. Dieser übernahm – ähnlich einem Vormund – die umfassende Vermögensverwaltung und konnte den Geisteskranken insbesondere auch vor Gericht vertreten.[140] Mit der Vertretung vor Gericht und der umfassenden Vermögenshoheit stand einer effizienten Forderungsdurchsetzung durch die Gläubiger im Normalfall nichts mehr entgegen. War dem aber nicht so, entweder weil sich kein *curator furiosi* fand oder dieser seiner Verteidigungspflicht nicht gehörig nachkam, hatten die Gläubiger die Möglichkeit, sich in den Besitz einweisen zu lassen. In diesem Fall musste dem Vermögen des *furiosus* ein neuer *curator* aus den Reihen der Gläubiger bestellt werden.

Bei diesem *curator* handelte es sich nicht mehr um einen *curator furiosi*, sondern um die gleiche Art von *curator bonorum* wie im Fall des kasuell bedingt eingesetzten Erben.[141] Dies zeigt sich an Ulpians Präzisierung, der zufolge der *curator* so vorgehen müsse, „*ut non amplius, quam necesse est, ex bonis furiosi veneat*", sowie an dem Vergleich mit dem *curator ventris*.[142] In D. 26.7.48 Hermog. 2 iur. epit. stellt Hermogenian den *curator ventris* und den *curator bonorum* auf dieselbe Stufe und grenzt sie entschieden vom *curator furiosi* ab:[143] Während letzterer eine umfassende Vermögensverwaltung vornehme, hätten die beiden erstgenannten *curatores* nur sehr beschränkte Verfügungsbefugnisse. Schulden durfte der *curator ventris* – genau wie der *curator bonorum* – nur begleichen, wenn dadurch ein drohender Nachteil abgewendet werden konnte:[144]

D. 37.9.5.1 Gai. 14 ed. prov.
Curator ventri datus solvendi debiti rationem habere debet, utique eius, quod sub poena aut pignoribus pretiosis debetur.
Der für die Leibesfrucht bestellte *curator* muss das Begleichen der Schulden berücksichtigen, wenigstens derjenigen, die unter Strafe oder der Bestellung wertvoller Pfänder geschuldet wird.

---

140 Zum *curator furiosi* im Allgemeinen vgl. Hähnchen, HRP I § 31, Rn. 90 ff.; zur Veräußerungsbefugnis vgl. Gai. 2.64; Kaser, RP I, 371 f.; zur Prozessführung vgl. Kaser/Hackl, 206 f.; zum Unterschied zum *curator bonorum* vgl. D. 26.7.48 Hermog. 2 iur. epit.; dazu oben S. 96 f.

141 Für einen *curator bonorum* auch Solazzi, Concorso III, 38 f.; Ramadier, 147 Fn. 1; für einen weiteren *curator furiosi* dagegen Dernburg, 76 f.

142 Vgl. auch Solazzi, Concorso III, 39 f.

143 Zur Stelle siehe oben S. 96 f.

144 Zur ausnahmsweisen Befugnis des *curator bonorum*, Schulden zu begleichen, siehe oben S. 98 ff.

Zu diesem Zeitpunkt befanden sich die Gläubiger eines lediglich möglicherweise erbenlosen Nachlasses und jene eines Geisteskranken somit in exakt der gleichen Situation: Sie konnten zwar die *missio in possessionem* erlangen und auch für den Erhalt des Haftungssubstrats durch einen *curator bonorum* sorgen, eine systematische Befriedigung der Gläubiger konnte der *curator* aber nicht vornehmen.

Entscheidend für die Annahme einer *distractio bonorum* sind nun Ulpians Ausführungen in Paragraf 11: Demnach konnte das Vermögen des Geisteskranken nach Prüfung durch den Prätor (*causa cognita*) ausnahmsweise auch verkauft werden – namentlich dann, wenn eine weitere Verzögerung die Gläubiger geschädigt hätte. Damit machte der Prätor ein bedeutendes Zugeständnis: Offenbar konnte das Interesse der Gläubiger an der Befriedigung ihrer Forderungen jenes des Geisteskranken überwiegen und einen Eingriff in dessen Vermögenshoheit rechtfertigen. Um auch dem Interesse des Geisteskranken bestmöglich Rechnung zu tragen, sollte das Vermögen aber derart verkauft werden, dass ein allfälliger Überschuss dem Geisteskranken erstattet werden konnte – in der Logik Solazzis also zwingend im Verfahren der *distractio bonorum*.[145] Diese brachte denn auch zusätzlich den Vorteil, dass nicht mehr das gesamte Vermögen verkauft werden musste. Stattdessen konnte dem Geisteskranken erhalten bleiben, was nicht zur Schuldentilgung herangezogen werden musste.[146]

In D. 42.4.7.12 Ulp. 59 ed. erstreckt Ulpian das Recht auf den Überschuss auf den Verschwender und alle anderen, „*qui curatorem ope iuvantur*". Darunter werden in der Regel alle übrigen „incapaci" gefasst, namentlich alle *mentecapti, dementes, fatui, muti, surdi*, die *morbo perpetuo laborant*, denen *propter infirmitatem curatorem praetor dare solet*, die nicht *sibi sufficientes* sind oder die *rebus suis superesse non possunt*.[147] Nicht erfasst von dieser Aufzählung sind die Fälle, in denen ein *curator* über eine Vermögensmasse eingesetzt wurde, weil diese vorübergehend keinen Berechtigten hatte. Diese Annahme, dass der *curator bonorum* nicht erfasst sei, ist aber nicht zwingend und wurde zuletzt von d'Amati infrage gestellt.[148] Ihr zufolge wurde der *curator* zwar eingesetzt, um den Gesamtverkauf des Vermögens zu verhindern.[149] Das bedeute aber nicht, dass keinerlei Befriedigung der Gläubiger

---

145 Zur These, dass nur die *distractio bonorum* das Erwirtschaften eines Überschusses zuließ, siehe oben S. 240 ff.; spezifisch mit Blick auf die vorliegende Stelle D. 42.4.7.11 Ulp. 59 ed. vgl. Solazzi, Concorso III, 40 ff.; anders hingegen Dernburg, 77, der davon ausgeht, dass auch ein Verkauf des Vermögens als Ganzes möglich war, sofern sich hieraus Vorteile ergaben und der Prätor einem solchen Verkauf zuvor zugestimmt hatte.

146 Zu dieser Eigenschaft der *distractio bonorum* vgl. auch Rotondi, Filang. 36 (1911), 165 Fn. 2; zustimmend Giuffrè, Labeo 39 (1993), 327 mit Fn. 26.

147 Solazzi, Concorso III, 43 ff. mit Einzelnachweisen in 43 Fn. 3–9; Kaser/Hackl, 404.

148 D'Amati, BIDR 94/95 (1991/92), 440 ff., bes. 446.

149 So ausdrücklich D. 42.4.6.2 Paul. 57 ed.

mehr habe stattfinden können, sondern lediglich, dass diese durch den Verkauf einzelner Vermögenswerte erfolgt sei.

Die These von einer ausnahmsweisen Erstreckung der *distractio bonorum* im Rahmen der *causae cognitio* des Prätors überzeugt. Besonders der Fall, in dem ein *curator bonorum* eingesetzt wurde, weil der Vermögensherr in feindliche Gefangenschaft geraten ist, kommt jenem des *curator* über den *furiosus* relativ nahe – zumal auch das Vermögen des *furiosus* erst dann zwangsverkauft wurde, wenn kein umfassend berechtigter *curator furiosi*, sondern nur noch ein *curator bonorum* bestand. Der *curator bonorum* über die *hereditas iacens* selbst fällt aufgrund der Zugehörigkeit zum Ediktstatbestand *Cui heres non extabit* wohl nicht unter Ulpians Konkretisierung des *latitare*-Tatbestands. Auch hier würde aber eine analoge Erstreckung des Privilegs naheliegen.[150]

Für eine Erstreckung auf den *curator bonorum* spricht ganz besonders auch der Umstand, dass eine unterschiedliche Behandlung der Beteiligten im Fall des *furiosus* ohne *curator furiosi* und jenem des vorübergehend berechtigtenlosen Vermögens schwer zu erklären ist. Laut D. 42.4.7.11 Ulp. 59 ed. gestattete der Prätor den Verkauf des brachliegenden Vermögens eines Geisteskranken deshalb ausnahmsweise, weil die Befriedigung der Gläubiger derart dringlich werden konnte, dass ein weiteres Zuwarten nicht mehr tragbar gewesen wäre. Es ist nicht einzusehen, warum der Prätor einem Nachlassgläubiger oder dem Gläubiger eines *captus ab hostibus* bei gleicher Dringlichkeit nicht zu Hilfe geeilt wäre. Im Gegenteil: Für den Fall des lange andauernden Zustands der *hereditas iacens* infolge kasuell bedingt ausgesprochener Erbeinsetzung belegt D. 42.7.1.1 Paul. 57 ed. die Verkaufsmöglichkeit ausdrücklich.[151] Im Gegenzug liegt auch der Rückgriff auf das mildere Mittel der *distractio bonorum* nahe, um auch die Interessen desjenigen zu schützen, der durch die vorzeitige Vollstreckung eine Härte erdulden musste.

ccc) Rückschlüsse auf den Vermögensverkauf im Falle des bedingt eingesetzten Erben und auf D. 3.5.12

Mit Blick auf die Stellen zur bedingten Erbeinsetzung (D. 28.5.23 Pomp. 1 Sab. und D. 42.7.1 Paul. 57 ed.)[152] – und damit auf den *curator* über die *hereditas iacens* – können somit folgende Schlussfolgerungen gezogen werden: Bereits die obigen Ausführungen zur bedingten Erbeinsetzung haben ergeben, dass der Prätor bei Dringlichkeit aufgrund von Gläubigerinteressen und nach Prüfung des Einzelfalles

---

150 Auch D'Amati, BIDR 94/95 (1991/92), 445, schließt den „*heres scriptus* in attesa di decidere se adire o meno l'eredità" in den Kreis der Situationen ein, die einen *curator bonorum* erforderten und somit potentiell eine *distractio bonorum* zuließen.

151 Siehe oben S. 169 ff., bes. 180 ff.

152 Siehe oben § 4.

den Vermögensverkauf anordnen konnte.[153] Wie D. 42.4.7.11 Ulp. 59 ed. (zum *furiosus*) zeigt, entspricht dies dem üblichen Vorgehen bei Forderungen gegen eine Vermögensmasse, die über keinen Berechtigten, sondern nur einen *curator bonorum* verfügte. Sowohl D. 42.4.7.11 Ulp. 59 ed. als auch D. 42.7.1.1 Paul. 57 ed. sprechen von der Veräußerungsmöglichkeit des „*bona venire*", D. 42.4.7.11 Ulp. 59 ed. allerdings mit dem Zusatz, dass derart verkauft werden müsse, dass ein etwaiger Überschuss dem *furiosus* zu erstatten sei. Mit Blick auf den Verkauf des Erbschaftsvermögens macht Paulus keine Angaben, wie der Verkauf vonstattenging. Aufgrund der sehr ähnlichen Ausgangslagen liegt aber die Vermutung nahe, dass auch beim Nachlassvermögen zumindest die Möglichkeit bestand, den Verkauf derart zu gestalten, dass ein Überschuss erhalten bleiben konnte.

In der Lehre Solazzis zur *distractio bonorum ex edicto*[154] würde die Annahme einer möglichen Überschussbildung beim Nachlassverkauf bedeuten, dass dieser zwingend in Form einer *distractio bonorum* erfolgen musste. Wenn folglich D. 42.7.1.1 Paul. 57 ed. im Falle der bedingt ausgesprochenen Erbeinsetzung ein „*bona venire*" zulässt, ist auch an dieser Stelle die Möglichkeit in Betracht zu ziehen, dass die eigentliche Verkaufshandlung nicht in einem Gesamtverkauf, sondern im Verkauf nur einzelner Erbschaftssachen bestand. Die Terminologie der Stelle spricht dabei nicht gegen einen Einzelverkauf: Auch die übrigen Stellen, die einen Verkauf anordnen, bei dem ein allfälliger Überschuss zu erstatten ist, sprechen mehrheitlich nicht von „*bona distrahere*", sondern von „*bona venire*".[155]

In diesem Sinne könnte – und hier schließt sich der Kreis – Julians Einbezug des Verkaufs einzelner Erbschaftssachen in D. 3.5.12 im Kontext ebenjener Möglichkeit eines ausnahmsweisen Nachlassverkaufs durch *distractio bonorum* stehen. Diese Möglichkeit hätte nichts daran geändert, dass die Gläubiger des Erblassers in einem ersten Schritt auf die Suche nach einem Gesamtrechtsnachfolger verwiesen wurden – entweder in Form eines zivilen Erben, eines *bonorum possessor* oder eines *bonorum emptor*. Dies setzte grundsätzlich die vorgängige Klärung der Erbenfrage voraus. Wie jedoch in § 4 ausgeführt wurde, wich der Prätor von diesem Grundsatz des Vorrangs der Erbfolge dann ab, wenn die Ungewissheit über die Nachfolgerfrage so lange dauerte, dass es den Gläubigern nicht mehr zumutbar war, weiter zuzuwarten – zum Beispiel infolge bedingter Erbeinsetzung. In diesem Ausnahmefall scheint es naheliegend, dass er ausnahmsweise die *distractio bonorum* gestattete,

153 Siehe oben S. 180 ff.

154 Solazzi, Concorso III, 1 ff.

155 D. 42.4.7.11 Ulp. 59 ed.; D. 42.5.6 pr., 2 Paul. 58 ed.; D. 36.1.81 Scaev. l. s. quaest. publ. tract.; nicht als eigenständige Belege geeignet sind hingegen die weiteren von Solazzi, Concorso III, 45 Fn. 2, angeführten Stellen: D. 27.3.18 Pap. 25 quaest.; D. 42.4.7.10 Ulp. 59 ed.; D. 42.5.28 Iav. 1 epist.; von „*bona distrahere*" sprechen andererseits D. 4.4.22 Ulp. 11 ed. sowie D. 4.4.24.2 Paul. 1 sent., die Solazzi, ebd., für interpoliert hält.

was es erlaubte, dem potentiellen Erben immerhin den Teil des Nachlassvermögens zu erhalten, der die Schuldenlast überstieg.

Dass diese These sich nur mittelbar aus dem uns bekannten Quellenmaterial ableiten lässt, ist unbestreitbar. Dies ist aber in erster Linie der dürftigen Quellenlage im Bereich des klassischen Vollstreckungsrechts geschuldet, die es unerlässlich macht, auch noch die subtilsten Hinweise im zur Verfügung stehenden Quellenmaterial auszuwerten.[156] Hält man sich vor Augen, dass der Übergang hin zur Vollstreckung durch Einzelverkauf schrittweise erfolgte, erscheint die These aber plausibel: Es liegt nahe, dass die Entwicklung mit einer zuerst nur ausnahmsweisen Gewährung des Einzelverkaufs durch den Prätor begann und sich die Anwendungsfälle im Laufe der Zeit mehr und mehr ausdehnten. Dass der Ausgangspunkt dieser Entwicklung beim *curator bonorum* zu suchen ist, liegt nur schon deshalb nahe, weil auch der Vollstreckungsbeamte der *distractio bonorum* als *curator* bezeichnet wird.[157] Insofern scheint auch die Frage zweitrangig, ob beispielsweise in D. 17.1.22.10 Paul. 32 ed. von einem *curator bonorum* oder einem *curator bonis distrahendis* die Rede sei.[158] Sofern der Prätor einen Einzelverkauf zum Zweck der Gläubigerbefriedigung anordnete, fiel es demselben *curator*, der ansonsten mit der rein erhaltenden Geschäftsführung betraut war, zu, die Vollstreckungsmaßnahmen auszuführen.

V. Ergebnisse

Auch D. 3.5.12 handelt von einer institutionalisierten Geschäftsführung durch einen *curator bonorum*. Die Einordnung unter den Titel *De negotiis gestis* sowohl in Paulus' Ediktskommentar als auch im *Corpus iuris civilis* steht damit nicht im Widerspruch, da auch der *curator bonorum* als Geschäftsführer auftrat und somit der *actio negotiorum gestorum* unterstand. Hieran ändert grundsätzlich auch nichts, dass der *curator bonorum* gleichzeitig auch selbst Gläubiger und somit höchstwahrscheinlich *missus in possessionem* war. Zwar ist denkbar, dass die Geschäfte, die der *curator* tätigte, unter diesen Umständen nicht mehr als in technischem Sinne „fremd" qualifiziert wurden. Selbst in diesem Fall hätte der Prätor aber eine der *actio negotiorum gestorum* nachgebildete *actio in factum* gewährt, mittels deren der *curator* klagen und beklagt werden konnte.

Zur Beantwortung der skizzierten Rechtsfrage unterscheiden Julian und ihm folgend Paulus danach, ob der *curator* zum Aufbewahren des Verkaufserlöses be-

---

156 Zur Quellenlage im Bereich des klassischen Vollstreckungsrechts siehe KOCH, in: Babusiaux/Mantovani, 743 ff., sowie oben S. 21 ff.

157 Vgl. die Nachweise in Fn. 102.

158 Siehe dazu oben S. 231 ff.

rechtigt war, das heißt, ob er eine *iusta causa seponendi* hatte. Dies war der Fall, wenn die Aufbewahrung zum Zweck der Beschaffung liquider Mittel für die Notgeschäftsführung erfolgte. Daneben gab es aber offenbar eine Art des Einzelverkaufs, die eine Befriedigung der Gläubiger erforderlich gemacht hätte. Diese zweite Art des Einzelverkaufs lässt sich durch die üblichen Verfügungsbefugnisse des *curator bonorum* im Rahmen der Notgeschäftsführung nicht rechtfertigen, sondern setzt vielmehr voraus, dass bereits zur Schaffenszeit des Paulus ein Einzelverkauf einzig zum Zweck der Gläubigerbefriedigung stattfinden konnte.

Diese Möglichkeit eines Einzelverkaufs von Erbschaftssachen (*distractio bonorum*) ist mit dem Dogma nicht vereinbar, dass die Vollstreckung zu klassischer Zeit zwingend durch Gesamtverkauf (*venditio bonorum*) erfolgte. Einzelne Fälle der *distractio bonorum* sind aber auch für die klassische Zeit anerkannt. Neben der Vollstreckung ins Vermögen von Personen senatorischen Ranges wird namentlich die Möglichkeit einer *distractio bonorum ex edicto* thematisiert. Diese soll es ausnahmsweise ermöglicht haben, beim Verkauf des Vermögens besonders schutzwürdiger Personen einen Aktivenüberschuss zu bewahren, indem gar nicht erst das gesamte Vermögen, sondern nur der erforderliche Teil zum Verkauf gebracht wurde. Während diese Art der *distractio bonorum* in der Regel nicht mit dem lange nachfolgerlosen Nachlass in Verbindung gebracht wird, zeigt ein Vergleich mit dem Verkauf des Vermögens eines Geisteskranken (D. 42.4.7.9–12 Ulp. 59 ed.), dass eine Erstreckung des Privilegs auch auf diesen Fall durchaus plausibel ist: Der Prätor konnte die *distractio bonorum* ausnahmsweise und im Rahmen einer Einzelfallentscheidung dann anordnen, wenn das Interesse eines oder mehrerer Gläubiger an der Befriedigung ihrer Forderungen überwog und deshalb ein Verkauf trotz noch ungeklärter Erbenfrage vorgenommen werden musste. Der Einzelverkauf stellte dann das mildeste Mittel für den potentiellen Erben dar, indem ihm immerhin ein allfälliger Überschuss erhalten blieb.

Insofern schließt sich die These auch nahtlos an die Erkenntnisse an, die im Zusammenhang mit der bedingten Erbeinsetzung (D. 28.5.23 Pomp. 1 Sab. und D. 42.7.1 Paul. 57 ed.) gewonnen werden konnten: Die Vollstreckung noch vor der abschließenden Klärung der Erbenfrage stellte für den potentiellen Erben eine besondere Härte dar. Diese konnte der Prätor entschärfen, indem er ausnahmsweise das Privileg einer *distractio bonorum* gewährte.

Gesamtergebnis[1]

Das römische Recht stellte hinsichtlich der Haftung für Erblasserschulden auf das Prinzip der Gesamtrechtsnachfolge ab. Dieses Prinzip führte dazu, dass die Gläubiger sich an einen unbegrenzt haftenden Schuldner halten konnten, sobald ein solcher Gesamtrechtsnachfolger – traditionell der Erbe – feststand (§ 1). Während der Zeit zwischen dem Ableben des Erblassers und dem Auftreten des Gesamtrechtsnachfolgers, das heißt während bestehender *hereditas iacens*, sahen sich die Gläubiger hingegen mit dem Problem konfrontiert, dass grundsätzlich jeder Zugriff auf das Nachlassvermögen ausgeschlossen war. Eine Ausnahme bestand einzig für Notgeschäftsführungshandlungen, die den Erhalt des Nachlassvermögens sichern sollten. Dies führte dazu, dass Forderungen nur dann beglichen wurden, wenn dem Nachlass ansonsten ein Verlust drohte, das heißt, wenn das Verstreichenlassen des Fälligkeitszeitpunkts zum Verfall einer Vertragsstrafe oder eines wertvollen Pfandes geführt hätte. In allen anderen Fällen bestand keine Möglichkeit, zur Schuldentilgung auf das Nachlassvermögen zuzugreifen. Da die Haftung für die Erblasserschulden auch nicht direkt auf der *hereditas iacens* lastete, sondern lediglich den späteren Gesamtrechtsnachfolger traf, bestand aus der Perspektive des späteren Schuldners auch keinerlei Interesse daran, dass Erblasserschulden vorzeitig beglichen wurden (§ 2).

Das soeben Gesagte spiegelt sich auch im Prozessrecht wider. Ein Zivilprozess war grundsätzlich erst dann möglich, wenn sich ein Gesamtrechtsnachfolger als solcher zu erkennen gab. Eine Verurteilung der *hereditas iacens* war genauso unmöglich wie ein Verfahren gegen einen Prozessvertreter des Erblassers oder eines zukünftigen Erben. Eine Durchbrechung des Prinzips, wonach erst die Nachfolge geklärt sein musste, bevor ein Zivilprozess angestrengt werden konnte, ergab sich einzig durch die Möglichkeit der *interrogatio in iure*. Diese diente dazu, den Gesamtrechtsnachfolger im Rahmen einer förmlichen Befragung vor dem Prätor zu ermitteln, wobei die Antwort des Befragten nicht weiter nachgeprüft wurde. Sofern sich also jemand als Gesamtrechtsnachfolger bekannte, auch wenn er dies nach materiell-rechtlichen Grundsätzen nicht war, wurde er im Prozess auch tatsächlich als solcher behandelt. Da eine solche Einlassung auf den Prozess für den Einlassenden aber primär eine Belastung darstellte, wird sie nur ganz ausnahmsweise vorgekommen sein – nämlich dann, wenn dadurch der Nachlassverkauf verhindert werden sollte (§ 3).

---

1 Vgl. auch die ausführlicheren Zusammenfassungen bzw. Ergebnisse am Ende eines jeden Paragrafen.

Auf diese unbefriedigende Lage der Gläubiger reagierte das römische Recht im Laufe seiner Entwicklung in mannigfacher Weise: Nach *ius civile* stellte sich die Erbenfrage von vornherein nur dann, wenn Außenerben zu Erben eingesetzt worden waren; Hauserben erwarben die Erbschaft, und damit auch die Schulden, *ipso iure*. Für den Erbschaftserwerb durch Außenerben bedurfte es hingegen des Erbschaftsantritts. Die Tatsache, dass das *ius civile* hierfür keine festen Antrittsfristen vorsah, kompensierte es dadurch, dass es mit der *usucapio pro herede* die Ersitzung der Erbenstellung ermöglichte. Mit der prätorischen Rechtsetzung vollzog sich sodann ein Paradigmenwechsel hin zu einem festen Fristenlauf hinsichtlich der Übernahme der Position als Gesamtrechtsnachfolger: Ausgangspunkt bildete das *successorium edictum* im Zusammenhang mit der *bonorum possessio*, das eine Kaskade von Antragsberechtigten vorsah, denen nacheinander eine Frist zur Beantragung des Nachlassbesitzes gesetzt wurde. Indem die Haftung für Erblasserschulden bereits an die Stellung als *bonorum possessor* geknüpft wurde, bot dieses Regime eine bedeutende Erleichterung für die Gläubiger. Darüber hinaus führte das Edikt *Cui heres non extabit* dazu, dass die Befriedigung der Gläubiger auch dann möglich wurde, wenn feststand, dass sich nach den erbrechtlichen Grundsätzen kein Gesamtrechtsnachfolger für den Nachlass fand. In diesem Fall konnten die Gläubiger zum Nachlassverkauf schreiten. Dieser erfolgte im Sinne einer Generalexekution, wobei der gesamte Nachlass an einen *bonorum emptor* – ebenfalls als Gesamtrechtsnachfolger – verkauft wurde. Damit die Gläubiger Gewissheit über die erbrechtliche Nachfolgerfrage erlangen konnten, erlaubte der Prätor sodann die förmliche Befragung potentieller Erben nach ihrer Erbenstellung (*interrogatio in iure an heres sit et quota ex parte*), wobei der Prätor dem Befragten eine Deliberationsfrist setzte, sofern er seine Antwort nicht sofort geben wollte. Gläubigerfreundliche Tendenzen spiegeln sich sodann auch in der kaiserlichen Rechtsetzung namentlich Marc Aurels wider, die zur Institutionalisierung des *pactum ut minus solvatur* sowie zu einer neuen Schuldnernachfolge im Rahmen der *addictio bonorum libertatis causa* führte (§ 1).

Unter dem Regime des *ius honorarium* gab es somit einen Mechanismus, der den Gläubigern einigermaßen zeitnah entweder einen erbrechtlichen Gesamtrechtsnachfolger (ziviler Erbe oder *bonorum possessor*) als neuen Schuldner versprach oder aber einen *bonorum emptor*, der den Gläubigern je nach den Bedingungen des Nachlassverkaufs zumindest anteilig für die Erblasserschulden haftete. Dieser Mechanismus versagte nur ausnahmsweise dann, wenn die zukünftige Erbenstellung eines potentiellen Erben – namentlich wegen bedingt ausgesprochener Erbeinsetzung – über lange Zeit ungewiss blieb und der Prätor somit auch keine Frist zum Erbschaftsantritt setzen konnte. Auch in diesem Ausnahmefall berücksichtigte der Prätor jedoch das Interesse der Gläubiger daran, ihre Forderungen befriedigt zu erhalten. Im Rahmen einer Beurteilung des Einzelfalls konnte er deshalb zu dem Ergebnis gelangen, dass den Gläubigern nicht nur die andauernde *missio in posses-*

sionem in das Nachlassvermögen, sondern auch der Nachlassverkauf zu gestatten sei – obwohl dadurch das Recht des potentiellen Erben auf einen intakten Nachlass präkludiert wurde (§ 4).

Die Bedenken gegen diese Lösung, die sich bereits in Mommsens *Editio maior* und allen voran in Solazzis Standardwerk zum römischen Konkursrecht finden, sind unbegründet. Sie verkennen, wie klein der Anwendungsbereich eines solchen Nachlassverkaufs trotz ungewisser Erbenfrage war und welche Möglichkeiten dem potentiellen Erben zur Abwendung des Nachlassverkaufs offenstanden: Von vornherein gingen die römischen Juristen nur im Falle einer kasuell bedingten Erbeinsetzung von Ungewissheit aus. Stand es hingegen im Belieben des Eingesetzten, die Bedingung zu erfüllen, so setzte der Prätor ihm eine angemessene Frist, dies zu tun. Erfüllte der potentielle Erbe die Bedingung nicht, wertete der Prätor dies als Ausschlagung. Der kasuell bedingt eingesetzte Erbe wiederum konnte selbst noch vor Bedingungseintritt die *bonorum possessio* beantragen. Tat er dies, so wurde er nicht nur (vorläufig) am Nachlass berechtigt, sondern haftete den Gläubigern auch für die Erblasserschulden, womit sich ein Nachlassverkauf erübrigte. Unterließ der potentielle Erbe die Beantragung der *bonorum possessio*, so ging das Antragsrecht grundsätzlich auf die in den weiteren Klassen Berechtigten über (§ 4).

Die Situation, dass ein potentieller Erbe sich gegen seinen Willen mit dem Nachlassverkauf konfrontiert sah, dürfte somit nur ganz ausnahmsweise aufgetreten sein. Selbst wenn der Nachlassverkauf bevorstand, konnte der potentielle Erbe diesen immerhin noch dadurch abwenden, dass er sich den Gläubigern als neuer Schuldner zur Verfügung stellte – entweder indem er sich im Rahmen der *interrogatio in iure* wahrheitswidrig als Erbe bekannte oder indem er den Gläubigern Sicherheit leistete. Letzteres erfolgte im Rahmen der *addictio bonorum libertatis causa* in Form der *cautio omnium creditorum nomine*. Darüber hinaus ist denkbar, dass eine Sicherheitsleistung zuhanden aller Gläubiger auch außerhalb der *addictio bonorum* möglich war (§ 5).

Selbst wenn es zu einer vorzeitigen Vollstreckung ins Nachlassvermögen kam, spricht einiges dafür, dass diese ausnahmsweise im Rahmen einer *distractio bonorum*, das heißt durch Verkauf einzelner Nachlasssachen erfolgte. Dieser Einzelverkauf ermöglichte es, dem potentiellen Erben einen etwaigen Vermögensüberschuss zu erhalten. Der Prätor hatte also die Möglichkeit, auf die besondere Härte der vorzeitigen Vollstreckung zu reagieren und diese durch die Wahl des mildesten Mittels zu entschärfen (§ 6).

Die Untersuchung zeigt, dass das Motiv der zeitnahen Schuldnernachfolge, das in den Quellen mehrfach ausdrücklich genannt wird, durchaus valide ist. Es besteht deshalb kein Grund, die entsprechenden Ausführungen der römischen Juristen nicht ernst zu nehmen. Dies gilt umso nachdrücklicher, als das römische Recht weit entfernt davon war, sich zugunsten der Gläubiger wahllos über die Interessen der Erben hinwegzusetzen. Es zeichnete sich vielmehr dadurch aus, dass es einen

Ausgleich zwischen Gläubiger- und Erbeninteressen anstrebte, wobei der Prätor unter Berücksichtigung der Umstände des Einzelfalls eine angemessene Lösung suchen konnte.

Literaturverzeichnis

Zeitschriften werden wie folgt abgekürzt:

AG	Archivio Giuridico "Filippo Serafini"
AHDE	Anuario de Historia del Derecho Español
AHDO-RIDA	Archives d'histoire du droit oriental. Revue internationale des droits de l'Antiquité
Archives de droit privé	Archeion idiotikou dikaiou. Triminiaia nomiki epitheorisis / Archives de droit privé. Revue juridique trimestrielle
ARG	Archiv für Religionsgeschichte
AUCT	Annali del Seminario giuridico dell'Università di Catania
AUPA	Annali del Seminario Giuridico dell'Università degli Studi di Palermo
BIDR	Bullettino dell'Istituto di Diritto Romano "Vittorio Scioloja"
Ciceroniana	Ciceroniana. Rivista di studi ciceroniani
Filang.	Il Filangieri. Rivista periodica mensuale di scienze giuridiche e politico-amministrative
Gnomon	Gnomon. Kritische Zeitschrift für die gesamte Klassische Altertumswissenschaft
Index	Index. Quaderni camerti di studi romanistici / International Survey of Roman Law
IVRA	IVRA. Rivista internazionale di diritto romano e antico
KritV	Kritische Vierteljahresschrift für Gesetzgebung und Rechtswissenschaft
Labeo	Labeo. Rassegna di diritto romano
Mnemosyne	Mnemosyne. A Journal of Classical Studies
Philol.	Philologus. Zeitschrift für antike Literatur und ihre Rezeption / A Journal for Ancient Literature and its Reception
RIDA	Revue internationale des droits de l'Antiquité
RISG	Rivista italiana per le scienze giuridiche
SDHI	Studia et documenta historiae et iuris
TR	Tijdschrift voor Rechtsgeschiedenis / Revue d'histoire du droit / The Legal History Review
ZGR	Zeitschrift für geschichtliche Rechtswissenschaft
ZRG RA	Zeitschrift der Savigny-Stiftung für Rechtsgeschichte. Romanistische Abteilung

Albers, Gregor, Perpetuatio obligationis. Leistungspflicht trotz Unmöglichkeit im klassischen Recht, Wien/Köln/Weimar 2019

Albertario, Emilio, La costruzione "nisi… tunc enim" ed altre somiglianti (Contributo all'esegesi del "Digesto"), Filang. 36 (1911), 801–826

Alibrandi, Ilario, Dell'azione che davasi secondo l'antico diritto romano contro i curatori, BIDR 2 (1889), 151–164

Alonso, José Luis, El cobro de los créditos de la herencia yacente, Labeo 47 (2001), 209–244

– /Babusiaux, Ulrike, § 8 Papyrologische und epigraphische Quellen, in: Babusiaux, Ulrike/Baldus, Christian/Ernst, Wolfgang/Meissel, Franz-Stefan/Platschek, Johannes/Rüfner, Thomas (Hrsg.), Handbuch des Römischen Privatrechts, Bd. 1, Tübingen 2023, 222–317

Andrés Santos, Francisco Javier, § 64 Erbschaftsklage (hereditatis petitio), in: Babusiaux, Ulrike/Baldus, Christian/Ernst, Wolfgang/Meissel, Franz-Stefan/Platschek, Johannes/Rüfner, Thomas (Hrsg.), Handbuch des Römischen Privatrechts, Bd. 2, Tübingen 2023, 1752–1772

Ankum, Hans, La classicité de la separatio bonorum de l'heres necessarius en droit romain, in: Studi in onore di Giuseppe Grosso, Bd 2, Turin 1968, 563–579

– /van Gessel-de Roo, Marjolijn/Pool, Eric, Die verschiedenen Bedeutungen des Ausdrucks in bonis alicuius esse/in bonis habere im klassischen römischen Recht, ZRG RA 104 (1987), 238–436

Apelt, Heinrich, Die Urteilsnichtigkeit im römischen Prozeß, [Schramberg 1936]

Appleton, Charles Louis, Histoire de la compensation en droit romain, Paris 1895

Arangio-Ruiz, Vincenzo, Sul fr. 5 D. "De curatore bonis dando" [42.7], in: Biondo, Brunella/Labruna, Luigi (Hrsg.), Scritti di diritto romano, Bd. 1, Neapel 1974, 1–16

Arcaria, Francesco, Oratio Marci. Giurisdizione e processo nella normazione di Marco Aurelio, Turin 2003

Aricò Anselmo, Giuseppina, Studi sulla divisione giudiziale I: Divisio e vindicatio, AUPA 42 (1992), 257–467

Armuzzi, Alfredo, Il magister ed il curator della bonorum venditio (Contributo allo studio del concorso nel diritto romano), AG 72 (1904), 481–506

Audibert, Adrien, L'évolution de la formule des actions familiae erciscundae et communi dividundo, in: Mélanges Ch. Appleton. Études d'histoire du droit dédiées à M. Charles Appleton à l'occasion de son XXVe anniversaire de professorat, Lyon/Paris 1903, 1–37

Avenarius, Martin, Continuatio dominii. Die vorklassische Mitberechtigung der künftigen Hauserben und der Vonselbsterwerb des klassischen Rechts, in: Cascione, Cosimo/Masi Doria, Carla (Hrsg.), Fides Humanitas Ius. Studii in onore di Luigi Labruna, Bd. 1, Neapel 2007, 231–252

Babusiaux, Ulrike, Papinians Quaestiones. Zur rhetorischen Methode eines spätklassischen Juristen, München 2011 (zit. Babusiaux, Quaestiones)

–, Römisches Erbrecht im Gnomon des Idios Logos, ZRG RA 135 (2018), 108–177

–, Zum Rechtsschutz von Fideikommissen im Prinzipat, ZRG RA 136 (2019), 140–213

–, Wege zur Rechtsgeschichte: Römisches Erbrecht, 2. Aufl., Köln/Weimar/Wien 2021 (zit. BABUSIAUX, Erbrecht)
–, § 57 Nachlassbesitz (bonorum possessio), in: Babusiaux, Ulrike/Baldus, Christian/Ernst, Wolfgang/Meissel, Franz-Stefan/Platschek, Johannes/Rüfner, Thomas (Hrsg.), Handbuch des Römischen Privatrechts, Bd. 1, Tübingen 2023, 1437–1518 (zit. BABUSIAUX, HRP I § 57)
BEDUSCHI, CARLO, Hereditatis aditio, Bd. 1: L'accettazione dell'eredità nel pensiero della giurisprudenza romana classica, Mailand 1976
BEHRENDS, OKKO, Der Zwölftafelprozess. Zur Geschichte des römischen Obligationenrechts, Göttingen 1974
BERGER, ADOLF, Zur Entwicklungsgeschichte der Teilungsklagen im klassischen römischen Recht, Weimar 1912
BERTOLINI, CESARE, La ratifica degli atti giuridici nel diritto privato romano, Bd. 1 und 2, Apendix zu BIDR 1 und 2 (1889/91) (Ndr. Rom 1975)
BESELER, GERHARD VON, Beiträge zur Kritik der römischen Rechtsquellen, Bd. 2, Tübingen 1911 (zit. BESELER, Beiträge)
–, Iudicium facere, ZRG RA 52 (1932), 292 f.
BETANCOURT, FERNANDO, La defensa pretoria del "missus in possessionem", AHDE 52 (1982), 373–510
BETHMANN-HOLLWEG, MORITZ AUGUST VON, Der römische Civilprozeß, Bd. 2: Formulae, Bonn 1865; Bd. 3: Cognitiones, Bonn 1866
BETTI, EMILIO, La struttura dell'obbligazione romana e il problema della sua genesi, Mailand 1955
BIONDI, BIONDO, La legittimazione processuale nelle azioni divisorie romane, Perugia 1913 (zit. BIONDI, Legittimazione processuale)
–, Il giuramento decisorio nel processo civile romano, Palermo 1913 (Ndr. Rom 1970) (zit. BIONDI, Giuramento)
–, Appunti intorno alla sentenza ne processo civile romano, in: Studi in onore di Pietro Bonfante nel XL anno d'insegnamento, Bd. 4, Mailand 1930, 29–102 (zit. BIONDI, St. Bonfante IV)
–, Obbietto dell'antica "hereditas", IVRA 1 (1950), 150–191
–, Diritto ereditario romano. Parte generale (Corso di lezioni), Mailand 1954 (zit. BIONDI, DER)
–, Successione testamentaria e donazioni, 2. Aufl., Mailand 1955 (zit. BIONDI, Successione)
–, Universitas e successio. Saggio di anticritica, di storia e di dommatica romana, in: Studi in onore di Pietro de Francisci, Bd. 4, Mailand 1955, jetzt in: Scritti giuridici, Bd. 3: Diritto romano. Diritto privato, Mailand 1965, 451–503 (zit. BIONDI, Scr. III)
BISCARDI, ARNALDO, Actio pecuniae traiecticiae. Contributo alla dottrina delle clausole penali, 2. Aufl., Turin 1974 (zit. BISCARDI, Actio pecuniae traiecticiae)
–, "Pecunia traiecticia" e "stipulatio poenae", Labeo 24 (1978), 276–300

Biscotti, Barbara, Custodia, amministrazione, liquidazione di beni ereditari. Il responso di Salvio Giuliano in D. 3.5.12, in: Studi per Giovanni Nicosia, Bd. 2, Mailand 2007, 15–66 (zit. Biscotti, St. Nicosia II)

–, Curare bona. Tutela del credito e custodia del patrimonio tra creditori e debitore. Aspetti generali, Mailand 2008 (zit. Biscotti, Curare bona)

Bonfante, Pietro, Corso di diritto romano, Bd. 2: La proprietà. Sezione II, Rom 1928; Bd. 4: Le obbligazioni, Rom 1929 (Ndr. Mailand 1979); Bd. 6: Le successioni. Parte generale, Rom 1930 (Ndr. Mailand 1974) (zit. Bonfante, Corso)

–, Sulla trasmissibilità ereditaria delle obbligazioni nell'antico diritto romano, AG 100 (1928), 129–142

–, Istituzioni di diritto romano, 10. Aufl., Turin 1966 (Ndr. Mailand 1978) (zit. Bonfante, Istituzioni)

Bonifacio, Franco, Studi sul processo formulare romano, Bd. 1: Translatio iudicii, Neapel 1956

Bossowski, Franciszek, Ancora sulla negotiorum gestio (Studio rivolto a integrare le trattazioni di Partsch, Riccobono, Lyskowski, e Frese), BIDR 37 (1929), 129–230

Brandsma, Frits, Rez. de Jong, Hylke, Stephanus en zijn Digestenonderwijs, Groningen 2008, ZRG RA 132 (2014), 520–525

Brecht, Christoph H., Zum römischen Komitialverfahren, ZRG RA 59 (1939), 261–314

Bruck, Erhard F., Über Römisches Recht im Rahmen der Kulturgeschichte, Berlin/Heidelberg 1954

Bruns, Karl Georg (Hrsg.), Fontes iuris Romani antiqui, 5, 7. Aufl. hrsg. v. O. Gradenwitz, Tübingen 1909 (Ndr. 1958)

Buchwitz, Wolfram, § 58 Die Erbenhaftung, in: Babusiaux, Ulrike/Baldus, Christian/Ernst, Wolfgang/Meissel, Franz-Stefan/Platschek, Johannes/Rüfner, Thomas (Hrsg.), Handbuch des Römischen Privatrechts, Bd. 1, Tübingen 2023, 1519–1534

Bürge, Alfons, Geld- und Naturalwirtschaft im vorklassischen und klassischen römischen Recht, ZRG RA 99 (1982), 128–157

Bürge, Alfons, Geld- und Naturalwirtschaft im vorklassischen und klassischen römischen Recht, ZRG RA 99 (1982), 128–157

Burdese, Alberto, Autorizzazione ad alienare in diritto romano, Turin 1950 (zit. Burdese, Autorizzazione)

–, Il c. d. error in dominio nella traditio classica, Archives de droit privé 16 (1953), 23–47

Bustelo, Ana G., Dies incertus, Bd. 1, Santiago de Compostela 1996

Camacho de los Ríos, Manuel, Interrelaciones entre el pactum ut minus solvatur y la aditio mandatu creditorum, SDHI 79 (2013), 595–624

Camodeca, Giuseppe, L'archivio puteolano dei Sulpicii, Bd. 1, Neapel 1992 (zit. Camodeca, Archivio)

–, Tabulae Pompeianae Sulpiciorum (TPSulp.). Edizione Critica Dell'Archivio Puteolano Dei Sulpicii, Bd. 1, Rom 1999 (zit. Camodeca, Tabulae Pompeianae Sulpiciorum I)

CARRELLI, EDOARDO, Per una ipotesi sulla origine della bonorum venditio, SDHI 4 (1938), 429–483

CASELLA, VALENTINA, La trasmissibilità ereditaria della stipulatio, Mailand 2018

CASTRESANA, AMELIA, § 67 Teilungsklagen, in: Babusiaux, Ulrike/Baldus, Christian/Ernst, Wolfgang/Meissel, Franz-Stefan/Platschek, Johannes/Rüfner, Thomas (Hrsg.), Handbuch des Römischen Privatrechts, Bd. 2, Tübingen 2023, 1868–1882

CASTRO SÁENZ, ALFONSO, Aproximación a la usucapio pro herede, RIDA 45 (1998), 143–208

CENDERELLI, ALDO, Le garanzie personali delle obbligazioni per debiti e crediti della eredità giacente (Contributi esegetici), SDHI 30 (1964), 114–178

–, La negotiorum gestio. Corso esegetico di diritto romano, Bd. 1: Struttura, origini, azioni, Turin 1997 (zit. CENDERELLI, Negotiorum gestio)

–, Questioni di fatto e questioni di diritto alla luce di D. 3,5,12, in: Nozione formazione e interpretazione del diritto. Dall'età romana alle esperienze moderne. Ricerche dedicate al professor Filippo Gallo, Bd. 1, Neapel 1997, 97–116 (zit. CENDERELLI, Ric. Gallo I)

–, Rez. Finazzi, Giovanni, Ricerche in tema di 'negotiorum gestio', Bd. 1: Azione pretoria ed azione civile, Neapel 1999, IVRA 50 (1999), 227–251

–, L'intervento del "defensor" nel processo formulare e la portata dell'editto "de negotiis gestis", in: Atti del Convegno "Processo civile e processo penale nell'esperienza giuridica del mondo antico" in memoria di Arnaldo Biscardi, Siena, Certosa di Pontignano, 13–15 dicembre 2001, Mailand 2011, 77–86 (online unter Rivista di Diritto Romano: https://www.ledonline.it/rivistadirittoromano/allegati/attipontignanocenderelli.pdf (Stand 18.06.2025) (zit. CENDERELLI, Atti Biscardi)

CERAMI, PIETRO, Sulle tracce della "venditio ob tributorum cessationem facta", Labeo 41 (1995), 111–117

CIMMA, MARIA ROSA, Ricerche sulle società di publicani, Mailand 1981

COLLINET, PAUL, Les variations de l'usucapion 'pro herede' avant Hadrien, in: Studi in onore di Salvatore Riccobono nel XL anno del suo insegnamento, Bd. 4, Palermo 1936 (Ndr. Aalen 1974), 131–145

COPPOLA, GIOVANNA, Studi sulla pro herede gestio, Bd. 1: La struttura originaria del "gerere pro herede", Mailand 1987; Bd. 2: La valutazione dell'animus nel "gerere pro herede", Mailand 1999

COSENTINI, CRISTOFORO, Sui limiti d'applicabilità della "bonorum distractio ex edicto", SDHI 11 (1945), 1–18

CUJAS, JACQUES, Observationum libri XXVIII. Quibus multa in iure corrupta & non intellecta restituuntur. Eiusdem de origine iuris ad Pomponium Commentarius. Accesserunt praeterea Indices duo copiosi, Legum unus, alter verborum & rerum, sententiarumq[ue] insignium, [Köln] 1618 (zit. CUJAS, Observat.)

–, Operum postumorum quae de iure reliquit, tomus secundus. Sive Iulius Paulus, id est, ad Iulii Pauli libros ad edictum, et libros quaestionum recitationes exactissimae. Non solum mendis propemodum infinitis priorum editionum expunctis; sed etiam accessione plurimarum Recitationum, quae hactenus desiderabantur in novissimis libris Pauli ad Edictum, locupletatae, Paris 1658 (zit. CUJAS, Paul. lib. ed.)

DAJCZAK, WOJCIECH, § 47 Mehrheiten von Eigentümern, in: Babusiaux, Ulrike/Baldus, Christian/Ernst, Wolfgang/Meissel, Franz-Stefan/Platschek, Johannes/Rüfner, Thomas (Hrsg.), Handbuch des Römischen Privatrechts, Bd. 1, Tübingen 2023, 1164–1178

D'AMATI, LAURA, Curator bonorum: Una rilettura, BIDR 94/95 (1991/92), 440–448

–, A proposito del 'curator bonorum captivi', BIDR 103/104 (2000/01), 223–246

–, L'inattività del convenuto nel processo formulare: 'indefensio', 'absentia' e 'latitatio', Neapel 2016 (zit. D'AMATI, Inattività)

–, Dis Manibus. La sepoltura nel diritto della Roma pagana, Bari 2021 (zit. D'AMATI, Dis Manibus)

DAUBE, DAVID, Utiliter agere, IVRA 11 (1960), 69–148

DEDEKIND, ADOLF, Deliberationsrecht des Erben und die Interrogationes in jure faciendae. Eine civilistische Abhandlung, Braunschweig 1870

DE FILIPPI, MARISA, Ratihabitio, Bari 2002

DE FRANCISCI, PIETRO, Nuovi studi intorno alla legislazione giustinianea durante la compilazione delle Pandette (Contiunazione), BIDR 23 (1911), 186–295

–, Synallagma. Storia e dottrina dei cosidetti contratti innominati, Bd. 2, Pavia 1916 (zit. DE FRANCISCI, Synallagma II)

DEGENKOLB, HEINRICH, Magister und Curator im altrömischen Konkurs, Leipzig 1897

DE JONG, HYLKE, Stephanus en zijn Digestenonderwijs, Groningen 2008

DEMELIUS, GUSTAV, Die confessio im römischen Civil-Process und das gerichtliche Geständniss der neuesten Processgesetzgebung, Graz 1880

DÉNOYEZ, JOSEPH, Le défendeur à la pétition d'hérédité privée en Droit Romain, Paris 1953

DEPPENKEMPER, GUNTER, Negotiorum gestio – Geschäftsführung ohne Auftrag. Zu Entstehung, Kontinuität und Wandel eines Gemeineuropäischen Rechtsinstituts, 2 Bde., Göttingen 2014

DERNBURG, HEINRICH, Ueber die emtio bonorum. Ein rechtshistorischer Versuch, Heidelberg 1850

DI LELLA, LUIGI, Formulae ficticiae. Contributo allo studio della riforma giudiziaria di Augusto, Neapel 1984 (zit. DI LELLA, Formulae ficticiae)

–, Sulla "interrogatio in iure 'an heres sit vel quota ex parte'", in: Sodalitas. Scritti in onore di Antonio Guarino, Bd. 6, Neapel 1984 (zit. DI LELLA, Scr. Guarino VI)

DOMISCH, JÖRG, Zur Frage eines Besitzübergangs auf den Erben im klassischen römischen Recht, Berlin 2015

D'ORS, ALVARO, Agere cum deductione. Un nuevo intento sobre el fragmento jurisprudencial P. Mich. 456 (+ P. Yale inv. 1158), SDHI 59 (1993), 173–206

D'ORS, XAVIER, El interdicto fraudatorio en el derecho romano clasico, Rom/Madrid 1974

DOS SANTOS JUSTO, ANTÓNIO, A "fictio iuris" no direito romano ("actio fictícia"). Epoca clássica, Bd. 1: Etimologia, natureza, tipologia, factores determinantes e figuras afins (nos expedientes do pretor, no comércio jurídico e na jurisprudência), Coimbra 1988

DOVERE, ELIO, "Hereditas personam dominae sustinet". Giacenza ereditaria e tradizione romanistica, SDHI 70 (2004), 13–54

DUQUESNE, JOSEPH, La translatio judicii dans la procédure civile romaine, Paris 1910

EISELE, FRIDOLIN, Beiträge zur Erkenntniss der Digesteninterpolationen, ZRG RA 11 (1890), 1–30

EISENRING, GABRIELA, Rez. Bustelo, Ana G., Dies Incertus (I), Santiago 1996, ZRG RA 117 (2000), 737–741

ELIACHEVITCH, BASILE, La personnalité juridique en droit privé romain, Paris 1942

ENDEMANN, WOLFGANG, Der Begriff der delegatio im klassischen römischen Recht, Marburg 1959

ERNST, WOLFGANG, Maior pars – Mehrheitsdenken in der römischen Rechtskultur, ZRG RA 132 (2015), 1–67

ERXLEBEN, FRIEDERIKE, Translatio iudicii. Der Parteiwechsel im römischen Formularprozess, München 2017

FERRINI, CONTARDO, Appunti sulla dottrina romana della negotiorum gestio (con speciale riferimento al libro del prof. Pacchioni), BIDR 7 (1894), 85–116

FINAZZI, GIOVANNI, Ricerche in tema di negotiorum gestio, Bd. 1: Azione pretoria ed azione civile, Neapel 1999; Bd. 2.1: Requisiti delle actiones negotiorum gestorum, Cassino 2003; Bd. 2.2: Obbligazioni gravanti sul gestore e sul gerito e responsabilità, Cassino 2006

FINKENAUER, THOMAS, Freilassung durch Nachlaßübernahme – zur addictio bonorum libertatis causa, in: Finkenauer, Thomas (Hrsg.), Sklaverei und Freilassung im römischen Recht. Symposium für Hans Josef Wieling zum 70. Geburtstag, Berlin/Heidelberg/New York 2006, 19–57 (zit. FINKENAUER, Symp. Wieling)

–, Direkte Stellvertretung bei Stipulationen?, ZRG RA 125 (2008), 440–497

–, Vererblichkeit und Drittwirkung der Stipulation im klassischen römischen Recht, Tübingen 2010 (zit. FINKENAUER, Vererblichkeit)

–, Das pactum ut minus solvatur und die maior pars im klassischen Recht, TR 85 (2017), 115–140

–, Rez. Casella, Valentina, La trasmissibilità ereditaria della stipulatio, Mailand 2018, ZRG RA 137 (2020), 456–461

–, § 21 Stipulation (Verbalkontrakt), in: Babusiaux, Ulrike/Baldus, Christian/Ernst, Wolfgang/Meissel, Franz-Stefan/Platschek, Johannes/Rüfner, Thomas (Hrsg.), Handbuch des Römischen Privatrechts, Bd. 1, Tübingen 2023, 564–624 (zit. FINKENAUER, HRP I § 21)

FIRA I = Riccobono, Salvatore (Hrsg.), Fontes iuris Romani anteiustiniani, Bd. 1: Leges, 2. Aufl., Florenz 1941 (Ndr. 1968)

FLUME, WERNER, Studien zur Akzessorietät der römischen Bürgschaftsstipulation, Weimar 1932 (zit. FLUME, AKZESSORIETÄT)

–, Zu den römischen Bürgschaftsstipulationen, ZRG RA 113 (1996), 88–131

FORSTER, WOLFGANG, Konkurs als Verfahren. Francisco Salgado de Somoza in der Geschichte des Insolvenzrechts, Köln/Weimar/Wien 2009

FRAENKEL, EDUARD, Ulp. Dig. 11, 1, 11, 7, ZRG RA 82 (1965), 320

FRANCIOSI, GENNARO, Usucapio pro herede. Contributo allo studio dell'antica hereditas, Neapel 1965

FRESE, BENEDIKT, Prokuratur und negotiorum gestio im römischen Recht, in: Mélanges de droit romain dédiés à Georges Cornil, Bd. 1: Albertario–Jobbé-Duval, Paris 1926, 325–384 (zit. FRESE, MÉL. CORNIL I)

–, Defensio, solutio, expromissio des unberufenen Dritten, in: Studi in onore di Pietro Bonfante nel XL anno d'insegnamento, Bd. 4, Mailand 1930, 397–457 (zit. FRESE, ST. BONFANTE IV)

FREZZA, PAOLO, Actio communi dividundo. Estratto della "Rivista Italiana per le Scienze Giuridiche" N. S. – Anno VII – Fasc. I, Rom 1932 (zit. FREZZA, Actio communi dividundo)

–, Le garanzie delle obbligazioni, Bd. 1: Le garanzie personali, Padua 1962 (zit. FREZZA, Garanzie I)

GAGLIARDI, LORENZO, Studi sulla legittimazione alla querela inofficiosi testamenti in diritto romano e bizantino, Mailand 2017

GAMAUF, RICHARD, Vindicatio nummorum. Eine Untersuchung zur Reichweite und praktischen Durchführung des Eigentumsschutzes an Geld im klassischen römischen Recht, Habil. Wien 2001, https://roemr.univie.ac.at/fileadmin/user_upload/i_roemisches_recht/Publikationen/Gamauf_Vindicatio_Nummorum.pdf (Stand 18.06.2025) (zit. GAMAUF, Vindicatio nummorum)

–, § 36 Sklaven (*servi*), in: Babusiaux, Ulrike/Baldus, Christian/Ernst, Wolfgang/Meissel, Franz-Stefan/Platschek, Johannes/Rüfner, Thomas (Hrsg.), Handbuch des Römischen Privatrechts, Bd. 1, 924–994 (zit. GAMAUF, HRP I § 36)

GANDOLFI, GIUSEPPE, Sull'origine della "usucapio pro herede", BIDR 61 (1958), 271–292

–, In tema di "auctoritas rei iudicatae" (Giuliano in D. 5, 1, 74, 2), in: Studi in onore di Giuseppe Grosso, Bd. 4, Turin 1971, 129–144 (zit. GANDOLFI, St. Grosso IV)

GAUDEMET, JEAN, Étude sur le régime juridique de l'indivision en droit romain, Paris 1934

GEIB, OTTO, Die rechtliche Natur der Actio communi dividundo, Tübingen 1882

GIRARD, PAUL FRÉDÉRIC, Manuel élémentaire de droit romain, 8. Aufl., bearb. v. Félix Senn, Paris 1929

– /SENN, FÉLIX (Hrsg.), Textes de droit romain, Bd. 2: Les Lois des Romains, 7. Aufl., Neapel 1977

GIUFFRÈ, VINCENZO, Sull'origine della "bonorum venditio" come esecuzione patrimoniale, Labeo 39 (1993), 317–364

GIUNTI, PATRIZIA, Ius controversum e separatio bonorum, Cagliari 1993

GNOLI, FRANCO, Hereditatem expilare, Bd. 1: Il principio 'rei hereditariae furtum non fit' e la 'usucapio hereditatis', Mailand 1984

GÓMEZ-IGLESIAS CASAL, ANGEL, Citación y comparecencia en el procedimiento formulario romano, Santiago de Compostela 1984

GREINER, REINHOLD, Opera Neratii. Drei Textgeschichten, Karlsruhe 1973

GROTEN, ANDREAS, corpus und universitas. Römisches Körperschafts- und Gesellschaftsrecht: zwischen griechischer Philosophie und römischer Politik, Tübingen 2015

GUARINO, ANTONIO, Pactum quo minus solvatur. Note sui precedenti romani del concordato preventivo. Estratto dagli Studi in memoria di Bernardino Scorza, Rom 1940 (zit. GUARINO, Pactum)

–, Notazioni romanistiche: VI–VII, AUCT 4 (n. s.) (1949/50), 196–214

GUARNERI CITATI, ANDREA, Studi sulle obbligazioni indivisibili nel diritto romano, Palermo 1921 (Ndr. Rom 1972)

HACKL, KARL, Praeiudicium im klassischen römischen Recht, Salzburg/München 1976 (zit. HACKL, Praeiudicium)

–, Sulla finzione nel diritto privato, in: Studi in onore di Arnaldo Biscardi, Bd. 1, Mailand 1982, 245–263 (zit. HACKL, St. Biscardi I)

HÄHNCHEN, SUSANNE, § 31 Vormundschaft (*tutela*) und Pflegschaft (*cura*), in: Babusiaux, Ulrike/Baldus, Christian/Ernst, Wolfgang/Meissel, Franz-Stefan/Platschek, Johannes/Rüfner, Thomas (Hrsg.), Handbuch des Römischen Privatrechts, Bd. 1, Tübingen 2023, 780–805

HÄUSLER, ADRIAN, Missio in possessionem. L'envoi en possession en droit romain classique, Liège 2024

HARKE, JAN DIRK, Error in dominio?, ZRG RA 121 (2004), 129–151

–, Geschäftsführung und Bereicherung, Berlin 2007 (zit. HARKE, Geschäftsführung)

HAUSMANINGER, HERBERT, Rez. Franciosi, Gennaro, Usucapio pro herede. Contributo allo studio dell'antica 'hereditas', ZRG RA 84 (1967), 503–510

HEINEMEYER, SUSANNE, Der Freikauf des Sklaven mit eigenem Geld – Redemptio suis nummis, Berlin 2013

HELLMANN, [FRIEDRICH], Zur Terminologie der römischen Rechtsquellen in der Lehre von der Unwirksamkeit der juristischen Thatsachen, ZRG RA 23 (1902), 380–428

HEUMANN, HERMANN GOTTLIEB/SECKEL, EMIL, Handlexikon zu den Quellen des römischen Rechts, 9. Aufl., Jena 1926 (2. Ndr.)

HONSELL, HEINRICH/MAYER-MALY, THEO/SELB, WALTER, Römisches Recht. Aufgrund des Werkes von Paul Jörs, Wolfgang Kunkel, Walter Selb, 4. Aufl., Berlin/Heidelberg/New York/London/Paris/Tokyo 1987

HUCHTHAUSEN, LISELOT, Zum Problem der „Freiheitsbegünstigung" (favor libertatis) im römischen Recht, Philol. 120 (1976), 47–72

HUSCHKE, EDUARD, Gai Institutionum commentarii quattuor. Separatim ex iurisprudentiae anteiustinianeae reliquis, hrsg. v. Emil Seckel/Bernhard Kübler, 6. Aufl., Leipzig 1928

IMPALLOMENI, GIAMBATTISTA, Le manomissioni mortis causa. Studi sulle fonti autoritative romane, Padua 1963

Ind. itp. = LEVY, ERNST/RABEL, ERNST, Index interpolationum quae in Iustiniani digestis inesse dicuntur, Bd. 1, Weimar 1929

Isola, Lisa, § 66 Interdikte, in: Babusiaux, Ulrike/Baldus, Christian/Ernst, Wolfgang/Meissel, Franz-Stefan/Platschek, Johannes/Rüfner, Thomas (Hrsg.), Handbuch des Römischen Privatrechts, Bd. 2, 1808–1867

Jörs, Paul, Erzrichter und Chrematisten. Untersuchungen zum Mahn- und Vollstreckungsverfahren im griechisch-römischen Ägypten, ZRG RA 36 (1915), 230–339; ZRG RA 39 (1918), 52–118; ZRG RA 40 (1919), 1–97

Kaiser, Wolfgang, Schreiber und Korrektoren des Codex Florentinus, ZRG RA 118 (2001), 133–219

–, Zur Herkunft der Gaiusexzerpte in D. 38,10,1+3, ZRG RA 134 (2017), 491–513

–, Die Inskriptionen der Exzerpte aus Gaius, ad edictum provinciale in D. 11.7 (De religiosis et sumptibus funerum), in: Babusiaux, Ulrike/Nobel, Peter/Platschek, Johannes (Hrsg.), Der Bürge einst und jetzt. Festschrift für Alfons Bürge, Zürich/Basel/Genf 2017, 321–344 (zit. Kaiser, FS Bürge)

Karlowa, Otto, Römische Rechtsgeschichte, Bd. 2: Privatrecht und Civilprozess. Strafrecht und Strafprozess. Teil 1: Privatrecht, Leipzig 1901

Kaser, Max, Ueber Verfuegungsakte Gewaltunterworferner mit Studien zur Natur der 'manumissio vindicta', SDHI 16 (1950), 59–85

–, Die altrömische Erbenhaftung, AHDO-RIDA 1 (1952), 507–544

–, Die Passivlegitimation zur hereditatis petitio, ZRG RA 72 (1955), 90–126

–, Infamia und ignominia in den römischen Rechtsquellen, ZRG RA 73 (1956), 220–278

–, Das Geld im römischen Sachenrecht, TR 29 (1961), 169–229

–, „Vindicia falsa" und „fructus duplio", IVRA 13 (1962), 22–52

–, Das römische Privatrecht, Bd. 1: Das altrömische, das vorklassische und klassische Recht, 2. Aufl., München 1971 (zit. Kaser, RP I)

– /Hackl, Karl, Das römische Zivilprozessrecht, 2. Aufl., München 1996

Klinck, Fabian, § 44 Ersitzung (usucapio), in: Babusiaux, Ulrike/Baldus, Christian/Ernst, Wolfgang/Meissel, Franz-Stefan/Platschek, Johannes/Rüfner, Thomas (Hrsg.), Handbuch des Römischen Privatrechts, Bd. 1, Tübingen 2023, 1121–1144

Klingenberg, Georg, Die venditio ob tributorum cessationem facta, ZRG RA 109 (1992), 350–410

–, § 13 Formularprozess: Verhandlung apud iudicem, in: Babusiaux, Ulrike/Baldus, Christian/Ernst, Wolfgang/Meissel, Franz-Stefan/Platschek, Johannes/Rüfner, Thomas (Hrsg.), Handbuch des Römischen Privatrechts, Bd. 1, Tübingen 2023, 413–475 (zit. Klingenberg, HRP I § 13)

Klingmüller, s. v. Institor, in: Kroll, Wilhelm (Hrsg.), Paulys Realencyclopädie der classischen Altertumswissenschaft, Bd. IX.2, Stuttgart 1916, 1564 f.

Knütel, Rolf, Stipulatio poenae. Studien zur römischen Vertragsstrafe, Köln/Wien 1976

– /Kupisch, Berthold/Lohsse, Sebastian/Rüfner, Thomas, Corpus Iuris Civilis. Die Institutionen. Text und Übersetzung, 4. Aufl., Heidelberg 2013

Koch, Elena, Die Lehre von der venditio bonorum. War die Entdeckung des Veroneser Gaius ein Wendepunkt?, in: Babusiaux, Ulrike/Mantovani, Dario (Hrsg.), Le Istituzioni di Gaio: avventure di un bestseller. Trasmissione, uso e trasformazione del testo, Pavia 2020, 743–766

Köhler, Johann Bernhard, Interpretationum et emendationum iuris romani, Leipzig 1792

Korošec, Viktor, Die Erbenhaftung nach römischem Recht, Erster Teil: Das Zivil- und Amtsrecht, Leipzig 1927

Koschaker, Paul, Translatio iudicii. Eine Studie zum römischen Zivilprozeß, Graz 1905

Krampe, Christoph, Rez. Verrey, Olivier, Leges geminatae à deux auteurs et compilation du digeste, Diss. Lausanne 1973, ZRG RA 93 (1976), 369–380

Kranjc, Janez, Die actio praescriptis verbis als Formelaufbauproblem, ZRG RA 106 (1989), 434–468

Kreller, Hans, Rez. Korošec, Viktor, Die Erbenhaftung nach römischem Recht, Bd. 1: Das Zivil- und Amtsrecht, Leipzig 1927, Gnomon 7 (1931), 375–379

–, Das Edikt de negotiis gestis in der klassischen Praxis, ZRG RA 59 (1939), 390–431

–, Das Edikt de negotiis gestis in der Geschichte der Geschäftsbesorgung, in: Festschrift Paul Koschaker. Mit Unterstützung der Rechts- und Staatswissenschaftlichen Fakultät der Friedrich-Wilhelms-Universität Berlin und der Leipziger Juristenfakultät zum sechzigsten Geburtstag überreicht von seinen Fachgenossen, Bd. 2, Weimar 1939, 193–226 (zit. Kreller, FS Koschaker)

Kroppenberg, Inge, Die Insolvenz im klassischen römischen Recht. Tatbestände und Wirkungen außerhalb des Konkursverfahrens, Köln/Weimar/Wien 2001

Krüger, Paul, Rez. Demelius, Gustav, Die confessio im römischen Civilprozess und das gerichtliche Geständniß der neuesten Prozeßgesetzgebung, Graz 1880, KritV 22 (1880), 414–422

Kupisch, Berthold, in: Knütel, Rolf/Kupisch, Berthold/Rüfner, Thomas/Seiler, Hans Hermann (Hrsg.), Corpus Iuris Civilis. Text und Übersetzung, Bd. 5: Digesten 28–34, Heidelberg 2012

La Pira, Giorgio, La successione ereditaria intestata e contro il testamento in diritto romano, Florenz [1930]

Lautner, Julius Georg, Zur interrogatio in iure nach klassischem Rechte, in: Abhandlungen zur antiken Rechtsgeschichte. Festschrift für Gustav Hanausek zu seinem siebzigsten Geburtstag am 4. September 1925 überreicht von seinen Freunden und Schülern, Graz [1925], 52–88

Leist, Burkard Wilhelm, Die Bonorum possessio. Ihre geschichtliche Entwicklung und heutige Geltung, Bd. 1, Göttingen 1844; Bd. 2.1, Göttingen 1848; Bd. 2.2, Göttingen 1848 (zit. Leist, Bonorum possessio)

–, in: Glück, Christian Friedrich von, Ausführliche Erläuterung der Pandecten nach Hellfeld. Ein Commentar, Bücher 37/38, Bd. 4, Erlangen 1879 (zit. Leist, in: Glück, Bücher 37/38)

Lemosse, Maxime, Cognitio. Étude sur le role du juge dans l'instruction du procès civil antique, Paris 1944 (Ndr. Rom 1971)

–, "Actiones interrogatoriae", Labeo 34 (1988), 7–17

LENEL, OTTO, Palingenesia iuris civilis. Iuris consultorum reliquiae quae iustiniani digestis continentur ceteraque iurisprudentiae civilis fragmenta minora, 2 Bde., Leipzig 1889 (2. Ndr. Aalen 2000) (zit. LENEL, Pal.)

–, Nachträge zum Edictum Perpetuum, ZRG RA 20 (1899), 1–32

–, Die Passivlegitimation bei der hereditatis petitio, ZRG RA 46 (1926), 1–18

–, Das edictum perpetuum. Ein Versuch zu seiner Wiederherstellung, 3. Aufl., Leipzig 1927 [1. Aufl. 1883] (zit. LENEL, EP)

–, Kritisches und Antikritisches, ZRG RA 49 (1929), 1–23

LEPRI, MARIA FEDERICA, Note sulla natura giuridica delle missiones in possessionem (Diritto classico e giustinianeo) con prefazione del Prof. S. Cugia, Florenz 1939 (zit. LEPRI, Missiones)

–, I §§ 9–12 del D. 42.4.7 (Appunti in tema di "bonorum distractio"), in: Scritti in onore di Contardo Ferrini pubblicati in occasione della sua beatificazione, Bd. 2, Mailand 1947, 99–137 (zit. LEPRI, Scr. Ferrini II)

LEVY, ERNST, Zur Lehre von der Muciana cautio im klassischen römischen Recht, ZRG RA 24 (1903), 122–151

LIEBS, DETLEF, § 426. Gaius, in: Sallmann, Klaus (Hrsg.), Handbuch der lateinischen Literatur der Antike, Bd. 4: Die Literatur des Umbruchs. Von der römischen zur christlichen Literatur 117 bis 284 n. Chr., München 1997, 188–195, mit Nachträgen des Autors unter https://www.jura.uni-freiburg.de/de/institute/rgesch1/downloads/HLL%204%20Nachtrage.pdf (Stand 18.06.2025) (zit. LIEBS, HLL IV)

LOHSSE, SEBASTIAN, Ius adcrescendi. Die Anwachsung im römischen Vermächtnisrecht, Köln/Weimar/Wien 2008

LONGO, CARLO, s.v. Bonorum possessio, Enciclopedia giuridica italiana, Bd. 2.1, Mailand 1911, 1206–1263

LÓPEZ-BARAJAS MIRA, MARÍA ROSA, Separatio bonorum, Granada 1995

LÜBTOW, ULRICH VON, Betrachtungen zur „hereditas iacens", in: Studi in onore di Giuseppe Grosso, Bd. 2, Turin 1968, 581–636

MAGDELAIN, ANDRÉ, Le consensualisme dans l'édit du préteur, Paris 1958

MAIER, GEORG H., Regreß wegen Zahlung fremder Schulden, wenn nicht nomine debitoris gezahlt ist?, ZRG RA 50 (1930), 486–500

MAIFELD, JAN, Die aequitas bei L. Neratius Priscus, Trier 1991

MANTHE, ULRICH, Das senatus consultum Pegasianum, Berlin 1989

MANTOVANI, DARIO, Cicerone storico del diritto, Ciceroniana 13 (2009), 297–367

–, Le procès et le progrès de la connaissance. Nouveaux documents et tournants historiographiques, in: Chevreau, Emmanuelle/Kremer, David/Laquerrière-Lacroix (Hrsg.), Carmina Iuris. Mélanges en l'honneur de Michel Humbert, Paris 2012, 535–553 (zit. MANTOVANI, Mél. Humbert)

MATTIANGELI, DANIELE, Societas und corpus. Auf den Spuren einer Handelsgesellschaft als juristische Person im römischen Recht, Wien 2017

MAYER-MALY, THEO, Studien zur Frühgeschichte der Usucapio I, ZRG RA 77 (1960), 16–51

–, Studien zur Frühgeschichte der Usucapio III, ZRG RA 79 (1962), 86–107

–, Probleme der negotiorum gestio, ZRG RA 86 (1969), 416–435

Medicus, Dieter, Zur Funktion der ‚interrogatio in iure', in: Studi in onore di Edoardo Volterra, Bd. 1, Mailand 1971, 439–467

Meinhart, Marianne, Die bedingte Erbeinsetzung des Haussohnes, in: Studien im römischen Recht. Max Kaser zum 65. Geburtstag gewidmet von seinen Hamburger Schülern, Berlin 1973, 111–136

Meissel, Franz-Stefan, Societas. Struktur und Typenvielfalt des römischen Gesellschaftsvertrages, Frankfurt a. M. 2004 (zit. Meissel, Societas)

–, Altruismus und Rationalität: Zur „Ökonomie" der negotiorum gestio, in: Babusiaux, Ulrike/Nobel, Peter/Platschek, Johannes (Hrsg.), Der Bürge einst und jetzt. Festschrift für Alfons Bürge, Zürich 2017, 255–288 (zit. Meissel, FS Bürge)

–, Rez. Unger, Oliver, Actio Funeraria. Prinzip und Fall der verbotswidrigen Geschäftsführung ohne Auftrag, Tübingen 2018, ZRG RA 137 (2020), 480–487

–, Totenfürsorge als Geschäftsführung ohne Auftrag? Actio funeraria und postmortaler Persönlichkeitsschutz, ZRG RA 138 (2021), 219–244

–, § 88 Klagen aus auftragloser Geschäftsführung (actio negotiorum gestorum), in: Babusiaux, Ulrike/Baldus, Christian/Ernst, Wolfgang/Meissel, Franz-Stefan/Platschek, Johannes/Rüfner, Thomas (Hrsg.), Handbuch des Römischen Privatrechts, Bd. 2, Tübingen 2023, 372–412 (zit. Meissel, HRP II § 88)

– /Novitskaya, Anna, § 87 Bonae fidei iudicia: Grundlagen, in: Babusiaux, Ulrike/Baldus, Christian/Ernst, Wolfgang/Meissel, Franz-Stefan/Platschek, Johannes/Rüfner, Thomas (Hrsg.), Handbuch des Römischen Privatrechts, Bd. 2, Tübingen 2023, 2017–2038

Mommsen, Theodor, Digesta Iustiniani Augusti, Bd. 1, Berlin 1868; Bd. 2, Berlin 1870

Müller-Ehlen, Martina, Hereditatis petitio. Studien zur Leistung auf fremde Schuld und zur Bereicherungshaftung in der römischen Erbschaftsklage, Köln/Weimar/Wien 1998

Müller-Eiselt, Klaus Peter, Divus Pius constituit. Kaiserliches Erbrecht, Berlin 1982

Naber, J. C., Observatiunculae de iure Romano, Mnemosyne 25 (1897), 18–36, 173–188, 282–310

Nelson, Hein L. W. (unter Mitwirkung von David, Martin), Überlieferung, Aufbau und Stil von Gai Institutiones, Leiden 1981

– /Manthe, Ulrich, Gai Institutiones III 1–87. Intestaterbfolge und sonstige Arten von Gesamtnachfolge. Text und Kommentar, Berlin 1992 (zit. Nelson/Manthe, Gai Inst. III 1–87)

–/–, Gai Institutiones III 88–181. Die Kontraktsobligationen. Text und Kommentar, Berlin 1999 (zit. Nelson/Manthe, Gai Inst. III 88–181)

–/–, Gai Institutiones III 182–225. Die Deliktsobligationen. Text und Kommentar, Berlin 2007 (zit. Nelson/Manthe, Gai Inst. III 182–225)

Oehler, Johann, s. v. Kalendarium, in: Kroll, Wilhelm (Hrsg.), Paulys Realencyclopädie der classischen Altertumswissenschaft, Bd. X.2, Stuttgart 1919, 1564–1568

Orestano, Riccardo, Hereditas nondum adita, IVRA 33 (1982), 1–24

ORSO, PAOLO, Sul problema di un residuo attivo nella bonorum venditio, SDHI 60 (1994), 261–290

PACCHIONI, GIOVANNI, Contributo critico alla dottrina delle azioni negotiorum gestorum, BIDR 9 (1896), 50–87

–, Della gestione degli affari altrui. Secondo il diritto romano civile e commerciale, 3. Aufl., Padua 1935 (zit. PACCHIONI, Gestione)

PARENTI, LUCIO, Sul regime della parziarietà in presenza di più eredi, in: Cursi, Maria Floriana (Hrsg.), XII Tabulae. Testo e commento, Bd. 1, Neapel 2018, 381–400

PARTSCH, JOSEF, Studien zur Negotiorum Gestio, Bd. 1, Heidelberg 1913

PENNITZ, MARTIN, „Statuliber" und „favor libertatis", Index 38 (2010), 253–260

PÉREZ ÁLVAREZ, MARÍA DEL PILAR, Observaciones sobre D.17.1.22.10 (Paul. l. XXXII ad ed.), RIDA 45 (1998), 355–385

–, La bonorum venditio. Estudio sobre el concurso de acreedores en Derecho Romano clásico, Madrid 2000 (zit. PÉREZ ÁLVAREZ, Bonorum venditio)

PEROZZI, SILVIO, Istituzioni di diritto romano, Bd. 2: Obbligazioni ed azioni – Diritto ereditario – Donazioni, Rom 1928

PICCIRILLO, ALESSANDRO, In tema di "interrogatio in iure", Labeo 17 (1971), 303–308

PLATSCHEK, JOHANNES, Studien zu Ciceros Rede für P. Quinctius, München 2005 (zit. PLATSCHEK, Quinctius)

–, Rez. Nelson, Hein L. W./Manthe, Ulrich, Gai Institutiones III 182–225. Die Deliktsobligationen. Text und Kommentar, Berlin 2007, ZRG RA 127 (2010), 474–485

–, Gai. 4,35/36: Kein Beleg für eine actio Serviana des Vermögenskäufers, ZRG RA 128 (2011), 366–369

–, Nochmals zur Erbschaftsersitzung in Gai. 2,54, ZRG RA 130 (2013), 405–412

–, Duplik zu Pool, Noch einmal zu possessio in Gaius 2,54 und 61, ZRG RA 131 (2014), 392–394

–, Das Verhältnis der Institutiones zu den so genannten Res cottidianae sive aurea, in: Babusiaux, Ulrike/Mantovani, Dario (Hrsg.), Le Istituzioni di Gaio: avventure di un bestseller. Trasmissione, uso e trasformazione del testo, Pavia 2020, 297–302 (zit. PLATSCHEK, in: Babusiaux/Mantovani)

–, § 10 Formularprozess: Grundlagen, in: Babusiaux, Ulrike/Baldus, Christian/Ernst, Wolfgang/Meissel, Franz-Stefan/Platschek, Johannes/Rüfner, Thomas (Hrsg.), Handbuch des Römischen Privatrechts, Bd. 1, Tübingen 2023, 342–349 (zit. PLATSCHEK, HRP I § 10)

–, § 12 Formularprozess: Verhandlung in iure, in: Babusiaux, Ulrike/Baldus, Christian/Ernst, Wolfgang/Meissel, Franz-Stefan/Platschek, Johannes/Rüfner, Thomas (Hrsg.), Handbuch des Römischen Privatrechts, Bd. 1, Tübingen 2023, 372–412 (zit. PLATSCHEK, HRP I § 12)

POOL, ERIC H., Die Erbschaftsersitzung in Gai. 2,54 und Theo Mayer-Malys Thesen zum Ursprung der usucapio, ZRG RA 129 (2012), 113–160

–, Noch einmal zu possessio bei Gaius 2,54 und 61, ZRG RA 131 (2014), 370–392

PROVERA, GIUSEPPE, La pluris petitio nel processo romano, Bd. 1: La procedura formulare, Turin 1958

Rabel, Ernst, Rez. Korošec, Viktor, Die Erbenhaftung nach römischem Recht, Bd. 1: Das Zivil- und Amtsrecht, Leipzig 1927, ZRG RA 49 (1929), 580–585

–, Negotium alienum und animus, in: Studi in onore di Pietro Bonfante nel XL anno d'insegnamento, Bd. 4, Mailand 1930, 279–304 (zit. Rabel, St. Bonfante IV)

–, Grundzüge des römischen Privatrechts, 2. Aufl., Basel 1955 (zit. Rabel, Grundzüge)

Rainer, J. Michael, Teil IV: Stellung des Sklaven im Privatrecht. 2: Vertretung des Dominus; 5: Geschäftsfähigkeit; 6: Erwerb durch den Sklaven, in: Chiusi, Tiziana J./Filip-Fröschl, Johanna/Rainer, J. Michael (Hrsg.), Corpus der römischen Rechtsquellen zur antiken Sklaverei (CRRS), Stuttgart 2015

Ramadier, Paul, Les effets de la missio in bona rei servandae causa, Paris 1911

Reggi, Roberto, L' 'error in dominio' nella 'traditio', SDHI 18 (1952), 88–114

Robbe, Ubaldo, La "hereditas iacet" e il significato della "hereditas" in diritto romano, Bd. 1, Mailand 1975

Rotondi, Giovanni, Una nuova ipotesi in materia di "bonorum venditio", Filang. 36 (1911), 164–168

–, Bonorum venditio, in: Ciapessoni, Pietro (Hrsg.), Per il XIV centenario della codificazione giustinianea, Pavia 1934, 95–133 (zit. Rotondi, in: Ciapessoni)

Rudorff, Adolph August Friedrich, Das Recht der Vormundschaft aus den gemeinen in Deutschland geltenden Techten entwickelt, Bd. 1, Berlin 1832 (zit. Rudorff, Vormundschaft I)

–, Römische Rechtsgeschichte, Bd. 2: Rechtspflege, Leipzig 1859 (zit. Rudorff, RRG II)

–, De iuris dictione edictum. Edicti perpetui quae relicta sunt, Leipzig 1869 (zit. Rudorff, EP)

Rüfner, Thomas, Vertretbare Sachen? Die Geschichte der res, quae pondere numero mensura constant, Berlin 2000 (zit. Rüfner, Vertretbare Sachen)

–, Antritt der Erbschaft unter unsicheren Voraussetzungen: D. 29,2,21,3 (Ulp. 7 ad Sab.), ZRG RA 127 (2010), 286–295

–, Money in the Roman Law Texts, in: Fox, David/Ernst, Wolfgang (Hrsg.), Money in the Western Legal Tradition. Middle Ages to Bretton Woods, Oxford 2016, 93–109 (zit. Rüfner, in: Fox/Ernst)

–, § 53 Testamentarische Erbfolge, in: Babusiaux, Ulrike/Baldus, Christian/Ernst, Wolfgang/Meissel, Franz-Stefan/Platschek, Johannes/Rüfner, Thomas (Hrsg.), Handbuch des Römischen Privatrechts, Bd. 1, Tübingen 2023, 1311–1328 (zit. Rüfner, HRP I § 53)

–, § 98 Fideikommisse und ihre Durchsetzung, in: Babusiaux, Ulrike/Baldus, Christian/Ernst, Wolfgang/Meissel, Franz-Stefan/Platschek, Johannes/Rüfner, Thomas (Hrsg.), Handbuch des Römischen Privatrechts, Bd. 2, Tübingen 2023, 2691–2712 (zit. Rüfner, HRP II § 98)

Sacconi, Giuseppina, La "pluris petitio" nel processo formulare. Contributo allo studio dell'oggetto del processo, Mailand 1977

Sachers, Erich, Die Haftung des auftragslosen Geschäftsführers, SDHI 4 (1938), 309–363

SANFILIPPO, CESARE, Interrogatio in jure, in: Scritti giuridici raccolti per il centenario della casa editrice Jovene 1854–1954, Neapel 1954, 631–685 (zit. SANFILIPPO, Scr. Jovene)

–, Riflessioni sulla aditio mandato creditorum, in: Mélanges Philippe Meylan. Recueil de travaux publiés par la Faculté de droit, Bd. 1, Lausanne 1963, 293–297 (zit. SANFILIPPO, Mél. Meylan I)

SAVIGNY, FRIEDRICH CARL VON, Ueber die juristische Behandlung der sacra privata bey den Römern, und über einige damit verwandte Gegenstände, ZGR 2 (1816), 362–404

–, System des heutigen Römischen Rechts, Bd. 3, Berlin 1840; Bd. 7, Berlin 1848 (zit. SAVIGNY, System)

SCARANO USSANI, VINCENZO, Diritto e politica nell'origine della "bonorum distractio ex senatus consulto", Labeo 22 (1976), 178–197

–, Le forme del privilegio. Beneficia e privilegia tra Cesare e gli Antonini, Neapel [1992] (zit. SCARANO USSANI, Privilegio)

SCHANBACHER, DIETMAR, Ratio legis Falcidiae. Die falzidische Rechnung bei Zusammentreffen mehrerer Erbschaften in einer Hand, Berlin 1995 (zit. SCHANBACHER, Ratio)

–, § 48 Pfandrecht (pignus, hypotheca), in: Babusiaux, Ulrike/Baldus, Christian/Ernst, Wolfgang/Meissel, Franz-Stefan/Platschek, Johannes/Rüfner, Thomas (Hrsg.), Handbuch des Römischen Privatrechts, Bd. 1, Tübingen 2023, 1179–1234 (zit. SCHANBACHER, HRP I § 48)

–, § 87 Klagen aus Verpfändung (actio pigneraticia), in: Babusiaux, Ulrike/Baldus, Christian/Ernst, Wolfgang/Meissel, Franz-Stefan/Platschek, Johannes/Rüfner, Thomas (Hrsg.), Handbuch des Römischen Privatrechts, Bd. 2, Tübingen 2023, 2501–2510 (zit. SCHANBACHER, HRP II § 87)

SCHEIBELREITER, PHILIPP, De eo, qui sciens comodasset pondera. Zum Verleihen und Gebrauchen falscher Gewichte bei Trebaz und Paulus, ZRG RA 134 (2017), 188–233

SCHINDLER, KARL-HEINZ, Justinians Haltung zur Klassik. Versuch einer Darstellung an Hand seiner Kontroversen entscheidenden Konstitutionen, Köln/Graz 1966

SCHIRMER, TH., Weitere Beiträge zur Interpretation von Scävola's Responsen, ZRG RA 15 (1894), 352–364

SCHMIDT, A., Die Anfänge der Bonorum possessio, ZRG RA 17 (1896), 324–328

SCHMIDT, JAN PETER, Itinera hereditatis. Strukturen der Nachlassabwicklung in historisch-vergleichender Perspektive, Tübingen 2022

SCHNORR VON CAROLSFELD, LUDWIG, Geschichte der juristischen Person, Bd. 1: Universitas, corpus, collegium im klassischen römischen Recht, München 1933

SCHULZ, FRITZ, Die Lehre vom Concursus Causarum im klassischen und justinianischen Recht, ZRG RA 38 (1917), 114–209

–, Classical Roman Law, Oxford 1951 (Ndr. 1961) (zit. SCHULZ, Classical Roman Law)

SEILER, HANS HERMANN, Der Tatbestand der negotiorum gestio im römischen Recht, Köln/Graz 1968 (zit. SEILER, Tatbestand)

–, Zur Haftung des auftraglosen Geschäftsführers im römischen Recht, in: Medicus, Dieter/Seiler, Hans Hermann (Hrsg.), Studien im römischen Recht. Max Kaser zum 65. Geburtstag gewidmet von seinen Hamburger Schülern, Berlin 1973, 195–208 (zit. SEILER, Studien Kaser)

–, Bereicherung und negotiorum gestio, in: Benöhr, Hans-Peter/Hackl, Karl/Knütel, Rolf/Wacke, Andreas (Hrsg.), Iuris professio. Festgabe für Max Kaser zum 80. Geburtstag, Wien/Köln/Graz 1986, 245–257 (zit. SEILER, FG Kaser [1986])

SILVEIRA MARCHI, EDUARDO C., Concurso de Credores e pactum ut minus solvatur, 2. Aufl., Lecce 1999 (zit. SILVEIRA MARCHI, Concurso)

–, Considerações acerca da 'aditio mandatu creditorum', in: Iuris vincula. Studi in onore di Mario Talamanca, Bd. 7, Neapel 2001, 465–486 (zit. SILVEIRA MARCHI, St. Talamanca VII)

SIRACUSA, RAFFAELLA, La nozione di "universitas" in diritto romano, Mailand 2016

SOLAZZI, SIRO, Un caso di "distractio bonorum" nel diritto romano classico, BIDR 16 (1904), 89–123

–, "Spatium deliberandi", Catania 1912, jetzt in: Scritti di diritto romano, Bd. 1: 1899–1913, Neapel 1955, 361–369 (zit. SOLAZZI, Scr. I)

–, Contro la rappresentanza del defunto, RISG 58 (1916), 277–286, jetzt in: Scritti di diritto romano, Bd. 2: 1913–1924, Neapel 1957, 193–199 (zit. SOLAZZI, Scr. II)

–, Diritto ereditario romano, Bd. 2, Neapel 1933 (zit. SOLAZZI, DER II)

–, L'estinzione dell'obbligazione nel diritto romano, Bd. 1, 2. Aufl., Neapel 1935 (zit. SOLAZZI, Estinzione)

–, Il concorso dei creditori nel diritto romano, Bd. 1, Neapel 1937; Bd. 2, Neapel 1938; Bd. 3, Neapel 1940; Bd. 4, Neapel 1943 (zit. SOLAZZI, Concorso)

–, In tema di "bonorum venditio", IVRA 6 (1955), 78–103

SPENGLER, HANS-DIETER, Studien zur interrogatio in iure, München 1994

SPERL, HANS, Succession in den Process. Eine civilprocessuale Studie, Graz 1895

STARACE, PIA, Lo statuliber e l'adempimento fittizio della condizione. Uno studio sul favor libertatis fra tarda Repubblica ed età antonina, Bari 2006

STERN, JACOB, Aspects de la pratique sociale des testaments à Rome. Voluntas du testateur face aux institutions légales et aux normes sociales et transmission des patrimoines par voie testamentaire à l'époque républicaine et du principat, Neapel 2022

STOLTE, BERNARD H., Gaius in the Paraphrase of Theophilus, in: Babusiaux, Ulrike/Mantovani, Dario (Hrsg.), Le Istituzioni di Gaio: avventure di un bestseller. Trasmissione, uso e trasformazione del testo, Pavia 2020, 683–714

STROBEL, BENEDIKT, Römische Testamentsurkunden aus Ägypten vor und nach der Constitutio Antoniniana, München 2014 (zit. STROBEL, Testamentsurkunden)

–, § 56 Anfall, Antritt und Ausschlagung der Erbschaft, in: Babusiaux, Ulrike/Baldus, Christian/Ernst, Wolfgang/Meissel, Franz-Stefan/Platschek, Johannes/Rüfner, Thomas (Hrsg.), Handbuch des Römischen Privatrechts, Bd. 1, Tübingen 2023, 1418–1436 (zit. STROBEL, HRP I § 56)

Sturm, Fritz, Rez. Medicus, Dieter/Seiler, Hans Hermann (Hrsg.), Studien im römischen Recht, Max Kaser gewidmet von seinen Hamburger Schülern, Berlin o. J. (aber 1973), ZRG RA 93 (1976), 470–480

Talamanca, Mario, Studi sulla legittimazione passiva alla "hereditatis petitio", Mailand 1956 (zit. Talamanca, Legittimazione passiva)

–, Le fattispecie dell'"actio negotiorum gestorum", Labeo 17 (1971), 217–244

Tambour, Jules, Des voies d'exécution sur les biens des débiteurs dans le droit romain et dans l'ancien droit français. Avec un appendice sur les effets de la saisie-arrêt dans le droit actuel, Bd. 1, Paris 1856

Todescan, Franco, Diritto e realità. Storia e teoria della fictio iuris, Padua 1979

Tondo, Salvatore, Osservazioni intorno alla pro herede gestio, AG 153 (1957), 3–80

Treitschke, Georg Carl, in: Otto, Carl Ed./Schilling, Bruno/Sintenis, Carl Friedrich Ferdinand (Hrsg.), Das Corpus Juris Civilis in's Deutsche übersetzt, Bd. 4, Leipzig 1832

Ubbelohde, August, Ueber das Verhältniss der bonorum venditio zum ordo iudiciorum, Marburg 1890

Unger, Oliver, Actio funeraria. Prinzip und Fall der verbotswidrigen Geschäftsführung ohne Auftrag, Tübingen 2018

Verrey, Olivier, Leges geminatae à deux auteurs et compilation du digeste, Diss. Lausanne 1973

Voci, Pasquale, L'errore nel diritto romano, Mailand 1937 (zit. Voci, Errore)

–, Diritto ereditario romano, Bd. 1: Introduzione. Parte generale, 2. Aufl., Mailand 1967; Bd. 2: Parte speciale. Sucessione ab intestato – Sucessione testamentaria, 2. Aufl., Mailand 1963 (zit. Voci, DER)

–, La responsabilità del debitore da 'stipulatio poenae', in: Studi in onore di Edoardo Volterra, Bd. 3, Mailand 1971, 319–358 (zit. Voci, St. Volterra III)

Vogel, Karl-Heinz, Über die bedingte Erbeinsetzung von sui heredes nach ius civile, ZRG RA 68 (1951), 490–502

Volp, Ulrich, Sacra Privata, Family Duties, and the Dead: Insights from the Fathers and Cultural Anthropology, ARG 18/19 (2017), 171–186

Wacke, Andreas, Die Zahlung mit fremdem Geld. Zum Begriff des pecuniam consumere, BIDR 79 (1976), 49–144

–, Erbrechtliche Sukzession als Persönlichkeitsfortsetzung? Personelle Identifikation mit dem Verstorbenen – oder Rollenverschiedenheit von Nachlassinhaber und Erben. Rechtsgeschäftliche Abwicklung versus Konfusion, ZRG RA 123 (2006), 197–247

–, Favor libertatis, in: Eigler, Ulrich et al. (Hrsg.), Handwörterbuch der antiken Sklaverei, Bd. 1, Stuttgart 2017, 923–927 (zit. Wacke, HAS I)

Waldstein, Wolfgang, Operae libertorum. Untersuchungen zur Dienstpflicht freigelassener Sklaven, Stuttgart 1986

Watson, Alan, The Law of Succession in the Later Roman Republic, Oxford 1971 (zit. Watson, Succession)

–, The Digest of Justinian, Bd. 4, Philadelphia 1985 (Ndr. 1998) (zit. Watson, Digest IV)

Wegmann Stockebrand, Adolfo, Obligatio re contracta. Ein Beitrag zur sogenannten Kategorie der Realverträge im römischen Recht, Tübingen 2017

Wenger, Leopold, Institutionen des römischen Zivilprozeßrechts, München 1925

Wesener, Gunter, Beschränkungen der Erbenhaftung im römischen Recht: separatio bonorum und beneficium inventarii, in: Schermaier, Martin Josef/Végh, Zoltán (Hrsg.), Ars boni et aequi. Festschrift für Wolfgang Waldstein zum 65. Geburtstag, Stuttgart 1993, 401–416

Wiechmann, Dirk, Die separatio bonorum im klassischen römischen Recht, Pfaffenweiler 1992

Willems, Constantin, § 14 Formularprozess: Vollstreckung, in: Babusiaux, Ulrike/Baldus, Christian/Ernst, Wolfgang/Meissel, Franz-Stefan/Platschek, Johannes/Rüfner, Thomas (Hrsg.), Handbuch des Römischen Privatrechts, Bd. 1, Tübingen 2023, 476–491 (zit. Willems, HRP I § 14)

–, § 15 Kognitionsprozess, in: Babusiaux, Ulrike/Baldus, Christian/Ernst, Wolfgang/Meissel, Franz-Stefan/Platschek, Johannes/Rüfner, Thomas (Hrsg.), Handbuch des Römischen Privatrechts, Bd. 1, Tübingen 2023, 492–510 (zit. Willems, HRP I § 15)

Wimmer, Markus, § 54 Gesetzliche Erbfolge, in: Babusiaux, Ulrike/Baldus, Christian/Ernst, Wolfgang/Meissel, Franz-Stefan/Platschek, Johannes/Rüfner, Thomas (Hrsg.), Handbuch des Römischen Privatrechts, Bd. 1, Tübingen 2023, 1329–1372

Wlassak, Moriz, Zur Geschichte der negotiorum gestio. Eine rechtshistorische Untersuchung, Jena 1879

Woeß, Friedrich von, Personalexekution und cessio bonorum im römischen Reichsrecht, ZRG RA 43 (1922), 485–529

Wolf, Joseph Georg, Das Stigma ignominia, ZRG RA 126 (2009), 55–113

Wolff, Hans Julius, Verfügungsmacht und Verfügungswille (Zum sog. Error in dominio), in: Studi in onore di Pietro De Francisci, Bd. 3, Mailand 1956, 69–104

Zahn, Bastian, Si quid universitati debetur. Forderungen und Schulden privater Personenvereinigungen im römischen Recht, Wien/Köln 2021

Zilletti, Ugo, La dottrina dell'errore nella storia del diritto romano, Mailand 1961

Zimmern, Siegmund Wilhelm, Geschichte des Römischen Privatrechts bis auf Justinian, Bd. 3: Der römische Civilprozeß in geschichtlicher Entwicklung bis auf Justinian, Heidelberg 1829

Quellenverzeichnis

Juristische Quellen

Vorjustinianische Quellen

Gai institutiones (Gai.)

Corpus Iuris Civilis

Digesta (D.)

Byzantinische Quellen

Basilica (Bas.)

Scholia in Basilica (Schol.)

Theophili Institutionum Paraphrasis (Theoph.)

Mittelalterliche Quellen

Glossa ordinaria (Gl.)

Epigrafische Quellen

Lex Rubria (lex Rubr.)

Tabula Heracleensis (Tab. Heracl.)

Tabulae Pompeianae Sulpiciorum (TPSulp)

Literarische Quellen

Stichwortverzeichnis